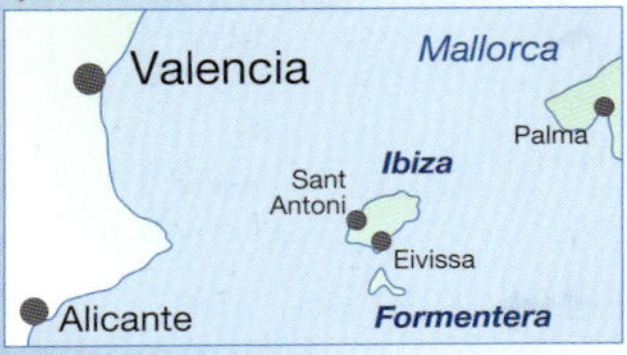

Kleine Inseln, großer Charme

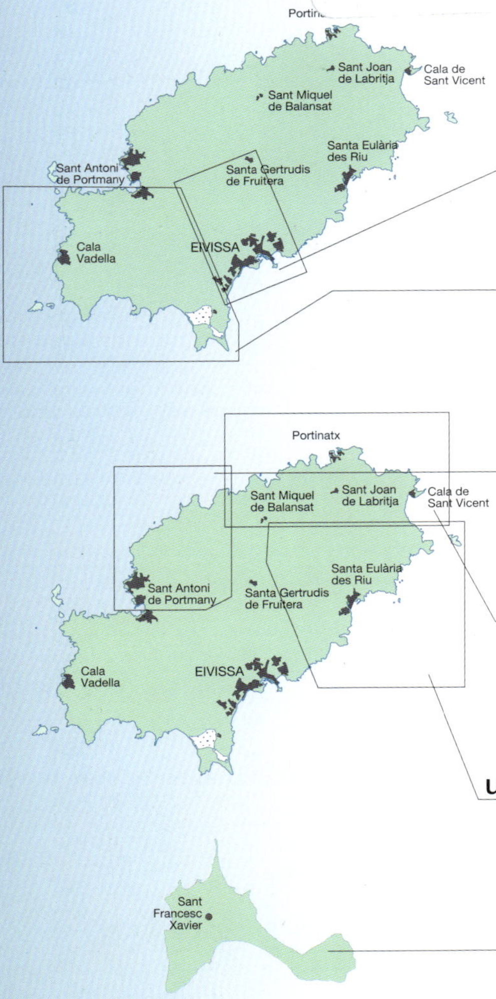

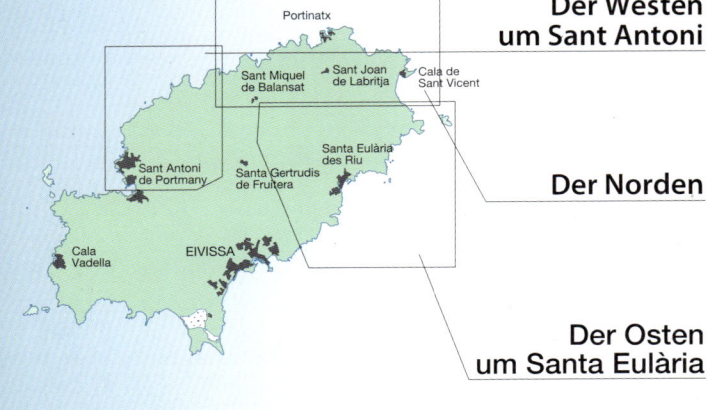

Eivissa (Ibiza-Stadt)

Der Süden

Der Westen um Sant Antoni

Der Norden

Der Osten um Santa Eulària

Formentera

Text und Recherche: Thomas Schröder
Lektorat: Anja Keul
Redaktion und Layout: Esther Steuding
Fotos: Thomas Schröder
Cover: Karl Serwotka
Titelfotos: oben: Es Bol Nou; unten: Eivissa (Ibiza-Stadt)
Karten: Judit Ladik, Markus Endreß

Die in diesem Reisebuch enthaltenen Informationen wurden vom Autor nach bestem Wissen erstellt und von ihm und dem Verlag mit größtmöglicher Sorgfalt überprüft. Dennoch sind, wie wir im Sinne des Produkthaftungsrechts betonen müssen, inhaltliche Fehler nicht mit letzter Gewissheit auszuschließen. Daher erfolgen die Angaben ohne jegliche Verpflichtung oder Garantie des Autors bzw. des Verlags. Beide Parteien übernehmen keinerlei Verantwortung bzw. Haftung für mögliche Unstimmigkeiten. Wir bitten um Verständnis und sind jederzeit für Anregungen und Verbesserungsvorschläge dankbar.

ISBN 978-3-89953-375-0

© Copyright Michael Müller Verlag GmbH, Erlangen 2001, 2005, 2008. Alle Rechte vorbehalten. Alle Angaben ohne Gewähr. Printed in Italy.

Aktuelle Infos zu unseren Titeln, Hintergrundgeschichten zu unseren Reisezielen sowie brandneue Tipps erhalten Sie in unserem regelmäßig erscheinenden Newsletter, den Sie im Internet unter **www.michael-mueller-verlag.de** kostenlos abonnieren können.

3. überarbeitete und aktualisierte Ausgabe 2008

IBIZA
& FORMENTERA

Thomas Schröder

INHALT

Kleine Inseln, großer Charme ... 10

Wohin auf Ibiza und Formentera?
Ein erster Überblick ... 12
Insel-Highlights ... 17
Sprachen auf Ibiza
und Formentera ... 22
Geographie und Landschaft ... 23
Klima und Reisezeit ... 24
Natur und Umweltschutz ... 26
Traditionen und Brauchtum ... 32
Die Geschichte der Inseln ... 38

Reiseziel Pityusen ... 48

Pauschalurlaub oder Individualreise? ... 48

Anreise ... 49
Anreise mit dem Flugzeug ... 49
Fährverbindungen nach Ibiza ... 50

Unterwegs auf den Pityusen ... 51
Mietwagen und andere
Leihfahrzeuge ... 51
Busse, Taxis und Ausflugsschiffe ... 53
Mit dem Fahrrad auf den Inseln ... 55
Wandern auf den Pityusen ... 56

Übernachten ... 58

Die Küche der Inseln ... 62
Lokale ... 62
Spezialitäten der Inselküche ... 64
Getränke ... 68

Wissenswertes von A bis Z ... 70

Ärztliche Versorgung ... 70
Baden ... 70
Drogen ... 72
Einkaufen ... 73
Feiertage ... 74
Geld ... 74
Haustiere ... 75
Informationsstellen und Konsulate ... 75
Internet ... 76
Karten ... 77
Kinder ... 77
Kriminalität ... 77
Literatur ... 78
Nachtleben ... 78
Post (Correos) ... 80
Rauchverbote ... 80
Reisedokumente ... 80
Ruta del Arte ... 80
Siesta ... 81
Sport ... 81
Targeta Verda ... 81
Telefonieren ... 82
Zeitungen und Zeitschriften ... 83
Zoll ... 83

Eivissa (Ibiza-Stadt) ... 84

Stadtaufbau und Orientierung ... 85
Stadtgeschichte ... 91
Praktische Informationen ... 93
Sehenswertes ... 111
Dalt Vila ... 111
Unterstadt ... 116
Necròpolis del Puig des Molins ... 117
Wanderung 1: Von Eivissa zur
Platja de ses Salines ... 118

Umgebung von Eivissa 122
Jesús 122
Puig d´en Valls 123
Santa Gertrudis de Fruitera 124
Sant Rafel de Forca 125
Sant Jordi de ses Salines 126

Der Süden 127
Parc Natural de ses Salines 128
Platja des Cavallet 130
Platja de ses Salines 130
Sa Caleta und Es Bol Nou 132
Cala Jondal 134
Porroig 134
Umgebung von Porroig 135
Es Cubells 136
Es Vedrà und die
    Torre des Savinar 136
Cala d´Hort 138
Cala Carbó 140
Cala Vadella 140
Cala Molí 142
Cala Tarida 142
Cala Codolar 143
Platges des Comte 143
Cala Bassa 144
Port des Torrent 144
Sant Josep de sa Talaia 146
Wanderung 2:
    Auf die Talaia de Sant Josep ... 148

Der Westen um Sant Antoni 150
Sant Antoni de Portmany 151
Strände und Buchten
    um Sant Antoni 160
Cala Salada 161
Wanderung 3:
    Zur Cova de ses Fontanelles ... 161
Santa Agnès de Corona 165
Sant Mateu d´Albarca 166

Der Norden 167
Penyal de s´Àguila und
    Es Portitxol 168
Sant Miquel de Balansat 168
Port de Sant Miquel 170
Umgebung von
    Port de Sant Miquel 171
Cala de Benirràs 172
Portinatx 173
Buchten um Portinatx 174
Sant Joan de Labritja 175
Sant Vicent de sa Cala 177
Cala de Sant Vicent 177

Der Osten um Santa Eulària 179
Aigües Blanques 180
Platja des Figueral 181
Pou des Lleó 182
Cala de Boix 183
Cala Mastella 184
Sant Carles de Peralta 184
Cala Llenya 186
Cala Nova 187
Es Canar 188
Buchten zwischen Es Canar
    und Santa Eulària 190
Santa Eulària des Riu 191
Wanderung 4: Von Santa
    Eulària zur Cala Llonga 200
Cala Llonga 202
Sant Llorenç und Balàfia 204

Formentera ... 206

Geschichte ... 208	*Wanderung 5:* Von Sant Francesc zur Cala Saona ... 230
Formentera-Reisepraxis ... 212	Cala Saona ... 231
La Savina ... 217	Cap de Barbaría ... 232
Estany des Peix/ Punta de sa Pedrera ... 219	Sant Ferran de ses Roques ... 233
Estany Pudent und die Salinen ... 219	Umgebung von Sant Ferran ... 235
Platja de ses Illetes und Platja de Llevant ... 220	Platja de Migjorn ... 235
S´Espalmador ... 222	Castell romà de Can Blai/ Ses Platgetes ... 240
Sa Roqueta ... 223	Es Caló de Sant Agustí ... 241
Es Pujols ... 224	La Mola ... 244
Sant Francesc Xavier ... 227	

Kleiner Sprachführer ... 246

Register ... 253

Wanderungen

Wanderung 1: Von Eivissa zur Platja de ses Salines ... 118–121
Wanderung 2: Auf die Talaia de Sant Josep ... 148/149
Wanderung 3: Zur Cova de ses Fontanelles ... 161–165
Wanderung 4: Von Santa Eulària zur Cala Llonga ... 200–202
Wanderung 5: Von Sant Francesc zur Cala Saona ... 230/231

Kartenverzeichnis

Eivissa (Ibiza-Stadt) .... Umschlagklappe vorne

Ibiza .... Umschlagklappe hinten

Eivissa (Ibiza-Stadt) Übersicht 86/87

Wanderung 1: Von Eivissa zur
   Platja de ses Salines 121

Der Süden 128/129

Wanderung 2: Auf die
   Talaia de Sant Josep 149

Der Westen um Sant Antoni 151

Sant Antoni de Portmany 154/155

Wanderung 3: Zur Cova
   de ses Fontanelles 162

Der Norden 168/169

Der Osten um Santa Eulària 181

Santa Eulària des Riu 195

Wanderung 4: Von Santa
   Eulària zur Cala Llonga 201

Formentera 210/211

Wanderung 5: Von Sant
   Francesc zur Cala Saona 230

Alles im Kasten

Von Steinschleuderern und Nadelbäumen: Balearen und Pityusen 16

Auf einen Blick – die Pityusen in Kürze 21

Weiße Würfel auf der „Weißen Insel" – die typischen Häuser Ibizas 35

Karthagische Götter: Tanit, Bes und Baal 39

Von Gejagten zu Jägern: Ibicencos als Piraten 43

Erzherzog Ludwig Salvator, „S´Arxiduc" 45

Nightlife ohne Auto: Ibizas Disco-Busse 54

Kioscos – Speisen mit Meerblick 63

Ehre und Verpflichtung: Ibiza in der Liste des Welterbes 90

Die Club-Szene in und um die Hauptstadt 107

Las Murallas Renacentistas – die Stadtmauern der Renaissance 112

Lebendige Tradition: Las Dalias und sein Hippiemarkt 186

Der größte Hippiemarkt der Insel: Punta Arabí 189

Die Landstraße der Schlemmerlokale: Carretera Sant Joan 205

Formenteras Traumstrände – mit Vorsicht zu genießen 217

Camí Romà – auf dem alten „Römerweg" hinauf zur Mola 242

Was haben Sie entdeckt?

Haben Sie eine Bar mit prima Tapas gefunden, ein freundliches Hostal oder Hotel, einen schönen Wanderweg? Wo haben Sie sich besonders wohl gefühlt? Und welcher Tipp war nicht mehr so toll?

Wenn Sie Ergänzungen, Verbesserungen oder neue Infos zum Ibiza-Buch haben, lassen Sie es mich bitte wissen! Ich freue mich über jeden Brief!

Thomas Schröder
c/o Michael Müller Verlag GmbH
– Stichwort Ibiza –
Gerberei 19
91054 Erlangen
thomas.schroeder@michael-mueller-verlag.de

Meerverbunden: Eivissas Altstadtviertel Sa Penya

Kleine Inseln, großer Charme

Selbst zusammengerechnet sind Ibiza und Formentera noch kleiner als Menorca, bedecken nicht einmal ein Fünftel der Fläche Mallorcas. Eine übersichtliche kleine Inselwelt also – aber welch unglaubliche Vielfalt birgt dieser vergleichsweise enge Raum!

Schon seit Jahrzehnten klebt an Ibiza das Etikett der „Party-Insel". Und es stimmt ja auch: Nirgends am Mittelmeer wird wilder gefeiert, sind die Discos spektakulärer und ihre Besucher schriller als auf Ibiza. Wer genügend Kondition mitbringt, kann sich problemlos rund um die Uhr vergnügen. Egal wie spät es ist, ob früh am Morgen, in der Hitze der Nacht oder am späten Nachmittag: Irgendwo wird immer getanzt, und sei es am Strand. Bierselige Exzesse à la „Ballermann" sind den meisten Ibiza-Jüngern dabei völlig fremd. Ihr kosmopolitisches, lebenslustiges und lockeres Publikum ist sogar eine der ganz starken Seiten der Insel – man trifft erstaunliche Leute auf Ibiza.

Das gängige Image des Nightlife-Spots allein wird Ibiza jedoch nicht gerecht. Viele Welten kommen hier zusammen. Wenn morgens die Disco-Busse auf ihrer letzten Fahrt die Nachtschwärmer einsammeln, ziehen im Inselnorden die Bauern zu ihren Feldern, erobern Frühaufsteher die insgesamt mehr als 50 Strände. In den Cafés der faszinierenden Hauptstadt, die von der Unesco zum „Welterbe der Menschheit" erklärt wurde, lassen sich Yachtbesitzer ihren Kaffee schmecken – gleich nebenan lagert eine Horde Punks mit ihren Hunden. Edelhippies, Schickis, Freaks, Urlauber: Ibiza hat Platz für alle. Möglich macht dieses gelassene Nebeneinander erst die

Stimmungsvoll: Küstenweg nahe der Cala Pada

Toleranz der Einheimischen, die selbst beim Anblick der mehr als tausend Harley-Fahrer, die unter infernalischem Motorendonner einmal jährlich die Insel mit Beschlag belegen, kaum die Mienen verziehen. Große Strecken können die Biker freilich nicht zurücklegen ...

Die Entfernungen sind gering auf Ibiza. Nur wenige Minuten Fahrt trennen die lebhaften Ferienzentren von der Ursprünglichkeit und Ruhe im Inselinneren. Das blendende Weiß der Salinen, die einsamen Wachttürme an den Steilküsten, der bunte Trubel der Hauptstadt, die fruchtbaren Täler mit ihren Mandelbäumen, Weingärten und der roten Erde, die langen, unverbauten Sandstrände im Süden: Alles liegt in bequemer Reichweite, alles ist von jedem Ort der Insel aus schnell zu erreichen. Morgens in einer stillen Bucht baden, den Nachmittag in einer schattigen Strandbar verträumen, abends die Museen der Hauptstadt inspizieren, danach in einem gemütlichen Landrestaurant speisen und nachts in einer der Megadiscos abfeiern – auf Ibiza kein Problem.

Formentera, die kleinere, auf ihre ganz eigene Art jedoch nicht minder attraktive Schwester Ibizas, ist noch überschaubarer. Nachtleben findet auf der kleinsten bewohnten Baleareninsel zwar nur in begrenztem Umfang statt, doch macht der Mikrokosmos Formentera diesen bescheidenen Mangel mit seinem besonderen Flair mehr als wett – nicht zu reden von den herrlichen langen Stränden mit ihrem türkisfarbenen Wasser, die zu den besten des gesamten Mittelmeers zählen. Vom Massentourismus grenzt sich das nur dünn besiedelte Eiland bewusst ab, auf einen Flughafen verzichtet man hier gern. Dank der guten Schiffsverbindungen ist die Insel von Ibiza aus dennoch leicht zu erreichen und ein beliebtes Ziel für Tagesausflüge. Formentera besitzt jedoch auch als Urlaubsinsel eine sehr treue, geradezu eingeschworene Fangemeinde.

Traumblick auf Es Vedrà: Cala d'Hort

Wohin auf Ibiza und Formentera? Ein erster Überblick

Von Nordost nach Südwest misst Ibiza gut 40 Kilometer, die maximale Breite beträgt etwa 20 Kilometer. Trotz dieser relativ geringen Ausdehnung besitzen die einzelnen Regionen der Insel durchaus unterschiedliche Charakteristika.

Auch der Grad der touristischen Erschließung ist von Gebiet zu Gebiet verschieden – Grund genug, beizeiten den passenden Urlaubsort auszuwählen. Das gilt, wenn auch in deutlich geringerem Maße, ebenso für das kleinere Formentera. Die folgende Kurzübersicht will Anregungen zur Auswahl geben und gleichzeitig ein erstes Bild der Inseln vermitteln, folgt dabei dem geographischen Aufbau dieses Führers.

▶ **Eivissa:** Die reizvolle Inselmetropole glänzt mit ihrer langen Geschichte, der romantischen und traumhaft gelegenen Altstadt und den bedeutendsten Sehenswürdigkeiten Ibizas. Die Auswahl an Unterkünften und Restaurants ist bestens, das Nachtleben schier überwältigend. Die Einkaufsmöglichkeiten sind mehr als vielfältig, gleichzeitig bestehen von hier die besten Verkehrsverbindungen in alle Teile Ibizas. Für diejenigen, die alle Facetten der Insel entdecken wollen, ist Eivissa sicher die erste Adresse. Mangel herrscht eigentlich nur an wirklich guten Stränden, doch liegen die herrlichen langen Sandstrände des Südens nur eine kurze Busfahrt entfernt.

• *Wichtige Urlaubsorte* **Eivissa-Zentrum**, also die Altstadt und die angrenzenden Gebiete, ist der Mittelpunkt des Geschehens: raus aus der Tür und hinein in den Trubel. Es gibt eine ganze Reihe feiner Quartiere, die allerdings sehr gefragt und überwiegend nicht gerade billig sind.

Figueretes: Die südliche „Strandvorstadt" von Eivissa liegt noch in gestreckter Fußentfernung vom Zentrum, ist aber auch gut mit Bussen zu erreichen. Wie die folgenden Zonen wird auch Figueretes überwiegend pauschal gebucht. Die Infrastruktur ist nicht ausschließlich auf Urlauber zugeschnitten und deshalb relativ vielfältig; die schmalen Strände sind jedoch weniger begeisternd.

Platja d'en Bossa: Eine reine Feriensiedlung mit entsprechender Architektur, die sich südlich an Figueretes anschließt, für den Fußweg ins Zentrum jedoch schon zu weit entfernt liegt. Vorteile sind der lange Strand, die guten Busverbindungen und das breite Angebot an Unterhaltungsmöglichkeiten, ein klarer Nachteil ist die Lage in der Einflugschneise des Airports.

Platja de Talamanca: Gleich jenseits der Hafenbucht von Eivissa erstreckt sich diese geschwungene Sandbucht, in deren Umfeld immer neue Gebäude entstehen. Eine Reihe von Bars, zwei der großen Inseldiscos und die modernen Sporthäfen von Eivissa liegen in der Nähe. Der Fußweg in die Altstadt ist lang und unattraktiv, es besteht jedoch Busanschluss und ein Bootspendeldienst.

▶ **Der Süden:** Ibizas Süden besitzt nur wenige gewachsene Ortschaften, dafür eine sehr abwechslungsreiche, überwiegend hügelige Landschaft sowie eine ganze Reihe wirklich reizvoller Sandstrände und versteckter kleiner Buchten.

Szenig: Strandbar Sa Trincha am Salines-Strand (Südküste)

Unterkünfte, die besonders bei Familien mit Kindern beliebt sind, verteilen sich vor allem auf die Feriensiedlungen im Westen des Gebiets. Wer es gerne ruhig hat und in erster Linie baden möchte, ist hier nicht falsch, dem ibizenkischen Alltagsleben freilich fern. Möglichkeiten zur nächtlichen Vergnügung sind zudem ausgesprochen rar.

• *Wichtige Urlaubsorte* **Cala Vadella** ist eine besonders bei deutschen Urlaubern beliebte Hotel- und Apartmentsiedlung, geprägt von familiärer Atmosphäre und vergleichsweise angepasster Architektur, da sich die meisten Bauten gut in die waldreiche Landschaft einfügen.

Cala Tarida, etwas weiter nördlich. Große Clubhotels und Apartmentanlagen bilden diese ausgedehnte Feriensiedlung, in der im Sommer etwas mehr Betrieb herrscht als an der Cala Vadella. Optisch ist die Cala Tarida jedoch nicht gerade ein ungetrübter Genuss.

▶ **Der Westen um Sant Antoni:** Ganz verschiedene Gesichter zeigt der Westen Ibizas. Da ist Sant Antoni de Portmany, zweitgrößte Stadt der Insel und ein lebendiges, ganz überwiegend von britischem Pauschaltourismus geprägtes Urlaubszentrum. Weiter nördlich jedoch erstrecken sich bizarre, oft schwer zugängliche Steilküsten und ausgedehnte, nur dünn besiedelte Gebiete mit bäuerlichem Charakter. Hier trifft man noch auf das alte, touristisch kaum erschlossene Ibiza, das zu Entdeckungen abseits der Hauptrouten reizt.

• *Wichtige Urlaubsorte* **Sant Antoni** mit seinen Strandvororten ist der einzige Ferienort des Westens, das überwiegend britische Publikum jung und unternehmungslustig. Als Vorzug kann die Stadt hauptsächlich ihr reges Nachtleben ins Feld führen. Wer auf Ibiza jede Nacht unterwegs sein und dabei möglichst preisgünstig unterkommen möchte, kann bei Pauschalangeboten in und um Sant Antoni fündig werden – besonderes Flair sollte man von der modernen Stadt aber besser nicht erwarten.

14   Kleine Inseln, großer Charme

▶ **Der Norden:** Ibizas Norden gilt als die unberührteste Region der Insel. Für die Hügelketten, Kiefernwälder, kleinen Dörfer und fruchtbaren Felder des Landesinneren ist diese Einschätzung auch völlig richtig. Dort, wo sich größere Sandstrände in die sonst meist felsige, stark gegliederte Küste schmiegen, hat der ungezügelte Bauboom langer Jahre des Fremdenverkehrs allerdings durchaus seine Spuren hinterlassen. Nur eine Nebenbucht weiter ist die Welt jedoch meist wieder in Ordnung.

• *Wichtige Urlaubsorte* **Port de Sant Miquel** hat mit seinen beiden an den Hang geklotzten Großhotels vielleicht am stärksten unter den Bausünden der Vergangenheit zu leiden. Auch sonst hält sich der Charme der Feriensiedlung in engen Grenzen, die Umgebung jedoch ist reizvoll.

Portinatx, der größte Ferienort im Norden, lässt wenigstens im Hafenbereich noch erkennen, dass hier bereits vor Beginn des Fremdenverkehrs eine (wenn auch kleine) Siedlung bestand. Beliebt ist Portinatx vor allem bei Familien, die die kinderfreundlichen Strände und die gute Infrastruktur des Ortes schätzen. Im Umfeld liegen schöne, unverbaute Buchten.

Cala de Sant Vicent: Wie Port de Sant Miquel ist auch die Cala de Sant Vicent eine reine Feriensiedlung, in der große Hotelklötze dominieren. Für einen reinen Badeurlaub mag´s angehen – der Strand der Cala Sant Vicent hat nämlich wirklich Klasse.

Der Osten um Santa Eulària: Starke Kontraste prägen den Inselosten. Im Norden des Gebiets lockt eine Reihe fast jungfräulich gebliebener, oft nahezu unverbauter Buchten. Weiter südlich hingegen bestimmen ausgedehnte Strandsiedlungen das Bild, Standorte großer Hotels und zahlreicher Ferienclubs, die sich entweder an Familien oder an ein sehr junges Publikum wenden. Zentrum der Ostküste ist das familiäre Städtchen Santa Eulària, immerhin die drittgrößte Siedlung der Insel.

• *Wichtige Urlaubsorte* **Platja des Figueral** ist die größte Strandsiedlung im nördlichen Bereich der Ostküste und mit ihren Hotelanlagen im Vergleich zu den nahen Nachbarn Aigües Blanques, Pou des Lleó und Cala Boix schon relativ stark erschlossen. Hier wie dort finden sich noch preisgünstige kleine Hostals, die an die bescheidenen Anfänge des Fremdenverkehrs auf Ibiza erinnern.

Es Canar ist von ganz anderem Kaliber – das größte Touristenzentrum des Ostens, eine künstliche Ferienstadt, die dem Sommerurlauber jede erdenkliche Infrastruktur bietet, im Winter jedoch nahezu ausgestorben wirkt. Bekannt ist Es Canar auch durch den größten Hippiemarkt der Insel und den jugendlichen Ferienclub Punta Arabí. Richtung Süden schließen sich weitere Buchten mit Clubanlagen an, darunter die besonders bei deutschen Familien beliebte **Cala Pada**.

Santa Eulària: Die Gemeindehauptstadt fungiert nicht nur als Ferienziel, sondern auch als Dauerwohnsitz vieler ausländischer Residenten. Trotz des modernen Ortsbilds besitzt Santa Eulària einen gemütlichen Charakter und auch eine gute Portion Alltagsleben. Ebenso erfreulich ist die Auswahl an preisgünstigen Quartieren und guten Restaurants. Für Nachtschwärmer ist der eher ruhige Ort jedoch nicht gerade die erste Adresse.

Cala Llonga: Deutlich kleiner als Es Canar, jedoch ebenfalls eine praktisch lupenreine Strandsiedlung mit wuchtigen Hotels, die die an sich reizvolle Bucht nicht gerade verschönern. Die Kapazität der hiesigen Quartiere (und die der nahen Villensiedlungen) scheint erheblich größer als die des Strands selbst, im Sommer geht es hier jedenfalls ausgesprochen eng zu.

▶ **Formentera:** Auf der kleinen Nachbarin hat man die Fehler, die Ibiza bei seiner touristischen Erschließung unterlaufen sind, weitgehend und mit Bedacht vermieden. Die Zahl der Großhotels lässt sich tatsächlich an den Fingern einer Hand abzählen, die meisten Quartiere sind klein und in Familienbesitz. Und da die Strände im Vergleich zur Bettenkapazität der Insel von geradezu immenser Größe sind, wird es hier auch zur Hochsaison nie wirklich voll. Nachts geht es – mit wenigen Ausnahmen – freilich eher ruhig zu auf Formentera, eine Partyinsel ist Ibizas kleine Schwester nicht.

Fischerromantik am Strand: die andere Seite des Touristenzentrums Es Pujols

Kleine Inseln, großer Charme

● *Wichtige Urlaubsorte* **Es Pujols**, das einzige echte Touristenzentrum Formenteras, ist im Vergleich zu manch ibizenkischer Strandsiedlung von geradezu anrührend kleinen Dimensionen. Die Auswahl an Quartieren ist dennoch die umfangreichste der Insel, im Sommer existiert hier sogar ein gewisses Nachtleben. Wegen der Herkunft vieler Gäste wird Es Pujols gern als „Düsseldorf-Süd" bespöttelt, im Sommer – wie übrigens ganz Formentera – aber auch sehr stark von Italienern besucht.

Sant Ferran: Eigentlich kein Urlaubsort, da im Inselinneren gelegen, mit der legendären „Fonda Pepe" und anderen guten Bars jedoch eine Art Kommunikationszentrum Formenteras. Die Auswahl an Unterkünften ist allerdings gering.

Es Mal Pas, **Ca Marí** und **Mar i Land** heißen die Strandsiedlungen an der Platja de Migjorn, dem längsten Strand der Insel. Während das familiäre kleine Mal Pas sich geschickt unter Kiefern duckt, haben Ca Marí und Mar i Land für Formentera-Verhältnisse schon gewisse Bausünden zu verzeichnen, darunter insgesamt drei Bettenburgen. Der nahe Traumstrand und die vielen originellen Kneipen dort entschädigen jedoch für vieles.

Es Caló: An einer kleinen Hafenbucht liegt dieses winzige Fischerdorf, das auch eine Handvoll kleiner Hostals und Apartmentanlagen besitzt. Ein ruhiger Fleck – und der nächste Strand ist, wie immer auf Formentera, nicht weit.

Bunt dekoriert: Restaurant Las Banderas auf Formentera

Von Steinschleuderern und Nadelbäumen: Balearen und Pityusen

Die *Balearen* setzen sich zusammen aus Ibiza, Formentera, Mallorca, Menorca und mehr als hundert kleinen, unbewohnten Inseln. Lange schon eine eigene Provinz, ist diese Inselgruppe seit 1983 als „Comunitat Autónoma Illes Balears" eine der 17 teilautonomen Regionen Spaniens. Seinen Namen, wohl abgeleitet vom griechischen *ballein* (werfen), verdankt der Archipel den einst gefürchteten Steinschleuderern der Inseln, die ihre berüchtigte Treffsicherheit von frühester Jugend an übten und im karthagischen Heer als Söldner dienten. Heute noch ist das Zielschießen mit der Steinschleuder („Tir de Bassetja") eine recht populäre Sportart auf den Inseln.

Die *Pityusen* bilden eine Untergruppe der Balearen. Sie bezeichnen Ibiza und Formentera sowie die Inselchen im Umfeld der beiden. Auch dieser Name geht auf die Griechen zurück, die in der Geschichte der Inseln zwar keine Rolle spielten, sie als weit gereiste Seefahrer aber natürlich kannten. Offensichtlich beeindruckt von den damals reichen Vorkommen an Pinien gaben sie ihnen den Namen der „Pinienreichen", in der heutigen Sprache der Insulaner *Illes Pitiüses*.

Glasklares Wasser, Kiefern bis an den Strand: Cala Salada

Insel-Highlights…

… für Liebhaber schöner Strände

Ibiza und Formentera sind wahre Strandparadiese im Mittelmeer. Ob geschützte Bucht oder weiter Sandstrand, ob textilfrei oder nicht – für jeden Geschmack ist etwas dabei. Hier eine kleine und natürlich subjektive Auswahl unter den Favoriten des Autors.

▶ **Ibiza:** 56 Strände will das Fremdenverkehrsamt auf Ibiza gezählt haben, in Wirklichkeit dürften es sogar noch mehr sein. Sie verteilen sich auf insgesamt 18 Kilometer Strand.

Platja des Cavallet: Im Südosten der Insel liegt dieser gut einen Kilometer lange, unverbaute Sandstrand, einer der beiden offiziellen Nacktbadestrände Ibizas. Sein südlicher Abschnitt ist Treffpunkt der Gays.

Platja de ses Salines: Der Salinenstrand erstreckt sich nahe der Südspitze Ibizas, fast um die Ecke von der Platja des Cavallet. Traumhafte Lage, breite Auswahl an originellen „Kioscos" (Strandbars), darunter die hippe Bar „La Trincha".

Es Bol Nou: Eine kleine Bucht im Süden der Insel, landschaftlich besonders reizvoll durch die rötlichen Küstenfelsen, die sie einrahmen.

Cala Jondal: Zwar besteht der Strand dieser Bucht nur aus sehr großen Kieseln, die schöne Lage und die vielen unterschiedlichen Kioscos machen ihn jedoch zu einem beliebten Treffpunkt.

Cala d´Hort: Schöne Sandbucht im Südwesten. Größtes Plus der Cala d´Hort ist der Traumblick auf die „magische Insel" Es Vedrà, den man auch von den guten Kioscos genießt.

Platges des Comte: In die romantische Felsküste im Gebiet westlich von Sant Antoni betten sich mehrere kleine Sandbuchten. Tagsüber kann es hier eng werden, bei Sonnenuntergang ist die Atmosphäre jedoch fantastisch.

Cala Bassa: Wegen der guten Verbindungen nach Sant Antoni ist auch diese geschützte Bucht, die fast wie ein riesiges Schwimmbecken wirkt, oft mehr als gut besucht. Dennoch ein schöner, landschaftlich sehr reizvoller Platz.

Kleine Inseln, großer Charme

Cala Salada: In der nördlich von Sant Antoni gelegenen Bucht reichen dichte Kiefernwälder bis nah an das herrliche, türkisfarbene Wasser. Keine Busverbindung, deshalb weniger Betrieb als an den anderen Stränden um Sant Antoni.

Cala de Benirràs: Glanzstück der Buchten im Norden – prima Strand, nahezu unverbaute Umgebung, schöner Ausblick auf die Felsküste. Im Sommer finden hier manchmal Trommelkonzerte mit Hippie-Flair statt.

Aigües Blanques: Die „Weißen Wasser" im Nordosten Ibizas sind als Nacktbadestrand eingestuft. Hübsche Kioscos. Wegen der (an sich tollen) Lage unter steilen Felsklippen verschwindet die Sonne hier schon relativ früh.

Cala Boix: Mal etwas anderes ist diese ruhige, über einen steilen Treppenweg zu erreichende Strandbucht im Nordosten, deren Sand dunkel gefärbt ist – ein auf Ibiza sehr seltenes Phänomen.

▸ **Formentera:** Formenteras kilometerlange Traumstrände lassen selbst Ibizas schöne Strandbuchten vergleichsweise blass aussehen.

Platja de ses Illetes: Vorgelagerte Inselchen, die unverbaute, zum Naturpark Ses Salines zählende Umgebung und das geradezu karibisch leuchtende Wasser ergeben ein wunderbares Bild. Viele ankernde Yachten, die Kioscos sind nicht gerade billig.

Platja de Llevant: Auf der gegenüberliegenden Seite der immer schmaler werdenden Halbinsel, die in Richtung Ibiza weist, vom Illetes-Strand stellenweise nur wenige Dutzend Meter entfernt. Vorsicht, an manchen Tagen gibt es gefährliche Strömungen!

Cala Saona: Eine richtige Strandbucht, auf Formentera selten. Geschützte Lage, sehr flach abfallender Grund und eine hübsche Umgebung zeichnen die Cala Saona aus.

Platja de Migjorn: Begleitet von Dünen und Wäldern erstreckt sich der längste Strand der Pityusen über sagenhafte sieben Kilometer, ein Paradies für Strandläufer. Bei auflandigem Wind drohen auch hier gefährliche Strömungen. Sonst: wunderbares Wasser, witzige Kioscos und gute Restaurants.

... für Kunst- und Kulturinteressierte

Die kleinen Inseln lagen fast immer am Rand des historischen Geschehens, wurden zudem über die Jahrhunderte hinweg von fremden Eindringlingen überfallen, die vieles zerstörten. Hochklassige Baudenkmäler sind deshalb selten. In seiner Art sogar einmalig ist jedoch das karthagische Erbe Ibizas.

▸ **Ibiza:** Mit wenigen Ausnahmen konzentrieren sich die wichtigsten Sehenswürdigkeiten der Insel in ihrer uralten Hauptstadt, die bereits von den Karthagern gegründet wurde.

Dalt Vila, die Oberstadt Eivissas, ist seit mehr als 2500 Jahren durchgehend besiedelt. Vor allem ihr hat die Insel die Ernennung zum „Welterbe der Menschheit" zu verdanken. Herausragendes Bauwerk sind die unglaublich eindrucksvollen, komplett erhaltenen Stadtmauern der Renaissance, die auf weit älteren Vorgängern fußen.

Museu Arqueològic: Die Dalt Vila beherbergt auch das Archäologische Museum, das auf architektonisch sehr raffinierte Weise in die Stadtmauern integriert ist. Glanzstücke der Exponate sind die Funde aus der großen Zeit der Insel, als Ibiza unter karthagischem und römischem Einfluss stand.

Necrópolis del Puig des Molins: In einem neueren Viertel der Hauptstadt liegt die Nekropolis der Karthager, mit etwa 3500 Gräbern die größte bekannte karthagische Totenstadt überhaupt – nur ein Bruchteil ist zu besichtigen. Bleibt zu hoffen, dass die sehr umfangreiche Sammlung des angeschlossenen „Museu Monogràfic" möglichst bald wieder der Öffentlichkeit zugänglich gemacht wird.

Puig d'en Missa: Die schöne Wehrkirche auf Santa Eulàrias „Hügel der Messe" wurde wahrscheinlich von einem jener Architekten errichtet, die auch Eivissas Stadtmauern konzipierten. Ganz in der Nähe gibt das Volkskundemuseum „Museu Etnològic Can Ros" einen interessanten Einblick in die Lebensverhältnisse des früheren, bäuerlich geprägten Ibiza.

Balàfia: Das winzige Dörfchen neben der Hauptstraße nach Sant Joan ist ein Musterbeispiel der wehrhaften ländlichen Architektur vergangener Zeiten, als die Bevölkerung über die Insel verstreut lebte und

Insel-Highlights

stets die Gefahr von Piratenüberfällen drohte. Die kleine Siedlung ist in Privatbesitz, bei einem Besuch deshalb Rücksichtnahme angesagt.

Ibizenkische Landkirchen: Die stets weiß gekalkten Dorfkirchen Ibizas beeindrucken mit ihrer schlichten Schönheit. Den älteren unter ihnen ist noch deutlich ihre wichtige Nebenfunktion als Fluchtburgen anzumerken. Die Innenausstattung ist in der Regel einfach, einziges Kunstwerk von Rang ist der Altaraufsatz der Kirche von Jesús. Ibizas älteste und bedeutendste Kirchen stehen in Eivissa, Sant Jordi, Sant Antoni, Sant Miquel, Santa Eulària und Jesús.

▸ **Formentera:** Historisch stets unbedeutend und jahrhundertelang sogar völlig verlassen, hat Formentera kaum hochrangige Sehenswürdigkeiten aufzuweisen – die Stärken der Insel liegen auf anderen Gebieten.

Vorgeschichtliche Funde: Die Ausgrabungen am Megalithgrab Ca na Costa bei Es Pujols sowie in den Siedlungen von Cap de Barbaría beim gleichnamigen Kap gaben den Wissenschaftlern wichtige Erkenntnisse, Nicht-Archäologen sagen die eingezäunten Fundstellen jedoch eher wenig.

Castell romà de Can Blai: Auch die Reste der wahrscheinlich römischen Festung von Can Blai bieten, vom Grundriss abgesehen, wenig Anschauliches.

Museu Etnològic: Das kleine Volkskundemuseum der Inselhauptstadt Sant Francesc zeigt eine Sammlung von Fotos, Trachten und Werkzeugen aus dem früheren Alltag der Fischer- und Bauerninsel Formentera.

Durchblick: Santa Eulàrias „Hügel der Messe"

... für Landschafts- und Naturgenießer

Abseits der wenigen Städte und der Bettenburgen mancher Küstenzonen vor allem auf Ibiza bewahren die Pityusen ein erstaunliches und sehr vielfältiges Erbe an Naturschönheiten ganz unterschiedlicher Art.

▸ **Ibiza:** Nicht nur die Natur sorgt auf Ibiza für bezaubernde Bilder, sondern auch mancher Eingriff des Menschen, insbesondere die hier noch häufig relativ behutsam betriebene Landwirtschaft.

Parc Natural de ses Salines: Das bislang einzige höherrangige Naturschutzgebiet der Pityusen reicht inselübergreifend von der Südspitze Ibizas bis in den Nordwesten Formenteras. Zum Park, in dem zahlreiche seltene Tier- und Pflanzenarten leben, zählen neben den eigentlichen Salzfeldern auch die Dünengürtel, Strände und Steilküsten des insgesamt 11.000 Hektar großen Gebiets sowie das Meer samt den kleineren Inseln zwischen Ibiza und Formentera.

Bäuerliche Kulturlandschaften: Vor allem im Norden Ibizas, berühmt durch die rote Erde seiner fruchtbaren Felder, wird noch Landwirtschaft nach alter Art betrieben, bei der die Bauern die Felder zur Erholung des Bodens immer wieder brach liegen lassen und auf Kunstdünger und die Giftspritze

Kleine Inseln, großer Charme

Fest für Fotografen: Abendstimmung in den Salinen Formenteras

verzichten. Besonders im Frühjahr verwandeln sich diese Gebiete deshalb in ein wahres Meer aus Wildblumen, ein traumhafter Anblick.

Serras: Die Hügelketten, die Ibiza im Norden und im Süden überziehen, erreichen zwar nur relativ geringe Höhen, doch sind sie dünn besiedelt und auf weiten Strecken bewaldet. Wanderung 2 dieses Reisehandbuchs führt auf den höchsten „Berg" der Insel, die 475 Meter hohe Talaia de Sant Josep beim Dorf Sant Josep im Süden der Insel.

Felsküsten: Wo keine Strände, da (meist) auch kein Anreiz, die Landschaft mit Feriensiedlungen zuzubetonieren. Die ausgedehnten, steil abfallenden Felsküsten des Nordens, aber auch anderer Inselregionen bewahren deshalb noch viel unberührte Natur, oft nur ein par Schritte von den Ferienzentren entfernt – zu erleben auch auf den Wanderungen 1, 3 und 4 dieses Führers.

Talaias, die exponierten Wachttürme an den Küsten, hatten die Aufgabe, herangelende Piratenflotten rechtzeitig zu sichten und die Bevölkerung zu warnen. Von praktisch jedem der vielen ibizenkischen Wachtürme bietet sich deshalb ein faszinierend weites Panorama. Unübertroffen jedoch ist der Ausblick von der Torre des Savinar im Südwesten auf die vorgelagerte, wie eine verwitterte Pyramide aufragende Insel Es Vedrà.

▶ **Formentera:** Ibizas kleinere und trockenere Schwester ist landschaftlich vielleicht nicht ganz so vielgestaltig, dafür touristisch weniger erschlossen. Formenteras Salinen, im Gegensatz zu denen Ibizas nicht mehr in Betrieb, sind Teil des oben angesprochenen Naturreservats.

La Mola und **Cap de Barbaría** heißen die beiden Hochebenen, die sich im Osten und im Südwesten über der sonst flachen Insel erheben. Während die fruchtbare Mola wie ein grüner Flickenteppich aus Feldern und Wäldern wirkt, macht das extrem karge, dabei erst vor wenigen Jahrzehnten abgeholzte Gebiet am Cap de Barbaría den Eindruck einer lebensfeindlichen Steinwüste und ist auf seine Art höchst beeindruckend.

Camí Roma: Der „Römerweg", ein alter und streckenweise gepflasterter Fußpfad, führt von Formenteras Tiefland hinauf zur Mola und bietet unterwegs unglaubliche Ausblicke auf die Insel, die Meerenge und auf Ibiza.

Auf einen Blick – die Pityusen in Kürze

Lage: Ibiza erstreckt sich von West nach Ost etwa zwischen 1°17′ und 1°38′ östlicher Länge, von Süd nach Nord etwa zwischen 38°50′ und 39°06′ nördlicher Breite, mithin auf etwa demselben Breitengrad wie die griechische Insel Lesbos und nur wenig nördlicher als Sizilien. Die Entfernung nach Palma de Mallorca beträgt 130 Kilometer, nach Barcelona 298 Kilometer und zum Cabo de la Nao in der Festlandsprovinz Alicante 87 Kilometer.

Formentera, von Ibiza nur durch die vier Kilometer schmale Meerenge Es Freus getrennt, verläuft zwischen 1°23′ und 1°35′ östlicher Länge und zwischen 38°40′ und 38°49′ nördlicher Breite; Formentera ist die südlichste Insel der Balearen. Die Entfernung vom Inselhafen La Savina zu Ibizas Hauptstadt beträgt etwa 20 Kilometer.

Größe: Ibiza ist mit einer Fläche von 568 Quadratkilometern die drittgrößte Insel der Balearen (zum Vergleich: Mallorca 3640 Quadratkilometer), die Küstenlinie misst 210 Kilometer. Formentera steht mit 82 Quadratkilometern an vierter Stelle, seine Küstenlinie erstreckt sich über 69 Kilometer.

Bevölkerung: Nach der letzten Volkszählung besitzt Ibiza rund 115.000 Einwohner (zum Vergleich: Mallorca 790.000 Einwohner), die sich auf die fünf Gemeinden Eivissa, Sant Josep, Sant Antoni, Sant Joan und Santa Eulària verteilen. Längst nicht jeder Einwohner wurde jedoch auf der Insel geboren; Grund ist der starke Zuzug vom spanischen Festland, insbesondere aus Andalusien. Die Bevölkerungsdichte liegt deutlich höher als der spanische Durchschnitt, verteilt sich jedoch sehr unterschiedlich: Mehr als ein Drittel der Einwohner lebt in der Hauptstadt Eivissa.

Auf Formentera werden rund 8000 Einwohner gezählt, die von der einzigen Gemeinde Sant Francesc (gleichzeitig Sitz des Inselrats) verwaltet werden. Damit ist das Eiland eher dünn besiedelt, die Bevölkerungsdichte liegt nicht einmal halb so hoch wie auf Ibiza.

Der Ausländeranteil auf den Pityusen fällt für spanische Verhältnisse sehr hoch aus. Fast alle Gemeinden liegen über 20 Prozent, die einzige Ausnahme Eivissa (19,7 %) kratzt immerhin knapp an dieser Marke. Die inoffiziellen Zahlen dürften noch höher liegen.

Verwaltung und Politik: Lange schon eine gemeinsame Provinz, bilden die Balearen seit 1983 als „Comunitat Autónoma Illes Balears" eine der 17 teilautonomen Regionen Spaniens. Sitz des Parlaments und der Regierung „Govern Balear" ist Palma de Mallorca, Ibiza und Formentera besitzen jedoch jeweils ihren eigenen Inselrat „Consell Insular" mit Sitz in Eivissa bzw. Sant Francesc. Politisch gelten die Bewohner von Formentera als relativ progressiv, die Ibicencos dagegen eher als konservativ. Seit den Wahlen von 2007 wird die Regierung der Balearen von einer Koalition aus der sozialistischen PSOE-Partei, der regionalistisch-bürgerlichen Unió Mallorquina und dem linksgrünen Parteienbündnis Bloc gebildet, angeführt von Ministerpräsident Francesc Antich. In die Inselräte der Pityusen wurden jeweils Linkskoalitionen gewählt, auf Ibiza aus PSOE und Eivissa pel Canvi (ExC) bestehend, auf Formentera aus Gent per Formentera (GxF) und PSOE.

Amtssprachen: Wie auf den gesamten Balearen gelten auch auf Ibiza und Formentera zwei Amtssprachen: català (Katalanisch, mittlerweile offiziell „erste Amtssprache") und castellano (Kastilisch, also Spanisch).

Wirtschaft: Die Balearen gelten als eine der wohlhabendsten Regionen Spaniens und die reichsten Inseln im Mittelmeer. Wichtigste Einkommensquelle ist mit rund 75 % der Dienstleistungssektor, die Landwirtschaft trägt kaum über 2 % zum BIP bei. Vier von fünf Einwohnern der Pityusen, so wird geschätzt, leben direkt oder indirekt vom Tourismus. Ein Problem der Inseln ist die Tatsache, dass der Fremdenverkehr hier deutlich stärker auf die Sommersaison ausgerichtet ist als zum Beispiel auf Mallorca, ein weiteres der Mangel an bezahlbarem Wohnraum für die Arbeitskräfte.

Ungewohnt: der ibizenkische Dialekt eivissenc

Sprachen auf Ibiza und Formentera

Die eigentliche Sprache der Pityusen ist nicht etwa Spanisch, sondern *català*, Katalanisch. Der ibizenkische Dialekt *eivissenc* bildet eine Variante davon. Richtig auffällig wird der Unterschied aber eigentlich nur bei den Artikeln, wenn zum Beispiel „Sa" statt „La" steht.

Català selbst, eine völlig eigene Sprache, zählt wie Spanisch (Castellano, Kastilisch: „Hochspanisch") zu den aus dem Vulgärlatein entstandenen romanischen Sprachen, ist aber dem Provençalischen näher verwandt. Wer etwas Italienisch, Latein oder Französisch beherrscht, wird viele verwandte Ausdrücke entdecken: „Si us plau" bedeutet zum Beispiel erwartungsgemäß „bitte". Natürlich ähneln auch viele Bezeichnungen ihrem spanischen Pendant. Seit 1990 ist Català vom Europäischen Parlament als europäische Sprache anerkannt – reichlich spät, bedenkt man, dass etwa sechs Millionen Menschen Katalanisch sprechen, etwa ebensoviele wie zum Beispiel Dänisch. Der Sprachraum des Katalanischen reicht an der Mittelmeerküste von Andorra und der französischen Grenze bis hinunter nach Alicante, bezieht aber auch Teile Aragóns, das französische Roussillon und sogar die sardische Gemeinde Alghero ein.

In früheren Jahrhunderten, aber auch zur Zeit des Franco-Regimes, war der Gebrauch der katalanischen Sprache von der kastilischen Zentralmacht immer wieder unterdrückt und sogar verboten worden. Nach dem Tod Francos und erst recht nach der Einführung der Autonomen Gemeinschaften erlebte Català jedoch eine Renaissance, auch als Symbol der regionalen Eigenständigkeit. Die Zweisprachigkeit der Balearen wurde per Gesetz verankert. In den letzten Jahren hat sich der Einfluss des Català noch verstärkt, wurde das Spanische zurückgedrängt, ein

Trend, der für die *forasters*, die starke Minderheit der vom Festland zugezogenen Spanier, natürlich erhebliche Probleme aufwirft. Diese sogenannte und nicht unumstrittene *normalizació linguistica*, die „sprachliche Normalisierung", wird von der Balearenregierung nach Kräften gefördert und dürfte sich im offiziellen Sprachgebrauch deshalb weiter fortsetzen. Die politisch korrekte Bezeichnung der Inselgruppe ist deshalb „Illes Balears" statt „Islas Baleares". Spanischkundige mögen sich damit trösten, dass man mit Spanisch überall problemlos durchkommt. Und an das Hinweisschild „Platja" (statt Playa: Strand) gewöhnt man sich schnell...

Abseits der hohen Politik wird auf Ibiza und Formentera der Sprachenproblematik ohnehin eine eher geringe Priorität eingeräumt. Fragt man einen Ibicenco, wie er die Sache sieht, so hört sich das oft so an: „Wir kommunizieren in der Sprache, in der wir einander verstehen können. Uns ist es gleich, ob das nun in Katalanisch, Spanisch, Deutsch oder Chinesisch ist. Und so haben wir es immer schon gemacht." Zudem ist das Nationalbewusstsein auf den Balearen gar nicht so ausgeprägt, wie es mancher Politiker vielleicht gern hätte: Bei einer Umfrage unter Jugendlichen gaben 43 Prozent an, sich in erster Linie als Einwohner des Archipels zu fühlen, 40 Prozent sahen sich hingegen vor allem als Spanier, und für 16 Prozent waren beide Identitäten gleichberechtigt.

> **Zur Schreibweise von Orts- und Straßennamen:** Den Gegebenheiten entsprechend, werden in diesem Buch nach Möglichkeit die katalanischen Bezeichnungen verwendet, bei deutlichen Abweichungen der spanischen Namen diese in Klammern ergänzt. Eine Ausnahme bildet der weltweit bekanntere Inselname „Ibiza". Die Hauptstadt, die in beiden Sprachen denselben Namen trägt wie die Insel, wird hingegen katalanisch als „Eivissa" benannt.

Geographie und Landschaft

Geologisch betrachtet, bilden Ibiza und Formentera eine Fortsetzung der Betischen Kordillere, des größten und höchsten Gebirgszugs Andalusiens, zu dem auch die Sierra Nevada gehört.

Entstanden ist die Betische Kordillere vor etwa 65 Millionen Jahren durch Auffaltungen unter dem Druck der sich aufeinander zubewegenden Kontinentalplatten Europas und Afrikas. Damals reichte der Gebirgszug von Andalusien bis Mallorca. Durch erneute Verschiebungen der Erdkruste senkte und hob sich das Gebiet mehrfach, die Inseln verschwanden im Meer und tauchten wieder auf, das letzte Mal im Tertiär vor etwa 15 Millionen Jahren. Nach dem Austrocknen des Mittelmeers jedoch, einem langsamen Prozess, der sich vor rund sechs Millionen Jahren ereignete, waren Ibiza und Formentera sowohl mit Europa als auch mit Afrika verbunden. Erst der Bruch des Damms von Gibraltar, durch den sich das Mittelmeer wieder allmählich mit Wasser aus dem Atlantik auffüllte, machte die Pityusen vor etwa fünf Millionen Jahren wieder zu Inseln.

Ibiza ist mit einer Fläche von 568 Quadratkilometern die drittgrößte Insel der Balearen, gleichzeitig das westlichste und das dem Festland am nächsten gelegene Eiland des Archipels. Die Landschaft ist für eine so kleine Insel erstaunlich vielfältig. Den Norden prägt der bewaldete Hügelzug *Els Amunts*, der im Puig d´en Forns bis auf 410 Meter aufragt und unterbrochen wird von fruchtbaren Hochtälern, deren

Erde durch das darin enthaltene Eisen rostrot gefärbt ist; seine Küsten stürzen oft spektakulär steil und unzugänglich ins Meer ab. Etwa parallel verläuft weiter südlich eine weitere Hügelkette, die mit der 475 Meter hohen *Talaia de Sant Josep* den höchsten „Berg" Ibizas stellt. Relativ flach zeigen sich der Osten und der Südosten der Insel, das Feuchtgebiet der Salinen ganz im Süden liegt kaum noch über Meeresniveau. Einziger Fluss Ibizas ist der Riu de Santa Eulària, der bei der gleichnamigen Stadt mündet; jedoch ist auch er durch das Absinken des Grundwasserspiegels heute meist ausgetrocknet. Auf Ibizas 210 Kilometer lange Küstenlinie verteilen sich ausgedehnte Sandstrände, geschütze Buchten und herbe Steilküste.

Formentera, mit 82 Quadratkilometern Fläche die viertgrößte und gleichzeitig die südlichste Balearin, besteht aus den beiden Hochflächen *Cap de Barbària* im Südwesten und *La Mola* im Osten, die durch eine schmale, flache Landenge verbunden sind. Insgesamt ist das Höhenprofil noch deutlich niedriger als auf Ibiza, erreicht mit der *Talaiassa* (192 m) nicht einmal die Marke von zweihundert Metern. Geschützte Buchten wie die Cala Saona sind an der 69 Kilometer langen Küstenlinie selten, das Bild bestimmen sehr lange Sandstrände und felsige Steilküste.

Klima und Reisezeit

Das angenehme Klima der Pityusen wird geprägt durch die Insellage im Mittelmeer, die für trockene und warme, aber nicht allzu heiße Sommer und milde, feuchte Winter sorgt.

Temperaturen unter dem Gefrierpunkt sind ausgesprochen selten. Die Inseln kennen zwar durchaus Jahreszeiten, doch darf das Klima insgesamt als ausgesprochen freundlich bezeichnet werden: Rund 300 Sonnentage im Jahr sprechen für sich ... Die Niederschläge verteilen sich ganz überwiegend auf die Monate Oktober bis März, in denen fast 80% der jährlichen Regenmenge fällt. Allzu viel regnet es selbst dann nicht: Das Klima der Pityusen ist trockener und sonniger als das der übrigen Balearen, wobei Formentera der größeren Schwester sogar noch etwas den Rang abläuft.

Baden lässt es sich in Anbetracht der Luft- und Wassertemperaturen am angenehmsten von Juni bis einschließlich September, oft sogar noch bis weit in den Oktober hinein. Für Wanderungen und Entdeckungstouren sind Frühling und Herbst mit ihren kräftigen Farben sicherlich die schönsten Reisezeiten.

• *Ein Reisejahr auf den Inseln* Im **Frühjahr** grünt und blüht es überall. Das beginnt schon im Januar mit der Mandelblüte und reicht bis in den Mai. Das Wetter kann zwar noch wechselhaft sein, doch der Andrang hält sich in Grenzen. Den ersten Urlauberschub nach dem Winter erfahren die Inseln an Ostern, dem traditionellen Beginn der Saison. Da dann auch viele spanische Besucher kommen, klettern die Preise praktisch auf Hochsommerniveau. Nach der Karwoche wird es wieder ruhig, bis im Mai, einem schönen Reisemonat für die Pityusen, allmählich die Sommersaison einsetzt. Das Meer erwärmt sich zaghaft, so langsam kann man nun auch ans Baden denken. Tag für Tag sieht man neue Gesichter auf den Inseln, die Stimmung steigt.

Der **Sommer** beginnt im Juni, ebenfalls ein sehr angenehmer Monat auf den Inseln. Zwar trocknet die Landschaft allmählich aus und die Farben verblassen, dafür erreicht das Meer angenehme Badetemperaturen. Die großen Discos öffnen. Noch ist die Saison nicht in vollem Gang, hat der große Run auf Unterkünfte und Restaurantplätze nicht eingesetzt; Hoteliers, Bedienungen, die vielen jungen Saisonarbeiter im Umfeld des Disco-Betriebs haben den sommerlichen Andrang noch vor sich und sind meist wohlgelaunt. Im Verlauf des Juli wird es eng, die Hochsaison beginnt. Freie Unterkünfte sind nur mehr schwer zu finden, die Preise erreichen allmählich astronomische Höhen. Der August setzt in jeder Hinsicht noch eins drauf – Höchstbetrieb,

Klima und Reisezeit 25

Schatten willkommen: Sommertag in Sant Agustí

die Urlaubsmaschine läuft auf vollen Touren. Immerhin, das Meer ist badewannenwarm, Regenfälle sind eine Seltenheit. Im September wird es langsam wieder ruhiger und leerer auf den Inseln, ein prima Urlaubsmonat. Allerdings schließen allmählich schon die großen Clubs, die Disco-Saison neigt sich deutlich dem Ende zu.

Der **Herbst** setzt oft schlagartig ein. „Gota fría", der kalte Tropfen, heißen die Schlechtwettereinbrüche mit Sturzregen, die in manchen Jahren schon Anfang September die ersten heftigen Niederschläge bringen. Fast immer scheint aber bald schon wieder die Sonne, und das Meer bleibt ohnehin noch lange warm. Allerdings werden die Tage besonders ab der Zeitumstellung (wie bei uns) deutlich kürzer, die Abende kühler. Den Hoteliers, Kellnern und Barbedienungen steckt die harte Saison in den Knochen und im Gemüt, der Umgangston kann schon mal etwas ruppiger ausfallen als im Frühjahr. Dennoch ist auch der Oktober, vor allem die erste Hälfte, eine gute Reisezeit, wenn man auf den vollen Discobetrieb verzichten kann. Ab Mitte, Ende des Monats beginnen die Inseln sich zu leeren, anfangs langsam, dann rapide: Ibiza und Formentera gehören wieder den Einwohnern und den Residenten.

Der **Winter** hat seine durchaus sonnigen Seiten, insgesamt fallen die Regenfälle auf den Pityusen weniger umfangreich aus als auf Mallorca. Doch während sich die Tourismusbehörden auf der großen Balearin über die steigende Zahl der Winterurlauber freuen, hält sich die Nachfrage nach Ibiza, erst recht nach Formentera, bislang in engen Grenzen. Zwar steuert eine Reihe von Fluggesellschaften Ibiza mittlerweile auch in der Wintersaison an (zum Teil über Mallorca), doch hat sich dies unter den Geschäftsleuten anscheinend immer noch nicht so recht herumgesprochen. Fast alle Discos haben geschlossen oder öffnen nur am Wochenende, auch viele Hotels, Bars und Restaurants machen Winterpause. Wer es gern ruhig angehen lässt, ist mit einem Winterurlaub auf Ibiza dabei gar nicht schlecht schlecht bedient: Die Landschaft ist schön grün, die Atmosphäre entspannt und kommunikativ, die Leute haben Zeit für ein Schwätzchen. Vergleichsweise am meisten Betrieb und die beste Infrastruktur bietet dann natürlich die Hauptstadt Eivissa, während die im Sommer so proppevollen Ferienzentren zum Teil eher Geisterstädten ähneln. An guten Tagen kann man mittags ohne weiteres im Freiluftcafé sitzen. Die Abende und Nächte sind freilich frisch, und bei schlechtem Wetter spürt man der hohen Feuchtigkeit wegen die relative Kälte umso mehr, auch in den Zimmern: Eine funktionsfähige Heizung ist im Winterurlaub auf den Pityusen ein Muss!

Klimadaten für Ibiza (Durchschnittswerte in Grad Celsius, Tagen bzw. Stunden)

Monat	Lufttemperatur max.	Lufttemperatur min.	Regentage *	Sonnenstunden/Tag
Januar	15	7	6	5
Februar	15	7	7	6
März	16	9	6	7
April	19	11	5	8
Mai	22	14	3	10
Juni	26	18	3	11
Juli	29	21	1	11
August	29	22	1	10
September	27	20	4	8
Oktober	23	16	9	7
November	19	12	9	6
Dezember	16	9	8	6

* Regentage: Tage mit mehr als 0,1 mm Niederschlag

Natur und Umweltschutz

Mehr als ein Drittel der Balearen ist unter Naturschutz unterschiedlicher Kategorien gestellt, auf Ibiza sind es sogar über 40 Prozent. Nahezu vorbildlich ist die Abwasserentsorgung, da mittlerweile jeder Küstenort eine Kläranlage besitzt. Dennoch bleibt die Umwelt ein Sorgenkind.

Insbesondere während der Regierungszeit der Partido Popular von 2003 bis 2007 beklagten die auf den Pityusen tätigen Umweltschutzverbände GEN (Grup d´Estudis de sa Naturalesa) und Amics de la Terra erhebliche Rückschritte in der Umweltpolitik. Wohl nicht zu Unrecht. So schafften die Konservativen nicht nur die von ihren rot-grünen Vorgängern initiierte Ökosteuer eilends wieder ab, sie änderten auch das Gesetz für Naturgebiete dahingehend, dass in eigentlich geschützten Regionen wieder gebaut werden durfte, sofern das entsprechende Grundstück nur die Mindestfläche von 50.000 Quadratmetern besaß. Der Bucht Cala d´Hort wurde der von der Vorgängerregierung verliehene Status als Naturpark wieder genommen. Und nachdem die umstrittene Verbreiterung der Straße von Eivissa nach Sant Josep bereits erfolgt war, stand der kleinen Baleareninsel gleich noch ein wahres Mammutprojekt ins Haus: Die Verbindung von der Hauptstadt zum Flughafen, die Ortsumgehung und auch die Straße nach Sant Antoni wurden allen Protesten („No volem autopista") zum Trotz autobahnähnlich ausgebaut. Federführend als Baudezernentin war ausgerechnet Stella Matutes, die Tochter von Abel Matutes, ehemaliger Außenminister Spaniens und Gebieter über ein riesiges Firmenimperium. Vorwürfe, er selbst habe an dem gigantischen Bauvorhaben blendend verdient, wies der mächtigste Mann Ibizas natürlich weit von sich...

Wild wuchernde Bebauung und hemmungslose Asphaltierung der Landschaft sind jedoch nicht die einzigen Sorgen der Umweltschützer, es gibt noch andere Problemfelder.

Natur und Umweltschutz 27

Hässliches Relikt des Erschließungswahns: Bauruine an der Cala d'en Serra

Müll: Mehrwegsysteme für die Verpackung und den Transport von Konsumgütern sind in Spanien leider immer noch selten. „Ex-und-Hopp" heißt die Devise, ob es nun um Flaschenbier geht oder die unvermeidlichen Plastiktüten, in die jeder noch so kleine Einkauf im Supermarkt von flinken Händen bugsiert wird. Wohl noch schlimmer sind die immer häufiger anzutreffenden, praktisch nicht verrottenden PET-Flaschen, die den Müllberg ins Unermessliche wachsen lassen. Auf Ibiza entledigt man sich der Abfälle, die Bewohner und natürlich auch Touristen verursachen, auf sehr einfache Art – der anfallende Müll wird gesammelt, zwischengelagert und dann per Schiff zur Entsorgung auf das spanische Festland gebracht. Elegantere Lösungen wären sicherlich Müllvermeidung, Mülltrennung, Recycling und Kompostierung. Erste Anstrengungen in dieser Richtung gibt es bereits.

Tourismus: Der Fremdenverkehr bringt, auch wenn mancher dies nicht so gern hören wird, natürlich ebenfalls massive Umweltschädigungen mit sich. Am auffälligsten wird dies in manchen Bereichen besonders der Ostküste und des Südwestens, die vielerorts bis zur Unkenntlichkeit entstellt sind von hoch aufragenden Hotelkästen und den sogenannten Urbanisationen, landschaftsfressenden Feriensiedlungen, die oft viele Monate im Jahr praktisch leer stehen. Hinzu kommt der verstärkte Verkehr, ein deutlich erhöhter Verbrauch des kostbaren Wassers und natürlich auch ein größeres Müllaufkommen.

• *Beitrag zum Umweltschutz* Zumindest ein wenig kann jeder einzelne Reisende dabei helfen, die Belastung durch seine Anwesenheit so gering wie möglich zu halten: Verzichten Sie, wo immer es geht, auf Getränkedosen, ebenso auf die Tragetaschen aus Plastik, die zu jedem noch so kleinen Einkauf automatisch ausgehändigt werden. Auch beim Wasserverbrauch ist Zurückhaltung angebracht. Belasten Sie ihre Urlaubsinsel zudem nicht mit Sondermüll wie zum Beispiel ausrangierten Batterien – nehmen Sie diese wieder mit nach Hause oder setzen Sie besser gleich Akkus ein. Verzichten Sie auf dubiose Wassersportarten, insbesondere auf die hoch umweltbelastenden Jet-Skis („Wassermotorräder"), die zudem eine enorme Lärmbelästigung darstellen. Schonen Sie bitte auch ökologisch sensible Zonen, indem Sie dort die Wege nicht verlassen.

Wassermangel: Ein Problem, das Ibiza und besonders auch Formentera immer wieder plagt. Wasser ist kostbar auf den regenarmen Inseln, der Grundwasserspiegel jedoch stark gesunken. Das liegt auch am Tourismus. In keinem anderen Haushalt, so zeigt eine Erhebung, wird soviel Wasser verbraucht wie in einer Ferienwohnung: bis zu 500 Liter pro Tag und Person, das ist rund das Doppelte des Durchschnitts. In den Sommermonaten steigt der Verbrauch beispielsweise der Gemeinde Sant Antoni um das Dreieinhalbfache an. Da das Wasser aus Brunnen und Zisternen längst nicht mehr ausreicht, sichern Meerwasser-Entsalzungsanlagen die Versorgung mit dem kostbaren Nass. Aber auch das Einsparpotenzial wäre eigentlich erheblich: Einen Großteil des Wassers verbrauchen die veralteten Bewässerungsmethoden der Landwirtschaft, und ein hoher Prozentsatz versickert sogar einfach im löchrigen Leitungsnetz, laut der ibizenkischen Umweltschutzorganisation Amics de la Terra rund die Hälfte allen Trinkwassers.

Waldbrände sind eine Geißel fast aller Mittelmeerregionen. Auch auf Ibiza wüten jeden Sommer große Feuer, fast alle absichtlich gelegt oder durch Fahrlässigkeit verursacht. Nach einem Brand vergehen oft Jahrzehnte, bis die betroffenen Gebiete sich erholt haben und ihr Ökosystem wiederhergestellt ist – die Hügel um Eivissa tragen heute noch Spuren der großen Brände von 1994, als 350 Hektar in Rauch und Asche aufgingen. Der Waldbestand der Pityusen ist ohnehin nicht mehr groß, Brände verursachen deshalb einen besonders schwerwiegenden Verlust. Beachten Sie bitte die Hinweistafeln und gehen Sie mit Zigaretten vorsichtig um. Notruf-Telefon bei Bränden: 112.

• *Umweltschutzgruppen* **GEN**, Grup d´Estudis de sa Naturalesa, Carrer Major 20 (Dalt Vila), 07800 Eivissa; ✆/✉ 971 390674, www.gengob.org; Website leider nur auf Katalanisch.

Amics de la Terra Eivissa, Mitglied des weltweiten Netzwerks „Friends of the Earth International". Apdo. 160, 07840 Santa Eulària del Rio, mit einer (nicht unbedingt aktuellen) Website auch auf Deutsch: www.amics-terra.org

Die Pflanzenwelt der Inseln

Die vielen unterschiedlichen Lebensräume der Inseln sind Heimat zahlreicher Pflanzenarten. Vor allem im Frühjahr blüht es allerorten. Selbst die ärmsten Böden bringen dann wahre Blütenmeere hervor.

Allein an Orchideen zählt Ibiza mindestens zwanzig Arten, die etwa im Zeitraum von Februar bis Mai blühen, auf Formentera sind es zehn Arten. Im Sommer, wenn viele Blumen schon vertrocknet sind, zeigen manche Regionen ein ganz anderes Gesicht, wirken stellenweise wie ausgedörrt. Nach den ersten Herbstregen sprießt jedoch schon wieder überall das Grün. Etwas vereinfacht und von den spezialisierten Gewächsen der Feuchtgebiete, Dünen und Felsküste abgesehen, trifft man auf Ibiza und Formentera vor allem die folgenden drei Vegetationstypen an.

Bäume und Wälder sind heute längst nicht mehr so zahlreich wie im Altertum, als die Inseln die „Pinienreichen" genannt wurden. Über die Jahrtausende wurden viele Wälder der Pityusen abgeholzt – schon die Karthager und Römer gewannen hier Holz für den Schiffsbau.

Aleppokiefern sind die vorherrschenden Bäume der Inseln, hochstämmige Verwandte der Pinien, die oft in Gruppen oder ganzen, lichten Wäldern stehen. Die Aleppokiefer kommt mit wenig Wasser aus und eignet sich gut zur Aufforstung. Ihre Holzqualität ist nicht erstklassig, dennoch wird sie beim Haus- und Schiffsbau eingesetzt. Früher wurde ihre Rinde auch als Arznei bei der Tierbehandlung genutzt.

Die Pflanzenwelt der Inseln

Savinas (Phönizischer Wacholder) sind ebenfalls sehr typische Bäume der Inseln, gegenüber salzhaltiger Luft relativ unempfindlich und deshalb gelegentlich auch an Stränden zu finden. Besonders auf Formentera wachsen in Küstennähe oft höchst knorrige, windgebeugte Exemplare; dort ist sogar der Hafenort der Insel nach ihnen benannt. Savinas (spanisch: Sabinas) geben ein perfektes, hartes und beständiges Bauholz ab, das sich zum Beispiel gut für Dachkonstruktionen eignet.

Schirmpinien, deren Krone an einen aufgespannten Regenschirm erinnert, wachsen noch stellenweise im Inselinneren von Ibiza, die immergrünen **Steineichen** sind selten. Häufig hingegen sieht man verwilderte Ölbäume und Johannisbrotbäume.

▶ **Garigue:** Die auf Ibiza weit verbreitete Garigue ist eine typische Erscheinung von Rodungsgebieten und trockener, felsiger Küstenbereiche, aber auch von aufgegebenem Kulturland, in dem Schafe und Ziegen alles abgefressen haben, was halbwegs verdaulich scheint. Die Garigue zählt nicht dazu, wehren sich ihre Sträucher doch durch spitze Stacheln und Dornen. Im Umfeld, durch die Waffen der Garigue mitgeschützt, wachsen oft duftende Kräuter wie Thymian oder Rosmarin, außerdem zahlreiche Wildblumen.

Im milden Klima der Inseln reifen auch Zitronen

Ginster: Im Frühjahr und Frühsommer leuchtend gelb blühende Sträucher, die statt Blättern grüne Zweige und Dornen ausbilden. Auf Ibiza soll man mit den vertrockneten Stängeln früher Herdfeuer angezündet und geschlachteten Schweinen die Borsten abgebrannt haben.

Zistrosen: Die Büsche der Zistrosen zählen zu den ersten Pflanzen, die sich auf aufgegebenem Kulturland ansiedeln. Auf den Pityusen gibt es mehrere Arten, darunter die Weißliche Zistrose, die entgegen ihrem Namen im Frühjahr rosa blüht. In alten Zeiten dienten ihre Zweige zum Putzen des Geschirrs.

Gezahnter Lavendel: Ein weiterer Vertreter der Garigue-Flora ist der Lavendelstrauch, der zur Familie der Lippenblütler gehört. Am Ende langer Stängel sitzen die auffälligen lila Blüten, die fast rund ums Jahr blühen, weshalb der Strauch auch als Zierpflanze in Gärten beliebt ist.

Zwergpalmen: Die einzige einheimische Palme Europas (alle anderen wurden eingeführt) findet sich nur noch an der Nordwestküste Ibizas. Früher lieferte sie einen wichtigen Rohstoff: Ihre Blätter wurden zu Körben, Besen, Seilen, Hüten, Teppichen etc. geflochten.

Kapern: Der dornige Strauch mit seinen fast runden Blättern besetzt Standorte, an denen sonst kaum noch etwas wächst, krallt sich besonders in küstennahen Gebieten in kleinste Gesteinsritzen. Die Blütenknospen dienen, eingesalzen oder in Essig eingelegt, als Gewürz.

Oleander: An feuchten Standorten bildet der an den lanzettförmigen Blättern kenntliche Strauch wahre Dschungel, wird aber auch oft an Straßenrändern u. Ä. angepflanzt. Im Frühsommer blüht er rosa, rot oder weiß. Achtung, die Blüten sind sehr giftig!

Meerzwiebel: Eine auffällige Pflanze – bis zu mehr als einem Meter Höhe treibt die halb aus dem Boden ragende Knolle im Sommer ihren weißen Blütenstand. Auch sie ist giftig.

Kleine Inseln, großer Charme

Vom Wind zerzaust: Savina-Baum auf Formentera

▶ **Kulturpflanzen** bedecken den größten Teil der Inseln. Viele von ihnen wurden eingeführt, teilweise schon von den Karthagern und später den Mauren. Natürlich wachsen auf Ibiza und Formentera Kartoffeln, Getreide, Gemüse und Obst in vielerlei Arten. Fast allgegenwärtig sind Zitrusfrüchte, Feigenbäume und die oft mehrere hundert Jahre alten Ölbäume.

Ölbäume: Die Kulturpflanze des Mittelmeerraums schlechthin. Wo der Ölbaum wächst, ist Süden – die an sich anspruchslosen Bäume vertragen nur wenige Frosttage bis maximal fünf Grad unter Null. Der Anbau verlangt Geduld, denn den höchsten Ertrag erzielt ein Ölbaum erst nach zwanzig Jahren. Neben Essoliven und dem feinen Öl liefert der Baum auch gutes, hartes Holz.

Feigenbäume: Wie der Ölbaum eine uralte Kulturpflanze; er trägt zwei- bis dreimal jährlich Früchte. Meist stehen die Bäume allein oder in kleinen Gruppen. Die weit ausladenden Äste werden häufig mit Stöcken gestützt, damit sie nicht abbrechen.

Johannisbrotbäume (Karoben): Immergrüne Bäume mit ledrigen Blättern, die an ihren länglichen, erst grünen, im Reifezustand dann schwarzen Schoten erkennbar sind. Sie wachsen meist wild an äußerst trockenen Standorten, die kaum andere Vegetation zulassen. Die Schoten sind essbar, besitzen einen hohen Anteil an Zucker und Proteinen, werden normalerweise jedoch nur als Tierfutter und bei der Arzneimittelherstellung genutzt. Auch wenn man es immer wieder liest: Im Likör Palo finden sie nicht immer Verwendung.

Mandelbäume: Aus Asien importiert. Sie blühen sehr früh, nämlich bereits ab Mitte Januar. Berühmt für seine Mandelbaumkulturen ist vor allem das Tal um das Dörfchen Santa Agnés im Norden, das sich am Ende des Winters in ein wahres Meer aus weißen Blüten verwandelt.

Agaven: Eine Sukkulentenart, die ursprünglich vom amerikanischen Kontinent stammt und manchmal als Hecken gepflanzt wird. Ihre auffälligen, meterhohen Blütenstände blühen im Frühsommer; nach der Blüte stirbt die Pflanze ab.

Feigenkakteen (Opuntien): Auch sie wurden aus Amerika importiert und dienen gelegentlich als Umfriedung von Grundstücken. Die süßen Früchte werden von winzigen, aber lästigen Stacheln geschützt – nicht anfassen!

Dattelpalmen: Wie viele andere Kulturpflanzen wurden auch sie von den Mauren ins Land gebracht. Die hochstämmigen Palmen zieren oft Boulevards und Plätze.

Die Tierwelt der Inseln

Mit Ausnahme der Vögel, Reptilien und Insekten zeigt sich die Fauna der Inseln weit weniger artenreich als die Flora. Grund ist vor allem die Jagdleidenschaft der Einwohner.

Jagd ist auf den Inseln eine Art Volkssport, der die Tierwelt arg dezimiert hat. Mittlerweile gibt es eben deshalb kaum mehr etwas zu erlegen, mancher Waidmann ballert in seiner Not deshalb sogar auf Spatzen. Selten sind insbesondere freilebende Säugetiere, von Wildkaninchen und verwilderten Ziegen einmal abgesehen; die gefleckte, bis zu einem Meter lange Ginsterkatze ist vorwiegend nachts unterwegs und deshalb kaum je zu sehen. Häufiger zu beobachten sind Vögel, Reptilien und Insekten.

- *Ca Eivissenc* Auch als **Podenco Ibizenco** oder als „Balearischer Laufhund" bekannt, ist dieser Jagdhund die typische Rasse Ibizas und eine der ältesten Hunderassen überhaupt. Sie stammt aus Afrika und wurde vielleicht schon von den Karthagern eingeführt. Der Legende zufolge soll sie Kleopatra bei ihrem (nicht belegten) Besuch nach Ibiza gebracht haben; vielleicht resultiert diese Behauptung jedoch auch aus der Ähnlichkeit des Ibicenco mit dem ägyptischen Totengott Anubis, der in Gestalt eines Schakals dargestellt wurde. Die weiß bis rötlichbraun gefärbten, etwa 60–70 cm hohen Hunde sind schlanke, elegante Tiere mit wachem Gesichtsausdruck, denen man ihre Schnelligkeit sofort ansieht. Wegen ihres extrem guten Geruchssinns werden sie vor allem bei der Kaninchenjagd eingesetzt. Die typischen hohen Ohren der Ibicencos sind bei vielen Mischlingshunden der Inseln wiederzuerkennen.

- *Vögel* Der **Eleonorenfalke**, eine der seltensten Vogelarten der Welt, verbringt den Winter auf Madagaskar. Von Juni bis September brütet er an den Steilküsten Ibizas, vor allem auf der Insel Es Vedrà.

Die **Korallenmöwe**, gleichfalls eine ausgesprochen seltene Art, brütet ebenfalls in mehreren Dutzend Paaren an der Südwestküste der Insel sowie auf Es Vedrà.

Virot heißt eine mit dem Albatros verwandte Sturmtaucherart, die heute streng geschützt ist, früher jedoch an den Felsküsten Formenteras mit bloßer Hand gejagt wurde.

Flamingos, Fischadler, Kormorane, Stelzenläufer und verschiedene Reiher gehören ebenfalls zu den zahlreichen weiteren Vogelarten, die auf Ibiza und zum Teil auch auf Formentera beheimatet sind oder die Inseln – insbesondere die Feuchtgebiete der Salinen – als Rastplatz auf ihren Wanderungen nutzen.

- *Reptilien* Giftige Schlangen braucht man nicht zu fürchten; es ist sogar Teil der „Legende Ibiza", dass es auf der Insel überhaupt keine giftigen oder gefährlichen Tiere gibt – die durchaus verbreiteten Stechmücken und die gelegentlich auftretenden Quallen unterschlägt man dabei großzügig ...

Eidechsen hingegen zählen zu den Stars der Inselfauna. Über die Jahrtausende hat sich auf Ibiza und Formentera aus der Pityusen-Eidechse eine Fülle von mehr als 30 Unterarten entwickelt, die es nur hier und nirgends sonst gibt. So sind die Eidechsen Formenteras größer und anders gefärbt als die auf Ibiza, und auch die Miniaturdrachen auf den kleinen Inselchen zeigen sich in ganz verschiedenem Kleid – selbst auf den benachbarten Inseln Es Vedrà und Es Vedranell fallen die Färbungen unterschiedlich aus. Vor allem an Picknickplätzen, also dort, wo auch schon mal etwas Futter abfällt, sind die Eidechsen weit weniger scheu, als sonst von ihnen gewohnt. Hält man sich still, kommen sie bald von allen Seiten angekrochen; manche lassen sich wie kleine Katzen locken, indem man Kieselsteinchen schmeißt, und wer ein Stückchen Obst bereit hält, dem fressen sie oft sogar aus der Hand.

Geckos scheinen mit ihren Saugfüßchen oft geradezu an Wänden zu kleben. In der Nähe von Lichtquellen kann man sie nachts bei der Insektenjagd beobachten. Sehr selten soll es auch Sumpf- und Landschildkröten geben.

- *Insekten* Mit Stechmücken muss man leben, ein mückenabweisendes Mittel sollte deshalb im Gepäck sein. Grillen sind nicht zu überhören, Zikaden ebenfalls nicht.

Schmetterlinge gibt es dank der extensiv betriebenen Landwirtschaft noch in schöner Vielfalt, darunter auch ausgesprochen große Arten wie den Erdbeerbaumfalter und den Schwalbenschwanz.

Kleine Inseln, großer Charme

Gottesanbeterinnen sind kurios geformte, räuberische Fangheuschrecken, etwa 4–7,5 Zentimeter lang, grasgrün, beige oder braun. Sie bewegen sich meist nur ganz langsam, fast unsichtbar, können mit ihren gefalteten, dornenbewehrten Raubbeinen (etwa in Gebetsstellung gehalten, daher der Name) aber blitzschnell zupacken und kleinere Tiere greifen. Ein schlechtes Los haben die Männchen dieser Art gezogen: Sie werden nach der Paarung gefressen.

Käfer sind ebenfalls kein seltener Anblick. Mit etwas Glück sieht man sogar den großen Nashornkäfer oder kann einen Skarabäus dabei beobachten, wie er am Strand seine Dungkugel dreht, in der später die Eier abgelegt werden.

• *Meerestiere* Die **Mönchsrobbe** ist leider ausgestorben, allerdings hört man gelegentlich von Plänen, die hübschen Tiere wieder anzusiedeln. Sonst ist die Unterwasserwelt der Inseln, im Gebiet zwischen Ibiza und Formentera unter den besonderen Schutz des Naturreservats gestellt, für die Verhältnisse im überfischten Mittelmeer ausgesprochen artenreich – Taucher dürfen sich auf Barrakudas, Zackenbarsche, Rochen und Muränen freuen, sehen mit viel Glück vielleicht sogar eine Karettschildkröte. Auch für Schnorchler gibt es an den Felsküsten schon vieles zu entdecken.

Delfine begleiten gelegentlich die Fähren ein Stück, **Haie** soll es um die Balearen sogar an die 40 Arten geben, doch halten sie sich in der Regel in sehr großen Tiefen auf und sind kein Grund zur Sorge.

Gar nicht scheu: Eidechsen auf Ibiza

Traditionen und Brauchtum

Moderne Zeiten hin, Tourismus her – viele Insulaner halten trotz aller Einflüsse von außen noch an ihren alten Traditionen fest.

Die Trachten der Inseln bekommt man allerdings fast nur noch in Museen oder auf Festen zu sehen, im Alltag werden sie natürlich kaum mehr getragen. Ähnliches gilt für die alten Tänze. Schon augenfälliger wird die uralte, heute gern kopierte Architektur der Inseln. Wesentlich jüngeren Datums, auf Ibiza in gewisser Weise jedoch ebenfalls Teil der Tradition, sind die Hinterlassenschaften der Hippie-Ära.

Wichtige Feste und Veranstaltungen Ibizas und Formenteras

Januar	*Festa dels Reis*, 5./6. Januar, Fest der Heiligen Drei Könige, gefeiert vor allem in Eivissa und Sant Antoni, ein Spaß besonders für Kinder. *Patronatsfest von Sant Antoni*, mehrere Tage bis zum 17. Januar. *Patronatsfest von Santa Agnès*, am 21. Januar.
Februar	*Patronatsfest von Santa Eulària*, am 12. Februar. Karneval, *Carnestoltes*, *Carnaval*, mit Umzügen vor allem in Eivissa und Sant Antoni.

Traditionen und Brauchtum 33

März
Patronatsfest von Sant Josep, am 19. März.
Wallfahrt zur Kapelle auf dem Puig d´en Serra (bei Sant Josep), am Sonntag, der dem 19. März folgt.
Setmana Santa, die Karwoche bis Ostern, überall gefeiert, mit einer berühmten *Karfreitagsprozession in Eivissa*. Dort findet dann auch die Kunsthandwerksmesse Plaça d´Art statt.

April
Patronatsfest von Sant Jordi, am 23. April. In Eivissa findet an diesem Tag das „Fest des Buches" statt, ebenfalls zu Ehren des katalanischen Nationalheiligen.

Mai
Anar a Maig, am ersten Sonntag in Santa Eulària. Großes Fest, das schon einige Tage früher beginnt und in dessen Rahmen auch eine Wallfahrt zur Kapelle auf dem Puig d´en Ribes stattfindet.
Mercat Medieval, mittelalterlicher Markt in Eivissa, am zweiten Wochenende im Mai.
Patronatsfest von Sant Ferran (Formentera), an meist mehreren Tagen um den 30. Mai.
Corpus Cristi (Fronleichnam), mit Prozession in Eivissa.
El Rocío, an Pfingsten bzw. im Mai/Juni, das Fest der andalusischen Einwanderer, gefeiert bei Eivissa und Sant Antoni.

Juni
Nit de Sant Joan, die Nacht des 23. auf den 24. Juni. Sonnwendfeuer vor allem in Eivissa, Sant Joan und El Pilar (Formentera).

Juli
Festa de Sant Cristòfol, am 10. Juli in Es Canar.
Festa de la Verge del Carme, am 16. Juli, das Fest der Schutzpatronin der Fischer und Seeleute, Bootsprozessionen unter anderem in Eivissa und Sant Antoni, auf Formentera in La Savina und Es Pujols.
Festival de Jazz, in der zweiten Julihälfte in Eivissa.
Festa de Sant Jaume, mehrere Tage um den 25. Juli, auf ganz Formentera gefeiert.
Festival Internacional de Música, internationales Musikfestival von Eivissa, im Juli und August.

August
Festes Patronals, vom 5. bis 8. August, das große Hauptfest von Eivissa, das oft deutlich über den offiziellen Zeitraum hinausgeht. Am 5. August feiert auch Formentera.
Santa María de la Asunción, 15. August, Mariä Himmelfahrt, ein wichtiger Tag im katholischen Spanien, Fest an der Cala Llonga.
Festes Patronals de Sant Bartomeu, mehrere Tage bis zum 24. August, das Sommerfest von Sant Antoni.
Patronatsfest von Sant Agustí, am 28. August.
Ibiza Bike Week, an wechselnden Terminen im August oder Anfang Septem-ber – Männer, Mädels und Motoren. www.ibizabikeweek.de.

September
Patronatsfest von Jesús, am 8. September.
Patronatsfest von Sant Mateu, am 21. September.
Patronatsfest von Sant Miquel, am 29. September.

Oktober
Patronatsfest von El Pilar (Formentera), am 12. Oktober, gleichzeitig erster Tag der „Matançes" genannten Schlachtfeste.
Patronatsfest von Sant Rafel, am 24. Oktober.

November
Patronatsfest von Sant Carles, am 4. November.
Patronatsfest von Santa Gertrudis, am 16. November.

Dezember
Patronatsfest von Sant Francesc (Formentera), am 3. Dezember.

Feste der Pityusen

Festes, die oft uralten Volksfeste, haben ihren festen Platz im Kalender. Ohne Teilnahme an einem dieser vor Lebensfreude überschäumenden Feste wäre eine Reise auf die Pityusen nicht komplett. Gefeiert wird gern und oft. Neben den landesweit begangenen Feiertagen geht die Zahl der örtlichen Ereignisse in die Dutzende, feiert doch schon jedes Dorf einmal jährlich seinen Schutzpatron. Im Kasten finden Sie eine Aufstellung der einzelnen Festivitäten älteren und jüngeren Datums. Der Schwerpunkt liegt erwartungsgemäß im Sommer. Auf die offiziellen Feiertage wird im Kapitel „Wissenswertes von A bis Z" noch näher eingegangen.

Generell ist es wichtig zu wissen, dass manche lokalen Feste nicht an ihrem eigentlichen Termin abgehalten, sondern aus praktischen Gründen schon mal auf das vorherige oder folgende Wochenende verlegt werden. Die genauen Termine können sich dadurch jährlich ändern, erkundigen Sie sich bitte vor Ort – Festprogramme und Veranstaltungskalender sind in der Regel bei den Fremdenverkehrsämtern erhältlich. Diese informieren auch über die „Festes pageses" (Bauernfeste), die von Sommer bis Herbst an oft entlegenen Orten auf dem Land stattfinden.

Trachten, Musik und Tänze

Die Trachten der Pityusen stammen vorwiegend aus dem 16. bis 18. Jahrhundert, doch werden ihre Wurzeln bis in die karthagische Zeit zurückgeführt. Auch die Musik zeigt orientalischen Einfluss.

Zu sehen beziehungsweise hören sind sie in erster Linie auf den Volksfesten, bei denen örtliche Volkstanzgruppen auftreten. Regelmäßige Vorführungen, die durchaus im Ruf der Authentizität stehen, finden in Sant Miquel im Norden Ibizas statt.

Trachten: *Sa gonella*, der meist schwarze, bis zum Boden reichende und von mehreren Unterröcken gestützte Rock, gehört ebenso zur ältesten Tracht der Frauen wie eine bestickte Schürze, ein Schultertuch und das *cambuix* genannte Kopftuch. Dazu trägt frau zahlreiche Goldringe und die *emprendada*, ein Reihe von fein gearbeiteten und mit Broschen, Edelsteinen und oft auch einem großen Kreuz ergänzten Goldketten, ein aufwändiges Schmuckstück, das in vielen Fällen über Generationen vererbt wurde. Simpler wirkt die Tracht der Männer aus weitem weißem Hemd, weißer Hose, einer roten Schärpe, einer ebenfalls roten Mütze und der *jupatí* genannten Weste, die mit großen Silberknöpfen verziert ist. An den Füßen tragen beide Geschlechter *espardenyes*, die typischen Schuhe, deren Sohlen aus geflochtenem Espartogras bestehen und deren Obermaterial aus Agavenfasern, Segeltuch oder ebenfalls aus Espartogras hergestellt ist.

Musikinstrumente: Die wichtigsten alten Musikinstrumente sind die *castanyoles* genannten Kastagnetten, die aus Wacholder hergestellt und die größten ihrer Art sind, die Trommel *tambor*, die aus einem ausgehöhlten, mit Kaninchen- oder Ziegenhaut bespannten Pinienstamm besteht, und die Flöte *flauta*, die aus Oleanderholz angefertigt wird. Ergänzt wird das Ensemble gelegentlich durch die *xeremia* (ein Blasinstrument aus Schilfrohr), den rhythmisch angeschlagenen Metallstab *espasí* und den einer Maultrommel ähnelnden *bimbau*.

Tänze: Zu den traditionellen Tänzen zählt *sa curta*, die „Kurze", bei der die Frau sich gesenkten Blickes und mit kurzen Schritten im Kreis dreht, während der Mann sie mit hohen Sprüngen umkreist, gefolgt von *sa llarga*, der „Langen", bei der die Schritte der Frauen weiter, die Sprünge der Männer höher werden. *Ses nou* *rodades* ist ein Hochzeitstanz mit verschiedenen Figuren, ebenso *sa filera*, bei der neben dem Brautpaar noch zwei weitere Tänzerinnen einbezogen werden.

Volkstümliche und sakrale Architektur

Nicht nur Trachten und Musik, auch die einfache, archaische Architektur der Bauernhäuser Ibizas und Formenteras bewahrt das alte Erbe des Orients. Ebenso schlicht und zweckbetont sind die Kirchen der Inseln.

Die naturnahe ibizenkische Bauweise hat schon Architekten wie Le Corbusier, Walter Gropius, Erwin Broner und den Katalanen Josep Lluís Sert begeistert. Und sie wurde früh schon kopiert, zum Beispiel in Mallorcas Feriensiedlung Cala d´Or, die in den 30er-Jahren vom Ibicenco Josep Costa Ferrer konstruiert wurde, wenn auch unter Verzicht auf die traditionellen Materialien. Entstanden sind die Grundzüge dieser Architektur manchen Theorien zufolge bereits unter den Karthagern, vielleicht sogar schon im vorderen Orient zur Zeit des Neolithikums.

> **Weiße Würfel auf der „Weißen Insel" – die typischen Häuser Ibizas**
>
> Grundform aller Inselhäuser ist, beginnend beim allereinfachsten Einzimmer-Haus, der Kubus: Die Würfelform bietet die beste Möglichkeit, bei Bedarf schnell weitere Wohnräume (*cases*) anbauen zu können. Errichtet werden die Häuser aus den Materialien der Region, wie dem leicht zu bearbeitenden Sandstein *marés*, Lehm und dem besonders harten Holz der Savinas, und um den kalten Nordwind der Wintermonate abzuhalten, sind sie alle nach Süden ausgerichtet. Den Innenräumen vorgelagert ist die überdachte *porxada*, eine von Säulen gestützte, manchmal zweigeschossige Veranda. Das „Wohnzimmer" bildet der so genannte *porxo*, ein Aufenthalts- und Arbeitsraum gleich neben der Eingangstür, an den sich die Küche mit Kamin und die Schlafzimmer angliedern. Um die Hitze abzuhalten, sind die Fenster klein, die Mauern äußerst dick und doppelwandig. Auch das oft einen halben Meter dicke Dach, das meist auf Savina-Balken ruht, ist mit verschiedenen Schichten, die zum Beispiel aus Algen, Schilfrohr oder Marés-Platten bestehen können, gut isoliert und mit Tonerde wasserfest abgedichtet, außerdem immer flach und so konstruiert, dass das kostbare Regenwasser aufgefangen und in die Zisterne geleitet werden kann. Die Außenwände werden in jedem Frühjahr, manchmal sogar mehrmals pro Jahr, neu gekalkt und erstrahlen deshalb immer wieder in blendendem Weiß – wohl deshalb nannte der katalanische Maler Santiago Rusiñol Ibiza auch *La Isla Blanca*, die weiße Insel. Weißer Kalk wirkt nicht nur desinfizierend, sondern reflektiert auch die Sonnenstrahlen, hält das Innere der Häuser deshalb kühl. Vervollständigt wird das traditionelle Haus durch den außen angebauten, halbkugelförmigen Ofen.

Kirchen der Pityusen: Die Grundprinzipien beim Bau der Inselkirchen folgten denen der Häuser – Zweckmäßigkeit, Schlichtheit, Verwendung lokaler Ressourcen. Die Gotteshäuser der Inseln sind einschiffig und von bescheidenen Dimensionen, ihre Mauern dick. Auch sie werden durch einen weißen Kalkanstrich vor der sengenden Sonne geschützt. Üppiger Fassadenschmuck entfällt, die Innenausstattung ist in aller Regel ebenfalls nicht gerade überbordend. Ein charakteristisches Merkmal

Musterbeispiel für wehrhafte Architektur auf dem Land: Balàfia

vieler ibizenkischer Kirchen bildet die *porxada*. Diese überdachte Vorhalle diente der Landbevölkerung vor und nach dem Gottesdienst als Treffpunkt, und hier konnten sich – unter den wachsamen Augen der Großfamilie – auch die jungen Paare kennenlernen. Dann ging es zurück auf den Bauernhof: Bis weit in die Neuzeit hinein nämlich lebten die Ibicencos weit verstreut auf einzelnen Gehöften und hatten deshalb zur Kirche oft weite Wege zurückzulegen. Erst später siedelte man sich auch im Umfeld der Gotteshäuser an, entstanden um den kirchlichen Kern erste Dörfer, die natürlich den gleichen Namen bekamen wie die Kirche – Erklärung dafür, dass fast alle Orte der Inseln nach Heiligen benannt sind.

Erste Kirche Ibizas wurde die Kathedrale der Hauptstadt. Die übrigen Gotteshäuser entstanden in zwei Phasen. Die ältere reicht bis ins 14. Jh. zurück, als die Katalanen für jeden der vier „Quartóns", in die sie die Insel geteilt hatten, eine eigene Kirche bauen ließen: Sant Jordi, Sant Antoni, Sant Miquel und Santa Eulària. Nur wenig jünger ist das als Klosterkirche erbaute Gotteshaus von Jesús. Die zweite, weit umfangreichere Phase der Kirchengründungen lag deutlich später und erstreckte sich über das 18. Jh., einige Gotteshäuser wurden auch erst im 19. Jh. errichtet.

In ihrer wehrhaften Architektur zeigen viele, wenn auch längst nicht alle Kirchen der Pityusen, dass sie nicht nur für den Gottesdienst erbaut wurden: Sie dienten der Bevölkerung ebenso als Fluchtpunkt vor den häufigen Piratenüberfällen. Besonders die älteren, meist auf Hügelkuppen erbauten Kirchen sind mit wuchtigen Mauern und hoch angesetzten Fenstern wahre Festungen, trugen oft auch Kanonen auf dem Dach; die Kirche von Sant Jordi besitzt sogar noch Zinnen. Erst als die Zeiten sicherer wurden, konnte man auf solche Ausstattung verzichten – späte Kirchen wie das schlichte, erst im 19. Jh. entstandene Gotteshaus von Sant Vicent haben nichts Wehrhaftes mehr an sich.

Hippie-Märkte und die „Moda Adlib"

Nicht nur die wirklich alten Zeiten haben ihre Spuren hinterlassen, sondern auch die erst wenige Jahrzehnte zurückliegende Ära der Hippie-Kultur. Fast scheint es sogar, als würden deren Erinnerungen mit mehr Hingabe gepflegt als die „echten" Traditionen.

Die ersten Vertreter der Hippie-Bewegung erreichten Ibiza und Formentera in den Sechzigern; Anfang der Siebziger hatte sich die Nachricht von den schönen und sonnigen Inseln so weit herumgesprochen, dass der Strom barfüßiger und bunt gewandeter Besucher kräftig anschwoll. Während auf Mallorca brave Bürger die Bettenburgen füllten, traf sich auf Ibiza und Formentera die etwas andere Gesellschaft. Die einheimische Bevölkerung begegnete den „Haarigen", wie sie genannt wurden, mit freundlicher Toleranz. Alles andere als tolerant war seinerzeit zwar der spanische Staat, doch lagen die sonnigen Inseln abseits genug, dass auch das Campieren in Höhlen, das Nacktbaden an Stränden oder der Konsum gewisser bewusstseinsverändernder Kräutlein nur selten unangenehme Kontakte mit der schon rein zahlenmäßig unterlegenen Ordnungsmacht nach sich zog. Auf Ibiza entwickelten sich die Hauptstadt, aber auch Bauerndörfer wie Sant Carles und Sant Joan, auf Formentera Sant Ferran und das Plateau der Mola zu Hochburgen der Hippies. Aus jener Zeit stammt der „Mythos Ibiza", die Legende von der „Magischen Insel". Und obwohl seitdem Jahrzehnte vergangen sind und der Massentourismus längst Einzug gehalten hat, besitzen die Inseln für Anhänger alternativer Lebensstile immer noch eine besondere Anziehungskraft. Zwar stellen die Hippies heute nur eine von vielen verschiedenen Subkulturen auf Ibiza und Formentera, völlig ausgestorben, wie manchmal behauptet, sind sie jedoch nicht und werden es so schnell wohl auch nicht sein – es wachsen immer wieder welche nach.

Authentisches Kunsthandwerk: auf dem Hippiemarkt Las Dalias

Kleine Inseln, großer Charme

▶ **Hippiemärkte** sind wirklich ein Relikt der späten Sechziger, fallen heute allerdings ganz überwiegend eher unter die Rubrik „Touristenmagnet". Zum größten derartigen Markt in Es Canar fahren Sonderbusse, werden die Besucher in solchen Scharen angekarrt, dass sie regelmäßig jeden Mittwoch die Zufahrten verstopfen. Verlagert hat sich auch der Schwerpunkt des Angebots – ursprünglich von Handarbeiten wie selbst gebasteltem Schmuck oder mit Naturfarben gefärbter Kleidung geprägt, tendiert es heute in Richtung Massenware. Mit etwas Spürsinn findet man jedoch zwischen all den industriell hergestellten T-Shirts und koreanischen Sonnenbrillen immer noch manch schönes Stück, und auch die Atmosphäre hat manchmal ihren Reiz.

• *Ibiza* **Es Canar:** Der größte Markt der Pityusen, geöffnet von April bis Oktober jeden Mittwoch von 10–19 Uhr.
Las Dalias bei Sant Carles: Der ursprünglichste Markt, ganzjährig jeden Samstag von 10–19 Uhr, von Juni bis Oktober auch als atmosphärisch reizvoller Nachtmarkt an Montagen von 19-1 Uhr.
Santa Eulària: Auf der Rambla, zur Saison täglich außer sonntags und mittwochs.
Eivissa: Im Marina-Viertel, von April bis Oktober jeden Abend, hauptsächlich Schmuckstände.
Platja d'en Bossa: Von Mai bis Oktober jeden Freitag, ganztags.
Sant Antoni: Von Mai bis Oktober jeden Abend auf dem Passeig de ses Fonts.
• *Formentera* **El Pilar**, auf der Mola, von etwa Mai bis Mitte Oktober jeden Mittwoch und Sonntag, jeweils etwa 16–21 Uhr. Gutes Angebot an hochwertiger, handgefertigter Ware.

▶ **Moda Adlib:** Ein Erbe der Hippie-Zeiten ist auch die im Ibiza der Siebziger erfundene Adlib-Mode, abgeleitet aus dem lateinischen „ad libitum", frei übersetzt etwa „wie du möchtest". Kennzeichen der damaligen Kreationen waren die weiten Schnitte, die leichten, oft mit Spitzen verzierten Stoffe, die Farbe Weiß oder andere helle, zarte Töne. Berühmtheit erlangte der Ibiza-Stil durch die jugoslawische Prinzessin Smilja Mihailovic, die ihn auf die Laufstege der Modezentren brachte. Seit ihrem Tod 1994 ist es um die Adlib-Szene etwas ruhiger geworden. Immerhin sind jedoch etwa 30 Modesigner unter diesem Signet zusammengeschlossen, und einmal jährlich findet (an wechselnden Orten und zu wechselnden Terminen) ein langes Wochenende der Moda Adlib statt. Boutiquen mit individueller, handgearbeiteter Mode zu entsprechenden Preisen gibt es auf Ibiza weiterhin, vor allem in den engen Gassen des Penya-Viertels der Hauptstadt und im Sporthafen Botafoch. Allerdings haben die großen internationalen Labels eindeutig die Vorherrschaft übernommen. Gleichzeitig gilt Ibiza als eine Art „Testmarkt" für neue Trends: Was hier ankommt, hängt im nächsten Jahr europaweit in den Läden.

Die Geschichte der Inseln

Die Geschichte der Pityusen ist für so kleine Inseln ausgesprochen turbulent. Immer wieder wechselten die Herren: Karthager, Römer, Vandalen, Byzantiner, Mauren und Katalanen lösten einander ab.

Eine historische Besonderheit, die Ibiza zum Beispiel von Mallorca deutlich unterscheidet, bildet der lange und prägende Einfluss Karthagos. Nirgendwo sonst auf der Welt blieben vergleichbare Reste der karthagischen Kultur erhalten. Formentera hingegen stand immer etwas im Schatten der größeren Schwester und erreichte nie ihre Bedeutung, war viele Jahrhunderte sogar völlig unbewohnt.

Vorgeschichte: Die Vorgeschichte der Inseln ist nur wenig dokumentiert. Lange glaubte man sogar, die Pityusen wären erst von den Karthagern besiedelt worden. Erst die Entdeckung des zwischen 1900 und 1600 v. Chr. errichteten Megalithgrabs von Ca na Costa auf Formentera und wahrscheinlich noch weit älterer Funde auf Ibiza widerlegten diese Annahme. Allerdings war die Bevölkerung jener Zeit, die möglicherweise vom spanischen Festland oder von Südfrankreich aus auf die Inseln kam und von Viehzucht, Landwirtschaft und Fischfang lebte, wohl nicht sehr zahlreich. Dennoch bestanden bereits während der Bronzezeit Handelskontakte mit Mallorca oder auch dem Festland.

Ab ca. 700 v. Chr. – karthagische Kolonie: Karthago, eine phönizische Kolonie im heutigen Tunesien, errichtet in Sa Caleta an der Südküste Ibizas eine erste Niederlassung. Anziehend wirkt wohl vor allem die günstige Position der Insel an den Schiffsrouten im Mittelmeer, die sie zu einem idealen Stützpunkt für den Warenumschlag macht.

Karthagische Götter: Tanit, Bes und Baal

Natürlich brachten die Karthager auch ihre Götter mit nach Ibiza. An erster Stelle der karthagischen Götterwelt stand der mächtige *Baal Hammon*, die Entsprechung zum griechischen Chronos und zum römischen Saturn, vertreten durch das Symbol des Stiers und der Sonnenscheibe. Glaubt man den gängigen, jedoch nicht mehr unumstrittenen Theorien, so war Baal ein schrecklicher Gott, der nur durch das Brandopfer von Babys günstig gestimmt werden konnte. Angenehmeren und ergiebigeren Stoff für Mythen bietet die Beziehung der Insel zu den beiden Gottheiten Bes und Tanit.

Bes stammte ursprünglich aus Ägypten, sein Kult verbreitete sich jedoch in weiten Teilen des Mittelmeers und setzte sich auf Ibiza ganz besonders fest. Eine Schönheit war der korpulente kleine Kerl mit dem großen Kopf nicht gerade, doch ein sehr freundlicher Gott, der eine Vielzahl an Aufgaben besaß. Bes wehrte böse Geister ab und schützte Schwangere, Neugeborene, Heim und Herd. Er galt als Gott der Musik, der Kosmetik, der Liebe und Erotik, aber auch des Krieges. Dargestellt wurde er mal im Leopardenmantel, mal mit Musikinstrumenten oder mit Schlangen in der Hand, letzteres ein Zeichen der Abwehr des Bösen. Giftige Schlangen gibt es auf Ibiza übrigens bis heute nicht – mancher meint, dies sei ein Verdienst des sympathischen Bes.

Tanit war die große Göttin Karthagos, das weibliche Äquivalent zu Baal Hammon und wurde oft als „Antlitz des Baal" bezeichnet. Auch ihr sollen Babys geopfert worden sein, doch fand man auf Ibiza keinerlei Beweise dafür. Bei den Phöniziern hieß Tanit noch Astarte; unklar bleibt, warum die Karthager ihren Namen änderten. Tanit repräsentierte die Urmutter, das Prinzip des Weiblichen. Auf Ibiza waren ihr mehrere Heiligtümer geweiht, darunter die Cova des Cuieram nahe der Cala Sant Vicent. Manche Darstellungen zeigen sie mit Halbmond und Venus, andere mit verschiedenen Fruchtbarkeitssymbolen. Schließlich war Tanit zwar auch eine dunkle Göttin des Todes, gleichzeitig jedoch zuständig für Liebe und Fruchtbarkeit. Vor allem aus dieser Aufgabe resultiert wohl auch die besondere Aufmerksamkeit, die Tanit auf Ibiza heute noch zuteil wird. Immerhin weiss man von der phönizischen Astarte, dass in ihren Heiligtümern ein reger Liebeskult praktiziert wurde – die Betonung liegt auf „praktiziert", unterstützten die dortigen Priesterinnen die Verehrung der Sinnesfreuden doch mit vollem körperlichen Einsatz. Zwar ist nicht sicher, ob auf Ibiza der Tanit ebenso tatkräftig gedient wurde, spekuliert wird aber natürlich immer wieder gerne darüber.

Kleine Inseln, großer Charme

Damals ist Karthago, die bedeutendste Handelsstadt des Altertums, auf dem Sprung zu einer Großmacht, deren Reich sich schon bald von der Westgrenze Ägyptens bis zur Straße von Gibraltar erstrecken und auch Sardinien, Malta sowie Teile Siziliens und Spaniens umfassen wird.

Ab 654 v. Chr. – Gründung von Ibosim: Die karthagische Siedlung wird auf das gut zu verteidigende, felsige Vorgebirge verlegt, auf dem sich heute die Dalt Vila der Hauptstadt erhebt. Die Karthager nennen ihre Kolonie nach dem Gott Bes *Ibosim*, verkürzt IBSM, „Insel des Bes". Dank der strategischen Lage, des geschützten Hafens und des karthagischen Geschäftssinns nimmt Ibosim einen raschen Aufschwung als Handelsplatz. Die Kolonie besitzt eine eigene Flotte, verschifft Blei aus den Minen im Nordosten und das vor allem als Konservierungsmittel wertvolle Salz aus den Salinen im Süden, ist auch bekannt für die Herstellung von Amphoren, Konserven und einer karthagischen Spezialität, nämlich des teuren, aus der Purpurschnecke hergestellten Farbstoffs. Ibosim prägt sogar eigene Münzen, die – natürlich – das Bild des Gottes Bes tragen. Der Wohlstand manifestiert sich in glanzvollen Bauten. Berichte des sizilianischen Geschichtsschreibers Diodorus Siculos, der sich wiederum beim älteren Chronisten Timaios bediente, preisen die starken Festungsmauern und prächtigen Häuser. Die zahlreiche Einwohnerschaft setzt sich aus vielen Volksgruppen des Mittelmeers zusammen. Wie bedeutend die Bevölkerungszahl damals gewesen sein muss, zeigen auch die Ausmaße der bereits ab dem 6. Jh. v. Chr. angelegten Nekropole am Puig des Molins, der größten bekannten karthagischen Totenstadt überhaupt.

Karthagische Totenstadt: Eivissas Necròpolis del Puig des Molins

Ihr Ende nimmt die Herrlichkeit mit dem Erstarken der Römer, die ihr noch junges Reich allmählich ausdehnen. Die neue, kämpferische Großmacht misst sich in mehreren Kriegen mit den von ihr „Punier" genannten Karthagern, die dabei meist das Nachsehen haben. Endgültig entschieden wird das mehr als ein Jahrhundert lang währende Ringen um die Vorherrschaft am Mittelmeer im dritten Punischen Kriege, der 146 v. Chr. mit der völligen Vernichtung Karthagos endet. Alle phönizisch-karthagischen Niederlassungen sind nun zerstört – mit einer Ausnahme: Ibosim. Vielleicht wegen ihrer günstigen Lage, vielleicht auch aufgrund ihrer abschreckend starken (und im Fall einer gütlichen Einigung ja auch weiterhin nützlichen) Mauern bleibt die Stadt von Zerstörung verschont und kann mit den Römern einen vorteilhaften Vertrag aushandeln.

Ab 123 v. Chr. – Ibiza unter Rom: Als *Ebusus* erhält Eivissa von Rom nämlich den Status einer „konföderierten Stadt" und damit eine gewisse Autonomie. Der Großteil der Bevölkerung bleibt weiterhin den karthagischen Sitten, Göttern und Gebräuchen verhaftet. Diese teilweise Eigenständigkeit, das Nebeneinander von neuer römischer und alter karthagischer Kultur, manifestiert sich noch lange sehr augenfällig in den in Ebusus geprägten, zweisprachigen Münzen, die auf einer Seite das Konterfei des römischen Herrschers tragen, auf der anderen jedoch das Bild des Gottes Bes. Wirtschaftlich ändert sich ohnehin wenig, die Geschäfte laufen auch unter Rom gut. Letztlich ist die Romanisierung, die ja fast ganz Spanien erfasst hat, jedoch nicht aufzuhalten. Im Jahr 70 n. Chr. erhalten alle spanischen Gebiete das römische Recht; Ebusus allerdings verliert dadurch seinen konföderierten Status und wird völlig dem römischen Imperium einverleibt. Gefördert wird die langsame Verschmelzung beider Kulturen wohl auch durch die Christianisierung, die zwischen dem zweiten und dem dritten Jahrhundert einsetzt und allmählich die alten Götter ablöst. Dennoch bleibt der römische Einfluss auf Ibiza insgesamt geringer als zum Beispiel auf der Nachbarinsel Mallorca. Immerhin interessieren sich die Römer, anders als vor ihnen die Karthager, auch für Formentera, errichten hier ein Kastell und nutzen die Insel zum Getreideanbau.

Ab 425 – Vandalen und Byzantiner: Mit dem Niedergang des Römischen Reichs brechen stürmische Zeiten an. Es sind dunkle Jahrhunderte, über die nur wenig bekannt ist. 425 besetzen die Vandalen die Insel. 535 verleibt der Byzantiner Belisar Ibiza dem oströmischen Reich von Byzanz (Konstantinopel) ein. Doch Byzanz, das heutige Istanbul, ist weit: Immer wieder plagen Überfälle von Piraten und Mauren die jetzt weitgehend auf sich gestellte Insel. Möglicherweise gehört Ibiza einige Zeit auch zum Reich der Westgoten, die bis Anfang des 8. Jh. das spanische Festland beherrschen, gesichert ist dies jedoch nicht. Ab 711 überrollen die Mauren („Moros"), islamische Berber- und Araberheere, in kürzester Zeit fast die gesamte iberische Halbinsel. In der Folge beginnt der Islam sich auch auf Ibiza durchzusetzen. Berichte über einen Einfall Karls des Großen gegen Ende des 8. Jh. und über eine Invasion der Normannen Mitte des 9. Jh. sind umstritten.

Ab 903 – maurische Blütezeit: Im Jahr 903 gerät Ibiza als *Yebisah* unter die Hoheit des Kalifats von Córdoba, damals eine der mächtigsten und zivilisiertesten Städte der Welt. 1014 wechselt die Herrschaft in die Hände der Taifa von Denia, eines der maurischen Teilkönigreiche, die sich in der Zwischenzeit in Spanien entwickelt haben. Es sind gute Zeiten für die Insel, die unter den klugen, in den Wissenschaften versierten Mauren eine neue Blüte erlebt. Heute noch erinnern manche Ortsnamen, einige Ausdrücke des ibizenkischen Dialekts und Details der volkstümlichen Architektur, Musik und Trachten an die islamische Zeit. Die Mauren verbessern die Bewässerungssysteme, intensivieren die Landwirtschaft und führen neue Nutzpflanzen ein, darunter Dattelpalmen, Aprikosen, Zitronen und Orangen. Der Export von Holz und Salz nach Nordafrika floriert. Wie die Schwesterinseln Mallorca und Menorca ist jedoch auch das maurische Yebisah als Stützpunkt maurischer Piratenflotten berüchtigt. 1114 starten Pisa und die junge Nation Katalonien deshalb einen ersten Angriff auf die Hauptstadt – der Anfang vom Ende des maurischen Reichs auf Ibiza.

Auf der iberischen Halbinsel haben es die Christen mittlerweile geschafft, weite Landesteile den Mauren wieder zu entreißen. Mächtige christliche Reiche waren entstanden, darunter im Nordosten das große Doppelkönigreich Katalonien-Aragón. Im Jahr 1212 markiert die siegreiche Schlacht beim andalusischen Navas de Tolosa den endgültigen Durchbruch der Reconquista, der christlichen Rückeroberung.

Aussichtsplatz mit Geschichte: Eivissas Stadtmauern des 16. Jh.

Ab 1235 – die Katalanen kommen: Jaume I., Herrscher von Katalonien und Aragón, hatte bereits 1229 Mallorca erobert. Nun machen sich seine Mannen, angeführt durch Guillem de Montgrí, den Erzbischof von Tarragona, auch daran, Ibiza den Mauren abzunehmen. Am 8. August 1235 beginnen die Mauern der Hauptstadt zu bröckeln, vielleicht noch morsch von der Attacke Pisas und Kataloniens ein Jahrhundert zuvor. Ibiza wird zu *Eivissa*, Katalanisch zur bestimmenden Sprache. Wie es vor ihnen schon die Mauren getan hatten, teilen auch die neuen Eroberer die Insel in vier Landstriche, die „Quartóns". Ebenso verfahren sie ein Jahr später mit Formentera.

Zwar bleiben viele maurische Bauern weiterhin auf Eivissa, doch kommen auch zahlreiche Siedler aus Katalonien hinzu, und so erhöht sich die Bevölkerungszahl deutlich. In der Oberstadt entsteht auf den Grundmauern der islamischen Moschee die erste Kirche, heute Standort der Kathedrale. 1267 erhalten die Einwohner das Recht, die Salinen auf eigene Rechnung zu nutzen. 1276 wird nach dem Tod Jaumes I. sein Reich unter den Söhnen verteilt, Ibiza und Formentera gelangen unter Jaume II. zum Königreich Mallorca. Als Organ der Selbstverwaltung lässt der König die so genannte *Universitat* einrichten, die immerhin bis 1717 Bestand hat. Auch die Wirtschaft nimmt einen deutlichen Aufschwung. Während des 14. Jh. erhält jeder Quartón seine eigene Kirche: Sant Jordi im Süden, Sant Antoni im Westen, Sant Miquel im Norden und Santa Eulària im Osten. Allerdings ist dem Königreich Mallorca keine lange Lebenszeit beschert, und so werden die Zeiten wieder schlechter.

Ab 1349 – Aragón beherrscht Ibiza: Im Kampf um die Vorherrschaft auf Mallorca fällt 1349 Jaume III. in der Schlacht von Llucmajor; Ibiza und Formentera gelangen wie die gesamten Balearen an Pere III. von Aragón. Ein zunächst noch langsamer Niedergang beginnt. Das aragonische Königshaus presst die Inseln aus, der städtische Adel gibt die Steuerlast an die verarmte Landbevölkerung weiter. Hunger, die Pest und häufige Piratenüberfälle dezimieren die Einwohnerschaft. Formentera wird wegen der immensen Piratengefahr gegen Ende des 14. Jh. sogar völlig verlassen.

Ab 1469 – Abstieg unter Kastilien: 1469 entsteht durch die Heirat Isabellas von Kastilien mit Ferdinand II. von Aragón ein neues, zentralspanisches Großreich, der Vorgänger des heutigen Spanien, innerhalb dessen Grenzen Ibiza nur eine Randlage einnimmt. Das katholische Königspaar, die „Reyes Católicos", erneuert die Schreckensherrschaft der Inquisition und lässt die Juden aus Spanien vertreiben, Ursache für einen landesweiten Rückgang der Wirtschaft. Durch die Entdeckung Amerikas verlagert sich der Seehandel immer mehr in den Atlantik – spätestens jetzt wird die Insel uninteressant für die Krone.

Ab 1554 – Selbstverteidigung: Zu jener Zeit leidet Ibiza immer wieder unter blutigen Überfällen von Piraten aus Nordafrika und der Türkei, die im unbewohnten Formentera einen idealen Stützpunkt finden. Viele Einwohner Ibizas werden von ihnen in die Sklaverei verschleppt. 1554 rüstet die Hauptstadt auf – um gegen die zerstörerische Wirkung der nun üblichen Kanonen gefeit zu sein, muss eine neue Stadtmauer her. Die Arbeiten an der Festung dauern mehr als drei Jahrzehnte. Das Ergebnis prägt heute noch das Bild der Dalt Vila: „Mauern machen Städte" (Isidor de Sevilla). Die Küsten sichert ein System von Wachttürmen, die in Sichtweite voneinander stehen und so mit Brandzeichen die Nachricht von auftauchenden Piratenflotten um die gesamte Insel herum weiterleiten können. Viele dieser „Talaias" stehen noch heute.

Auch auf dem Land, dessen Bevölkerung seit jeher in den weit verstreuten, „Alquerías" genannten Bauernhöfen lebt, ergreift man Maßnahmen gegen die Piraten. Hier werden zum Schutz vor den Angreifern die Kirchen zu wehrhaften kleinen Fluchtburgen ausgebaut. Erst später entwickeln sich um die Gotteshäuser zunächst noch kleine Ortschaften, die folgerichtig nach den Kirchen benannt werden und deshalb die Namen von Heiligen tragen.

> **Von Gejagten zu Jägern: Ibicencos als Piraten**
>
> Ab dem 17. Jh. finden die Einwohner von Ibiza zunehmend selbst Geschmack an der Seeräuberei. Mit ihren wendigen und schnellen Seglern machen die ibizenkischen „Corsarios" Jagd auf behäbige Handelsschiffe, aber auch auf andere, vornehmlich englische und französische Piraten. Das Treiben geht durchaus offiziell vor sich und hat auch den Segen der spanischen Krone, die bis Mitte des 19. Jh. ihre Korsaren mit Kaperbriefen versieht. Berühmtester Pirat Ibizas ist Antoni Riquer (1773–1846), der mehr als hundert Schiffe aufgebracht haben soll. Ihm hat die Stadt Eivissa sogar ein Denkmal in Form eines Obelisken gestiftet. Es steht direkt am Hafen.

Ab 1609 – Maurenvertreibung und weiterer Niedergang: 1609 müssen alle verbliebenen Mauren auf Anordnung Philipps II. Spanien verlassen. Dieser Aderlass trifft auch Ibiza schwer, da die Mauren wichtige Stützen der Landwirtschaft waren – nach ihrem Abzug verfallen allmählich die Bewässerungssysteme, viele Felder liegen nun brach. 1652 wütet eine schwere Pestepidemie auf Ibiza. Doch es gibt auch Lichtblicke: Formentera, jahrhundertelang unbewohnt, kann dank der ibizenkischen Korsaren gegen Ende des 17. Jh. wieder besiedelt werden.

Ab 1701 – der Spanische Erbfolgekrieg: Der Spanische Erbfolgekrieg (1701–1714) sieht österreichische Habsburger, unterstützt von der „Haager Allianz" europäischer Staaten auf der einen und das französische Haus Bourbon auf der anderen Seite. Ibiza setzt wie Mallorca und Katalonien auf Habsburg – und verliert. Der siegreiche Bourbone Philipp V. revanchiert sich für den Widerstand mit den schweren Repressionen der „Planta Nueva" (Neuaufbau) von 1715. Dieses Dekret

Großzügig: die dreireihige „Porxada" von Santa Eulària

beseitigt die „Universitat" der Selbstverwaltung Ibizas und Formenteras und verbietet den Gebrauch der katalanischen Sprache zugunsten der kastilischen. Die Salinen beider Inseln werden der Krone zugeschlagen. Spanien regiert uneingeschränkt. Der Spanische Unabhängigkeitskrieg 1808–1814 betrifft die Insel allerdings kaum.

Ab 1782 – Ibiza wird Bischofssitz: Während der Regierungszeit des tatkräftigen, der Aufklärung nahestehenden Königs Carlos III. (1759–1788) wird eine Reihe von Reformen eingeleitet, die allerdings nicht immer zum Erfolg führen. 1782, im selben Jahr, in dem Eivissa das Stadtrecht verliehen bekommt, erhalten die Inseln ihr eigenes Bistum, sind nicht mehr Teil des weit entfernten Bistums Tarragona. Manuel Abad i Lasierra (1729–1806) wird erster Bischof der Pityusen. Der fortschrittliche Geistliche versucht sich an einer Reihe von Maßnahmen zur Verbesserung der Lebensbedingungen, erlebt jedoch nur einen Teil ihrer Realisierung. Immerhin geht auf ihn die Errichtung einer Reihe neuer Kirchen zurück, die der Landbevölkerung auch als sozialer Treffpunkt dienen sollen und sich im Lauf der Zeit zu eigenständigen Ortschaften entwickeln. Ähnlich wirkt Cayetano Soler, ein Beamter, der von Carlos III. mit wirtschaftlichen und politischen Reformen beauftragt wird. Dabei werden mit Santa Eulària, Sant Antoni und Sant Miquel auch die ersten Gemeindeverwaltungen außerhalb der Hauptstadt eingerichtet. Der überwiegende Teil der Landbevölkerung freilich hält nichts von der Umsiedlung in Dörfer und wohnt auch künftig weit verstreut.

Unter den schwachen Nachfolgern Carlos III. teilen die Inseln im 19. Jh. das Schicksal Spaniens, das unruhige Zeiten mit ständig wechselnden Regierungen erlebt. Die Misere der Landwirtschaft bleibt bestehen, ab 1806 kommt es immer wieder zu Bauernaufständen. 1833 wird die Provinz der Balearen geschaffen, im selben

Jahr auch die Einteilung Ibizas in fünf Gemeinden; Formentera muss sich mit einer Gemeinde bescheiden. 1871 verkauft der spanische Staat die Salinen an ein Privatunternehmen. Während der letzten Jahrzehnte des 19. Jh. zwingt wirtschaftliche Not viele Einwohner zur Emigration nach Amerika.

Erzherzog Ludwig Salvator, „S´Arxiduc"

Einem sympathischen Adligen gebührt das Verdienst, das touristische Interesse an den Balearen geweckt zu haben. Dabei war er ein durchaus bunter Vogel, der österreichische Erzherzog Luis Salvator (1847–1915): Adliger aus hohem Hause, Forscher, Schriftsteller, Umwelt- und Tierschützer, gleichzeitig ein ausgesprochener Freund der Weiblichkeit und nicht zuletzt auch ein stets nachlässig gekleideter Exzentriker erster Ordnung. Bis heute ist der im noblen Palazzo Pitti zu Florenz geborene Sohn des Großherzogs Leopold II. für die Einwohner der Inseln schlicht „S´Arxiduc" geblieben, der Erzherzog. 1867 war der junge, kaum zwanzigjährige Ludwig Salvator erstmals auf die Balearen gekommen und hatte reihum alle Inseln besucht. Zwar entwickelte sich Mallorca schnell zu seiner Lieblingsinsel, auf der er sich bald darauf niederließ, doch erforschte er mit der ihm eigenen Akribie auch die Pityusen sehr gründlich. Ludwig Salvators Interessen galten schon seit seiner Jugend den Naturwissenschaften, der Geographie und der Schriftstellerei. Gerade 21 Jahre alt, veröffentlichte er das erste von insgesamt über siebzig Werken zu ganz unterschiedlichen Themen. Mit Notizheft und Skizzenblock durchwanderte der Erzherzog die Inseln, zeichnete hier eine seltene Pflanze, befragte dort Köhler und Schafhirten nach ihrer Arbeit. Wichtigste Frucht seines Schaffens ist das siebenbändige Oeuvre „Die Balearen in Wort und Bild", das heute noch als das Standardwerk schlechthin gilt. Auf zwei Bände gekürzt, wurde es auf der Pariser Weltausstellung 1899 mit einer Goldmedaille prämiert; eine Auszeichnung, die auch die Weltöffentlichkeit auf den Archipel aufmerksam machte.

Adliger von Format: Salvator

Ab 1898 – Kriege und Beginn des Fremdenverkehrs: 1898 kämpft Spanien gegen die USA um Kuba. In einer verzweifelten Schlacht gegen eine mehr als zehnfache amerikanische Übermacht stirbt der aus Ibiza stammende General Joaquín Vara de Rey; sechs Jahre später widmet ihm die Hauptstadt den gleichnamigen Boulevard.

Für Spanien endet der Krieg mit einer vernichtenden Niederlage, der Staat verliert mit Kuba, Puerto Rico und den Philippinen seine letzten Kolonien. Durch die Rückkehrer steigt die Bevölkerungszahl langsam wieder an, allmählich entwickelt sich ein bescheidener Wohlstand. 1900 zählt Ibiza etwa 23.500 Einwohner, Formentera hingegen nur 2200 Seelen.

Im Ersten Weltkrieg bleibt Spanien neutral und erlebt deshalb einen wirtschaftlichen Aufschwung, der auch in den Zwanzigerjahren anhält. Ein Jahrzehnt später beginnen deutsche Emigranten, aber auch Künstler und Schriftsteller, Ibiza zu entdecken. Zu den ersten illustren Gästen zählen der Schriftsteller und Philosph Walter Benjamin und der Dadaist Raoul Hausmann. 1934 eröffnet Ibizas erstes Hotel, das heutige „Montesol".Im Spanischen Bürgerkrieg (1936–39) kommt es auf beiden Seiten zu scheußlichen Grausamkeiten. Auf Ibiza und Fomentera unterstützt das Militär ohne großen Widerstand der Bevölkerung zunächst die Faschisten Francos. Im August 1936 werden die Inseln von republikanischen Truppen besetzt, doch bereits im September desselben Jahres erobern die faschistischen Kräfte die Pityusen zurück. Jeder Machtwechsel geht mit Gemetzeln und Erschießungen einher, eine Zeit, über die bis heute auf Ibiza niemand gern spricht. Im Zweiten Weltkrieg bleibt Spanien erneut neutral, sympathisiert aber mit Hitler-Deutschland.

Ab 1939 – das Franco-Regime: Der „Caudillo" und „Generalísimo" Francisco Franco Bahamonde führt ein diktatorisches Regime, das durch Militär, Kirche und die rechtsextreme Falange-Partei gestützt wird. Seine Grundprinzipien sind die absolute Autorität des Staates und die Unterdrückung aller abweichenden Auffassungen. Eine der Konsequenzen ist das Verbot der katalanischen Sprache und aller Regungen regionaler Kultur. Den Tourismus, der ab 1958 mit dem Bau des ersten Flughafens langsam einsetzt, beeinträchtigt all dies sinnigerweise nicht – in gewisser Weise erstaunlich jedoch, dass sich ausgerechnet die freiheitsliebenden Hippies, die ab den Sechzigerjahren die Insel entdecken, in einem so repressiv regierten Umfeld wohlfühlen. Größere Besucherzahlen bringt der organisierte Fremdenverkehr: 1970 steigen die ersten Neckermann-Urlauber auf Ibiza aus dem Flugzeug.

Ab 1975 – die Demokratie: Als Franco 1975 stirbt, knallt auch auf Ibiza so mancher Sektkorken. Francos Nachfolger wird der vom „Caudillo" selbst dazu bestimmte König Juan Carlos I., der jedoch sehr schnell ein eigenes Profil zeigt und tatkräftig die Demokratie vorbereitet – nicht umsonst wird der König, regelmäßiger Sommergast im Marivent-Palast auf Mallorca, bis heute in ganz Spanien hoch verehrt. 1977 werden die ersten freien Wahlen abgehalten. 1983 erhalten die Balearen den Status einer *Comunitat Autónoma*, einer Autonomen Gemeinschaft. Gleichzeitig erlebt die katalanische Sprache und Kultur eine Renaissance, die bis heute anhält.

1999: Bei den Regionalwahlen löst eine Regenbogenkoalition aus linken, regionalistischen und grünen Parteien unter Ministerpräsident Francesc Antich den langjährig amtierenden, konservativen Partido Popular als Regierung der Balearen ab. Auch Ibizas und Formenteras Inselrat, der Consell Insular, wird nun von einem Mitte-Links-Bündnis unter der jungen Präsidentin Pilar Costa regiert, dem so genannten „Fortschrittspakt" Pacte Progressista, an dem auch die Grünen (Els Verds) beteiligt sind. Vor allem in der Umwelt-, aber auch in der damit eng verknüpften Tourismuspolitik setzen die neuen Regierungen bald deutliche Akzente. Die von ihnen initiierte Ökosteuer freilich, obwohl nach Ansicht vieler unabhängiger Beob-

Geschichte 47

achter durchaus sinnvoll, ist heftig umstritten und muss auch als Grund für die rückläufigen Besucherzahlen der nächsten Jahre herhalten.

2003: Bei den Wahlen zum Regionalparlament der Balearen erleidet der „Fortschrittspakt" eine Niederlage. Obwohl sein Spitzenkandidat Jaume Matas als früherer Umweltminister Spaniens durch die Tankerkatastrophe der „Prestige" schwer unter Druck geraten war, erringt der Partido Popular mit 30 von insgesamt 59 Sitzen gerade noch die absolute Mehrheit im balearischen Parlament; Zünglein an der Waage ist ausgerechnet der einzige Sitz des PP-Ablegers AIPF auf Formentera. Auch im Consell Insular von Ibiza und Formentera übernehmen wieder die Konservativen das Ruder. Neuer Präsident des Inselrats wird Pere Palau.

2006: Im Jahresverlauf zählen die Inseln knapp 1,9 Millionen Gäste. Gut ein Zehntel kommt mit dem Schiff an, die weit überwiegende Mehrheit jedoch per Jet. Größte Gruppe der Flugreisenden sind mit 590.000 Besuchern die Briten, gefolgt von 385.000 Spaniern. Deutsche landen mit 285.000 Fluggästen auf Platz drei, die Italiener mit 250.000 Besuchern (und einem Zuwachs von fast 14 % gegenüber dem Vorjahr!) auf Platz vier. Österreich stellt knapp 19.000, die Schweiz annähernd 17.000 Ibiza-Fans.

2007: Am 1. März tritt das neue Statut der Autonomen Gemeinschaft Balearen in Kraft. Die Inselgruppe erhält damit beispielsweise die Möglichkeit, eigene Finanzbehörden einzurichten und selbst Steuern einzuziehen. Auch eine baleareneigene Polizeitruppe wie im Baskenland und in Katalonien wäre durch das neue Statut möglich.

Bei den Wahlen zur Balearenregierung am 27. Mai erreicht der Partido Popular 46 Prozent der Wählerstimmen und verliert die absolute Mehrheit. Zweitstärkste Kraft wird mit 27 Prozent die sozialistische PSOE-Partei. Das Zünglein an der Waage bildet, trotz nur knapp sieben Prozent der Stimmen, wieder einmal die Unió Mallorquina. Die regionalistisch-bürgerliche Partei unter María Antonía Munar entscheidet sich gegen den PP und für eine Koalition mit PSOE und dem Bloc, einem Zusammenschluss linker Kräfte. Als Ministerpräsident gewählt wird Francesc Antich vom PSOE. Die neue Regierung ähnelt in ihrer Zusammensetzung damit dem „Fortschrittspakt" der Jahre 1999 bis 2003.

Auch in den Inselräten der Pityusen kommt es bei den Wahlen im Mai zu einem Machtwechsel. Auf Ibiza erringt die Links-Koalition aus PSOE und Eivissa pel Canvi (ExC) mit gerade einmal 38 Stimmen Differenz den Sieg über den PP. Dies, obwohl Eivissa pel Canvi („Ibiza für den Wechsel") noch ganz frisch im politischen Geschäft ist, hervorgegangen aus einer Widerstandsbewegung gegen die Straßenausbauprojekte des PP. Neuer Inselratspräsident wird Xico Tarrés, bis dahin Bürgermeister von Ibiza-Stadt. Bei seinem Amtsantritt verspricht er eine deutliche Kurskorrektur der bisherigen Umweltpolitik.

Auch auf Formentera, das erstmals in seiner Geschichte einen eigenen Inselrat wählt, schafft es eine Linkskoalition in die Regierung. Sie besteht aus der neuen Partei Gent per Formentera (GxF) und dem PSOE, der freilich für den unerwartet großen Erfolg der GxF deutlich Federn lassen musste. Inselratspräsident (und gleichzeitig Bürgermeister, da Formentera nur aus einer einzigen Gemeinde besteht) wird Jaume Ferrer. Der Amtsantritt von Formenteras Consell Insular am 10. Juli bedeutet die endgültige Unabhängigkeit der Insel von Ibiza.

Der Weg hat sich gelohnt: Platja Migjorn auf Formentera

Reiseziel Pityusen

Es gibt viele Arten, die Inseln zu entdecken. Schon vorab stellt sich die Frage, ob es ein Pauschalurlaub oder eine Individualreise sein soll.

Ibiza und Formentera lassen sich mit Mietwagen, Bussen, dem Fahrrad oder auch zu Fuß erobern. Man kann in großen Urlaubshotels übernachten, in kleinen Landherbergen, in Fincas, Apartments oder auf Campingplätzen. Schließlich lohnt sich auch eine nähere Beschäftigung mit der Küche der Inseln, die viele Einflüsse in sich vereint.

Pauschalurlaub oder Individualreise?

▶ **Pauschalurlaub**, die vorgebuchte Kombination von Flug, Unterkunft, Reiseleitung und oft auch Verpflegung, ist die auf den Inseln vorherrschende Form des Fremdenverkehrs. Gerade auf Ibiza und Formentera ist ein Pauschalurlaub auch für eingefleischte Individualreisende eine Überlegung wert. Zum einen muss diese Urlaubsform keineswegs zwingend auch eine Pauschalisierung der Erlebnisse bedeuten: Aufgrund ihrer geringen Größe lassen sich beide Inseln sehr gut von einem festen Standquartier aus entdecken. Zum anderen erhalten Reiseveranstalter vom Hotelier oft erhebliche Nachlässe auf den Zimmerpreis eingeräumt. Noble kleine Landhotels, exquisite Strandquartiere mit Flair und luxuriös ausgestattete Fincas, die bei privater Buchung allesamt ein sehr hohes Preisniveau aufweisen, können für Pauschalgäste durchaus bezahlbar bleiben. Nicht zuletzt hat man bei dieser Urlaubsform auch die Gewähr, wirklich ein Zimmer im gewünschten Quartier zu erhalten – in der Hochsaison, die von Juli bis in den September reicht, kann sich die Suche nach einem freien Bett ausgesprochen mühsam gestalten.

▶ **Individualreisende** sind eine vergleichsweise seltene Spezies auf den Inseln. Die Vorteile einer Reise auf eigene Faust – Flexibilität bei der Wahl des Zeitraums, möglicher Standortwechsel bei Nichtgefallen des Quartiers oder des gewählten Urlaubsorts, Unabhängigkeit von eventuellen Essenszeiten etc. – lassen sich jedoch auch auf den Pityusen ausschöpfen. Hinzu kommt, und das ist wohl das größte Plus, die Möglichkeit, nach Lust und Laune zwischen Ibiza und Formentera zu wechseln. Die Auswahl an Hotels und Hostals ist gut, die öffentlichen Verkehrsverbindungen sind passabel, Mietwagen relativ preiswert. Verbunden ist diese Reiseform allerdings mit einem höheren Aufwand bei der Planung. Wichtig ist dann auch die richtige Wahl des Zeitraums. Zur absoluten Hochsaison kann es sehr schwierig sein, ein freies Zimmer zu finden, doch sind auch schon im Juni und oft noch Ende September viele empfehlenswerte Quartiere so gut gebucht, dass zumindest eine telefonische Reservierung am Vortag viel Ärger erspart. Wer ganz sichergehen will, das gewünschte Quartier zu erhalten, sollte schon ab der Heimat vorbuchen: Telefon- und Faxnummern, wo vorhanden auch Internetadressen, sind bei der Beschreibung der in diesem Handbuch vorgestellten Quartiere jeweils angegeben. Billiger als eine Pauschalreise ist eine individuell geplante Tour allerdings höchstens dann, wenn eher einfache Unterkünfte gewählt werden.

Anreise

Die große Mehrheit der Insel-Besucher reist schnell und bequem per Flugzeug an. Eine Fährpassage lohnt sich auch wirklich nur bei Mitnahme des eigenen Fahrzeugs und längerem Aufenthalt.

Anreise mit dem Flugzeug

Ibiza liegt nah. Die reine Flugzeit beträgt auf einem Direktflug zum Beispiel ab München nicht einmal zweieinhalb Stunden: ein kurzer Imbiss, etwas Bordlektüre, und schon ist man da.

Im Zielanflug: Jet über der Altstadt von Eivissa

Charter- und Lowcostflüge: Charter- und Lowcostflüge, zum Teil auch mit Umstieg in Mallorca, sind die gängigste Form des Flugverkehrs nach Ibiza, zu buchen ab vielen deutschen Flughäfen. Für die sommerliche Hochsaison und Termine über Ostern und Weihnachten ist rechtzeitige Reservierung mehrere Monate im voraus ratsam. Falls alle Flüge nach Ibiza ausgebucht sind, kann bei einem sehr günstigen Angebot auch der Flug nur nach Mallorca mit anschließender Schiffspassage interessant werden, doch muss man sich dabei auf eine eventuell nötige Zwischenübernachtung einstellen. Näheres zu den Fährverbindungen von Palma de Mallorca nach Eivissa finden Sie im Kapitel zur Hauptstadt.

- *Mitnahme von Fahrrad und Sportgepäck im Flugzeug* Der Transport von Fahrrädern und Sportartikeln ist bei Lowcost-Carriern und im Charterflugzeug recht preisgünstig. Bei Liniengesellschaften wird Sportgepäck meist nach Gewicht berechnet. In jedem Fall ist es ratsam, entsprechende Wünsche gleich bei der Flugbuchung anzugeben und auch Instruktionen über die nötige Transportverpackung einzuholen.
- *Klimabewusst reisen* Bekanntermaßen trägt jeder Flug zur globalen Klimaerwärmung bei. Es gibt nun eine Website, auf der man mithilfe eines Emissionsrechners die Kohlendioxid-Belastung seines Flugs (z.B. München–Ibiza und zurück: 720 kg) berechnen kann. Gleichzeitig besteht die Möglichkeit, für Klimaschutzprojekte zu spenden, die das durch den Flug verursachte Aufkommen an Treibhausgasen wieder kompensieren; nach Rechnung der Organisation wäre dies im genannten Fall durch eine Spende von 16 Euro möglich. Näheres unter www.atmosfair.de.

Linienflüge mit Lufthansa und Iberia sind im Normaltarif weitaus teurer als Charter, doch existieren eine Reihe von Sonderangeboten, die den Preis auf ein erträgliches Maß senken. Direktflüge per Linie existieren ab Deutschland, Österreich und der Schweiz allerdings nicht, die wichtigste Umsteigestation ist Barcelona.

Fährverbindungen nach Ibiza

Bezieht man Benzinverbrauch, Autobahngebühren, eine möglicherweise notwendige Zwischenübernachtung sowie den Verschleiß am Fahrzeug bei der Anfahrt und auf den Inseln in die Rechnung ein, so muss man schon deutlich über einen Monat vor Ort bleiben, um gegenüber der Fluganreise und den Kosten eines Mietwagens nennenswerte finanzielle Vorteile zu erzielen. Hinzu kommt der wesentlich erhöhte Zeitaufwand für Hin- und Rückweg.

- *Schiffsverbindungen ab Barcelona* Der wichtigste Fährhafen für Ibiza liegt von Frankfurt rund 1300 Kilometer entfernt, von Berlin gar 1800 Kilometer.
Fähren: Die Gesellschaften ACCIONA-TRASMEDITERRÁNEA, BALEÀRIA und ISCOMAR verbinden mit Fähren („Ferry") und Schnellfähren („Alta Velocidad") Barcelona und Ibiza (Ziele: Eivissa und Sant Antoni), Fahrtdauer per Fähre etwa 9 Stunden, per Schnellfähre 4 bis 4,5 Stunden; Achtung: manche Linien führen über Palma de Mallorca und sind deshalb weit länger unterwegs. Die Fahrpreise variieren z.T. nach Saison und Gesellschaft, Anhaltspunkt: p.P. im Sessel um die 60–70 € (auf den Fähren Kabinen gegen Aufpreis), Auto bis 6 Meter Länge 150–170 €. Die Iscomar ist (teilweise deutlich) günstiger, die Schiffe sind aber i.d.R. auch älter. Für die Komplettbuchung einer Vierbettkabine nebst Autopassage gibt es oft einen Sonderpreis, ebenso für längerfristige Vorausbuchung etc.
Einschiffung in Barcelona: Der Fährhafen Estació Marítima liegt unweit südlich der berühmten Ramblas. Anfahrt über die Ronda Litoral, besser rechts halten, das Schild „Estación Mar. Baleares" ist erst im letzten Moment zu erkennen. Ratsam, bei der Anfahrt ein großzügiges Zeitpolster einzuplanen und mindestens zwei Stunden vor Abfahrt am Hafen zu sein. Sollten die Tore zur Einschiffung („Embarcación") geöffnet sein, können Sie Ihr Fahrzeug in die Schlange stellen und sich dann an den Schaltern im Hafengebäude das Ticket bzw. bei bereits vorhandenem Fahrschein die Einschiffungskarte besorgen. Andernfalls finden sich an der Station gebührenpflichtige, aber nicht bewachte (!) Parkplätze.

Nach Barcelona in vier Stunden: Schnellfähre der Trasmed

- *Weitere Schiffsverbindungen nach Ibiza* Reguläre Fährverbindungen bestehen auch ab Valencia, ab Dènia südlich von Valencia und ab Alicante. Ob sich die weitere Anreise (Barcelona–Valencia 350 km, Barcelona–Dènia 450 km, Barcelona–Alicante 540 km) allein aus finanziellen Erwägungen lohnt, hängt u. a. vom Fahrzeugtyp und der Personenzahl ab. Weiterhin verbinden regelmäßige Fähren Ibiza mit Mallorca (siehe Kapitel Eivissa) und mit Formentera, siehe dort.
- *Buchungen, Information* Vorab-Buchung ist teilweise günstiger als der Kauf vor Ort kurz vor Abfahrt. Tickets sind bei den meisten Reisebüros erhältlich. Abfahrtszeiten auf den Inseln sind zum Beispiel auch in der Tageszeitung „Diario de Ibiza" abgedruckt. Gute Fahrplaninformationen und Buchungsmöglichkeit bietet **Art Reisen**, Mittelstr. 16, 40822 Mettmann, ✆ 02104 75711, ✆ 02104 775794, www.balearenfaehre.de.

Internet-Infos: www.trasmediterranea.es, www.balearia.net, www.iscomar.com.

Unterwegs auf den Pityusen

Das recht gut ausgebaute Verkehrsnetz und vor allem die geringen Entfernungen machen es leicht, die Inseln zu entdecken.

Auf den Inseln gibt es zahlreiche Fahrzeugvermieter, außerdem ganz passable Busverbindungen, eine umfangreiche Flotte von Ausflugsschiffen und reichlich Taxis. Aber auch Wanderer und Radfahrer kommen zu ihrem Recht.

Mietwagen und andere Leihfahrzeuge

Mietwagen, Mopeds und Mietfahrräder sind auf den Inseln relativ günstig, wenngleich auch längst nicht so preiswert wie auf Mallorca, wo wesentlich härtere Konkurrenz herrscht. Außerhalb der absoluten Höchstsaison ist ein Kleinwagen je nach Firma, Standort und Mietdauer schon für unter 30 € pro Tag inklusive Vollkaskoversicherung und Steuer erhältlich. Dabei variieren die Tarife nicht nur von Anbieter zu Anbieter, sondern auch saisonal, liegen im Juli und August deutlich höher als sonst. Und wer zum Beispiel Ende Oktober einen Wagen gleich für eine Woche mietet, hat bei Preisverhandlungen natürlich gute Karten.

- *Vorausbuchung* Mit Ausnahme der Hochsaison ist eine Vorausbuchung nicht unbedingt nötig, in der Regel aber preisgünstiger. Ein weiterer Vorteil der Vorausbuchung kann sein, dass bei Streitigkeiten der Gerichtsstand in der Regel in Deutschland und nicht in Spanien ist.
- *Leihwagenmiete vor Ort* Internationale Vermieter, Anbieter am Flughafen und in den Hotels sind meist teurer als lokale Vermieter vor Ort. Bei längerer Mietdauer wird Rabatt gewährt.

Im Angebot: Große Auswahl, vom Kleinwagen über den Jeep bis zum 9-Sitzer. Für den Normalfall reichen Kleinwagen z.B. vom Typ Opel Corsa völlig aus, größere Fahrzeuge können angesichts der oft engen, kurvigen Straßen und des Parkplatzmangels sogar lästig werden.

Modalitäten: Sehr ratsam, den Vertrag genau zu prüfen und auch dem Kleingedruckten Beachtung zu schenken: Rückgabezeit, Verfahrensweise bei Reifenpannen und mit dem Tankinhalt (Rückgabe mit vollem Tank ist günstiger als der Ankauf einer Tankfüllung bei Anmietung und Abgabe mit leerem Tank). Unbegrenzte Kilometer sind im Preis meist inbegriffen, Vollkaskoversicherung und die spanische Mehrwertsteuer IVA (bei Mietwagen 16 %) nicht unbedingt: Lassen Sie sich immer Inklusivpreise nennen und vergleichen Sie auch die Versicherungskonditionen (Deckungssumme der Haftpflicht, Vollkasko mit/ohne Selbstbeteiligung, Höhe derselben); im dichten Verkehr Ibizas kann es schon mal Kratzer geben. Das Mindestalter beträgt in der Regel 21 Jahre, der Führerschein muss mindestens 1 Jahr alt sein. Oft wird eine Kaution oder Kreditkarte verlangt. Der ADAC rät, vor Anmietung auf Beulen, Lackkratzer etc. zu achten, um hinterher nicht für Vorschäden zur Kasse gebeten zu werden. Besonderes Augenmerk sei auch auf den Zustand der Reifen sowie auf die Versicherungspapiere zu legen. Kindersitze sollte man vorab reservieren oder von daheim mitbringen.

- *Vermittler* **www.billiger-mietwagen.de** vergleicht die Preise verschiedener Vermittler wie www.holidayautos.de, www.cardelmar.com etc. Alle vermitteln sie vorab Mietverträge, die dann mit einem lokalen Vermieter abgeschlossen werden; die Preise liegen dabei in aller Regel deutlich unter denen einer Direktmiete und die Versicherungsbedingungen sind meist günstiger. Beim Vergleich auch auf Details wie Gerichtsstand, Selbstbehalt der Vollkaskoversicherung usw. achten.

- *Fahrräder, Roller und Motorräder* Fahrräder und Roller sind in praktisch allen Urlaubsorten zu mieten. Motorräder sind seltener vorhanden und liegen preislich eher über dem Niveau von Mietwagen, bei hubraumstarken Maschinen sogar deutlich. Noch am häufigsten vertreten und für die meisten schmalen Inselstraßen völlig ausreichend sind 125er-Enduros. Für ein 650er-Motorrad ist mit einem Mietpreis ab etwa 60 € zu rechnen, für eine 125er rund 35–40 € und für einen Roller etwa 20–25 €; Mountainbikes kosten je nach Ausstattung ab 8 € aufwärts. Auf alle Mietzweiräder wird bei längerer Mietdauer Rabatt eingeräumt. Achtung, sehen Sie sich Ihr Gefährt vor Anmietung genau an, insbesondere die Bremsen, die Reifen und die Beleuchtung, bei Fahrrädern auch die Gangschaltung!

- *Unfälle* Die Unfallrate vor allem auf Ibiza ist hoch, ausländische Fahrer sind zudem überproportional häufig in Kollisionen verwickelt – jedes Jahr ereignen sich wirklich scheußliche Unfälle, vor allem auf der „Disco-Route" zwischen Eivissa und Sant Antoni. Gründe sind wohl zum einen die lockere Urlaubsstimmung in unheilvoller Verbindung mit Alkohol und anderen Drogen, zum anderen die engen Straßen und die hohe Fahrzeugdichte, vielleicht auch die recht rasante, dabei aber meist gekonnte Fahrweise der Einheimischen. Lassen Sie sich jedoch nicht abschrecken, fahren Sie nicht zu schnell, aber auch nicht zu zögerlich, und genießen Sie die Panoramen nicht während der Fahrt, sondern vom Parkplatz oder Aussichtspunkt aus.

- *Einige Hinweise für Autofahrer auf Ibiza* Grundsätzlich sind die Verkehrsbestimmungen die gleichen wie in der Heimat, die Geldstrafen bei Verstößen allerdings wesentlich höher, die Abschleppwagen sehr flink! Achtung, Bußgelder ab 70 € dürfen ab 2009 EU-weit eingetrieben werden, Falschparken droht zudem die Radkralle. Geschwindigkeitsbeschränkungen: innerorts 50 km/h, außerorts 90 km/h, auf autobahnähnlichen Straßen 100 km/h, auf Autobahnen 120 km/h. Überholverbot besteht 100 Meter vor Kuppen und auf Straßen, die nicht mindestens 200 Meter weit zu überblicken sind. Kreisverkehre sind in Spanien viel häufiger als bei uns, der Kreisverkehr hat immer Vorfahrt. Die Promille-

Für geübte Fahrer ideal: Miet-Enduro

grenze liegt bei 0,5 (falls der Führerschein noch keine zwei Jahre alt ist: 0,3); die Kontrollen sind strikt, die Strafen hoch, selbst eine Gefängnisstrafe ist drin. In spanischen Pkw müssen zwei Warndreiecke mitgeführt werden, die auf Straßen mit Gegenverkehr vor und hinter dem Fahrzeug aufzustellen sind – achten Sie bei der Anmietung von Leihwagen auch auf deren Vorhandensein. Für Kinder unter drei Jahren sind Babysitze vorgeschrieben. Pflicht ist auch eine Warnweste (anzulegen beim Aussteigen wegen Unfall/Panne außerorts) für den Fahrer. Beim Tanken müssen Radio und Handy ausgeschaltet sein. Gelb markierte Bordsteine bedeuten Parkverbot, blau markierte Bordsteine eine gebührenpflichtige Parkzone mit Parkzeitbeschränkung: Bezahlung am nächsten Automaten, Zettel unter die Windschutzscheibe. Am Automaten stehen auch die Zeiten, zu denen bezahlt werden muss; gebührenfrei parkt man in der Regel zur Siesta, nachts und am Sonntag. Das Tankstellennetz ist dicht, viele Stationen sind allerdings am Sonntag geschlossen.

Busse, Taxis und Ausflugsschiffe

▶ **Busse:** sind auf den Inseln weit preisgünstiger als bei uns – so kostet zum Beispiel die Fahrt vom Flughafen ins Stadtzentrum kaum 1,50 €. Ibizas Busnetz verteilt sich auf eine ganze Reihe von Gesellschaften, die offiziell unter dem Signet TIB (Transport de les Illes Balears) zusammengefasst sind. Das Netz ist relativ dicht, aber sehr auf die Hauptstadt konzentriert. Von dort fahren an Werktagen meist mehrere Busse in fast alle Orte der Insel, zu wichtigen Zentren wie Sant Antoni oder Santa Eulària oft sogar viertel- bis halbstündlich. Allerdings sind mit Bussen zwar viele Siedlungen, aber kaum entlegene Strände zu erreichen. Wer diese Abstriche beim Aktionsradius hinnimmt und auch nicht allzuviel Komfort erwartet, fährt insgesamt jedoch nicht schlecht. Formentera wird von einer einzigen Busgesellschaft bedient, die im Sommer recht häufige Verbindungen zu praktisch allen Ortschaften der Insel bereitstellt, selbst die meisten Strände sind dort gut zu erreichen. Im Winter sieht die Situation allerdings weniger rosig aus.

54   Reiseziel Pityusen

• *Achtung* **An Sonn- und Feiertagen** (z.B. über Ostern!), teilweise auch an Samstagen, verkehren die Busse deutlich seltener, auf manchen Strecken überhaupt nicht. Das gilt ebenso während des Winterfahrplans, der für die meisten Linien von Oktober/November bis April/Mai in Kraft ist. Unsere Angaben beziehen sich auf Werktage (Mo–Fr) zur Sommersaison.

Fahrradmitnahme ist laut Beförderungsbedingungen prinzipiell nicht möglich.

• *Fahrpläne* Eine Fahrplansammlung aller Linien, gestaffelt nach Winter- und Sommersaison, ist bei allen Fremdenverkehrsämtern erhältlich. Auch die lokalen Tageszeitungen wie der „Diario de Ibiza" veröffentlichen regelmäßig aktuelle Busfahrpläne.

• *Infos im Internet* **www.ibizabus.com**

> ### Nightlife ohne Auto: Ibizas Disco-Busse
>
> Eine feine Sache und ein praktischer Beitrag zur Verkehrssicherheit sind die Nachtbusse, die im Sommer zu den wichtigsten Fremdenverkehrsorten und den größten außerorts gelegenen Discos fahren. Die Betriebszeiten spiegeln deutlich den Saisonverlauf – die Busse verkehren nur von etwa Anfang/Mitte Juni bis Ende September, dann aber täglich zwischen etwa Mitternacht und 7 Uhr. Der Fahrpreis beträgt knapp über 2 €. Wichtigste Linie ist die „Disco-Route" Eivissa-Sant Antoni, doch werden daneben auch Port des Torrent, die Platja d´en Bossa, Cap Martinet, Santa Eulària und Es Canar bedient. Die Fremdenverkehrsämter halten ein Faltblatt mit Abfahrtszeiten bereit, Infos auch unter www.ibizabus.com.

▶ **Taxis:** Praktisch alle größeren Ortschaften besitzen mindestens einen Taxistandplatz, doch kann man Taxis natürlich auch auf der Straße anhalten oder telefonisch bestellen bzw. den Wirt darum bitten. Um sich zum Beispiel am Ende einer Wanderung abholen zu lassen, empfiehlt sich Vorbestellung mit genauer Angabe des Treffpunkts und der Uhrzeit. Mittlerweile besitzen die Taxis auf Ibiza einen Taxameter, auf Formentera ist es noch nicht soweit. Die Preise liegen etwas günstiger als bei uns – so kostet zum Beispiel die fast 40 Kilometer lange Tour vom Airport

Preisgünstiger Strand-Shuttle: Bus an der Cala Bassa

Mit dem Fahrrad auf den Inseln

Volle Kraft voraus: Ausflugsschiff vor Ibiza

bis nach Portinatx, eine der weitesten Fahrten, die auf Ibiza in direkter Linie möglich sind, etwa 36 €.
- **Ausflugsschiffe:** Ausflugsfahrten per Schiff finden zur Sommersaison ab vielen Urlaubsorten statt. In der Bucht von Sant Antoni besitzen die Boote zu Hotels und Stränden sogar praktisch den Charakter von Wassertaxis, und auch entlang der Ostküste und um Eivissa bilden sie fast schon gewöhnliche Verkehrsmittel. Reizvoll sind Touren zur „magischen Insel" Es Vedrà, man kann mit Ausflugsschiffen aber auch eine komplette Formentera-Reise unternehmen. Manche der Schiffe werben mit ihrem Glasboden und Broschüren mit bunten Bildchen vom Meeresgrund; so prachtvoll wie auf den Fotos fällt der Blick in die Tiefen in Wirklichkeit jedoch nur selten aus.

Mit dem Fahrrad auf den Inseln

Auf Formentera in Scharen anzutreffen, sind Radfahrer auf Ibiza bislang noch eher selten. Das dürfte sich jedoch künftig ändern.

Vor allem Mountainbiker können nämlich auch auf Ibiza viel Spaß haben, weshalb die Insel für die Zukunft verstärkt auf den Fahrradtourismus setzt und schon eine ganze Reihe von Routen ausgeschildert hat. Abseits der Hauptstraßen durchzieht Ibiza nämlich immer noch ein Netz kleiner, kaum befahrener und oft nicht einmal asphaltierter Wege. Die Hauptstraßen meidet man als Radler besser, denn Radwege sind bislang eine Seltenheit, die Straße zum Salines-Strand eine erfreuliche Ausnahme. Formentera gilt, auch wenn dies nicht hundertprozentig der Realität entspricht, als wahres Radlerparadies; im Text zur Insel ist dem Radfahren dort deshalb ein eigener Abschnitt gewidmet.

Fahrradvermieter finden sich auf beiden Inseln, doch sollte man sich das rollende Material vorab genau ansehen. Mountainbikes mit ihrer guten Schaltung und den griffigen Bremsen sind sicher die beste Wahl. Allerdings sind die wenigsten Räder mit Beleuchtung ausgerüstet, wer mit seinem Fahrrad auch nachts unterwegs sein will, sollte sich von daheim deshalb ein Set aufsteckbarer Batterieleuchten mitbringen.

Reiseziel Pityusen

- *Verkehrsvorschriften* Auch in Spanien schlägt die Bürokratie gern einmal zu – seit dem Jahr 2000 besteht für Radfahrer Helmpflicht. Bislang gab sich die Polizei in dieser Hinsicht zwar zurückhaltend, doch könnte sich dies irgendwann ändern – erkundigen Sie sich deshalb bitte vor Ort. Bei schlechtem Wetter ist reflektierende Kleidung Vorschrift. Gleichzeitig gilt auch für Radfahrer nun die 0,5-Promille-Grenze.
- *Routenvorschläge* Insgesamt sind auf Ibiza 800 Kilometer Radrouten ausgeschildert. Die Broschüre „Führer der Radwanderrouten auf Ibiza", die mit etwas Glück bei den Fremdenverkehrsämtern vor Ort erhältlich ist, beschreibt 13 Mountainbike- und 10 Straßentouren unterschiedlicher Schwierigkeitsgrade, deren längste immerhin 93,6 Kilometer misst; Höhenprofile sind angegeben, eine Übersichtskarte ist dabei. Auch Ibizas markierte „Falkenrouten" (siehe Wandern) eignen sich teilweise für Radfahrer, manche „Ruta des Falcó" ist sogar extra für Radler konzipiert.
- *Geführte MTB-Touren* **Ibizabike** in der Nähe von Santa Eulària veranstaltet Mountainbike-Touren für jedermann, vom Anfänger bis zum Profi. Werner Rüsing kennt die Insel bestens, die „Rotwild"-Bikes sind erste Sahne. Kontakt auf Ibiza unter Mobil- ✆ 628 815471, www.ibizabike.de.

Wandern auf den Pityusen

Mit ihrer abwechslungsreichen Landschaft und dem meist trockenen Klima bieten die Inseln eigentlich hervorragende Bedingungen zum Wandern. Allerdings gibt es gewisse Einschränkungen.

Markierte Wege sind auf beiden Inseln rar und nicht immer die reizvollsten der möglichen Strecken, die wenigen ausgewiesenen Routen vor allem auf Formentera zudem oft so kurz, dass sie kaum einen besseren Spaziergang abgeben. Gutes, aktuelles Kartenmaterial ist außerdem kaum zu finden.

Dennoch macht Wandern auf beiden Inseln viel Spaß, zumal sich viele landschaftlich reizvolle Regionen ohnehin nur zu Fuß erschließen. Schöne Wanderreviere sind insbesondere die unbebauten, felsigen Küstenzonen, die sich vor allem in Ibizas Norden, oft aber auch in unmittelbarer Nähe der Ferienzentren finden: Erstaunlich, wie wenige Schritte manchmal genügen, um sich in fast unberührter Natur wiederzufinden. In diesem Buch finden Sie eine Reihe von Anregungen sowie fünf genau beschriebene Wanderrouten. Fast alle beginnen oder enden an Stränden oder führen dort vorbei, Badesachen dürfen also im Gepäck sein.

Aber – wandern Sie nie allein und gehen Sie nur bei besten Wetterverhältnissen: Selbst auf Ibiza und Formentera ist das Wetter manchmal launisch und schlägt schnell um. Wandern Sie deshalb nur bei zweifelsfrei guter Wetterlage. Beginnen Sie Ihren Wandertag früh: Zum einen ist dies mit die schönste Zeit des Tages; zum anderen bringt es Sicherheit, wenn mit aufkommender Mittagshitze schon ein großer Teil der Strecke geschafft ist. Und achten Sie auf die richtige Ausrüstung: Gehen Sie nie ohne entsprechend angepasste Kleidung und Schuhwerk, ohne Sonnenschutz und ausreichenden Trinkwasservorrat auf Tour!

- *Jahreszeiten* Das Frühjahr, wenn viele Gebiete in Blüte stehen, stellt sicher die beste Wanderzeit dar; von den sehr heißen Monaten Juli und August ist eher abzuraten. Der Herbst ist klimatisch wieder günstiger, doch ist die Vegetation dann karger und die Tage sind deutlich kürzer. Im Winter regnet es relativ häufig.
- *Basisausrüstung* Viele Wegstrecken sind steinig und steil – knöchelhohe und gut eingelaufene (!) Wanderschuhe mit fester Profilsohle sind deshalb dringend zu empfehlen. Ab und an muss stachelige Garigue durchquert werden, wobei eine lange Hose aus festem Stoff gute Dienste leistet. Nicht zu vergessen: Sonnenschutzmittel, -brille und eine Kopfbedeckung, ein Rucksack, für plötzliche Wetterwechsel ein Nässeschutz. Im Notfall kann auch ein Handy sehr nützlich sein.
- *Verpflegung* Zum Essen nur das Nötigste, jedoch reichlich (!) Wasser mitnehmen.

Uralter Fußweg: Camí romà auf Formentera

- *Vorgestellte Touren* In diesem Buch finden Sie eine Reihe von Wanderbeschreibungen inklusive Routenskizzen, die natürlich keine Wanderkarten ersetzen können. Ebenso ist es im Rahmen eines Reiseführers aus Platzgründen unmöglich, jedes Detail einer Wanderung durch raues Gelände zu beschreiben; pro Tour wären dafür jeweils mehrere Seiten erforderlich. Gelegentlich ist also etwas Orientierungssinn gefragt. Falls Sie einmal nicht sicher sein sollten, sich auf dem richtigen Weg zu befinden, kehren Sie besser um. Gehen Sie nicht das Risiko ein, sich in weglosem Gelände zu verlaufen! Die angegebenen Wanderzeiten, die keine Pausen beinhalten, sind natürlich nur als Richtwerte zu verstehen, mancher geht eben schneller, mancher langsamer. Bereits nach kurzer Zeit jedoch werden Sie unsere Angaben in die richtige Relation zu Ihrem Wandertempo setzen können.

- *„Falkenrouten"* An sich eine begrüßenswerte Initiative der ibizenkischen Gemeinden sind diese mit farbigen Pfosten markierten Fuß- oder Radwanderrouten, die in fünf Broschüren (eine pro Gemeinde) vorgestellt werden. Manche „Ruta des Falcó" ist auch wirklich hübsch zu gehen. Allerdings kann man sich gelegentlich des Verdachts nicht erwehren, dass die Wege genau dort markiert wurden, wo sie – wohl wegen des nötigen Einbetonierens der Pfosten – auch mit dem Fahrzeug anfahrbar sind; selbst dann, wenn ein schönerer, paralleler Fußpfad existiert.

- *Wanderführer und -karten* Lange gab es keinen deutschsprachigen Wanderführer zu den Inseln – diese Lücke ist seit wenigen Jahren geschlossen. Vom Bergverlag Rother erschien der Wanderführer „Ibiza und Formentera", und die Zeitschrift Ibiza Heute bedient Wanderfreunde auf Ibiza mit gleich drei Bänden (Wanderführer 1, 2 und 3); zu erstehen sind sie z.B. in der Librería Vara de Rey in Ibiza-Stadt (siehe dort unter „Shopping"). Auf dem Gebiet der Wanderkarten hat sich ebenfalls etwas getan; so gibt es mittlerweile eine gute Inselkarte des Kompass-Verlags im aussagekräftigen Maßstab 1:50.000. Wer es noch genauer haben will, muss auf die IGN-Karten 1:25.000 zurückgreifen, die als kompletter Block bei der Buchhandlung Libro Azul in Santa Gertrudis erhältlich sind; dort gibt es auch die anderen erwähnten Führer und Karten.

- *Organisierte Wanderungen* Ecoibiza, ein kleiner Spezialveranstalter, bietet eine Reihe geführter Halbtages- und Tagestouren zu versteckten Zielen der Insel an, die sogenannten „Secret Walks". Infos auf Ibiza unter ✆ 971 302347, ✆ 971 398079, www.ecoibiza.com.

Übernachten: So (Hotel in Portinatx) ...

Übernachten

Auf Ibiza gibt es mehr als fünfhundert lizenzierte Übernachtungsbetriebe, die kleine Nachbarin Formentera besitzt immerhin über hundert solche Quartiere. Das Angebot verteilt sich auf Hotels, Hostals, zahlreiche Apartments und schöne Hotelfincas auf dem Land. Für Camper ist die Auswahl vergleichsweise bescheiden.

Schwerpunkte der Inselhotellerie sind erwartungsgemäß die Küstenregionen und die Hauptstadt Eivissa, im Inselinneren ist das Angebot bislang noch recht dünn. Fast immer sind die Quartiere gepflegt und entsprechen zeitgemäßen Standards. Zu verdanken ist dies auch dem „Plan zur Modernisierung der touristischen Unterkünfte", durch den alle vor 1984 gebauten Häuser einer technischen Inspektion und notwendigen Renovierungsmaßnahmen unterworfen wurden.

Schwierigkeiten bei der Quartiersuche können sich für Individualreisende besonders zur Hauptreisezeit zwischen Juni und September ergeben. Wer dann Probleme hat, eine Unterkunft zu finden, wendet sich am besten an die örtliche Touristeninformation, die immer Bescheid weiß, wie und wo sich noch freie Zimmer finden. Auch außerhalb der Sommersaison ist mit Einschränkungen bei der Quartierauswahl zu rechnen: Viele Hotels in Ferienorten haben ab Ende Oktober bis in den April hinein geschlossen. Wir geben bei den Hotelbeschreibungen nach Möglichkeit die Öffnungszeiten mit an; wo kein Vermerk vorhanden ist, hält die Unterkunft in der Regel ganzjährig geöffnet. Wer im Winter Urlaub auf Ibiza oder Formentera macht, sollte darauf achten, dass eine Heizung vorhanden ist und diese vor allem auch funktioniert: Die feuchte Kälte, die dann in manchen einfachen Quartieren herrscht, kann sehr unangenehm werden.

... oder so (Landhotel bei Sant Carles)

▶ **Hotel-Klassifizierung:** Die Klassifizierung der spanischen Unterkünfte wird von den örtlichen Behörden vorgenommen. Doch ist die Zahl der Sterne nicht unbedingt aussagekräftig, da sie sich vor allem an bestimmten Ausstattungsdetails wie Radio/TV im Zimmer, dem Vorhandensein eines Aufzugs und dergleichen orientiert. Ein Einsternhotel kann ohne weiteres besser möbliert und moderner sein als der Nachbar in der Dreisternklasse. Auch eine besonders schöne Architektur oder Lage oder eine herausragend freundliche Atmosphäre wird von diesem System natürlich nicht erfasst.

• *Hotel/Hotel-Residencia (H/HR)* Diese Kategorie entspricht unseren Hotels, die Klassifizierungsspanne liegt zwischen einem und fünf Sternen. Das breite Angebot reicht vom sterilen 350-Betten-Klotz in Stahlbeton bis zum familiären Traditionshotel. Hotel-Residencias sind Garni-Hotels, bieten also mangels Restaurant nur Frühstück an, doch ist diese Zusatzbezeichnung anscheinend im Aussterben begriffen. Abnehmen dürfte künftig auch die Zahl der niedriger klassifizierten Hotels, da Genehmigungen für neue Anlagen, wenn überhaupt, nur noch ab 4 Sternen aufwärts erteilt werden.

• *Hostal (HS)* Etwa mit unseren Gasthöfen oder Pensionen vergleichbar und manchmal inoffiziell auch als „Pensió" benannt, Kategorie zwischen einem und drei Sternen. Obwohl in den meisten Küstenorten vertreten, sind sie auf den Inseln insgesamt seltener und meist auch teurer als auf dem spanischen Festland. Eine gewisse Konzentration findet sich auf Formentera, in den drei Städten Ibizas und im Nordosten dieser Insel, wo es noch eine Reihe von angenehm familiären, fast nostalgischen Hostals gibt. Schade, dass das eigentlich gut gemeinte Gesetz zur Beschränkung neuer Hotelanlagen auch die Neuzulassung solcher meist kleinen, den örtlichen Bedingungen im Normalfall gut angepassten Herbergen praktisch ausschließt. Vom Komfort, aber auch von den Preisen her rangieren Hostals in der Regel unter den Einsternhotels, was nicht ausschließt, dass es sich um sehr freundliche und angenehme Quartiere handeln kann. Es gibt zudem, beispielsweise in Eivissas Oberstadt, ganz hervorragende Unterkünfte, die aus steuerlichen Gründen die Klassifizierung als Hostal vorziehen. Anders als in der Mehrzahl der Hotels kann man in einfachen Hostals nur selten mit Fremdsprachenkenntnissen der Belegschaft rechnen.

Reiseziel Pityusen

- *Übernachtungs-Tipps für Individualreisende* **Unterkunftsverzeichnisse** informieren über Adressen, Preise, Standard und Öffnungszeiten. Die jährlich neu aufgelegte Broschüre „Hoteles, Campings, Apartamentos" verzeichnet nahezu alle Hotels, Hostals, Campingplätze und offiziell gemeldete Apartments der Balearen. Vor Ort ist das Heft nur schwer erhältlich, doch senden es die spanischen Fremdenverkehrsämter auf Anfrage gerne zu. Zusätzlich verfügen die örtlichen Infostellen meist über eine Liste der Quartiere ihres Zuständigkeitsbereichs.

Preise: Sicher keine Überraschung – die Hotelpreise auf den Balearen sind die höchsten ganz Spaniens. Preise müssen an gut sichtbarer Stelle ausgehängt sein. Die Mehrwertsteuer IVA von 7 % ist nicht immer inklusive („incluido"), sondern wird manchmal erst bei Erstellen der Rechnung aufgeschlagen. Die in diesem Führer genannten Preise beziehen sich auf die individuell gebuchte Übernachtung im Doppelzimmer (DZ) und auf die reguläre Hochsaison (HS) und Nebensaison (NS). und beinhalten oft, aber nicht immer das Frühstück (F). Sie orientieren sich an den offiziellen Angaben, was nicht ausschließt, dass mancher Betrieb in der Nebensaison mit sich handeln lässt oder sogar von sich aus weniger fordert.

Beschwerden: Jeder Beherbergungsbetrieb muss Beschwerdeformulare („Hojas de Reclamación") zur Verfügung stellen; meist verhilft schon die Frage danach zur gütlichen Einigung. Falls nicht: Die Beschwerdeformulare dürfen auch auf Deutsch ausgefüllt werden. Der Wirt erhält nur den rosa Durchschlag, das weiße Original geht ans Staatssekretariat für Tourismus in Madrid und den grünen Durchschlag behält der Reisende. Die Drohung mit dem Gang zum Fremdenverkehrsamt, z.B. bei überhöhten Preisen, zieht auch fast immer.

Singles haben es oft schwer auf den Inseln: Nicht jeder Beherbergungsbetrieb verfügt über Einzelzimmer. Wo vorhanden, muss man in etwa mit 70 Prozent des Doppelzimmerpreises rechnen. Ob Doppelzimmer verbilligt als Einzelzimmer abgegeben werden, steht allerdings im Ermessen des Hoteliers.

Agroturismo mal edel (Atzaró bei Sta. Eulària) ...

▸ **Sonstige Unterkünfte:** Eine interessante Atmosphäre bieten Ferien auf der Finca, die noch recht junge und allmählich expandierende Variante des „Urlaubs auf dem Bauernhof". Campingplätze sind relativ rar.

- *Cluburlaub* Ferienclubs mit einem umfangreichen Angebot an Sportangeboten sowie mehr oder weniger dezenter Animation finden sich vor allem im Südwesten und an der Ostküste Ibizas. Am günstigsten zu buchen sind sie über Reiseveranstalter.

- *Apartments, Ferienhäuser und Villen* Besonders für Familien mit kleinen Kindern sind Apartments eine feine Sache, speziell der eigene Herd ist Goldes wert. Ähnlich den Hotels werden auch Apartments von den örtlichen Behörden klassifiziert und statt mit Sternen mit einem bis drei

Schlüsseln eingestuft. Es gibt jedoch auch einen großen „Schwarzmarkt" nicht angemeldeter Apartments und Ferienhäuser. Vor Ort auf eigene Faust ein Apartment zu suchen, ist über Reisebüros und Immobilienagenturen möglich, sowie über die Infostellen, die meist über eine Liste verfügen. In kleineren Dörfern können sich Anfragen in Bars und Geschäften lohnen, seltener verweist auch ein Schild „Apartamentos" auf einen Vermieter. Meist beträgt die Mindestmietzeit 14 Tage, in Zeiten schwacher Nachfrage auch schon mal nur eine Woche. Zur HS, wenn auch die Preise kräftig ansteigen, wird man bei der Suche vor Ort jedoch oft nur ein bedauerndes Lächeln ernten. Dann ist Vorausbuchung geraten, entweder über einen der vielen Reiseveranstalter, die auch Apartments im Programm haben oder von privat, z.B. über die Kleinanzeigen im Reiseteil überregionaler Zeitungen. So lassen sich auch am ehesten noch Ferienhäuser finden, die nur von wenigen Veranstaltern angeboten werden.

Einige Vermittler: „Finca-Ferien" vermittelt Apartments, vor allem aber Ferienhäuser auf Ibiza. Hainbergstr. 18, 31167 Bockenem, ✆ 05067 6526, ✆ 05067 698923, www.finca-ibiza.de. Ferienhäuser bietet auch „Finca Seleccion", Gerberstr. 2 b, 87730 Bad Grönenbach, ✆ 08334 989766, www.finca-selection.de. „Ecoibiza" vermittelt ebenfalls Ferienhäuser, siehe nächsten Abschnitt. Und dann gibt es noch die Luxusvariante für Begüterte: www.villa-ibiza.de.

● *Finca-Hotels* **Agroturismo** und **Hotel rural** heißen die Zauberworte für Ferien im ländlichen Bereich. Auf Ibiza haben sich diese Anlagen in den letzten Jahren zwar deutlich vermehrt, mehr als etwa zwei, drei Dutzend sind es bislang jedoch immer noch nicht; Formentera zuckelt deutlich hinterher, besitzt gerade mal einen einzigen Betrieb. Bei beiden Varianten handelt es sich meist um alte Bauernhöfe, die zu hotelähnlichen Quartieren umgebaut wurden. Sofern sie noch eigene Landwirtschaft und nicht mehr als zwölf Zimmer besitzen, sind es Agroturismo-Betriebe; falls keine Landwirtschaft mehr betrieben wird, gilt für Häuser bis maximal 25 Zimmer die Bezeichnung Hotel rural. Neubauten sind verboten, einzig die Renovierung bestehender Gebäude ist erlaubt. Der Standard variiert vom eher einfachen Quartier bis zum Luxushotel im ländlichen Raum, das gelegentlich sogar über ein exquisites Restaurant verfügt. In jedem Fall garantiert Urlaub auf der Finca ein intensives Kennenlernen von Land und Leuten. Allerdings bleibt man fast immer auf einen Leihwagen angewiesen, denn die meisten Fincas liegen weitab von Ortschaften und Bushaltestellen. Auch sonst ist Finca-Urlaub nicht billig, die Übernachtungskosten mit Frühstück liegen für zwei Personen im Schnitt bei etwa 150 €, wobei einzelne Betriebe noch deutlich mehr verlangen.

... mal alternativ-originell (Can Domo bei Jesús)

Ein Veranstalter: „Ecoibiza", ein Veranstalter auf Ibiza, bietet neben geführten Touren und Ferienhäusern auch eine gute Auswahl an Landhotels an. Näheres bei Ecoibiza, Paseo Marítimo s/n, Edificio Transat local 10, E-07800 Ibiza, 07800 Eivissa; ✆ 971 302347, ✆ 971 398079; www.ecoibiza.com.

● *Camping* Ibiza verzeichnet fünf offizielle Plätze, die an der Cala Bassa, in Sant Antoni und in und um Es Canar liegen. Auf Formentera gibt es keinen Campingplatz. „Wildes" Campen ist auf beiden Inseln verboten. Fraglich, ob es sich angesichts des geringen Angebots lohnt, die Ausrüstung mitzuschleppen.

Die Küche der Inseln

Auch wenn das Angebot mancher Ferienorte auf den ersten Blick einen anderen Eindruck vermitteln mag: Es gibt durchaus eine schmackhafte einheimische Küche.

Natürlich kann man sich in den Touristenzentren ganz wie daheim ernähren, braucht auf heimische Biere ebensowenig zu verzichten wie auf die gewohnte Kaffeesorte. Um die ibizenkische Küche kennenzulernen, bedarf es dort schon einer gewissen Suche. Viele gute Restaurants liegen auch am Straßenrand etwas außerhalb von Ortschaften, schließlich nehmen die Einheimischen für ein feines Mahl ohne weiteres eine Autofahrt in Kauf. Als Kostverächter kann man die Insulaner nämlich wirklich nicht bezeichnen, gutes Essen und Trinken gehören vielmehr zu den elementaren Freuden des Alltags. Gibt man sich zum Frühstück noch mit einem kleinen Happen zufrieden, so werden zum Mittag- und Abendessen stets mehrere Gänge aufgetischt.

Tafel mit Aussicht: Gedeck an der Cala d'Hort

Lokale

Bars: In Spanien praktisch die Kneipe ums Eck. Außer allen möglichen Getränken gibt es zumindest in den auf Einheimische ausgerichteten Bars fast immer auch kleine Gerichte. Hier nimmt man vor dem Gang ins Büro sein schnelles Frühstück und einen Kaffee und isst vielleicht auch nachmittags noch eine oder zwei Tapas. Etwas gemütlichere Varianten von Bars nennen sich auch Bodegas („Weinkeller"), Cervecerías („Bierstube"), Tasca oder Taberna.

• *Essen in Bars* **Tapes**, spanisch **Tapas**, sind leckere Kleinigkeiten aller Art. Oliven, ein Häppchen Schinken, frittierte Fischchen, ein Stück Tortilla – die Auswahl ist bestechend. Früher wurden sie oft gratis zum Getränk serviert, doch ist diese Praxis selten geworden. Eine einfache Tapa kostet ab etwa einen Euro, wer sich auf Meeresgetier kapriziert, kann auch wesentlich mehr los werden. Eine „Ración" meint eine Art Über-Tapa, nämlich eine ganze Portion vom Gleichen. **Bocatas**, span. **Bocadillos:** Belegte Weißbrote ohne Butter, etwa in der Art von Baguettes. Sie sind ideal für den sättigenden Imbiss zwischendurch und nur in den einfacheren Bars zu haben. Die Auswahl ist ähnlich breit wie bei Tapas, reicht von Wurst und Schinken über Käse bis hin zu Sardellen und Tortilla.

Pa amb oli: Sozusagen das Nationalgericht der Balearen, oft auch in einfacheren

Die Küche der Inseln

Restaurants zu haben. „Brot mit Öl" ist eine einfache Speise, die ihren Geschmack aus der Güte der Zutaten bezieht: Geröstetes Brot wird mit Knoblauch und Tomaten eingerieben und mit Olivenöl beträufelt. Bei den etwas feineren Varianten wird dazu Käse oder der köstliche Bergschinken Jamón Serrano serviert.

> ### Kioscos – Speisen mit Meerblick
> Ein Lokal-Fall für sich sind die „Kioscos" (eigentlich: Quioscos) oder „Chiringuitos" genannten Bars und Restaurants an den Stränden der Pityusen; schließlich schmeckt das Essen nirgends besser als mit direktem Meerblick. Kioscos gibt es an fast allen Stränden, eine besonders große Auswahl dieser charmanten Strandkneipen findet sich jedoch in Ibizas Süden und auf Formentera. Das kulinarische Angebot der einzelnen Kioscos kann recht unterschiedlich ausfallen, häufig jedoch zählen fangfrischer Fisch und Meeresfrüchte zu den Spezialitäten. Trotz des mitunter recht rustikalen äußeren Erscheinungsbilds der Kisocos sollte man sich bezüglich des Preisniveaus allerdings besser keinen Illusionen hingeben: Maritime Köstlichkeiten sind auch auf den Inseln nicht im Sonderangebot zu haben – ganz besonders gilt dies natürlich für die Langusten, die in den Wassertanks mancher besonders edler Kioscos ihrem Verzehr entgegensehen.

▶ **Restaurantes:** Längst nicht alle Restaurants der Inseln haben rund ums Jahr geöffnet, viele sind reine Saisonbetriebe. Eine ganzjährige Öffnungszeit darf da durchaus als Empfehlung gelten, denn schließlich müssen diese Lokale mit einer vorwiegend einheimischen und deshalb fachkundigen Klientel rechnen, mit der man es sich besser nicht verdirbt. Ein komplettes Essen besteht zwar mindestens aus Vorspeise, Hauptgericht und Dessert, anders als in Italien ist der Wirt jedoch nicht böse, wenn man es beispielsweise bei Salat und Hauptgericht belässt. Und wenn er *Bon Profit* sagt, freut er sich nicht etwa schon darauf, die Rechnung auszustellen, sondern wünscht schlicht auf Katalanisch „Guten Appetit".

● *Einige Tipps zum Thema „Essen gehen"*

Essenszeiten: Beginnen in Spanien viel später als bei uns, das Mittagessen keinesfalls vor 13 Uhr, meist sogar erst um 14 Uhr oder danach; zum Abendessen braucht man nicht vor 21 Uhr anzutreten. In Touristenzentren hat man sich allerdings an den mitteleuropäischen Magenfahrplan angepasst.

Platz nehmen: In Spanien gilt es als ausgesprochen unhöflich, sich zu einem Fremden an den Tisch zu setzen. In besseren Restaurants wird man ohnehin vom Kellner platziert, setzt sich also nicht einfach an einen freien Tisch. Dort ist es vor allem an Wochenenden und in der spanischen Ferienzeit auch ratsam, zu reservieren. Sitzt man erst einmal an seinem Platz, wird vor dem eigentlichen Essen oft ein Korb Brot und ein Tellerchen mit Oliven und der Knoblauchmayonnaise Alioli aufgetragen, eine freundliche Geste, die sich allerdings meist auch auf der Rechnung wiederfindet.

Zahlen: Die Rechnung verlangt man mit „el compte, per favor", auf spanisch „la cuenta, por favor". Der Umgang mit der Mehrwertsteuer IVA wird unterschiedlich gehandhabt. Vor allem in teureren Restaurants wird die Mehrwertsteuer manchmal erst beim Zahlen auf den Gesamtbetrag aufgeschlagen. In Spanien ist getrenntes Zahlen absolut unüblich. Einer am Tisch begleicht die Rechnung und die anderen geben ihm ihren Anteil oder übernehmen die nächste Runde.

Trinkgeld: Beim Bezahlen lässt man sich zunächst das Wechselgeld herausgeben und dann den entsprechenden Betrag, je nach Zufriedenheit bis etwa 10 %, auf dem Tellerchen liegen. Ein wenig Trinkgeld wird auch in der Bar erwartet.

Menú del Dia: Das „Tagesmenü" ist ein Festpreismenü, das meist sehr günstig Vorspeise, Hauptgericht, Dessert und wahlweise Wasser oder ein Viertel Wein beinhaltet. In Lokalen, in denen Einheimische die Gästemehrheit bilden, ist es fast grundsätzlich gut und reichhaltig, in Touristenorten längst nicht immer. In ersterem Fall wird es in der Regel auch nur zur Mittagszeit an Werktagen angeboten, abends und sonntags dagegen nicht.

Katalanisch	*Spanisch*	*Deutsch*
Tapes	**Tapas**	**„Häppchen"**
Olives	Aceitunas	Oliven
Mandoguilles	Albóndigas	Fleischbällchen
Anxova	Anchoas	Sardellen
Seitons	Boquerones	„Fischchen"
Tripes	Callos	Kutteln
Cargols	Caracoles	Schnecken
Xampinyons	Champiñones	Champignons
Ensalada russa	Ensaladilla rusa	Russischer Salat
Empanadas	Empanadas	Gefüllter Fladen
Faves	Habas	Bohnen
Patatas bravas	Patatas bravas	Kartoffeln scharf
Truita	Tortilla	Omelettstück
Bocatas	**Bocadillos**	**Sandwichs**
Tonyina	Atún	Thunfisch (meist Dose)
Botifarró	Butifarra	Blutwurst
Sobrassada	Sobrasada	Paprikawurst
Pernil serrà	Jamón serrano	Schinken (roh)
Pernil York	Jamón York	Schinken (gekocht)
Llomo	Lomo	warmer Kochschinken
Formatge	Queso	Käse
Salchichon	Salchichón	Art Salami

Spezialitäten der Inselküche

Die Küche der Inseln vereint die Einflüsse, die die fremden Eroberer vieler Jahrhunderte hinterlassen haben. Schon die Karthager wussten um die Konservierung von Lebensmitteln mit Salz. Die Mauren brachten den Reis, verschiedene Gemüse, Kräuter und Gewürze, aber auch den Zucker auf die Inseln. Von den Katalanen stammt das Schweineschmalz, das klassische Bratfett für Fleisch (alle anderen Speisen werden mit Olivenöl zubereitet), und die Grundsauce vieler Gerichte, das „Sofrit" aus Olivenöl, Tomaten, Zwiebeln und Knoblauch. Ein weiteres katalanisches Erbe ist die „Picada" genannte Würzmischung aus gerösteten Brotkrümeln, Petersilie, Mandeln, Knoblauch und Safran. Zu den kulinarischen Klassikern der Inseln zählt allerdings auch manch spanisches Rezept: Die berühmte Paella zum Beispiel stammt eigentlich aus der (ja recht nahen) Region um Valencia. Eine eigene Art von Pizza gibt es auf den Balearen übrigens auch: *Coca* heißt der hiesige Teigfladen, dessen Belag allerdings in der Regel ohne Käse auskommt und den es auch in süßen Varianten gibt.

Die Küche der Inseln

Katalanisch	Spanisch	Deutsch
Pa	Pan	Brot
Mantega	Mantequilla	Butter
Oli	Aceite	Öl
Vinagre	Vinagre	Essig
Sal	Sal	Salz
Pebre	Pimienta	Pfeffer
All	Ajo	Knoblauch
Amanida	**Ensalada**	**Salat**
d'arròs	de arroz	Reissalat
de marisc	de marisco	Meeresfrüchtesalat
del temps	del tiempo	nach Saison
Verda	Verde	grüner Salat
Trempó	Trampó	Tomaten, Paprika, Zwiebeln

▸ **Eiergerichte** (Ous/Huevos): In Spanien als *Tortilla* einer der Klassiker überhaupt, werden Omeletts als Vorspeise wie als Hauptgericht gegessen. Auf Katalanisch heißen sie „Truita" und bergen so eine Verwechslungsgefahr zur gleichnamigen Forelle in sich. Enthalten kann so eine Truita alles mögliche, von Kartoffeln bis Garnelen.

▸ **Reisgerichte** (Arrossos/Arroces): Reisgerichte in vielerlei Variationen haben ihren festen Platz in der Küche der Inseln. Nudelgerichte sind dagegen, ganz im Gegensatz zum nahen Katalonien, eher selten, einzig die Nudelpaella „Fideuà" ist auf den Speisekarten mancher Restaurants zu finden.

• *Reisspezialitäten* **Arròs de Pescador:** Reisgericht mit Meeresgetier. Die Beilagen und der Reis werden dabei separat serviert und gegessen.

Arròs amb Peix, eine Variante, ebenfalls mit Fisch und/oder Meeresfrüchten.

Arròs negre: Schwarz gefärbtes Reisgericht. Die dunkle Tönung rührt von der mitgekochten Tinte des Tintenfischs her.

Arròs sec, „trockener Reis", die spezifisch eivissenkische Form der Paella. Typisch für das katalanische Küchenerbe ist hier die Kombination von Huhn und Kaninchen mit Fisch und Meeresfrüchten.

Paella: Es gibt sie in mehreren Variationen, zum Beispiel als „mixta" bzw. „valenciana" mit Fleisch und Meeresfrüchten, als „de marisco" nur mit Meeresfrüchten oder als „ciega", mit ausgelösten Bestandteilen und deshalb „blind" zu essen. Eine anständige Paella wird über offenem Feuer frisch zubereitet, sollte also nicht aus der „Sammelpfanne" kommen, wie bei manchen Billigangeboten üblich. Sie benötigt daher ihre Zeit (ca. 30 Min.) und wird auch nur für mindestens zwei Personen angeboten. Leider ersetzt heute manchmal Lebensmittelfarbe den eigentlich für die goldfarbene Tönung zuständigen Safran.

▸ **Gemüsegerichte** (Verdures/Verduras): Obwohl viele Speisen einen hohen Gemüseanteil besitzen, sind – im Gegensatz zur häuslichen Küche – reine Gemüsegerichte in Restaurants selten, für Vegetarier ein Problem. *Cuinat* heißt ein ausschließlich aus pflanzlichen Zutaten bestehender Eintopf, der vor allem in der Karwoche gegessen wird, *Olla fresca* ist ein Bohneneintopf. Beide Gerichte sieht man auf Speisekarten leider jedoch nur selten.

▸ **Fleischgerichte:** Rindfleisch ist auf den Inseln natürlich auch erhältlich, Huhn ohnehin, doch gebühren die Küchenmeriten den zahllosen Zubereitungsarten des Schweins, das nach dem Schlachtfest der „Matança" praktisch restlos verarbeitet wird – neben Fleisch auch zu Schweineschmalz („Saïm") und herausragend guten Würsten wie der Paprikawurst Sobrassada oder der Blutwurst Botifarró.

Katalanisch	Spanisch	Deutsch
Carn	Carnes	Fleisch
Bistec	Bistec	Beefsteak
Costella	Chuletas	Koteletts
Escalopa	Escalope	Schnitzel
Filet	Solomillo	Filet
Cabrit	Cabrito	Zicklein
Porc	Cerdo	Schwein
Conill	Conejo	Kaninchen
Xai	Cordero	Lamm
Guatlle	Cordoniz	Wachtel
Faisà	Faisán	Fasan
Fetge	Hígado	Leber
Perdiu	Perdiz	Rebhuhn
Pollastre	Pollo	Huhn
Ronyons	Riñones	Nieren
Vedella	Ternera	Kalb
Vaca	Vaca	Rind

- *Fleischspezialitäten der Inseln* **Sofrit pagès**, ein üppiges „bäuerliches" Schmorgericht mit Kartoffeln, Gewürzen und verschiedenen Fleischsorten wie Schwein, Lamm, Huhn oder Kaninchen.
Bullit ist ein kräftiger Eintopf, der ebenfalls Kartoffeln enthält, außerdem Fleisch, Würste, Reis sowie verschiedene Gemüse.
Porcella (span.: Lechona): Spanferkel aus dem Ofen oder vom Grill. Sehr beliebt, muss aber manchmal vorbestellt werden.
Conill amb pebreres, mariniertes Kaninchen mit viel Knoblauch, roten Paprikaschoten und Weißwein.

▸ **Fisch und Meeresfrüchte:** Die Überfischung des Mittelmeers ist auch auf den Inseln spürbar. Zwar ist die Auswahl riesig, doch müssen viele maritime Köstlichkeiten eingeführt werden, kommen meist aus Nordspanien und kosten in der Regel deutlich mehr als Fleisch. Noch recht preiswert zu haben sind Tintenfische (Calamars) und Seezungen (Llenguado).

Zubereitungsarten für Fleisch und Fisch

a la brasa	a la brasa	vom Grill
a la planxa	a la plancha	vom heißen Blech
a l'ast	al ast	vom Drehspieß
a la cassola	a la cazuela	in der Kasserolle
a la marinera	a la marinera	nach „Seemannsart"
al forn	al horno	im Backofen
cuito	cocido	gekocht

Die Küche der Inseln

- *Fischspezialitäten der Inseln* **Guisat de peix**, spanisch Guisado de Pescado. Das wohl bekannteste Fischgericht der Inseln, ein Schmortopf aus verschiedenen Fischarten, Kartoffeln und Paprikaschoten.
Bullit de peix, ein deftiger Fischeintopf, das maritime Pendant zum Bullit aus Fleisch.
Borrida de rajada, Ragout aus Rochen, gewürzt mit der delikaten Kombination aus Petersilie und Mandeln.
Guisat de llagosta, Langusteneintopf, gewürzt nach demselben Schema wie das Rochenragout; eine köstliche Sache, die natürlich ihren Preis hat.
Calamars farcits, geschmorter Tintenfisch, der vor der Zubereitung mit einer Würzpaste aus Knoblauch und Petersilie gefüllt wurde.

Katalanisch	*Spanisch*	*Deutsch*
Peix	**Pescados**	**Fisch**
Tonyina	Atún	Thunfisch
Bacallà	Bacalao	Stockfisch
Besuc	Besugo	Seebrasse
Bonítol	Bonito	kl. Thunfisch
Déntol	Dentón	Zahnbrasse
Orada	Dorada	Goldbrasse
Llenguado	Lenguado	Seezunge
Lluç	Merluza	„Seehecht"
Mero	Mero	Zackenbarsch
Rap	Rape	Seeteufel
Salmó	Salmón	Lachs
Sardines	Sardinas	Sardinen
Marisc	**Mariscos**	**Meeresfrüchte**
Cloïsses	Almejas	Venusmuscheln
Escopinyes	Berberechos	Herzmuscheln
Llamàntol	Bogavante	Hummer
Calamars	Calamares	Tintenfisch (klein)
Calamarsons	Chipirones	Tintenfisch (noch kleiner)
Gambes	Gambas	Garnelen
Llagosta	Langosta	Languste
Llagostins	Langostino	Hummerkrabben
Musclos	Mejillones	Miesmuscheln
Sèpia	Sepia	Tintenfisch (groß)

▸ **Süßspeisen:** An Süßspeisen hat die Inselküche einiges von den Mauren geerbt, deren Einfluss ja jahrhundertelang anhielt. Viele traditionelle Süßigkeiten werden besonders an einem bestimmten Festtag gegessen. Eine herrliche Erfrischung an heißen Sommertagen ist natürlich Obst. Wie wäre es zum Beispiel mit einer kühlen Scheibe Wassermelone (*Sandía*)?

- *Süßspeisen* **Ensaïmades**, eine Art rundes Hefegebäck, das seinen Namen („Eingeschmalzene") dem Ausbacken in Schweineschmalz verdankt. Es gibt sie in verschiedenen Variationen: „Pur" mit Puderzucker oder mit Füllungen aus Kürbismarmelade, Schokolade oder Pudding. Ensaïmades werden gern zum Frühstück gegessen, sind aber auch, in Pappschachteln diverser Größen verpackt, ein beliebtes Souvenir.

Greixonera nennt sich eine Art Gebäckpudding, der aus eingeweichten Ensaïmades, Eiern, Milch und Zimt gebacken wird.
Flaó ist ein sehr leckerer und süßer Kuchen aus Mürbeteig und frischem Schafskäse, der mit Anis und Pfefferminze gewürzt wird.
Bunyols und **Orelletes** werden ebenfalls mit Anis gewürzt, in Öl ausgebacken und gern bei Festen serviert.

Katalanisch	*Spanisch*	*Deutsch*
Postres	Postre	Nachtisch
Flam	Flan	Karamelpudding
Pastís	Pastel	Gebäck
Gelat	Helado	Eis
Formatge	Queso	Käse
Mel i mató	Miel y mató	Frischkäse mit Honig
Fruita	Fruta	Obst
Maduixes	Fresas	Erdbeeren
Poma	Manzana	Apfel
Préssec	Melocotón	Pfirsich
Meló	Melón	Melone
Taronja	Naranja	Orange
Pera	Pera	Birne
Pinya	Piña	Ananas
Aranja	Pomelo	Grapefruit
Raïm	Uva	Trauben
Suc de fruta	Zumo de fruta	Fruchtsaft

Getränke

▸ **Alkoholisches:** Eines vorweg: Die Insulaner sind beim Trinken keine Kinder von Traurigkeit; oft begleitet schon vormittags ein Sherry die Tapas oder ein Brandy den Kaffee. Betrunken zu sein, *borratxo* beziehungsweise *borracho*, ist jedoch absolut würdelos. Für die trunkenen Horden in Sant Antoni und anderswo haben Einheimische nichts als blanke Verachtung übrig.

Wein: Der bekannteste Wein Spaniens kommt sicherlich aus La Rioja; wer ihn bestellt, geht nie fehl. Die Weine der verschiedenen katalanischen Anbaugebiete genießen ebenfalls gute Reputation. Auch auf Ibiza und Formentera wird Wein produziert, wenn auch in geringen Mengen und überwiegend zum Eigenbedarf. In den Handel gelangen die herben Tröpfchen nur in geringem Umfang, in den Dorfbars werden sie jedoch schon mal ausgeschenkt.

Andere Alkoholika: Bier (*Cervesa*, span. Cerveza) gibt es in zahlreichen deutschen Sorten, doch ist der einheimische Gerstensaft auch durchaus trinkbar und zudem preisgünstiger. Ein Glas vom Fass bestellt man mit „una caña", eine Flasche (Botella) schlicht mit „una cerveza". Alkoholfreies Bier (cervesa sin alcohol) gibt es fast überall in kleinen Flaschen. Der katalanische Sekt *cava* (bekannte Marken: Freixenet, Codorniu) ist in Qualität und Herstellungsweise durchaus dem Champagner vergleichbar, aber weit preisgünstiger und auch auf den Inseln überall erhältlich.

Die Küche der Inseln

Bitte Platz zu nehmen: Kiosco auf Formentera

- *Lokale Kräuterliköre* **Hierbas ibicencas** nennt sich der beliebteste und am weitesten verbreitete Likör, meist als Digestif getrunken und hergestellt aus einer Kräutermischung, die von Hersteller zu Hersteller variiert und geheim gehalten wird.

Frígola ist ein weiterer Kräuterlikör, zu dessen Hauptbestandteilen wild wachsender Thymian zählt.

Palo: Ein süßbitterer Likör, der gern mit Soda getrunken wird. Zu seinen Ingredienzien zählen Chinarinde, Rohrzucker und Bitterwurz. Schoten vom Johannisbrotbaum, wie oft zu lesen, gehören nicht immer dazu.

- *Spanische Mischgetränke und Spirituosen* **Sangría:** Die angeblich so „typisch spanische" Mischung aus Rotwein, Brandy, Orangen- oder Pfirsichsaft und Zucker wird von Spaniern selbst nur selten getrunken. Sie wissen warum, der Kopfschmerz am nächsten Tag kann fürchterlich sein.

Brandy: Fälschlicherweise, aber geschmacklich relativ treffend auch als „Coñac" bezeichnet, ein Weinbrand, dessen beste Sorten aus Andalusien kommen.

Aguardientes: „Feuerwasser", Sammelbezeichnung für alle Arten von Schnaps.

▸ **Alkoholfreies:** Erfrischungsgetränke gibt es im üblichen internationalen Angebot. *Granizados* sind dagegen etwas Besonderes, eine Art halbflüssiges Wassereis, meist in den Geschmacksrichtungen *café* oder *limón* (Zitrone).

Wasser: Das Leitungswasser der Inseln ist zum Trinken nicht, zum Kochen nur bedingt geeignet. Die Alternative sind Mineralwässer, die mit Kohlensäure (Aigua amb Gas/Agua con Gas) und als stille Wässer (sens/sin Gas) angeboten werden.

Kaffee: Meint in Spanien immer etwas in der Art von „Espresso". Wer unbedingt Filterkaffee bevorzugt, findet ihn in allen wichtigen Ferienorten.

Café solo ist schwarz, *Café cortado* enthält etwas Milch, während *Café con leche* aus einem Tässchen Espresso mit sehr viel Milch besteht, optimal fürs Frühstück. Ein *Carajillo* ist ein Kaffee mit „Schuss", wahlweise mit Brandy, Whisky oder anderen starken Alkoholika.

Xocolate/Chocolate ist eine ganz unglaublich dicke flüssige Schokolade. Zum Frühstück allein schon fast sättigend, wird sie meist mit dem Fettgebäck Xurros (Churros) serviert.

Horxata: Süße Erdmandelmilch, die ursprünglich aus der Region Valencia kommt. Sie sollte frisch hergestellt sein, industrielle Horchata schmeckt mäßig.

Wissenswertes von A bis Z

Ärztliche Versorgung	70	Literatur	78
Baden	70	Nachtleben	78
Drogen	72	Post (Correos)	80
Einkaufen	73	Rauchverbote	80
Feiertage	74	Reisedokumente	80
Geld	74	Ruta del Arte	80
Haustiere	75	Siesta	81
Informationsstellen und Konsulate	75	Sport	81
Internet	76	Targeta Verda	81
Karten	77	Telefonieren	82
Kinder	77	Zeitungen und Zeitschriften	83
Kriminalität	77	Zoll	83

Ärztliche Versorgung

Prinzipiell übernehmen die privaten und gesetzlichen Krankenkassen die Kosten ambulanter Behandlungen im EU-Ausland. Erkundigen sie sich jedoch vorab unbedingt bei Ihrer Kasse über die aktuelle Verfahrens- und Abrechnungsweise. Um vor unangenehmen Überraschungen sicher zu sein, ist die *Urlaubs-Krankenversicherung*, die z. B. im Gegensatz zu fast allen anderen Versicherungen auch medizinisch notwendige Krankenrückflüge einschließt, in jedem Fall eine sinnvolle Ergänzung. Zu erhalten ist sie zu sehr günstigen Tarifen bei manchen Automobilclubs und bei fast allen privaten Krankenversicherern, natürlich auch für Mitglieder gesetzlicher Kassen. Vor Ort geht man dann einfach zum Arzt, bezahlt bar, lässt sich unbedingt eine genaue Rechnung mit Diagnose und Aufstellung der ärztlichen Leistungen geben und reicht diese beim heimischen Versicherer zur Rückerstattung ein.

Hospitäler gibt es in Eivissa und auf Formentera, einen Arzt oder ein Ärztezentrum („Centro Médico", z. T. nur saisonal) in praktisch allen Ferienorten. Deutsche Ärzte haben sich in recht großer Zahl vor allem auf Ibiza niedergelassen, eine Reihe von Adressen ist in den Ortskapiteln angegeben. Über Fachärzte informieren die Anzeigen in den deutschsprachigen Zeitschriften der Insel und die Fremdenverkehrsämter.

Apotheken, Farmacias, können bei kleineren Problemen oftmals den Arzt ersetzen. Die spanischen Apotheker sind gut ausgebildet und dürfen auch manche Medikamente abgeben, die daheim rezeptpflichtig sind. Nacht- und Sonntagsdienste sind an jeder Apotheke angeschlagen.

> **Allgemeiner Notruf:** ☎ 112, eine Sammelnummer für Polizei (policía), Ambulanz (ambulancia) und Feuerwehr (bomberos).
> **ADAC-Notruf:** ☎ 0049/89/222222; rund um die Uhr

Baden

Baden ist auf den Inseln (fast) das reine Vergnügen. An schönen Stränden herrscht kein Mangel, und die Wasserqualität zählt zum Besten, was das Mittelmeer zu bieten hat. Gründe sind die Insellage, das weitgehende Fehlen von Industrie und vor allem die Rundumversorgung mit Kläranlagen.

Luftmatratze vergessen? Ersatz gibt's an der Platja d'en Bossa

Badeunfälle vermeiden: Auch am so harmlos erscheinenden Mittelmeer kommt es jedes Jahr zu vielen tödlichen Badeunfällen. Unterströmungen beispielsweise können auch bei scheinbar ruhiger See auftreten, auflandige Winde unter Wasser Verwirbelungen hervorrufen. Ablandige Winde wiederum sind, insbesondere für Kinder, gefährlich beim Baden mit Plastikbooten oder Luftmatratzen. Nehmen Sie die Gefahren des Meeres ernst! Schwimmen Sie möglichst nicht allein und vermeiden Sie Alkohol und das Baden mit vollem Magen. Lassen Sie Ihre Kinder am Strand nie auch nur für kurze Zeit unbeaufsichtigt, ebensowenig am Pool des Hotels oder der Finca, denn auch dort geschehen alljährlich viele tragische Unfälle.

Warnflaggen: Falls an einem Strand grüne, gelbe oder rote Flaggen wehen, signalisieren sie mögliche Gefahren beim Baden: **Rot** – Gefahr, Badeverbot! **Gelb** – Vorsicht, **Grün** – Baden erlaubt (soll evtl. abgeschafft werden, da diese Fahne trügerische Sicherheit suggerieren kann). Bitte beachten Sie zu ihrer eigenen Sicherheit diese Flaggen unbedingt. Leider wird die Beflaggung außerhalb der Hochsaison oft eingestellt.

www.blausand.de liefert umfangreiche weitere Informationen zum Thema Badeunfälle und Strandsicherheit.

www.ibizabeachguide.com, eine neue Seite der Balearenregierung, gibt einen guten Überblick über die Strände der Insel. Geplant ist auch die Anzeige der aktuellen Badebedingungen. Im Aufbau identisch: **www.formenterabeachguide.com**.

Quallen können, seit einigen Jahren zunehmend und abhängig von den Wetterverhältnissen und Strömungen, zeitweilig das Badevergnügen verleiden. Als Ursachen für ihre Ausbreitung gelten u.a. die zunehmende Erwärmung des Mittelmeers und der Bestandsrückgang bei Fressfeinden wie der Seeschildkröte und dem Thunfisch. Falls es einen erwischt hat, die betroffene Stelle mit warmem oder besser noch heißem Meerwasser abwaschen, keinesfalls mit Süßwasser! Einen mit Essig („Vinagre", deaktiviert das Quallengift, erhältlich bei jeder Strandbar) getränkten Wattebausch auf die Verbrennung drücken. Im Anschluss mit Eis kühlen, später helfen Kortison oder Antihistamine. Viel trinken. Bei kleinen Kindern, Verletzungen im Gesicht, großflächigen Verbrennungen oder Kreislaufbeschwerden gibt es aber nur eins: sofort zum Arzt.

Mittlere Wassertemperaturen in Grad Celsius					
Januar	14	Mai	17	September	24
Februar	13	Juni	21	Oktober	21
März	14	Juli	24	November	18
April	15	August	25	Dezember	15

Blaue Umweltflagge: Auch Blaue Europaflagge genannt, wird sie jährlich an solche Badeorte verliehen, die bestimmte Kriterien des Umweltschutzes erfüllen: So muss das Badewasser im Vorjahr den gesetzlichen Bestimmungen entsprochen haben, dürfen industrielle und kommunale Abwässer nicht direkt eingeleitet werden. Hundertprozentige Sicherheit gibt das zwar nicht, denn gesetzliche Bestimmungen beziehen sich auf Gesundheitsgefährdung, und auch unterhalb dieser Schwelle kann es schon unappetitlich werden. Doch bietet die Auszeichnung immerhin einen Anhaltspunkt. Andererseits kann auch ohne Blaue Umweltflagge das Wasser hundertprozentig in Ordnung sein: Sie wird nur auf Antrag verliehen und auch dann verwehrt, wenn z. B. keine Erste-Hilfe-Station am Strand besteht.

FKK ist auf Ibiza, erst recht auf Formentera, viel weiter verbreitet als sonst in Spanien. Zwar besitzt Ibiza nur zwei offizielle Nacktbadestrände (Platja Es Cavallet, Aigües Blanques), doch wird auch an anderen Stellen, zum Beispiel auch im hinteren Teil des Salines-Strands, textilfrei gebadet. Auf Formentera sieht man die Sache meist noch lockerer. Rücksichtnahme besonders auf einheimische Familien ist dabei freilich immer ein „Muss" – im Zweifel orientiere man sich am Umfeld und lasse gegebenenfalls besser die Badehose an.

Drogen

Es ist kein Geheimnis, dass in Ibizas Nachtleben Drogen aller Art praktisch omnipräsent sind. Die Polizei der Insel kämpft einen schier aussichtslosen Kampf, aber sie kämpft – und das mit immer härteren Bandagen. Bei geringen Mengen der in

Alles für den Kiffer: Stand am Hippiemarkt von Las Dalias

Spanien weit verbreiteten weichen Droge Haschisch mag das polizeiliche Interesse sich im Einzelfall in Grenzen halten, verlassen sollte man sich darauf besser nicht. Ausländer, die mit härteren Drogen ertappt werden, bekommen in jedem Fall gewaltigen Ärger. Und wer (zum Beispiel als Besitzer größerer Drogenmengen) gar in Verdacht gerät, gedealt zu haben, hat noch ganz andere Probleme am Hals: Die Höchststrafe liegt bei zwölf Jahren Gefängnis, und spanische Haftanstalten zählen nicht gerade zu den komfortabelsten Europas.

Einkaufen

In punkto Shopping ist die erste Adresse der Inseln natürlich die Hauptstadt Eivissa. Das Marina-Viertel und die angrenzenden Straßen bersten geradezu vor Boutiquen und Plattenläden, doch finden sich hier ebenso noch herrlich altmodische Geschäfte, die typische Handwerksprodukte verkaufen. Keramik- und Antiquitätengeschäfte säumen die Straße von der Hauptstadt nach Santa Eulària. Interessante Läden gibt es auch in Santa Gertrudis und im Töpferdorf Sant Rafel, Näheres zu den berühmten Hippiemärkten und der Adlib-Mode finden Sie im Kapitel „Traditionen und Brauchtum" weiter vorne im Buch. Auf Formentera hält sich das Angebot in Grenzen.

Originelle Dekoration: Geschäft in Eivissa

• *Öffnungszeiten* Die Boutiquen in Eivissa halten im Sommer bis spät in die Nacht geöffnet. Sonst sind die üblichen Geschäftszeiten etwa Mo–Sa von 10–13.30 und 17–20 Uhr. Kleine Abweichungen sind möglich, einige Geschäfte schließen auch am Samstagnachmittag oder arbeiten sogar am Sonntag. Manche Supermärkte und die großen Hipermercados öffnen Mo–Sa durchgehend bis 21/22 Uhr. In Ferienorten gelten oft längere Öffnungszeiten.
• *Souvenirs*: Eine nette Erinnerung sind kulinarische Souvenirs. Wie wäre es mit ein paar Flaschen Hierbas, Frígola oder Palo, vielleicht auch einigen Würsten wie Sobrassada oder Botifarró? Einige Direktverkaufsstellen insbesondere für Alkoholika und Agrarprodukte listet die Broschüre „Agroroutes del Bon Gust", meist erhältlich bei den Fremdenverkehrsämtern.

Tongeschirr und Keramik: Die traditionellen Tonschüsseln „Greixoneras" oder auch die Tontöpfe „Ollas" sind hübsche Souvenirs, die man auch in vielen Geschäften findet. Keramik wird vor allem in Sant Rafel produziert, dem „Dorf der Keramiker".

Korb- und Flechtwaren sind ebenfalls typische Produkte. Im Marina-Viertel der Hauptstadt offerieren mehrere Läden geflochtene Taschen, Hüte und die traditionellen, „Espardenyes" genannten Schuhe.

Kleidung und Schuhe: In gewisser Weise auch ein typisches Ibiza-Souvenir – die Boutiquen hier mögen nicht durchgehend die besten Qualitäten anbieten, die neuesten Trends sieht man vor allem in der Hauptstadt jedoch allemal, in der Regel weit früher als im Rest Europas.

CDs: Ibiza-Compilations finden sich natürlich in breiter Auswahl, große Plattengeschäfte mit einem sehr guten Sortiment gibt es vor allem in Eivissa und Sant Antoni.

• *Estancos* So nennen sich die Tabakläden, kenntlich an dem braunen Schild mit der orangen Aufschrift „Tabacos". Doch gibt es im Estanco, auf katalanisch Estanc genannt, nicht nur Zigaretten und andere Tabakwaren (kubanische Zigarren sind in Spanien weit preisgünstiger als bei uns!), sondern ebenso Briefmarken und Telefonkarten, oft auch Zehnerkarten für Stadtbusse etc.

Feiertage

Auf die erlebenswerten Feste der Inseln wurde bereits im Kapitel „Tradition und Brauchtum" eingegangen. Es lohnt sich, diese typischen „Festes" in die Ausflugsplanung einzubeziehen. Der Haupttag der Feste ist in aller Regel im jeweiligen Ort auch ein Feiertag. Hier jedoch eine Aufstellung der überregionalen Feiertage, an denen ebenfalls (fast) alle Geschäfte geschlossen haben und auch die Busse viel seltener verkehren. Manchmal werden diese Feiertage, falls sie auf einen Sonntag fallen, auf den folgenden Montag verlegt, dies aber nur dann, wenn die jährlich erlaubte Zahl an Feiertagen dadurch nicht überschritten wird.

Cap d'any, 1. Januar, Neujahr.
Festa del Reis, 6. Januar, Dreikönigstag.
„Tag der Balearen", 1. März, sozusagen der „Nationalfeiertag" der Balearen.
Semana Santa, Ostern, Karfreitag ist Feiertag, Gründonnerstag und Ostermontag sind es nur dann, wenn dadurch das jährliche „Feiertagskontingent" nicht überschritten wird.
Dia del Treball, 1. Mai, Tag der Arbeit.
Santa Maria, am 5. August.
Mariä Himmelfahrt am 15. August.
Tag der „Hispanidad", 12. Oktober, der spanische Nationalfeiertag anlässlich der Entdeckung Amerikas, bei separatistisch eingestellten Insulanern wenig beliebt.
Tots Sants, 1. November, Allerheiligen.
Dia de la Constitució, 6. Dezember, Tag der spanischen Verfassung.
Mariä Empfängnis, 8. Dezember.
Nadal, 25./26. Dezember, Weihnachten. Gefeiert wird nur im engen Familienkreis.

Geld

Auf der Rückseite der spanischen Ein- und Zwei-Euro-Münzen ist König Juan Carlos abgebildet, die Münzen im Wert von 50, 20 und 10 Cent („Céntimo") ziert Miguel de Cervantes, der Schöpfer von Don Quijote. Die Fünf-, Zwei- und Ein-Cent-Münzen zeigen die Kathedrale von Santiago de Compostela, die die Reliquien des spanischen Nationalheiligen Santiago birgt.

Geldautomaten („Bancomat"): Die bequemste Lösung. Die Bedienungsanleitung kann auf Deutsch abgerufen werden. Geldabheben kostet Gebühren, zumindest sofern man nicht eine Filiale seiner heimischen Bank findet.

> **Sperrnummer für Bank- und Kreditkarten:** 0049 116116. Diese einheitliche Sperrnummer gilt mittlerweile für die Mehrzahl der deutschen Bankkunden. www.sperr-notruf.de.

Reiseschecks: Beim Kauf von Reiseschecks wird eine Gebühr fällig, in der auch eine Versicherungsprämie enthalten ist. Ärgerlich deshalb, dass in Spanien auch von der einwechselnden Bank noch Gebühren einbehalten werden, die teilweise recht horrend sind – vor dem Einwechseln nach der Höhe der *comisión* fragen!

Postsparbuch: Für Geldabhebung im Ausland muss das Sparbuch bei der heimischen Postbank in die „Postbank Sparcard" umgetauscht werden. Mit dieser kann auch am Automaten Geld abgehoben werden. Details in den Filialen der Postbank.

Kreditkarten: Die gängigen Karten (Mastercard und Visa sind verbreiteter als American Express) werden von fast allen größeren Hotels, teureren Restaurants etc. akzeptiert.

Schnelles Geld: Bei finanziellen Nöten, die sofortige Überweisungen aus der Heimat nötig machen, ist die Geldüberweisung mit Western Union die flinkste Methode. Jemand geht aufs heimische Postamt und zahlt dort den entsprechenden Betrag ein, der schon Minuten, maximal wenige Stunden später beim spanischen Western-Union-Agenten eintrifft und gegen Angabe der Referenznummer in Empfang genommen werden kann. Mit saftigen Gebühren ist bei diesem Verfahren allerdings zu rechnen, deshalb eher für den Notfall geeignet. www.westernunion.de.

Haustiere

Ein ernstgemeinter Rat: Lassen Sie Ihren Hund nach Möglichkeit zu Hause. Zum einen ist die Anreise per Flugzeug vor allem für größere Hunde traumatisch, da sie in einer Transportbox im lauten und dunklen Frachtraum untergebracht werden müssen. Zum anderen ist das Reisen mit den vierbeinigen Freunden immer noch großen Beschränkungen unterworfen. Die Mehrzahl der Hotels akzeptiert keine Hunde, auch an vielen Türen von Restaurants ist das Schild „Perros No!" zu lesen. Fast alle Strände sind für Hunde gesperrt, ebenso die öffentlichen Verkehrsmittel.

• *Vorschriften* **EU-Pass**, ein für Hunde, Katzen und Frettchen (Tatsache) obligatorischer „Reisepass", durch den die Identität des Tiers nachgewiesen und attestiert wird, dass es gegen Tollwut geimpft ist. Über Details informiert der Tierarzt.

• *Tierschutzverein* **Duo**, Informationen und praktische Hilfe, zum Beispiel, wenn Ihr Hund entlaufen ist oder Sie ein zugelaufenes Tier mit nach Hause nehmen wollen. Kontakt und Infos auf Ibiza unter ℡ 971 197430, www.duo-ibiza.de.

Informationsstellen und Konsulate

▶ **Spanisches Fremdenverkehrsamt:** Informationsstellen der spanischen Tourismusbehörde gibt es in Deutschland, Österreich und der Schweiz. Oft kommt man allerdings nur schlecht durch oder darf seine Wünsche nur einem Anrufbeantworter darlegen. Um die Büros zu entlasten, wurde deshalb für die Bestellung von Prospekten eine separate, für ganz Deutschland zuständige Serviceleitung geschaffen.

• *Deutschland* **Serviceleitung:** ℡ 06123 99134, ℡ 06123 9915134. Die richtige Telefonnummer für die Anforderung von Broschüren, Hotelverzeichnissen, Festkalendern etc.
Fremdenverkehrsämter: 10707 **Berlin**, Kurfürstendamm 63, ℡ 030 8826541, ℡ (030) 8826661.
40237 **Düsseldorf**, Grafenberger Allee 100; ℡ (0211) 6803981, ℡ (0211) 6803985.
60323 **Frankfurt/Main**, Myliusstraße 14; ℡ (069) 725038, ℡ (069) 725313.
80051 **München**, Postfach 151940, Schubertstr. 10, ℡ (089) 5307460, ℡ (089) 53074620.
• *Österreich* 1010 **Wien**, Walfischgasse 8, ℡ (01) 5129580, ℡ (01) 5129581.
• *Schweiz* 8008 **Zürich**, Seefeldstraße 19; ℡ (01)2536050, ℡ (01) 2526204.

▶ **O.I.T.-Büros:** Fremdenverkehrsämter (Oficina d´Informació Turística, O.I.T.) der balearischen Tourismusbehörde IBATUR sind in Eivissa, Sant Antoni, Santa Eulària und La Savina auf Formentera eingerichtet; daneben gibt es auch einige überwiegend saisonal betriebene „Puntos de Información", die oft in einer Art Kiosk untergebracht sind. Fast immer ist das Personal deutschsprachig und bei Anfragen aller Art eine gute Hilfe. Erwarten kann man allgemeine Tipps, Hinweise zu Bussen und Bahnen, aktuelle Öffnungszeiten der Sehenswürdigkeiten, Ortspläne sowie eine ganze Reihe weiterer Broschüren und Listen. Adressen und Öffnungszeiten der O.I.T.-Büros sind im Text jeweils angegeben.

▶ **Konsulate:** Ein deutsches Konsulat Deutschlands gibt es in der Hauptstadt Eivissa, für Österreicher und Schweizer sind die Vertretungen in Palma de Mallorca zuständig, Öffnungszeiten in der Regel nur jeweils vormittags von Montag bis Freitag. Konsulate sind Ansprechpartner im akuten Notfall, alle ihre Auslagen selbstverständlich zurückzuzahlen.

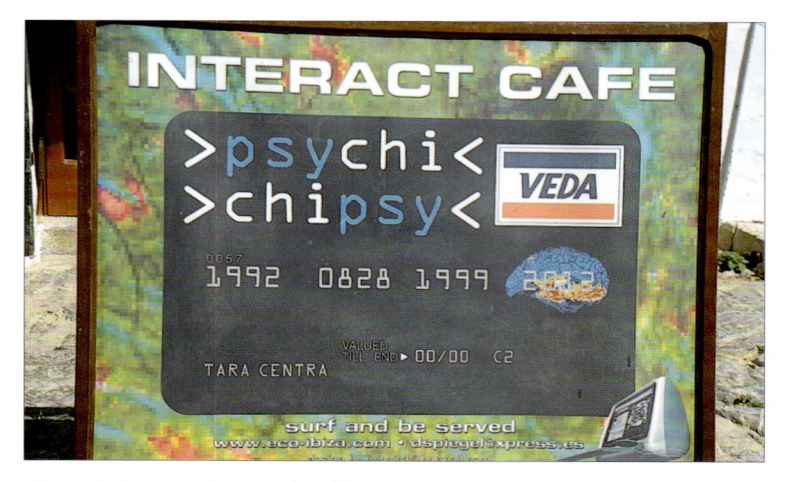

Freundliches Angebot: „surf and be served"

- *Deutsches Konsulat* Eivissa (siehe auch dort), Carrer d´Antoni Jaume 2, 2–9, ✆ 971 315763.
- *Österreichisches Konsulat* Palma de Mallorca, Carrer Sindicat 69, unweit der zentralen Plaça Major, ✆ 971 728099.
- *Schweizer Konsulat* Palma de Mallorca, außerhalb des Zentrums am Cami de Can Guillot 23, Establiments (Richtung Esporles); ✆ 971 768836.

Internet

Auf die Eingabe des Stichworts „Ibiza" spuckte die Suchmaschine google bei Redaktionsschluss dieses Führers rund 44 Millionen Treffer aus, die Zahl der Seiten nimmt täglich zu. Masse ist also durchaus geboten, Klasse hingegen längst nicht immer. Dennoch bietet das Internet natürlich gute Möglichkeiten, sich vorab über die Inseln zu informieren und auch Flüge, Fähren, Fincas etc. online zu buchen. Wer über das Netz Kontakt mit der Heimat aufnehmen will, findet Cyber-Cafés in einer ganzen Reihe von Orten, Adressen-Auswahl jeweils im Text. Und dann gibt es – für aktuelle Infos nach Redaktionsschluss dieser Auflage, aber auch für das schnelle Senden stets gern gesehener Lesertipps – natürlich noch die Seite unseres Verlags ...

- *Einige ausgewählte Sites* Im Folgenden einige interessante Sites, weitere Adressen finden Sie unter den einzelnen Themenbereichen dieses Reisehandbuchs, die der einzelnen Hotels zum Beispiel in der jeweiligen Beschreibung. Seiten, die sich ausschließlich mit Formentera beschäftigen, sind im Einleitungskapitel zu dieser Insel aufgeführt.
www.illesbalears.es, die Seite des Fremdenverkehrsverbands der Balearen. Allgemeine Info zu den Inseln, viele Statistiken für Touristikinteressierte. Leider oft langsam.
www.ibiza-spotlight.de, die wohl ausführlichste kommerzielle Site zu Ibiza. Sehr viel Info zum Nachtleben, unter „Magische Insel" auch ein guter allgemeiner Überblick, interessante Nachrichtenspalte. Superbes Forum, überwiegend in Englisch, unter **www.spotlight-forums.com**.
www.eivissa.de ist ähnlich aufgebaut wie ibiza-spotlight, bietet ebenfalls gute Allgemeininfo, außerdem ein Forum.
www.e-ibiza.de, optisch schön gestaltete Seite, die auch durch das gut gepflegte Blog und das Forum auffällt.
www.megustaibiza.com, sehr umfangreiche, praktisch orientierte Seite mit ausgesprochen vielen Menüs und Links. Spanisch.

www.ibiza-voice.com, englischsprachige Site, die sich ausschließlich dem aktuellen Nachtleben der Insel widmet.

www.ibizapocapoc.net, mit reicher Fotoauswahl, die virtuelle Touren auch durch das ländliche Ibiza ermöglicht. Ungewöhnliche Navigation, sehr viel Inhalt. Nur auf Spanisch.

www.portaltour.net, ein „touristisches Informationssystem" für die Pityusen, erstellt in Zusammenarbeit mit dem Fremdenverkehrsamt der Inseln. Viele Fakten, teilweise jedoch veraltet bzw. schlecht gepflegt. Nur auf Spanisch und Katalanisch.

www.ibiza-heute.de, die Seite des deutschen Magazins für die Insel. Meldungen, Artikel etc. auch älterer Ausgaben sind teilweise online abrufbar.

www.diariodeibiza.es, die Website der großen ibizenkischen Tageszeitung, mit tagesaktuellen Nachrichten, nur auf Spanisch.

www.ultimahora.es/ibiza, die lokale Konkurrenz zum „Diario de Ibiza", ebenfalls nur auf Spanisch.

www.ibiza-hotels.com, mit zahlreichen Links zu (vorwiegend höherklassigen) Hotels, außerdem mit allgemeiner Info zur Insel.

www.ibizahotelsguide.com, die Site des Hotelverbands von Ibiza, mit der Möglichkeit zur Direktbuchung zahlreicher Quartiere. Sehr viele weitere Informationen zur Insel finden sich auf der (nur spanisch- oder englischsprachigen) Schwesterseite **www.travel2ibiza.com**.

www.yatoo-ibiza.es, kein Schreibfehler. Spanische Suchmaschine für Ibiza und Formentera.

www.ibiza-bangkok.com, private Homepage eines Liebhabers der Insel mit unglaublich vielen Fotos vor allem aus dem Nightlife.

www.gayibiza.net, eine britische Seite für die ja recht zahlreichen schwulen Ibiza-Fans. Viel Info.

www.ibiza-web-cam.de, Live-Kameras, beispielsweise vom berühmten „Sunset-Strip" in Sant Antoni. Leider oft offline.

www.arquired.es/users/catany/pitiusas, „Entrada" klicken. Prima Site für alle, die sich für die Architektur Ibizas interessieren, auf Englisch.

www.wetteronline.de/Spanien/Ibiza.htm, aktueller Wetterbericht zu Ibiza, Dreitages-Vorhersage und Trend für weitere drei Tage.

www.michael-mueller-verlag.de: unsere Seite – schauen Sie doch mal rein!

Karten

Hundertprozentig genau ist keine der angebotenen Karten, viele sparen sich insbesondere die Abgrenzung kleiner asphaltierter Straßen zu Pisten bzw. machen hier Fehler. Trotzdem gibt es mehrere recht brauchbare Exemplare.

• *Einige Beispiele* **Freytag & Berndt**, 1:40.000, ein Maßstab also, auf dem sich einiges darstellen lässt. Gut.

Geo Estel, im Maßstab 1:50.000, nicht ganz fehlerfrei, aber recht ordentlich. Auf der Insel erhältlich.

Kompass, 1:50.000, eine sehr gute Karte des bekannten Spezialisten für Wanderkarten.

IGN, 1:25.000, äußerst detaillierte Karten des Instituto Geográfico Nacional, nur als kompletter Block und auf Ibiza nur in der Libreria Azul in Santa Gertrudis erhältlich.

Kinder

Spanier gelten als sehr kinderfreundlich, die Ibizenkos machen da keine Ausnahme. Die lieben Kleinen dürfen fast alles und müssen anscheinend nie ins Bett, schreiende Rabauken im Restaurant quittiert der Kellner nur mit nachsichtigem Lächeln. Das Problem der relativ späten Essenszeiten lässt sich am besten mit Hilfe der Tapas-Bars lösen. Kinderfreundliche Strände finden sich besonders im Süden und Osten.

Kriminalität

Ibiza und erst recht Formentera gelten allgemein als relativ sichere Ferienziele. Gewalttätige Überfälle sind immer noch sehr selten. Doch ziehen die Urlauberscharen natürlich auch Kleinkriminelle auf die Insel. Autoaufbrüche, Trick- und

Taschendiebstähle und andere Eigentumsdelikte sind insbesondere zur Saison leider keine Seltenheit. Panik und Misstrauen gegen jedermann sind dennoch nicht angebracht, stattdessen die üblichen Vorsichtsregeln: kein Geld und keine Dokumente im Hotelzimmer zurücklassen (Hotelsafe!), Wertsachen und Pass am Körper tragen, Fotoapparate lieber im abgewetzten Rucksack als in der protzigen Fototasche transportieren, geparktes Auto grundsätzlich, auch an Strandparkplätzen, offensichtlich leer lassen (Handschuhfach offen!), immer etwas Kleingeld in der Tasche einstecken haben, um nicht mit großen Scheinen wedeln zu müssen. Vorsicht geboten ist insbesondere am Flughafen, bei nächtlichen Ausflügen in abgelegene Gassen der Altstadtviertel Eivissas, auf Märkten, in Bussen und beim Geldabheben am Automaten.

Literatur

Von den zahlreichen Reiseführern abgesehen, ist die Auswahl an deutschsprachiger Literatur über Ibiza und Formentera recht eingeschränkt. Einige interessante Bücher gibt es aber doch. Manche sind in Deutschland schwer zu bekommen, auf Ibiza stehen die Chancen dann besser.

Ibiza, ein unbekanntes Naturparadies, Hans Giffhorn, EinfallsReich Verlag. Der Inselführer für Naturfreunde schlechthin, viel Lesenswertes über Entstehungsgeschichte, Lebensräume, Flora und Fauna der Inseln. Hervorragende Fotos, vor allem Orchideenfans werden begeistert sein. Auch an Kritik über die fortschreitende Zerstörung von Naturlandschaften wird nicht gespart. In Deutschland zuletzt leider vergriffen, vielleicht wird das Buch aber ja wieder aufgelegt.

Die Geheimnisse Ibizas von A bis Z, Mariano Planells, Verlag Libro Azul. Ein fantastisches Buch, das unzählige Details über die mythenumwobene Vergangenheit der Insel verrät und höchst spannend über Götter, Heilige, Bischöfe, Piraten, Ufos und vieles mehr berichtet. Dank der Initiative von Libro Azul in Santa Gertrudis auch auf Deutsch erschienen, erhältlich dort und in anderen großen Buchhandlungen Ibizas.

Formentera – Eine Insel auf dem Weg zur Legende, von Niklaus Schmid. Der deutsche Wahl-Insulaner, seit 1978 auf Formentera zu Hause, berichtet amüsant und lehrreich über Alltagsleben, Legenden und Natur seiner Lieblingsinsel, erzählt dabei auch schöne Anekdoten über Freud und Leid der Residenten und Einheimischen. Bastei-Lübbe-Verlag, auf den Inseln zu kaufen.

Die Küche von Ibiza und Formentera, Verlag Editorial Mediterrània/Eivissa, der Name des Autors wird unterschlagen. Neben einer umfangreichen Rezeptesammlung bietet das Buch auch einen Überblick über die Küchenkultur der Inseln. Auf Ibiza in größeren Buchhandlungen erhältlich.

Nachtleben

Ibizas Nightlife ist zu Recht weltberühmt – die Insel besitzt die größten Discos am Mittelmeer, beschäftigt im Sommer die weltbesten DJs und setzt fast Jahr für Jahr neue musikalische Trends. Besonders intensiv tobt das Nachtleben in und um Eivissa und Sant Antoni. Alle großen Clubs der Insel liegen in diesem Gebiet, notorische Nachtschwärmer sollten ihr Quartier deshalb besser nicht im ruhigen Inselnorden suchen.

Partysaison ist nur im Sommer. Im Mai erwacht Eivissa allmählich aus dem Winterschlaf, den eigentlichen Saisonbeginn jedoch markieren ab Anfang, Mitte Juni die berühmten Opening-Partys. Veranstalter der Partynächte sind übrigens in aller Regel nicht die großen Clubs selbst, sondern Promoter, die (wie z.B. „Cocoon" am Montag das Amnesia) die Clubs mieten, weshalb dort jeden Wochentag ein anderes Programm angesagt ist. Nach den Opening-Partys geht es den ganzen Sommer über rund, bis zwischen Mitte und Ende September die nicht minder wilden Abschlusspartys in Privilege, Amnesia & Co. vom nahenden Ende des Vergnügens künden.

Nachtleben

Fröhlich: Werbung fürs Pacha am Salines-Strand

- *Informationen* Erstklassige Infos über Clubs, Bars, aktuelle Motto-Partys etc. bieten die kostenlosen, meist britischen Szene-Magazine, die in vielen Plattenläden, Bars etc. ausliegen.
- *Nachts unterwegs* Wer zu viert anreist und am Eingang die reguläre Eintrittsgebühr zahlt, bekommt von manchen der großen Clubs die Taxifahrt ab jedem Punkt der Insel erstattet; die Fahrer wissen Bescheid. Eine lobenswerte Alternative sind die Disco-Busse, siehe das Kapitel „Unterwegs auf den Pityusen".
- *Preise* Deftig – schon die Cocktails in den Bars der Nightlife-Zonen von Eivissa und Sant Antoni sind nicht gerade billig. Die großen Clubs lassen sich ihr Ambiente und Top-Programm erst recht gut bezahlen: Eintrittspreise zwischen 30 und 60 € sind völlig normal; etwas günstiger wird es mit den in vielen Bars erhältlichen Vorverkaufstickets, die eine Ermäßigung und oft auch einen Gratis-Drink mit sich bringen. Die Getränke gehen ebenfalls ins Geld: Eine Cola für 8 € oder ein schlichter Cocktail für 15 € sind nicht ungewöhnlich. Dabei können sogar die einzelnen Bars innerhalb der jeweiligen Clubs unterschiedliche Preise haben.
- *Kleine Fallen* Die Konkurrenz im Nachtgeschäft ist groß. Wer durch die Bargassen von Eivissa tappt, wird deshalb immer wieder mal von schicken Jungs und Mädels angesprochen, die den potenziellen Besucher unter oft heftigem Einsatz erotischer Reize in „ihre" Bar locken wollen. Verbunden ist dieses Ansinnen meist mit der Offerte, zwei Cocktails zum Preis von einem zu trinken. Weit her ist es damit in der Regel jedoch nicht – schon der eine bezahlte Cocktail kostet manchmal mehr als drei nebenan.
- *Änderung in Sicht?* Ohne schwarzmalen zu wollen – gegenwärtig könnte man glauben, dass es mit Ibizas Nachtleben nicht mehr ganz so freizügig weitergehen wird wie bisher. Die Inselregierung, mit dem Party-Image wenig glücklich, scheint die Zügel anziehen zu wollen. Nun sehen sich die Behörden (wie im Fall DC 10) Lizenzen plötzlich wieder ganz genau an. Clubs werden wegen Drogenfunden bei Gästen zur Strafe für Monate geschlossen oder erhalten deftige Geldbußen für das Überziehen der Öffnungszeiten. Besonders ins Visier geraten sind die Afterhour-Events; möglich, dass versucht werden wird, die Öffnungszeiten z.B. des Space drastisch zu beschneiden. Man wird abwarten müssen, was die Zukunft bringt.

Kleine Kajakfahrerin am Salines-Strand: früh übt sich ...

Post (Correos)

Kleinere Postämter sind meist nur Mo–Sa von 9.30–13 oder 13.30 Uhr geöffnet; die Hauptpost von Eivissa hat ganzjährig längere Öffnungszeiten, die Filialen in Sant Antoni, Santa Eulària und Sant Francesc nur zur Saison. Um Briefmarken („Sellos") zu kaufen, muss man sich jedoch ohnehin nicht auf die Post bemühen, zu erhalten sind sie auch im Tabakladen („Estanco"). Die Gebühren für Briefe und Postkarten sind identisch, ändern sich aber fast jährlich.

Rauchverbote

Bereits 2005 hatte die Balearenregierung ein Gesetz zum Schutz der Nichtraucher eingeführt, das dem am 1. Januar 2006 in ganz Spanien in Kraft gesetzten Anti-Tabak-Gesetz zuvorkam. Rauchen am Arbeitsplatz und in allen öffentlichen Gebäuden ist tabu, größere Bars und Gaststätten müssen separate Raucherzonen ausweisen. Tabakwaren gibt es nur noch im Estanco, nicht mehr am Kiosk oder der Tankstelle.

Reisedokumente

Trotz des Schengener Abkommens ist weiterhin ein gültiger Personalausweis oder Reisepass Pflicht. Autofahrer benötigen zusätzlich Führer- und Fahrzeugschein; die Grüne Versicherungskarte wird empfohlen. Anzuraten ist auch, von allen wichtigen Papieren Fotokopien mitzuführen.

Ruta del Arte

Zur „Route der Kunst" haben sich mehr als 70 Künstler auf Ibiza und Formentera zusammengefunden, die mit dieser Initiative zum Besuch ihrer Ateliers einladen und gleichzeitig unter dem Signet „Noche del Arte" Ausstellungen in dem Veranstaltungsgelände von Las Dalias abhalten. Infos: www.art-club-ibiza.com.

Siesta

Zwischen etwa zwei und fünf Uhr nachmittags haben die Inseln wie ganz Spanien geschlossen. Spürbar wird dies besonders in der Hauptstadt Eivissa, aber auch in allen Inlandsorten, die sich dann völlig verwaist zeigen: Wem es möglich ist, der hält daheim im abgedunkelten Zimmer ein Nachmittagsschläfchen oder ruht sich zumindest aus. Die Nächte sind dafür lang... Wichtig zu wissen ist, dass es als ausgesprochen unhöflich gilt, während der Siesta zu stören; das wäre etwa vergleichbar dem Besucher, der bei uns daheim um fünf Uhr morgens vorbeischaut.

Sport

Die Inseln verfügen über günstige klimatische Bedingungen, vor allem Ibiza auch über ein äußerst vielfältiges Sportangebot, das rund ums Jahr aktive Sportler vieler Kategorien anzieht. Die Mehrzahl der Anbieter findet sich in den Ferienzentren an den Küsten, wo vom Minigolfplatz bis zur Segelyacht nahezu alles geboten wird. Bei Spezialinteressen sind die touristischen Informationsstellen vor Ort gerne behilflich.

> **Golf:** Im Gegensatz zu Mallorca gilt Ibiza nicht gerade als erste Adresse für Golfer – derzeit besitzt die Insel gerade mal einen einzigen Platz in Roca Llisa (siehe Kapitel „Eivissa"), ein bis zwei weitere könnten in den nächsten Jahren eventuell folgen.
>
> **Reiten:** Für Reiter bieten sich auf Ibiza gute Möglichkeiten. Eine ganze Reihe von Reitställen verleiht Pferde und führt Kurse und Ausritte durch. Ställe gibt es auf Ibiza zum Beispiel bei Santa Gertrudis und an der Cala Llonga.
>
> **Segeln:** Ibiza und Formentera sind exzellente Segelreviere, berühmt die jährliche Regatta „Ruta de la Sal". In den großen Sporthäfen von Eivissa (Botafoch, ℡ 971 311711; Ibiza Nueva, ℡ 971 312062), Sant Antoni (℡ 971 340645) und Santa Eulària (℡ 971 336161) sowie in den Häfen von Formentera (Formentera Marina: ℡ 971 322346, Formentera Mar: ℡ 971 323235) sind Liegeplätze im Sommer allerdings ein rares Gut. Zu den vielen reizvollen Ankerplätzen auf Ibiza zählen die Cala Vadella, Cala Bassa, Portinatx und die Cala Mastella, auf Formentera die Cala Saona. Den richtigen Schein vorausgesetzt, lassen sich auch Yachten chartern.
>
> **Tennis:** Tennisplätze mit allerdings nicht immer perfektem Belag gibt es in praktisch jedem Ferienort. Meist sind sie Hotels angeschlossen, nach Voranmeldung oft aber auch für Außenstehende zugänglich.
>
> **Tauchen:** Das klare Wasser der Inseln und ihre artenreiche Tier- und Pflanzenwelt machen die Pityusen zu einem sehr guten Mittelmeerrevier für Taucher. Tauchbasen, die auch Anfängerkurse anbieten, finden sich in einer ganzen Reihe von Küstenorten auf Ibiza, auf Formentera in La Savina und Mar i Land – Näheres jeweils im Text.
>
> **Yoga:** Auf Ibiza schwer im Trend. Eine Schule gibt es z.B. im Hinterland der Cala de Benirràs, im Netz zu finden unter www.ibizayoga.com.

Targeta Verda

Die „Grüne Karte", im Jahr 2005 eingeführt, ist sozusagen der Nachfolger der Ökosteuer, jedoch im Gegensatz zu dieser freiwillig. Urlauber können die 15 Tage gültige Karte für 10 Euro in Hotels und Postämtern, bei Autovermietern etc.

erwerben und unterstützen so die „Fundació pel Desenvolupament Sostenible de les Illes Balears", eine Umweltstiftung zur nachhaltigen Entwicklung der Inseln. Im Gegenzug erhalten Besitzer der Karte diverse Vergünstigungen, darunter Rabatte in Museen und Geschäften, Freiminuten für Telefongespräche etc. Verglichen mit Mallorca ist die Zahl der teilnehmenden Partner auf Ibiza und besonders auf Formentera freilich noch eher gering. Details im Internet unter www.targetaverda.com.

Telefonieren

Vorwahlen: Ortsvorwahlen sind abgeschafft, innerhalb der Balearenregion, also auch auf Ibiza und Formentera, fangen alle Teilnehmernummern mit der früheren Vorwahl 971 an. Aus dem Ausland ist deshalb auch keine Ortsvorwahl nötig, stattdessen wird nach der Landesvorwahl 0034 die komplette neunstellige Teilnehmernummer gewählt. In Richtung Heimat gilt 00 als Einwahl ins internationale Netz.

Abgestellt: Surfbretter auf Formentera

Gebühren: Von Calling Cards etc. abgesehen, ist es im Normalfall billiger, sich von der Heimat aus anrufen zu lassen – die spanischen Normaltarife für Auslandsgespräche sind höher als bei uns.

Telefongesellschaften: Der Telekommunikationsmarkt ist viel zu schnelllebig, um hier Informationen über die günstigsten Anbieter für Gespräche Richtung Spanien zu geben. Das gilt auch in der Gegenrichtung.

Telefonzellen akzeptieren nicht nur Münzen, sondern meist auch Telefon- und sogar Kreditkarten.

Telefonkarten: Die „Tarjetas telefónicas", in praktisch jeder Telefonzelle anwendbar, bedeuten bei Ferngesprächen großen Komfortgewinn. Es gibt sie im Tabakgeschäft (Estanco) oder bei der Post.

Calling Cards: Eigentlich nur eine Merkhilfe für eine Netzzugangsnummer, mit der man sich zu einem meist sehr günstigen Tarif bei der jeweiligen Telefongesellschaft einwählt. Abgerechnet wird über das Girokonto oder prepaid, also per Vorauszahlung.

Handys: Die ganz große Abzocke ist vorbei: Durch eine EU-Verordnung wurden die Minutenpreise bei Auslandsanrufen auf 49 Cent, bei angenommenen Gesprächen auf 24 Cent gedeckelt, jeweils zzgl. Mehrwertsteuer. Das ist erheblich weniger als früher. Für Vieltelefonierer geht es aber noch günstiger, beispielsweise durch die Buchung eines speziellen Auslandstarifs oder die Anschaffung einer internationalen oder spanischen Prepaid-Karte, letztere bereits vorab erhältlich z.B. bei www.gsmwebshop.com.

www.teltarif.de/reise: Nützliche Seite mit aktuellen Infos und Tipps zum Thema „Telefonieren im Ausland".

Telefonieren ohne Geld: Der „Deutschland Direkt-Dienst" ist ein Service der Telekom, nützlich beispielsweise, um nach Verlust der Barschaft von zuhause schnellen Nachschub (siehe „Geld") anzufordern; die Gebühr zahlt der Angerufene.

Telefonnummer ab Spanien, ohne jede Vorwahl: **900 99 0049**

Eine Zentrale verbindet weiter. Die Tarife liegen in erträglichem Rahmen: pro Verbindung 3,99 €, zusätzlich pro Minute 0,50 €. Dieser Service funktioniert nur zu Festnetzanschlüssen, Details im Internet unter www.t-com.de/deutschlanddirekt.

Vorwahlen

Von Ibiza und Formentera für internationale Gespräche 00 vorwählen.
Nach **Deutschland** (00)49, nach **Österreich** (00)43, in die **Schweiz** (00)41.
Immer gilt: die Null der Ortsvorwahl weglassen.
Nach Ibiza und Formentera ab Deutschland, Österreich und der Schweiz: Vorwahl 0034, Teilnehmernummer (Beispiel: 0034/971 123456).

Zeitungen und Zeitschriften

Die meisten deutschen Zeitungen und Zeitschriften sind mit etwa einem Tag Verspätung am Kiosk erhältlich, manche auch schon am Nachmittag des Erscheinungstages. Eine Ausnahme bildet die „Bild", die eine eigene Balearenausgabe samt Wetterbericht druckt, daher bereits morgens zum Verkauf steht und somit vielleicht auch für Leute interessant wird, die sonst nicht unbedingt zu den Fans des Blattes zählen.

Deutschsprachige Inselzeitschriften: Nach der Einstellung des „Insel Magazins" erscheint mit *Ibiza Heute* (www.ibiza-heute.de) nur noch eine deutschsprachige Zeitschrift, die direkt von der Insel berichtet. Die Texte sind durchaus informativ, ebenso die Veranstaltungshinweise, Ausstellungskalender der Galerien, Kleinanzeigen von deutschsprachigen Ärzten etc. Am Donnerstag liegen dem *Diario de Ibiza*, einer der beiden großen Tageszeitungen der Insel, lesenswerte deutschsprachige Sonderseiten bei.

Zoll

Waren zum eigenen Verbrauch dürfen im privaten Reiseverkehr der EU, also auch zwischen Deutschland, Österreich und Spanien, unbegrenzt mitgeführt werden. Zollkontrollen gibt es auf dem Luftweg in aller Regel jedoch ohnehin nicht mehr. Anders ist die Regelung natürlich weiterhin für Schweizer.

Lange Schatten: die Siesta neigt sich dem Ende zu

● *Richtmengen zur Unterscheidung zwischen privater und gewerblicher Verwendung* 800 Zigaretten, 400 Zigarillos, 200 Zigarren, 1 kg Rauchtabak. 10 Liter Spirituosen, 20 Liter sogenannte Zwischenerzeugnisse, 90 Liter Wein, davon maximal 60 Liter Sekt, und 110 Liter Bier. Auch die Mitnahme höherer Mengen ist möglich, sofern sie dem eigenen Verbrauch dienen, was bei eventuellen Kontrollen dem Zoll allerdings glaubhaft zu machen wäre.

Romantisch: voller Mond über der Dalt Vila

Eivissa (Ibiza-Stadt)

Ein Bild von einer Stadt. Weiße und sandfarbene Häuserkuben staffeln sich vom Hafen den Festungshügel hinauf, bewacht vom Bollwerk der Stadtmauern, gekrönt von Kathedrale und Kastell: Eivissa, mehr als 2500 Jahre alt, eine der schönsten Städte am Mittelmeer.

Seit jeher ist die *Ciutat d´Eivissa*, wie Ibiza-Stadt offiziell auf Katalanisch genannt wird, die bedeutendste Siedlung der Insel, gleichzeitig ihr wirtschaftliches und kulturelles Zentrum. Eivissa bildet eine eigene Gemeinde, von der Fläche her mit Abstand die kleinste Ibizas, gleichzeitig jedoch die bevölkerungsreichste: Über 40.000 Einwohner zählt die Inselkapitale – mehr als ein Drittel aller Ibicencos lebt hier. Selbst im Winter, wenn manche Küstensiedlung völlig verwaist ist, wirkt die Stadt deshalb nicht ausgestorben.

Im Sommer mutiert Eivissa zur mediterranen Metropole des Vergnügens, wird bunt, lebendig, kosmopolitisch und aufregend. Einen guten Teil des Reizes macht dabei das Publikum selbst aus. Vom Juni bis in den September avanciert die Hauptstadt zum Wallfahrtsort für Alt- und Neohippies, für Gays, Punks, Techno-Fans, Paradiesvögel und Exzentriker jeder Couleur, für glamourös oder ultraschrill gewandete Schönheiten aller Geschlechter aus ganz Europa und aus Übersee. Die Atmosphäre ist tolerant und friedlich, alkoholbedingte Aggressivitäten, wie sie in Sant Antonis Westend schon mal vorkommen können, sind eine Seltenheit. In Sommernächten drängen sich Tausende durch die engen Gassen der Unterstadt, durchstreifen die zahlreichen Boutiquen, wechseln von einer Bar zur nächsten, freuen sich über die bizarr gewandeten und grell geschminkten Promotiongrüppchen, die im Auftrag der großen Discos paradieren. Sehen und Gesehenwerden heißt die Devise, man zeigt, wer man ist oder gerne wäre – ein großer, fröhlicher Karneval, bei dem die Zuschauer oft auch Akteure sind.

Mit ihren zahlreichen, zum Teil durchaus hochkarätigen Sehenswürdigkeiten, dem berauschenden Nachtleben, den guten Verkehrsverbindungen und der großen Auswahl an Restaurants und Einkaufsmöglichkeiten aller Art bildet Eivissa das mit weitem Abstand beste Standquartier für Besucher, die möglichst viel von Ibiza sehen und erleben wollen. Die Hauptstadt bietet alles, was die Insel berühmt gemacht hat – mit einer Ausnahme: Wirklich schöne Strände wird man im näheren Umfeld vergebens suchen. Angesichts der häufigen Busverbindungen zu den reizvollen Stränden im Süden lässt sich dieses kleine Manko jedoch verschmerzen.

Stadtaufbau und Orientierung

Dalt Vila, die weithin sichtbare, auf einem felsigen Vorgebirge hoch über dem Meer errichtete Oberstadt, bildet die Keimzelle der Siedlung. Sie gilt als eine der ältesten Festungsstädte Europas und ist völlig zu Recht unter Denkmalschutz gestellt. Beschützt wird die Dalt Vila von einer monumentalen Stadtmauer, die einen Umfang von fast zwei Kilometern und eine Höhe von bis zu 22 Metern erreicht und in ihrer heutigen Form aus der Zeit der Renaissance stammt, jedoch auch weit ältere Bauteile integriert. Innerhalb dieses beeindruckenden Mauerrings liegen die meisten Sehenswürdigkeiten der Stadt und ihre schönsten Paläste. Viele Häuser im Labyrinth der steilen Treppenwege und engen, verkehrsberuhigten Gassen wurden aufwändig renoviert und beherbergen heute teure Wohnungen und Apartments. In der Oberstadt residieren auch einige exquisite Hotels und eine Reihe von feinen Restaurants. In manch anderem Sträßchen allerdings prägt auch heute noch der Alltag ärmerer Einwohnerschichten das Bild. Insgesamt jedoch schreitet die Restaurierung und Luxussanierung der Oberstadt deutlich voran. Verglichen mit der Unterstadt ist die Dalt Vila freilich ein eher ruhiges Pflaster, bietet dafür an vielen Punkten fantastische Panoramen.

Enge Gassen, weiße Häuser: La Marina

Sa Penya und **La Marina**, die beiden alten Viertel der Unterstadt, sind der Dalt Vila zum Hafen hin vorgelagert. Einst dienten sie als Wohngebiete der Fischer, Handwerker und all jener, die kein Recht hatten, in der sicheren, befestigten Oberstadt zu leben. Heute bilden beide den Mittelpunkt des Nachtlebens der Hauptstadt, bersten vor allem im hafennahen Bereich geradezu vor Restaurants und Bars. *Sa Penya*, das östliche der beiden Viertel, besteht vorwiegend aus krummen Gassen und schlichten, weiß gekalkten Häusern. In seinem höher gelegenen,

Übernachten

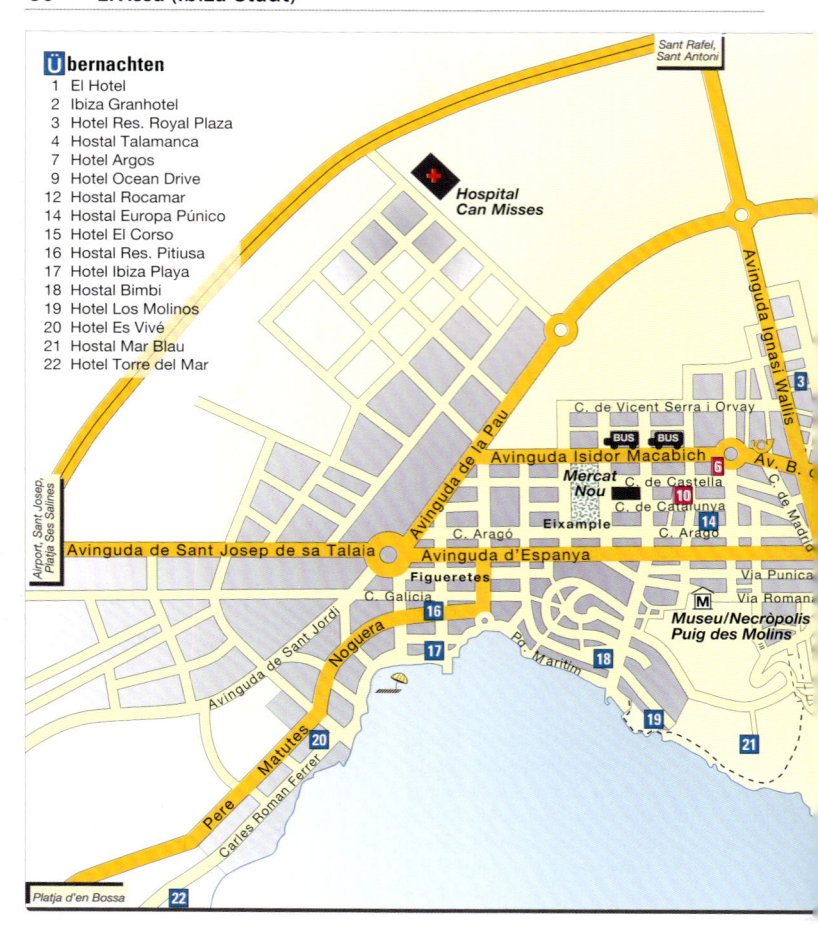

1. El Hotel
2. Ibiza Granhotel
3. Hotel Res. Royal Plaza
4. Hostal Talamanca
7. Hotel Argos
9. Hotel Ocean Drive
12. Hostal Rocamar
14. Hostal Europa Púnico
15. Hotel El Corso
16. Hostal Res. Pitiusa
17. Hotel Ibiza Playa
18. Hostal Bimbi
19. Hotel Los Molinos
20. Hotel Es Vivé
21. Hostal Mar Blau
22. Hotel Torre del Mar

weniger besuchten Teil sind die herben Lebensbedingungen der hiesigen Bevölkerung, darunter viele aus Andalusien stammende Zuwanderer, nicht zu übersehen – Fremde fühlen sich hier schnell als unerwünschte Eindringlinge. Das Hafenviertel *La Marina*, an Sa Penya angrenzend, ist geradliniger aufgebaut und mit zahlreichen spezialisierten Geschäften und einer Fülle an Boutiquen eines der kommerziellen Zentren der Stadt. Der große und moderne *Hafen* selbst ist vom Verkehrsaufkommen her der zweitgrößte der Balearen und besitzt mehrere Anleger für Fähren zum spanischen Festland und zu den Nachbarinseln Mallorca und Formentera.

Passeig Vara de Rey: Der elegante, belebte Boulevard gleich westlich des Marina-Viertels bildet die Schnittstelle der Alt- mit der Neustadt und in gewissem Sinne sogar das Zentrum ganz Eivissas. An der beliebten Flanier- und Einkaufszone liegt eine Reihe von Straßencafés, darunter das berühmte Café des Hotels „Montesol".

Stadtaufbau und Orientierung

Essen & Trinken
5 Snack Bar Flotante
6 Rest. Sa Caldera
8 Rest. La Raspa
10 Rest. Antonio
11 Rest. Il Giardinetto
13 Café Sidney

Eivissa (Ibiza-Stadt)
Übersicht

Noch reizvoller, weil abgasfrei, sitzt man in den Freiluftcafés der nahen, baumbestandenen und verkehrsberuhigten *Plaça des Parc*, ein schöner Platz fürs Frühstück oder den Cocktail am frühen Abend.

S´Eixample, die Stadterweiterung, erstreckt sich vom Passeig Vara de Rey bis weit in den Westen und Südwesten. Ibizas verkehrsgeplagte, schachbrettähnlich angelegte Neustadt ist mit ihren breiten Straßen und großen Häuserblocks gewiss keine Schönheit, dabei jedoch das unumstrittene Zentrum des Alltags der Einwohner und dementsprechend authentisch – die hiesigen Geschäfte, Bars und Restaurants orientieren sich in erster Linie an den Bedürfnissen der Bevölkerung.

Figueretes, etwa eineinhalb Kilometer vom Hafen entfernt und sozusagen die „Strandvorstadt" von Eivissa, schließt sich im Südwesten an die Neustadt an. Ebenfalls

Breiter Strand aus feinem Sand: Platja d'en Bossa

überwiegend im Schachbrettstil erbaut, wird der Stadtteil entlang der Küste deutlich vom Tourismus geprägt. Hier erhebt sich, meist in sehr ähnlicher Architektur wie der Rest von Figueretes, eine ganze Reihe von vorwiegend pauschal gebuchten Hotels. Im Umfeld finden sich Restaurants, die vor allem ihre günstigen Preise betonen und wohl mit Recht darauf vertrauen, durch Schilder à la „English Breakfast" oder „Deutscher Kaffee und Kuchen" Gäste anzulocken. Landeinwärts zeigt sich das Umfeld bodenständiger, hier ist die Infrastruktur mehr auf die Einheimischen zugeschnitten. Die schmalen, von felsigen Abschnitten unterbrochenen Strände von Figueretes sind miteinander durch eine gepflegte Fußgängerpromenade verbunden, insgesamt aber nicht allzu attraktiv. Schöner badet es sich an der Platja d´en Bossa, die noch in gestreckter Fußentfernung knapp zwei Kilometer weiter südlich liegt, jenseits des schmalen Siedlungsbereichs von Es Viver.

Platja d´en Bossa: Der fast drei Kilometer lange Strand zählt bereits zum Gebiet der Gemeinde Sant Josep, ist wegen der räumlichen Nähe zur Hauptstadt jedoch hier aufgeführt. Aus Richtung Eivissa gesehen, beginnt der Sandstreifen schmal und wenig reizvoll, wird dann jedoch breiter und sehr belebt, um am südlichen Ende wieder mehr Ruhe zu bieten. Der Sand ist hell und feinkörnig. Wie alle Strände um die Hauptstadt fällt auch die Platja d´en Bossa sehr langsam ab – selbst 50 Meter hinter dem Ufer ist das Wasser hier nur etwa einen Meter tief. Im Hinterland der Platja erstreckt sich eine komplette touristische Infrastruktur mit allem, was zum Urlaubsvergnügen offensichtlich unabdingbar ist: Spielsalons, Fast-Foods, ein Wasserpark etc. Im Sommer präsentiert sich das Gebiet als eine wahre Ferienstadt, im Winter ist es fast ausgestorben. Die zahlreichen Großhotels werden praktisch ausschließlich pauschal gebucht. Wer hier wohnt, muss sich an das Dröhnen der fast im Minutentakt heranschwebenden Jets gewöhnen können – die Platja d´en

Bossa liegt genau in der Einflugschneise des Airports. Beliebt und ein Anziehungspunkt auch für Besucher aus der Hauptstadt sind die beiden bekannten Discos „Bora Bora" und „Space".

Eivissa Nova und **Marina Botafoch** heißen die beiden Yachthäfen im Norden der Hafenbucht von Eivissa. Mit dem Zentrum sind sie durch Busse sowie, kürzer und atmosphärischer, durch einen Bootspendeldienst zur Altstadt verbunden. Der Fußweg entlang des Hafenbeckens zieht sich dagegen in die Länge und führt zudem durch ein wenig reizvolles Gebiet. In beiden Sporthäfen ankern natürlich fantastische Yachten. Während Ibiza Nova jedoch rein zweckgeprägt ist, hat man der Marina Botafoch eine Art künstliches Dorf mit edlen Boutiquen und teuren Restaurants angegliedert. Trotz der angepassten Bauweise wirkt die Anlage freilich ziemlich steril. Wahrhaft ein Traum ist allerdings der Blick hinüber zur Altstadt, besonders schön am Abend und in der Nacht. Das Hinterland der beiden Sporthäfen präsentiert sich entlang des breiten, von Parkanlagen gesäumten Passeig de Joan Carles I. von der neuzeitlichen Seite, an manchen der großen Apartmentblöcke wird immer noch gebaut. Mit beliebten Bars, dem ins Granhotel integrierten Spielcasino und berühmten Discos wie dem „Pacha" und dem „Divino" ist das Gebiet um die beiden Häfen dennoch eine lebendige nächtliche Anlaufstation, besitzt auch eine Reihe guter Hotels. Jenseits der Marina Botafoch erstreckt sich ein weiteres Neubaugebiet, gefolgt von der ehemaligen, heute mit dem Festland verbundenen Insel Illa Grossa, auf der der Leuchtturm Faro des Botafoch die Hafeneinfahrt markiert. Hier erfolgte ein – sehr umstrittener – Ausbau des Hafengeländes, dessen Kernpunkte die Errichtung einer neuen, rund 500 Meter langen Mole vor dem Leuchtturm sowie einer Zufahrtsstraße waren.

Befestigte Akropolis: Dalt Vila

Platja Talamanca: Die weit geschwungene Strandbucht erstreckt sich nur wenige Gehminuten hinter dem Siedlungsgebiet um die beiden Sporthäfen, ist deshalb von Eivissa nicht nur mit dem Bus, sondern auch ganz gut mit dem Bootsdienst von der Altstadt zur Marina Botafoch zu erreichen. Allerdings zeigt sich auch hier das Umfeld nicht gerade von der schönsten Seite, es wird immer noch viel gebaut. Mit einer Reihe von Hotels bietet die Bucht von Talamanca jedoch die angenehme Möglichkeit, Strandleben und Ausflüge in die Hauptstadt zu verbinden, zeigt sich zudem weit weniger trubelig als die Platja d´en Bossa. Der breite, knapp einen Kilometer lange und sehr windgeschützte Strand aus feinem Sand fällt flach ins Meer ab und ist vor allem bei Familien beliebt, die Wasserqualität genießt allerdings nicht unbedingt den besten Ruf.

Ses Feixes: Im Hinterland der Platja Talamanca erstrecken sich die „Feixes", eine ursprünglich von den Mauren angelegte und mit Bewässerungsgräben durchzogene Gartenlandschaft, die bis ins 20. Jh. hinein die Hauptstadt mit Gemüse versorgte. Niedrige Mäuerchen teilten das Feuchtgebiet in einzelne Areale (Feixa), die jeweils durch ein weiß gekalktes Tor zugänglich waren; fast ein Dutzend dieser „Portals de Feixa" sind noch zu sehen. Schon seit Jahren verlangen Umweltverbände, die Feixes in einen Öko-Park zu verwandeln. Die Bewässerungskanäle sollten instandgesetzt, Tore restauriert und ein Museum eingerichtet werden. Bislang scheiterten die schönen Pläne jedoch an Geldmangel, und natürlich gibt es auch gewisse Kreise, die das stadtnah gelegene Gelände lieber als potenzielles Bauland sähen.

Ehre und Verpflichtung: Ibiza in der Liste des Welterbes

Seit 1999 ist Ibiza aufgrund seiner biologischen Vielfalt und Kultur in die berühmte Unesco-Liste des Welterbes der Menschheit (Patrimonio de la Humanidad) aufgenommen. Begründet wurde diese Entscheidung vom Welterbe-Komitee mit der besonderen kulturellen und ökologischen Bedeutung folgender seitdem geschützter Zonen der Insel:

- **Dalt Vila:** Die Oberstadt ist ein herausragendes Beispiel einer befestigten Akropolis. Ihre Mauern und Bauten bewahren Spuren, die von der frühen phönizischen Siedlung über die arabische und katalanische Zeit bis zur Renaissance reichen. Die Befestigungsanlagen des 16. Jh. sind zudem ein einzigartiges Zeugnis der italienisch-spanischen Militärarchitektur jener Zeit.

- **Sa Caleta:** An der Südküste bilden die erst zu einem Bruchteil erforschten Ruinen der ersten karthagischen Niederlassung auf Ibiza ein außergewöhnliches Beispiel einer Stadtanlage in den phönizischen Kolonien des westlichen Mittelmeers.

- **Puig des Molins:** Die ausgedehnte, etwa 3500 Grabkammern umfassende Nekropolis in der Neustadt von Eivissa stellt, sowohl was den Umfang als auch die Qualität angeht, eine einzigartige Quelle von Grabfunden der Karthager dar.

- **Posidonia-Rasen im Naturreservat Ses Salines:** Der überwiegend sandige Meeresboden zwischen Ibizas Süden und Formenteras Norden beherbergt neben Korallenriffen auch ausgedehnte Bestände an Posidonia-Seegras, Lebensraum zahlreicher seltener Tierarten. Von hoher Bedeutung für den Naturschutz sind jedoch auch die Inselchen in diesem Gebiet sowie die gut erhaltenen Salinenlandschaften von Ibiza und Formentera.

Erfreulicherweise zieht die prestigeträchtige Auszeichnung als Welterbe auch Konsequenzen nach sich, verpflichtet sich der betreffende Staat doch zu fortdauernden Schutz- und Erhaltungsmaßnahmen. Nicht umsonst wird in dem Bericht des Komitees auch ausdrücklich auf die Gefahren hingewiesen, die Ibiza durch den Tourismus drohen.

Eindrucksvoll: Mächtige Mauern bewachen die Oberstadt

Stadtgeschichte

Eine große Vergangenheit: Mehr als ein Jahrtausend lang zählte Eivissa zu den bedeutenden Städten des Mittelmeerraums.

Gegründet wird die Stadt 654 v. Chr. durch die Karthager, die auf dem Gebiet der heutigen Dalt Vila *Ibosim* errichten. Viele Jahrhunderte lang bildet die Siedlung einen wichtigen karthagischen Stützpunkt. Bis in unsere Zeit belegen die ausgedehnten Reste der Nekropolis am Puig des Molins die große Bedeutung Ibosims. Die Stadt lebt prächtig vom Handel und vom Salzexport, prägt sogar ihre eigenen Münzen.

Die Römer, seit 123 v. Chr. an der Macht, spendieren ihrem *Ebusus* einen Merkurtempel, der vermutlich schon denselben Platz besetzte, auf dem sich heute die Kathedrale erhebt. Unter den Vandalen und Byzantinern erlebt die Stadt ab dem 5. Jh. wirre Zeiten, das maurische *Yebosah* des 10.–13. Jh. jedoch findet zum alten Glanz zurück. Die Mauren bauen die Festung der Oberstadt Medina Yebisah aus und verstärken sie mit einer dreifachen Mauer, dem Vorläufer des Bollwerks der Renaissance. Mittelpunkt der Befestigungen ist die Almudaina, die maurische Zitadelle auf der Kuppe des Stadtbergs.

1235 gelingt es den Katalanen, *Eivissa* dauerhaft zu erobern, der Legende nach durch Verrat. Glaubt man der Überlieferung, so hatte sich der Bruder des maurischen Königs in eine seiner Sklavinnen verliebt. Doch auch der Herrscher selbst fand Gefallen an der Schönen und ließ sie für seinen eigenen Harem rauben. Der düpierte Bruder rächte sich, indem er den Katalanen die Lage eines Geheimgangs verriet, der von der Südseite des Festungsbergs in die Almudaina führte. Doch müssen die katalanischen Truppen auch von Norden aus angegriffen haben: Im Carrer Sant Ciriac markiert noch eine kleine Kapelle die Stelle, an der Joan Xicó, der erste katalanische Soldat, in die Stadt eingedrungen sein soll.

Hauptzugang zur Dalt Vila: Portal de ses Taules

Nach der Eroberung dauert es keine zwei Monate, bis auf den Grundmauern der maurischen Moschee die erste christliche Kirche wächst, Vorläuferin der Kathedrale. Von der Viertelung der Insel in die so genannten „Quartóns" bleiben die Stadt und ihre Umgebung ausgenommen. 1299 wird Eivissa im Königreich Mallorca Sitz der *Universitat*, keine Lehranstalt, sondern de facto eine Gemeinderegierung der Pityusen. In den folgenden Jahrhunderten entwickeln sich außerhalb der Stadtmauern die Vorläufer der heutigen Viertel La Marina und Sa Penya. Mitte des 16. Jh. macht die ständige Bedrohung durch Piraten den Ausbau der Festung nötig, die Dalt Vila erhält ihre fantastischen Stadtmauern, Bollwerke und Tore der Renaissance.

1708 öffnet dank der Initiative der Dominikaner eine erste freie Schule, 1782 bekommt Eivissa das Stadtrecht und wird Bischofssitz. Allmählich steigt die Bevölkerungszahl, besonders deutlich im Viertel La Marina. Etwa ab der Mitte des 19. Jh. beginnt Eivissa, sich langsam über die traditionellen Grenzen hinweg auszudehnen. 1846 erscheint mit „El Ebusitano" eine erste Zeitung. In den Jahren um die Wende des 19. zum 20. Jh. wird der Hafen ausgebaut. In den folgenden Jahrzehnten beschleunigt sich das Wachstum der Stadt, die in den Dreißigerjahren das Gebiet von Figueretes erreicht. Die Eröffnung des Flughafens 1958 markiert den Beginn des internationalen Fremdenverkehrs in großem Stil. 1969 wird die Altstadt unter Denkmalschutz gestellt, dreißig Jahre später die Dalt Vila von der UNESCO als Welterbe ausgewiesen.

Information

In den O.I.T.-Büros sind nicht nur zahlreiche nützliche Publikationen wie Busfahrpläne, Hotellisten etc. erhältlich, das meist deutschsprachige Personal kümmert sich nach Möglichkeit auch um detailliertere Anfragen.

O.I.T. d´Eivissa, Plaça Antoni Riquer 2, 07800 Eivissa, ℡ 971 301900, ℻ 971 301562. Direkt am Hafen, ganz in der Nähe des Obeliskendenkmals für die Korsaren. Leider ist das Büro für den Andrang viel zu klein. Öffnungszeiten: 1. Juni bis 15. Oktober Mo–Fr 8–20 Uhr, Sa 9.30–19.30 Uhr; im Mai und der zweiten Oktoberhälfte Mo–Fr 9.30–13.30, 17–19 Uhr, Sa 10–13 Uhr; von November bis April Mo–Fr 8–15 Uhr, Sa 10.30–13 Uhr. Weitere Infostellen, teilweise nur zur Saison geöffnet, liegen am Passeig Vara de Rey und beim Strand von Figueretes (jeweils Infokioske) sowie in der Oberstadt in der Casa de la Cúria nahe der Kathedrale.

O.I.T. Aeroport, Zweigstelle im Flughafen, Ankunftsbereich, ℡ 971 809118. Nur von Mai bis Oktober geöffnet, dann Mo–Sa 9–21 Uhr, So 9–14.30 Uhr.
Internet: http://turisme.eivissa.es, die Tourismus-Seite der Stadt. Englisch.

Verbindungen

Flug

Der Flughafen Aeroport d´Eivissa (Flugplankürzel: IBZ, Info-Telefon 971 809000) liegt etwa acht Kilometer südöstlich der Stadt. Neben Einkaufsmöglichkeiten, Bars etc. gibt es auch eine Infostelle und Bankautomaten.

• *Verbindungen von und zum Flughafen*
Pauschalurlaub: Wenn Sie eine Pauschalreise gebucht haben, werden Sie am Flughafen bereits von einem Vertreter des Veranstalters erwartet und mit dem Reisebus zum Hotel gebracht.

Taxi: Taxis stehen am Ausgang bereit. Sie besitzen mittlerweile alle Taxameter, Richtwert nach Eivissa-Zentrum rund 12–14 €.

Busverbindung: Von etwa 7.30–22 Uhr besteht in halbstündlichem Turnus eine ganzjährige Verbindung (Linie 10) von und zur Busstation an der Avinguda Isidor Macabich in Eivissas Neustadt. Fahrzeit etwa 30 Minuten, Fahrpreis knapp 1,50 €. Von Mitte Juni bis Mitte September fahren sechs bzw. sieben Mal täglich auch Busse nach Sant Antoni (Linie 9) und Santa Eulària/Es Canar (Linie 24).

Mietwagen: Sehr praktisch ist es ja schon, gleich am Airport in den Mietwagen zu steigen. Die Mehrzahl der am Flughafen vertretenen internationalen und nationalen Firmen gehört allerdings nicht gerade zu den Preisbrechern. Anbieter: Avis, ℡ 971 809176; Betacar, ℡ 971 395384; Centauro, ℡ 971 394917, Hertz, ℡ 971 809178, National Atesa, ℡ 971 395393, Tui/Ultramar ℡ 971 395226. Manche Verleihfirmen ohne Flughafenschalter bringen bei längerer Anmietung auch den Wagen zum Flughafen oder holen den Kunden dort ab.

Abholer: Wer Freunde oder Verwandte am Flughafen abholen möchte, findet am Parkplatz rund 380 Stellplätze; bezahlt wird vor Abfahrt am Automaten. In der gebührenfreien „Blauen Zone" darf maximal 15 Minuten lang gehalten werden. Bei wildem (auch kurzzeitigem) Parken anderswo reagiert die Polizei schnell.

Schiff

Eivissa besitzt zwei Fährterminals. Beide liegen angenehm zentral. Tickets gibt es in den Büros der einzelnen Fährgesellschaften direkt vor Ort.

• *Fährlinien nach Mallorca und zum spanischen Festland* Abfahrten an der Estació Marítima unterhalb der Altstadt. Beide Gesellschaften arbeiten teilweise zusammen, d.h. der Internet-Fahrplan der Trasmed wirft auch Baleària-Verbindungen aus und umgekehrt.

Acciona-Trasmediterránea, Fähren sowie im Sommer auch sonore Schnellfähren (Fast Ferry) nach Barcelona, Valencia, Alicante, Dénia (Provinz Alicante) und Palma de Mallorca. Info-Telefon 902 454645, www.trasmediterranea.es.

Baleària, Fähren und Schnellfähren nach Barcelona, Palma de Mallorca sowie nach Dénia. Info-℡ 902 160180, www.balearia.net.

Iscomar, Fähren nach Dénia. Info-Telefon 902 119128, www.iscomar.com.

• *Fährlinien nach Formentera* Abfahrten an der Estació Formentera, nahe der Avinguda Santa Eulària in der Neustadt. Details über Frequenzen und Preise im Abschnitt zu Formentera.

• *Strand- und Verbindungsboote* Zur Saison pendelt eine Reihe von kleineren Booten vom Hafen zu verschiedenen Zielen in der Umgebung der Hauptstadt – reizvoller und nicht viel teurer als per Bus. Ähnliche Ausflüge, auch nach Formentera, werden auch ab Figueretes angeboten.

Zur Marina Botafoch/Ibiza Nueva/Talamanca: Abfahrten unterhalb der Altstadt Nähe Korsarendenkmal, zur Saison von 9–1 Uhr jeweils viertel- bis halbstündlich, nachts dann zur Disco El Divino. Von der Haltestelle an der Marina Botafoch sind es nur wenige Minuten Fußweg zur Playa Talamanca. Fahrpreis rund 2 €, Hin- und Rückfahrt ermäßigt.

Zur Platja d´en Bossa: Abfahrten ein Stück weiter westlich, genau an der „Ecke" des

94 Eivissa (Ibiza-Stadt)

Hafens. Verbindungen etwa halbstündlich, zur HS auch nachts bis 1 Uhr, einfache Fahrt 3 €.
Zur Cala Llonga/Santa Eulària: Abfahrten direkt neben den Booten zur Platja d´en Bossa, Verbindungen zur Saison 5- bis 7-mal täglich; am Mittwoch verkehren auch Boote bis zum Hippie-Markt von Es Canyar. Hin- und Rückfahrt kosten jeweils 11 €. www.ferrysantaeulalia.com.

Bus

Alle Überlandbusse starten oder enden an den Haltestellen in der Neustadt-Straße Avinguda Isidor Macabich. Verschiedene Gesellschaften teilen sich den Markt und fahren manche Ziele auch parallel an, weshalb das System anfangs etwas unübersichtlich erscheint. Zusammengefasst sind die einzelnen Gesellschaften unter dem Signet TIB (Transport de les Illes Balears). Die folgenden Angaben beziehen sich auf die Sommersaison und auf Werktage. An Sonntagen sind die Frequenzen fast generell geringer bis inexistent, und auch im Winter gilt ein deutlich eingeschränkter Fahrplan. Ratsam, sich bei Tagesausflügen vorab zu erkundigen, wie es um die Rückfahrmöglichkeiten bestellt ist! Buspläne gibt es in der Touristeninformation, auch die Zeitung „Diario de Ibiza" druckt Fahrpläne ab.

- *Infos im Internet* www.ibizabus.com
- *Inselbusse* **Autobuses Voramar El Gaucho:** Busse zur Platja d´en Bossa (Linie 14) verkehren tagsüber halbstündlich, zum Flughafen (Linie 10) ebenfalls halbstündlich und zum Strand Platja de ses Salines (Linie 11) ab etwa Anfang Mai bis September 10-mal täglich. Nach Jesús und Cala Llonga (Linie 15) 9-mal, Jesús/Cap Martinet (Linie 12) stündlich, Santa Agnès (Santa Inés, Linie 30) 3-mal, via Sant Josep nach Sant Antoni (Linie 8) 5-mal täglich. Busse via Sant Josep nach Cala Tarida (Linie 38) 5-mal, nach Cala Vadella via Sant Josep (Linie 26) 6-mal täglich.

Autobuses San Antonio: Busse nach Sant Rafel und Sant Antoni (Linie 3) tagsüber viertel- bis halbstündlich.

Autobuses Empresas H.F. Vilas: Busse nach Santa Eulària (Linie 13) tagsüber halbstündlich, nach Portinatx (Linie 20) 5-mal täglich, via Sant Joan nach Cala San Vicente (ebenfalls Linie 20) 2-mal täglich.

Autocares Lucas Costa: Busse via Santa Gertrudis nach Port de Sant Miquel (Linie 25) 6- bis 8-mal täglich.

Discobusse fahren von Anfang/Mitte Juni bis Ende September täglich von etwa 0.30 bis 6.30 Uhr. Linien ab der Hauptstadt: die „Disco-Route" Eivissa – Sant Antoni, außerdem Eivissa – Platja d´en Bossa, Eivissa – Santa Eulària (Umsteigemöglichkeit nach Es Canar), Eivissa – Cap Martinet; Fahrpreis kaum über 2 €. Die Fremdenverkehrsämter halten ein Faltblatt mit Abfahrtszeiten bereit, Infos auch unter ✆ 971 313447 oder unter www.ibizabus.com.

- *Stadtbusse* Die Linien des „Vilabus" erschließen Stadt und Umgebung, Fahrpläne sind bei der Touristeninformation erhältlich. Alle Linien stoppen bei den Haltestellen der Inselbusse an der Av. Isidor Macabich. Die Linie 31 (Microcentro) und die 39 (Cas Serres) stellen Verbindungen zwischen Figueretes, dem Stadtzentrum, dem Hafen und der Marina Botafoch her; Nr. 39 fährt auch nach Talamanca. Linie 45 bedient die Dalt Vila.

Mietfahrzeuge

Relativ breites Angebot, Preisvergleiche können sich lohnen. Im Folgenden nur einige Adressen, eine komplette Liste ist beim O.I.T.-Büro erhältlich.

- *Zentrum* **Avis** (✆ 971 313163) und **Extrarent** (✆ 971 191717, Autos und Zweiräder) liegen hinter der Avinguda Santa Eulària 17, etwa auf Höhe der Estación Formentera.

Motos Lluis, Zweiräder und Autos, englischsprachig und freundlich. Carrer Carles III. 15, gegenüber Hotel El Puerto. ✆ 971 191844, ✆ 971 310353.

Valentin, Autos und Zweiräder, Avinguda Bartomeu Vicent Ramón 19, nahe Passeig Vara de Rey, ✆ 971 310822.

- *Figueretes* **Motos Sud**, gute Auswahl an Zweirädern, zum Teil auch mit größerem Hubraum; auch Autos. Beim großen Kreisverkehr am Ende der Avinguda d´Espanya, ✆ 971 302442.

Nützliche Adressen und Telefonnummern

Auto und Taxi

Innerhalb des Zentrums sind die Entfernungen so gering, dass man kein Fahrzeug benötigt. Parkplätze sind nicht leicht zu finden.

● *Auto* In Eivissa ist der Wagen nur ein Klotz am Bein. Parkplätze sind im gesamten Zentrum eine Rarität, in der Altstadt praktisch inexistent. Begehrt sind deshalb die (gebührenpflichtigen) Stellplätze am Parkplatz Es Soto westlich unterhalb der Festungsmauern, hinter dem Parc Reina Sofia. Die Dalt Vila ist für Nicht-Anwohner gesperrt.

Zona Blava (Zona Azul): Die „Blauen Zonen", kenntlich an den so eingefärbten Randsteinen, erstrecken sich in weiten Teilen der Innenstadt. An Werktagen darf hier zu bestimmten Zeiten nur beschränkt und gegen Gebühr geparkt werden. Die Zeiten sind an den Automaten angegeben, an denen auch bezahlt werden muss; gratis geparkt werden kann in der Regel nur nachts, in der Siesta und am Sonntag. Maximale Parkzeit zwei Stunden, die vom Automaten ausgegebenen Parkscheine müssen gut sichtbar hinter die Windschutzscheibe gelegt werden. Die Gebühr ist zeitlich gestaffelt, man muss sich also vorher überlegen, wie lange man parken will und entsprechend viel Geld einwerfen. Achtung, bei groben Verstößen wird schnell abgeschleppt oder die gefürchtete Parkkralle eingesetzt! Wer einen Strafzettel bekommen, seine Parkzeit aber nur kurz (bis zu einer Stunde) überzogen hat, kann die Option „Anulación Denuncia" nutzen: Am Parkautomat den grünen Knopf „AD" drücken, ermäßigte Strafe bezahlen und das erhaltene Ticket samt der Anzeige zusammengefaltet in den Briefschlitz am Automaten werfen – die Sache ist damit erledigt.

● *Taxi* Im Stadtverkehr omnipräsent. Auch Ibizas Taxis besitzen Taxameter. Insgesamt sind Taxis etwas preiswerter als bei uns; Sa, So, an Feiertagen oder nachts werden allerdings Zuschläge fällig. Standplätze gibt es unter anderem an der Av. Bartomeu de Rosselló und an der Av. Isidor Macabich, Funktaxis unter ✆ 971 398483.

Zwei auf einem:
Radsport in der Dalt Vila

Nützliche Adressen und Telefonnummern

Notruf: ✆ 112

Krankenhaus: Hospital Central Can Misses, nordwestlich des Zentrums im Stadtteil Can Misses, ✆ 971 397000.

Deutsche Arztpraxis: Dr. med. Annegret Halben, Balcón de Jesús (Vorort Jesús), Avinguda Cap Martinet, Edificio II/Planta Baja 10, ✆ 971 317535, Notfall-Handy 609 806836.

Zahnärzte: Clinica Dental Jesús, Vorort Jesús, Edificio de los Arcos 8, neben der Post; ✆ 971 318265.

Kinderarzt: Dr. med. Robert Winkler, mit Allergie- und Asthmazentrum, Carrer Catalunya 27 a (Neustadt nahe Markthalle), ✆ 971 306705, Notfall-Handy 676 576642.

Nachtapotheken: Carrer d´Anníbal/Carrer d´Antoni Palau, im Viertel La Marina. Jeweils eine der drei Apotheken dieses Straßenzugs ist rund um die Uhr geöffnet.

Deutsches Konsulat: Carrer d´Antoni Jaume 2, 2–9, ✆ 971 315763. In Hafennähe, eine Parallelstraße hinter dem Anfang der Avinguda Santa Eulària, geöffnet nur Mo–Fr jeweils vormittags.

Eivissa (Ibiza-Stadt)

Post: Hauptpost weit in der Neustadt kurz vor dem Ende der Avinguda Isidor Macabich. Geöffnet Mo–Fr 8.30–20.30 Uhr, Sa 9.30–14 Uhr.

Internetzugang: Surf@net, auch Telefon- und Faxservice. Carrer Riambau 4, zentral im Viertel La Marina und unweit des Passeig Vara de Rey; ✆/℻ 971 194920. Copion, Av. Isidoro Macabich 22, bei den Bushaltestellen der Überlandbusse.

Wäscherei/Reinigung: Lavisec, Carrer Carles III. 11, unweit des Hotels Puerto.

Übernachten

Trotz der hohen Preise übersteigt im Sommer die Nachfrage fast regelmäßig das Angebot. Rechtzeitige Reservierung empfiehlt sich deshalb dringend. Die beiden O.I.T.-Büros am Hafen und am Airport halten zwar eine Liste aller Unterkünfte bereit, übernehmen aber keine Vermittlung. Zur genauen Lage der einzelnen Quartiere siehe die entsprechenden Stadtpläne.

Innenstadt (siehe Karte Umschlagklappe vorne und S. 86/87)

Mittendrin: Sehenswürdigkeiten, Restaurants, Einkaufsmöglichkeiten und das Nachtleben liegen jeweils nur einige Schritte entfernt. Obwohl einige Quartiere auch in den Katalogen der Veranstalter auftauchen, werden die Hotels und Hostals im Zentrum überwiegend individuell gebucht.

- *Dalt Vila* Eivissas erste Adresse. In der Oberstadt gibt es nur wenige Quartiere mit jeweils geringer Bettenzahl, oft in alten Palästen untergebracht und mit herrlicher Aussicht. Obwohl sie offiziell meist als Hostal deklariert sind, bewegt man sich hier in edlem Rahmen – die Preise zeigen es. Bereits beschlossene Sache ist die Eröffnung eines Paradors im (derzeit unzugänglichen) Kastell ganz oben in der Dalt Vila, Fertigstellung evtl. 2009 oder 2010.

***** Hotel Mirador de Dalt Vila (36), erster Fünfsterner in der Dalt Vila. Erst 2007 eröffnet, mit allen Annehmlichkeiten dieser Klasse und untergebracht in einem Stadtpalast des frühen 20. Jh. Nur 13 Zimmer, die alle unterschiedlich ausfallen; kleiner Pool und ebensolches Restaurant. DZ kommen je nach Saison und Ausstattung auf etwa 260–470 €, die Suiten kosten 350–1200 €. Plaça d'Espanya 4, ✆ 971 303045, ℻ 971 301636, www.hotelmiradoribiza.com.

*** Hostal Res. El Palacio (33), versteckt hinter einer hohen Mauer. Das von Schweizern geführte Quartier mit nur sieben Zimmern und intimer Atmosphäre nennt sich auch „Hotel of the Movie Stars": Die Zimmer und Suiten sind jeweils einem Filmstar gewidmet, das ganze Haus mit Hollywood-Souvenirs geschmückt. Kleiner, aber reizvoller Garten. Geöffnet ist Ostern bis Oktober. Das Preisniveau pro DZ/F reicht je nach Saison vom „Humphrey-Bogart-Zimmer" à etwa 200–340 € bis zur „Marylin-Monroe-Pink-Suite" à 360–460 €. Carrer Conquista 2, ✆ 971 301478, ℻ 971 391581, www.elpalacio.com.

** Hostal Res. El Corsario (34), ebenfalls in einem alten Stadtpalais, das sich in Hanglage über mehrere Etagen erstreckt. Traditionsreiches Haus, das zu den ältesten Quartieren der Insel zählt und schon Errol Flynn, Romy Schneider und Aristoteles Onassis beherbergte. Meterdicke Mauern, labyrinthische Gänge. Zimmer für die Preisklasse recht schlicht ausgestattet, viel Strom braucht das Corsario wohl nicht. Die Frühstücksterrasse mit traumhaftem Blick auf die Stadt wird abends vom zugehörigen Restaurant genutzt. Insgesamt ein vielleicht (absichtlich?) nicht rundum perfektes, aber ausgesprochen charmantes Haus. Geöffnet Mai bis Oktober. DZ/F nach Ausstattung und Saison etwa 140–190 €, Suiten 210–460 €. Carrer Poniente 5, ✆ 971 301248, ℻ 971 391953, im Netz zu finden unter www.ibizahotels.com, Stichwort „Historical Hotels".

** Hostal Res. La Ventana (32), an einem kleinen Platz nahe dem Hauptzugang zur Dalt Vila, nur einen Katzensprung von der Unterstadt. Ebenfalls ein sehr reizvolles kleines Quartier, mit Liebe und Geschmack dekoriert. Komfortable und hübsch möblierte Zimmer mit Satelliten-TV, Klimaanlage und Telefon, die Räume ganz oben auch mit schöner Aussicht. Internet-Zugang, E-Mail-Service, Dachterrasse mit Blick. Ganzjährig geöffnet. DZ nach Saison und Ausstattung etwa 95–260 €, Suiten 220–430 €. Sa Carrossa 13, ✆ 971 390857, ℻ 971 390145, www.laventanaibiza.com.

Übernachten

Tradition und Stil: „Little Suite" im Hotel El Corsario

Apartamentos La Torre del Canónigo (35), eigentlich eher ein sehr nobles Aparthotel. Ganz oben in der Dalt Vila, untergebracht in einem denkmalgeschützten Turm aus dem 14. Jh., der eine fantastische Aussicht bietet. Die exklusiv ausgestatteten und schön möblierten Apartments mit Jacuzzi, Satelliten-TV, Klimaanlage etc. können zwei bis vier Personen beherbergen. Geöffnet April bis Dezember, weite Preisspanne: Apartment nach Ausstattung, Personenzahl und Saison etwa 170–480 €, im August bis gut 620 €. Carrer Mayor 8, ✆ 971 303884, ✉ 971 307843. www.elcanonigo.com.

• *Unter- und Neustadt* Breites Angebot in vielen Kategorien. In den beiden Altstadtvierteln La Marina und Sa Penya gibt es nur wenige Quartiere, die Mehrzahl liegt in den neueren Stadtgebieten.

**** Hotel Res. Royal Plaza → Karte S. **86/87 (3)**, in einem der Wohnviertel der Neustadt gelegen. 117 ausgesprochen komfortabel ausgestattete, wenn auch etwas unpersönlich wirkende Zimmer, die nicht nur von Urlaubern (auch pauschal), sondern auch von Geschäftsreisenden gebucht werden. Eigene Garage. Ein echter Clou ist das (kleine) Schwimmbad auf der Dachterrasse, von dem sich ein toller Blick auf die Altstadt bietet. Ganzjährig geöffnet, DZ/F nach Saison etwa 160–270 €. Carrer Pere Francés 27, siehe auch Übersichtsplan Eivissa, ✆ 971 310000, ✉ 971 314095, www.hotelroyalplaza.net.

** Hotel Apartamentos El Puerto (1), in der Nähe, ein paar Blocks hinter der Formentera-Fährstation. Mit 93 Zimmern sehr groß, recht anonym und architektonisch naturgemäß keine Schönheit, jedoch komfortabel und mit großem Pool. Alle Zimmer mit Terrasse und Balkon; etwas hellhörig, sonst in Ordnung und dank jährlicher Renovierung immer in Schuss. Junges Publikum. Ganzjährig geöffnet, auch über Reiseveranstalter buchbar. DZ/F nach Saison rund 70–150 €, im August 205 €. Zur Anlage gehören auch 90 Apartments. Carrer Carles III. 24, ✆ 971 313812, ✉ 971 317452,
www.ibizaelpuerto.com.

* Hotel Montesol (7), ein stattlicher Bau direkt am Anfang des Passeig Vara de Rey, zwei Schritte vom Hafen. Das älteste Hotel der Insel, 1934 eröffnet, eine Landmarke auch wegen seiner beliebten Cafeteria, traditioneller Treffpunkt der Hauptstadt. 1996 renoviert. Angesichts der Preise fallen die 55 Zimmer allerdings recht schlicht aus, bieten von den oberen Etagen dafür oft schöne Ausblicke. TV, Telefon und Klimaanlage gibt es auch. Ganzjährig geöffnet, auch über Reiseveranstalter buchbar. DZ nach Saison etwa 70–110 €. Passeig Vara de Rey 2, ✆ 971 310161, ✉ 971 310602,
www.hotelmontesol.com.

Hostal Res. Parque (25), auch schon ein Klassiker. Recht großes Hostal in zentraler Lage an der hübschen Plaça des Parc, die

Eivissa (Ibiza-Stadt)
Karten Umschlagklappe vorne und S. 86/87

mit zahlreichen Straßencafés ein beliebter Treffpunkt ist. 29 angenehme und vor wenigen Jahren durchgängig renovierte, etwas hellhörige Zimmer mit Klimaanlage, TV und Heizung. Von der großen Dachterrasse bietet sich eine fantastische Aussicht auf die Dalt Vila. Freundliche Rezeptionistinnen, die trotz des steten Andrangs (Reservierung sehr ratsam) nicht die Übersicht verlieren. Ganzjährig geöffnet, DZ/Bad nach Saison etwa 55–100 €. Plaça des Parc 4, ℡ 971 301358, ℡ 971 399095. www.hostalparque.com.

* Hostal Mar Blau → Karte S. 86/87 (21), das „Blaue Meer", ein echter Tipp für alle, die gern in ruhiger Lage etwas abseits des Trubels, aber dennoch halbwegs zentrumsnah wohnen. Die Position hoch auf dem „Windmühlenberg" Puig des Molins, dabei nur etwa zehn Fußminuten vom Passeig Vara de Rey entfernt, garantiert eine herrliche Aussicht auf das Meer und bei gutem Wetter bis nach Formentera. Das familiäre Hostal hat eine lange Geschichte – mancher Stammgast kommt schon seit drei Jahrzehnten. Freundliche Leitung durch Juan Rosselló. 28 solide eingerichtete Zimmer ohne Schnickschnack, viele mit Balkon. Geöffnet Mai bis Oktober, keine Veranstalterbindung. DZ/Bad nach Saison und Aufenthaltsdauer etwa 50 bis 80 €, es gibt auch sehr geräumig ein DZ mit „Salon", die für 100–140 € ein prima Preis-Leistungs-Verhältnis bieten. Los Molinos s/n, siehe auch Übersichtsplan Eivissa, ℡ 971 301284, www.marblauibiza.com.

* Hostal Res. La Marina (10), hübsches und traditionsreiches Hostal, das allerdings direkt im Nightlife-Zentrum der Unterstadt liegt und deshalb nur für Nachtschwärmer geeignet ist – vor der Tür reiht sich Bar an Bar, die Boxen dröhnen bis tief in die Nacht. Unterschiedlich ausgestattete Zimmer in verschiedenen Gebäuden, ganzjährig geöffnet. DZ/Bad nach Lage, Ausstattung und Saison im Hauptgebäude 65–110 €, ganz oben im Penthouse bis zu 165 €. Die DZ/Bad in den Nebengebäuden kosten 55–125 €, ein weiterer, etwas günstigerer Ableger findet sich in der Neustadtstraße C. Bisbe Huix. Rezeption jeweils im Hauptgebäude, Carrer Barcelona 7, ℡ 971 310172, ℡ 971 314894, www.hostal-lamarina.com.

* Hostal Europa Púnico → Karte S. 86/87 (14), an einer der langen Straßen der Neustadt. Solides, vor kurzem renoviertes Quartier mit 28 ordentlichen Zimmern (mit Klimaanlage) und guten Bädern, teilweise von Reiseveranstaltern belegt, aber auch mit Platz für Individualtouristen. Die Zimmer nach hinten sind vorzuziehen, da ruhiger. Ganzjährig geöffnet mit Ausnahme der Zeit über Weihnachten. DZ/Bad nach Saison etwa 50–90 €, im August 135 €. Carrer Aragón 28, siehe Übersichtsplan Eivissa, ℡ 971 303428.

* Hostal Res. Ripoll (5), ein preisgünstiges und schlichtes, insgesamt aber passables Hostal in einer Seitenstraße des Passeig Vara de Rey. Zimmer überwiegend recht geräumig, Gemeinschaftsbäder in Ordnung. Geöffnet April bis Oktober. DZ, nur ohne eigenes Bad, nach Saison etwa 40–60 €, es gibt auch Dreibettzimmer und Apartments. Carrer Vicente Cuervo 14, ℡/℡ 971 314275.

* Hostal Res. Sol y Brisa (11), ebenfalls in diesem Gebiet, also in recht zentraler Lage. Ein einfaches Hostal mit immerhin 20 Zimmern, ganzjährig geöffnet. Zuletzt in Renovierung, alle Zimmer werden Klimaanlage und TV erhalten; die nachträglich eingebauten Bäder haben allerdings gerade mal Wandschrankgröße. Es gibt auch Zimmer für Gruppen oder Familien, die sich dann ein eigenes (größeres) Bad teilen. DZ/Bad 45–60 €, im August 90 €; DZ ohne Bad 45–50 €, im August 60 €. Carrer Bartomeu Vicent Ramón 15, ℡ 971 310818.

CH Casas Huéspedes, „Gästehäuser", nennt sich die unterste Kategorie in Eivissas Hotellerie. Manche der einfachen, preisgünstigen Herbergen können schon mal von Langzeitmietern belegt sein, Gemeinschaftsbäder sind in dieser Klasse fast Standard. Ein Verzeichnis aller CH ist bei der Infostelle erhältlich, hier nur zwei sympathische, im Charakter ganz unterschiedliche Adressen:

CH Vara de Rey (19), ein originell dekoriertes Quartier mit bunter Gästemischung. Gute, zentrale Lage. Ganzjährig. DZ ohne Bad 50–80 €. Passeig Vara de Rey 7, im dritten Stock, ℡/℡ 971 301376, www.hibiza.com.

CH La Penya (22), im gleichnamigen Viertel, ganz hinten im gay-geprägten Carrer Mare de Déu. Seit dem Jahr 1967 geführt von einer freundlichen Familie, die nur kurzfristige Reservierungen annimmt. Oft belegt. Einfache Zimmer, Gemeinschaftsbad. Geöffnet Juni-September, DZ etwa 35 €. Carrer Mare de Déu 76, ℡ 971 190240, chlapena@yahoo.es.

Britischer Szene-Treff in Figueretes: Hotel Es Vivé

In und um Figueretes/Platja d´en Bossa (siehe Karte S. 86/87)

Die zahlreichen Hotels von Figueretes und der Platja d´en Bossa werden überwiegend pauschal gebucht. Figueretes liegt noch in akzeptabler Fußentfernung von der Altstadt, nämlich etwa eineinhalb Kilometer entfernt, die Platja d´en Bossa nochmals knapp zwei Kilometer weiter.

• *Figueretes* Die teilweise schmalen und aufgeschütteten Strände dieses Stadtteils zählen nicht zu den schönsten der Insel, dafür ist die Infrastruktur recht vielfältig.

**** Hotel Los Molinos (19), außerhalb des engeren Bereichs von Figueretes, an der felsigen Küste unterhalb des Puig des Molins, zur Altstadt zu Fuß etwa 20 Minuten. Großes Gebäude mit sehr guter Ausstattung, das fast 170 Zimmer beherbergt. Solide Zimmer, diejenigen zur Meerseite mit feiner Aussicht. Ein Pluspunkt ist die ausgedehnte, dem Meer zugewandte Gartenanlage. Ganzjährig geöffnet und für die Kategorie und den gebotenen Komfort nicht zu teuer: DZ/F etwa 130–220 €, die Zimmer zur Landseite sind etwas günstiger. Carrer Ramón Muntaner 60, ✆ 971 302250, ✆ 971 302504, www.thbhotels.com.

*** Hotel Ibiza Playa (17), gewissermaßen das Zentrum der Strandmeile von Figueretes. Kastenartiger Bau mit über 150 Zimmern, architektonisch wenig erbaulich, jedoch komfortabel. Ordentliche Zimmer, reizvoll ins Meer gebauter Pool. Geöffnet Mai bis Oktober, DZ/F nach Lage und Saison rund 60–140 €. Zum Haus gehören auch die benachbarte Apartmentanlage „Mar y Playa" und das ebenfalls nahe gelegene Einstern-Hotel „Figueretas". Carrer Tarragona 3–5, ✆ 971 302804, ✆ 971 306902, www.verserhoteles.com.

** Hotel Es Vivé (20), im Siedlungsbereich Es Viver, der etwas außerhalb von Figueretes in Richtung der Platja d´en Bossa liegt. Gepflegtes Gebäude im Art-Decó-Stil, einen Block landeinwärts der Küste. Vor allem von jungem britischen Szenepublikum besucht, rund um die Uhr geöffnete Bar mit DJs, vor dem Haus ein Gärtchen mit kleinem Pool. Die Zimmer fallen eher schlicht aus. Geöffnet Mai-Oktober, DZ nach Saison, Lage und Aufenthaltsdauer 100–240 €. Kinder nicht erwünscht. Carrer Carles Roman Ferrer 8, ✆ 971 301902, ✆ 971 301738, www.hotelesvive.com.

** Hostal Res. Pitiusa (16), älteres, recht hübsches Gebäude in einem Wohngebiet, einige Blocks landeinwärts des Hotels Ibiza Playa. Ein Hostal vom alten Schlag, freundlich geführt. 18 geräumige Zimmer, die meisten mit Balkon, ordentliche Bäder. Solides Mobiliar, wie das gesamte Haus nicht superneu, aber in Schuss. Keine Veranstalterbindung. Geöffnet Mai bis Mitte Oktober. DZ/Bad nach Saison 40–60 €, von Juli bis Mitte September bis zu 90 €. Carrer Galicia 29, ✆/📠 971 301905, www.hostalpitiusa.com.

* **Hostal Bimbi (18)**, an der Straße unterhalb des Puig des Molins. Einfaches, familiäres Hostal in einem verwinkelten älteren Haus, das vom jungen Besitzer Juan Antonio Serra Zug um Zug renoviert und umgebaut wird. Nicht alle der 17 Zimmer besitzen ein eigenes Bad, manche dafür eine Terrasse. Geöffnet ist April/Mai bis Oktober, DZ kosten zur Nebensaison etwa 30–50 €, im Juli und August bis zu 75 €, die beiden schönsten Terrassenzimmer dann bis zu 90 €. Günstiges Cafeteria-Restaurant angeschlossen. Carrer Ramón Muntaner 55, ✆ 971 305396, 📠 971 305396, www.hostalbimbi.com.

• *Platja d´en Bossa* Die Quartiere an der Platja d´en Bossa leiden vor allem zur Hochsaison unter erheblichem Fluglärm, da das Gebiet genau in der Einflugschneise des Airports liegt.

**** **Hotel Torre del Mar (22)**, ganz im Norden der Platja, zum attraktiveren Strandabschnitt ein paar hundert Meter Fußweg. Ausgesprochen großer Bau direkt an der Küste, vor wenigen Jahren renoviert. Fast 220 komfortable Zimmer, viele mit Balkon zum Meer. Gute Ausstattung inkl. schön gelegenem Pool, Hallenbad, Tennisplatz etc. Geöffnet April bis Oktober, DZ/F nach Saison etwa 175–275 €. Platja d´en Bossa, ✆ 971 303050, 📠 971 304060, www.hoteltorredelmar.com.

Marina Botafoch/Talamanca (siehe Karte S. 86/87)

Die Marina Botafoch auf der anderen Seite des Hafens ist durch Busse und einen Bootsdienst mit der Altstadt verbunden. Der Talamanca-Strand liegt nur wenige Fußminuten entfernt. Während die Hotels von Talamanca hauptsächlich pauschal gebucht werden, gibt es an der Marina Botafoch auch Quartiere, die sich ausschließlich an Individualreisende wenden.

• *Marina Botafoch* Die hiesigen Hotels bieten fast durchgängig einen herrlichen Blick auf die Altstadt, die großen Discos „Pacha" und „El Divino" sind nicht weit.

***** **Ibiza Granhotel (2)**, brandneuer Fünfsterner, bei der Recherche noch in Bau, mit Erscheinen dieser Auflage aber wohl bereits eröffnet. Über 150 im Loftstil eingerichtete Suiten unterschiedlicher Kategorien, 800 Quadratmeter großes Spa, Wellness etc. Auch das zuletzt nur provisorisch betriebene Spielcasino von Ibiza soll hier wieder seinen festen Platz finden. Passeig Joan Carles I 17, ✆ 971 313312, 📠 971 315192, www.ibizagranhotel.com.

**** **Hotel El Corso (15)**, ein sehr ausgedehnter Bau nahe der Marina Botafoch, der fast 180 Zimmer umfasst und zur „Playasol"-Kette gehört. Im Programm mehrerer Veranstalter, aber auch privat buchbar. Da als „Club-Hotel" ausgewiesen, ist mit Animation zu rechnen. Komfortable Ausstattung, großer Salzwasser-Pool, Tauchschule, Disco, eigener Bootsservice zur Altstadt. Geöffnet Ostern–Oktober, DZ/F nach Saison und Ausstattung 85–195 €, im Juli/August bis 240 €. S´Illa Plana s/n, ✆ 971 312312, 📠 971 312703, www.hotelelcorsoibiza.com.

* **Hotel Ocean Drive (9)**, direkt hinter dem Yachthafen Botafoch. Edles, 1998 eröffnetes Designer-Hotel im Stil des Art Déco, der Vereinigung „Design Hotels" angeschlossen. 40 unterschiedlich, aber immer sehr reizvoll und mit Klimaanlage, Heizung und Sat-TV auch komfortabel ausgestattete Zimmer, zwei Suiten. Dachterrasse, internationales Restaurant. Ganzjährig geöffnet, DZ/F nach Saison und Lage 95–210 €, von etwa Anfang Juli bis Anfang September bis 225 €. Platja Talamanca s/n, ✆ 971 318112, 📠 971 312228, www.ayrehoteles.com.

El Hotel (1), eigentlich eher ein Aparthotel, nämlich die früheren Apartments Tagomago, 2003 renoviert und im Starck-Stil elegant durchgestylt. Nobles Quartier im Besitz der Pacha-Kette, ganz nahe der gleichnamigen Disco in einem freilich nicht besonders anziehenden Hochhausgebiet gelegen. Paris Hilton war auch schon hier. Junior-Suiten für zwei Personen 260–390 €, Superior-Suite 830–1200 €... Passeig Marítim s/n, ✆ 971 315963, 📠 971 310253, www.elhotelpacha.com.

** **Hostal Rocamar (12)**, zwischen den Hotels El Corso und Ocean Drive. Familiäres Hostal mit 16 Zimmern, 2005 renoviert. Bar und Restaurant; Dachterrasse mit herrlichem Blick zur Altstadt; auch von manchen der nicht sonderlich geräumigen, aber

Blick über den Pool zur Altstadt: Hotel El Corso

komfortabel und mit Klimaanlage ausgestatteten Zimmer bietet sich ein schöner Blick. Geöffnet Februar bis November, keine Veranstalterbindung. DZ/F etwa 90–140 €, im Juli und August 165 €. S´Illa Plana s/n, ✆ 971 317922, ✉ 971 317822, www.rocamaribiza.com.

• *Talamanca* Hotels direkt am Strand, dafür ohne das prachtvolle Altstadt-Panorama.

**** Hotel Argos (7), ganz am Anfang der Platja Talamanca. Großes Hotel mit über hundert Zimmern, sehr komfortabel ausgestattet. Pools innen und außen, Tennisplätze in der Nähe. Die Mehrzahl der Zimmer besitzt Meerblick. Im Programm mehrerer Reiseveranstalter, meist aber auch Platz für Privatgäste. Ganzjährig geöffnet, DZ/F nach Saison 110–150 €, von Juli bis Mitte September 190 €. Platja Talamanca, ✆ 971 312162, ✉ 971 316201, www.sordibiza-hotels.com/argos.

** Hostal Talamanca (4), ein Stück weiter. Eher einfache Ausstattung (immerhin mit Klimaanlage), aber gute Lage: Der lang gezogene Bau liegt direkt am Strand, die Mehrzahl der 45 Zimmer geht aufs Meer. DZ/F rund 60–125 €, von Juli bis Anfang September bis zu 150 €. Platja Talamanca, ✆ 971 312463, ✉ 971 315716, www.hostaltalamanca.com.

• *Außerhalb* Relativ stadtnahe Landhotels bzw. Agroturismo-Anlagen liegen hinter Jesús und bei Puig d´en Valls, siehe jeweils dort.

Essen und Trinken

Die Auswahl an Cafés, Bars und Restaurants ist überwältigend. Die Lokale der Altstadt wenden sich überwiegend an Touristen und sind deshalb, im Gegensatz zu den Betrieben in den neueren Stadtvierteln, zum Teil nur saisonal geöffnet.

Cafés und Bars (siehe Karte Umschlagklappe vorne)

Fürs Frühstück, den kleinen Happen zwischendurch, die Ruhepause nach der Shoppingtour oder den ersten Drink am Abend. Bei einigen Adressen sind die Grenzen zum Kapitel „Nachtleben" fließend.

Cafetería Montesol (7), im gleichnamigen Hotel am Passeig Vara de Rey. Beliebter Treffpunkt von Urlaubern und Einheimischen, eine der traditionsreichsten Café-Bars der Insel und ein prima Platz fürs Frühstück. Gute Ensaïmades. Passeig Vara de Rey 2.

102   Eivissa (Ibiza-Stadt)

Café Mar y Sol (6), ebenfalls eine Institution, schräg gegenüber dem Montesol am Beginn der Rennstrecke ins Nachtleben. Die große Terrasse ist von morgens bis in die Nacht bestens besucht. Avinguda Ramón i Tur, Ecke Carrer Lluis Tur i Palau.

Horchatería Los Valencianos (8), etwas weiter östlich. Ein typisch spanisches Eiscafé mit flinken Kellnern, prima Eis und feiner Horchata, einer süßen Erdmandelmilch, die aus der Region Valencia stammt. Abends sitzt man hier mitten im Trubel, bezahlt für ein Bier aber nur einen Bruchteil der in den Music-Bars nebenan geforderten Preise. Plaça Antoni Riquer.

Croissant Show (24), eine weitere feste Adresse, besonders gefragt nach langer, anstrengender Nacht: zur Saison ab sechs Uhr morgens geöffnet, im Winter zwei Stunden später. Ganz dem Namen gemäß sind die Croissants hier in der Tat eine Schau. Mercat Vell, beim Gemüsemarkt nahe dem Haupttor zur Oberstadt. In Figueretes´ Carrer del País Basc gibt es die Filiale „Croissant Show Playa".

Forn Café (16), am Passeig Vara de Rey. Bäckerei mit angeschlossenem Café, gute Auswahl an süßen und salzigen Stückchen. Eine preiswerte und auch bei berufstätigen Einheimischen beliebte Adresse fürs schnelle Frühstück. Wer mehr Zeit hat – internationale Presse gibt´s in der Buchhandlung ein paar Schritte weiter. Passeig Vara de Rey, Ecke Carrer Vicente Cuervo.

Sunset Café (20), ganz in der Nähe, gleich jenseits des Passeig Vara de Rey, gegenüber dem Hostal Parque. Bunt gemischtes Szenepublikum, eines der sympathischsten unter den zahlreichen angenehmen Cafés an und um die hübsche, baumbestandene und autofreie Plaça des Parc.

Cafetería Claudio (3), in einem Wohngebiet der Neustadt. Überwiegend von Einheimischen besucht und optisch unauffällig, jedoch mit einer Riesenauswahl an Bocadillos und prima Tapas. Carrer Antoni Jaume, Ecke Carrer Carles III., nur einen Block hinter dem Hafen.

Restaurants (siehe Karte Umschlagklappe vorne und S. 86/87)

Eine schöne, romantische Atmosphäre bieten besonders die Restaurants in der Dalt Vila. Wer zur Saison nicht reserviert hat, riskiert in vielen Lokalen der Stadt, ab etwa 21 Uhr vor komplett besetzten Tischen zu stehen. Preisgünstiges Mittagessen gibt es von Montag bis Freitag in den Neustadtvierteln: Dort locken viele Restaurants die Berufstätigen der Umgebung mit meist durchaus soliden Tagesmenüs (*Menú del Día*), Wasser oder Wein im Festpreis inbegriffen.

• *Dalt Vila* Viele Restaurants unterschiedlicher Kategorien reihen sich um den gemütlichen Hauptplatz Plaça de la Vila, gleich hinter dem wichtigsten Stadttor, und ein Stück westlich an der Plaça del Sol. Zur Lage der einzelnen Restaurants siehe die Karte in der vorderen Buchklappe.

Rest. El Olivo (28), eine langjährig beliebte Adresse an der erwähnten Plaça de la Vila. Französisch geprägte Küche, freundlicher Service, gute Weinauswahl. Kleine Karte – exquisite Speisen. Hauptgerichte etwa im Bereich 18–20 €. Nur abends geöffnet, von November bis März geschlossen. Reservierung unumgänglich. Plaça de la Vila 9, ✆ 971 300680.

Restaurante La Oliva (30), ein paar Schritte weiter, am Ende der Plaça de la Vila. Provençalisch-ibizenkische Küche, berühmt ist der Fisch „a la sal", also im Salzmantel, zum Beispiel Dorade oder Wolfsbarsch. Preisniveau etwa wie oben. Geöffnet Ostern bis Oktober, nur abends. Carrer Sa Creu 2, ✆ 971 305752.

Restaurante La Torreta (29), zwischen den beiden oben genannten Restaurants und kulinarisch in der selben Liga. Moderne Küche mit etwas mehr vegetarischen Optionen als bei den Nachbarn. Seinen Namen verdankt das Restaurant einem separaten Speisezimmer in einem mittelalterlichen Turm. Preislich ähnlich wie oben, geöffnet etwa Ostern bis Mitte Oktober. Plaça de la Vila, ✆ 971 300411.

Restaurante Beda´s La Scala (31), etwas abseits der anderen Lokale, unweit des Hostals La Ventana. Hübsches Ambiente mit viel Blumenschmuck, schweizerisch-deutsche Leitung, die gehobene Küche (Preisniveau etwa wie oben) ist jedoch mediterran geprägt. Di Ruhetag. Carrer Sa Carossa 7, ✆ 971 300383.

• *La Marina/Sa Penya* Mehr Masse als Klasse. Zwischen den zahlreichen austauschbar wirkenden Restaurants verstecken sich jedoch auch authentische Lokale

Die Gäste können kommen: Restaurant in der Dalt Vila

mit oft erstaunlich günstigem Preisniveau. Bei starkem Andrang werden Besucher hier gern schon mal an bereits teilweise besetzte Tische platziert, eigentlich ganz untypisch für Spanien und vielleicht ein Beleg für die lockereren Umgangsformen auf Ibiza – oder auch nur ein Ausdruck ibizenkischen Geschäftssinns ... Zur Lage der einzelnen Restaurants siehe die Karte in der vorderen Buchklappe.

Rest. Thai'd up (23), weit hinten im Gay-Gässchen Mare de Déu. Kleines Restaurant mit einigen Tischen im Freien und guter Thai-Küche zu akzeptablen Preisen – die Mehrzahl der Hauptgerichte liegt im Bereich um die 12–14 €. Carrer de la Mare de Déu 78.

Rest. Porto Salé (14), mitten im Gewirr der „Ramschgassen", wo man eigentlich kein Lokal erwarten würde. Recht groß und deshalb mit guten Chancen auf einen Tisch. Breite Auswahl an Fleisch- und Fischgerichten für überwiegend etwa 10–12 €; auch Tapas. Carrer Castelar 5.

Rest. Can Costa (9), im Geschäftsviertel. Einfache und solide, von einer Familie betriebene Speisestätte. Gekocht wird auf Holzfeuer. Sättigende, dicke Suppen (Potajes). Die meisten Hauptgerichte kosten unter 8 €. Carrer Sa Creu 17, im Tiefgeschoss. Geöffnet ganzjährig außer im Januar, So geschlossen.

Comidas San Juan (12), ein weiterer Klassiker dieser Zone – Tradition seit 1948. Ausgesprochen günstige Preise, die zum Teil noch unter denen von Can Costa liegen, und das bei durchaus ordentlicher Küche, deshalb oft gesteckt voll. Noch begehrter sind die Tische im Freien nach hinten am Gässchen. Ganzjährig geöffnet, Betriebsferien von Mitte Dezember bis Mitte Januar. Carrer de Guillem de Montgri 8.

Rest. Los Pasajeros (15), in einer engen Nebengasse mitten im Getümmel der Nachtzone. Auch schon lange im Geschäft, einfach, unprätentiös und mit teils originellem Publikum. Günstige Preise, großer Andrang – oft reicht die Schlange der Wartenden vom Speiseraum im ersten Stock die Treppe hinunter. Hauptgewinn ist der Balkontisch. Carrer Vicente Soler 6.

Pizzeria Pinocho (18), nur ein paar Schritte weiter. Die älteste Pizzeria der Insel, gegründet 1971, und immer noch eine der beliebtesten – angesichts der Lage, der relativ soliden Küche und der günstigen Preise (Pizza & Pasta um die 6–8 €) auch kein Wunder. Die Tische im Gässchen sind sehr gefragt, abends ohne Reservierung kaum eine Chance. Carrer d'Enmig 16–18, ℡ 971 310176.

Ke Kafé! (17), schön dekoriertes und sehr beliebtes Lokal am Rand des Geschäftsviertels, nur einen Katzensprung von der

104   Eivissa (Ibiza-Stadt)

Plaça des Parc. Feine Fusion-Küche mit mexikanischen, marokkanischen und asiatischen Anleihen; auch Vegetarier werden hier glücklich. Exzellentes Preis-Leistungs-Verhältnis, nicht nur beim hervorragenden Mittagsmenü für 9 € (Sa 12 €). Carrer Bisbe Azara 5, So geschlossen.

• *Neustadt* Ganzjährig geöffnete Restaurants, deren Publikum meist in der Nachbarschaft lebt und die sich deshalb keine Ausrutscher leisten können. Zur Lage der einzelnen Restaurants siehe die Karte in der vorderen Buchklappe bzw. den Übersichtsplan Eivissa.

Rest. Ca N´Alfredo (13), direkt am Passeig Vara de Rey. Der kulinarische Klassiker der Stadt, bereits im Jahr 1934 eröffnet, und immer noch eins der besten Restaurants der Insel. Hier gibt es, neben moderneren Kreationen, immer noch typisch ibizenkische Küche aus heimischen Produkten. Gute Auswahl vor allem an Reis- und Fischgerichten, Hauptspeisen kosten um die 20–25 €. Reservierung sehr ratsam. Passeig Vara de Rey 16, ✆ 971 311274. Mo Ruhetag, in der ersten Maihälfte und im November geschlossen.

Rest. Sa Caldera → Karte S. **86/87 (6)**, unweit der Bushaltestellen und ebenfalls ein bei Einheimischen sehr beliebtes Lokal. Vor allem bekannt für exzellente Fischgerichte, Portion um 20–25 €, Fleischspeisen kommen teilweise günstiger. Samstag- und Sonntagmittag geschlossen. Carrer Bisbe Huix 19, siehe Übersichtsplan Eivissa, ✆ 971 306416.

Rest. S´Ametller (2), in einer unscheinbaren Straße der Neustadt. Kreative „neue" Küche hoher Qualität, die sich jeweils nach dem aktuellen Marktangebot richtet. Das Mittagsmenü kommt auf etwa 16 €, ein Degustationsmenü auf 34 €; à la carte liegen die Preise ähnlich. Nur mittags geöffnet (Fr/Sa auch abends), So Ruhetag. Carrer Pere Francès 12, ✆ 971 311780.

Rest. La Brasa (21), nicht weit von der Plaça des Parc, untergebracht in einem ehrwürdigen alten Gebäude nebst hübscher, romantischer Gartenterrasse. Gute katalanisch-mediterrane Küche, freundlicher und effizienter Service. Hauptspeisen kosten um die 18–20 €. Carrer Pere Sala 3, Sonntagmittag geschlossen. ✆ 971 301202.

Rest. Antonio → Karte S. **86/87 (10)**, ein schlichtes Nachbarschaftsrestaurant alter Schule, beliebt besonders bei den Arbeitern der Umgebung. „Especialidad en comidas caseras" – hier wird Hausmannskost serviert. Großer Speisesaal im ersten Stock, schmucklos, laut und mittags oft bis auf den letzten Platz besetzt. Komplettes Festpreismenü (auch abends bis 22 Uhr) gerade mal 9 €, samstags 10 €. Gute Auswahl unter den einzelnen Gängen, jedoch keine Speisekarte – die jeweiligen Gerichte werden vom Personal in rasender Geschwindigkeit aufgezählt, ohne Kenntnisse in Küchenspanisch wird´s schwierig. Carrer Bisbe Abad i Lasierra 21, siehe Übersichtsplan Eivissa, So geschlossen.

Rest. Bon Profit (26), direkt an der lebendigen Plaça des Parc, leider ohne Tische im Freien. Kleines, wegen seiner soliden Hausmannskost und der ausgesprochen günstigen Preise sehr beliebtes Lokal; viele Hauptgerichte werden schon unter 6 € angeboten, die Spezialität Lammschulter ist etwas teurer. Nichtraucher. Letzter Einlass abends gegen 22 Uhr, So geschlossen. Plaça des Parc 5.

Taberna El Zaguan (4), an einer der großen Neustadtstraßen. Das frühere Lizarrán, von dieser Kette aber jetzt unabhängig. Ein baskisches Bar-Restaurant, bei der Jugend der Hauptstadt ausgesprochen beliebt, lebendig und voll. Rustikales Interieur, lange Theke. Gern getrunken wird der frische baskische Weißwein „Txakolí", gegessen hauptsächlich die baskische Variante der Tapas („Pintxos"), die man sich im Self-Service-Verfahren an der Theke besorgt. Abgerechnet wird nach Zahl der Zahnstocher, die die Häppchen und das Weißbrot zusammenhalten, ein „Pintxo" kostete zuletzt etwa einen Euro. Avinguda Bartomeu Rosseló 15, Mi geschlossen.

El Patio de los Pasajeros (27), wenige Schritte von der Plaça des Parc, in gewisser Weise ein Ableger des „Pasajeros" im Marina-Viertel. Hier im „Patio" werden allerdings ausschließlich Tapas offeriert, frisch zubereitet und in breiter Auswahl – eine prima Adresse. Gemäßigtes Preisniveau. Carrer Jaume 1.

• *Marina Botafoch/Talamanca* Internationales Publikum, internationale Restaurants. Vieles bleibt hier ganzjährig geöffnet. Neben den genannten Lokalen ist auch das gute, wenngleich nicht ganz billige Restaurant des Hotels Ocean Drive eine Empfehlung. Zur Lage der Lokale siehe den Übersichtsplan Eivissa.

Restaurant La Raspa → Karte S. **86/87 (8)**, exquisites Lokal, das mit schöner Aussicht auf die Dalt Vila quasi am Hauptplatz der Marina Botafoch liegt. In der „Gräte" gibt es Fischgerichte allererster Qualität, die natürlich ihren Preis haben: pro Portion ist mit etwa 25–30 € zu rechnen. Gutes und vergleichsweise günstiges Mittagsmenü. Im Sommer nur abends geöffnet. Local 205–6, Reservierungen unter ✆ 971 311810.

Café Sidney → Karte S. **86/87 (13)**, nahe der Bootsanlegestelle. Mehr als ein Café: Neben üppigem Frühstück werden auch Salate sowie warme Gerichte internationaler und deutscher Provenienz angeboten. Im Winter gibt es ein recht preiswertes Mittagsmenü und am Sonntag Brunch. Geöffnet bis in die Nacht.

Rest. Il Giardinetto → Karte S. **86/87 (11)**, direkt dahinter und gleichfalls sehr beliebt, wohl auch wegen der relativ günstigen Preise. Italienische Küche, Pizza (prima!) und Pasta jeweils um die 10 €. Auch hier bleibt bis in die Nacht geöffnet.

Snack-Bar Flotante → Karte S. **86/87 (5)**, an der Platja Talamanca. Schlichte Strandbar im alten Stil mit Tischen bis ans Wasser. Relativ preisgünstig, man kann es z.B. auch bei einem Bocadillo belassen. Täglich geöffnet, auch im Winter.

• *Außerhalb* Fahrzeugbesitzern erschließen sich zahlreiche Möglichkeiten. Viele beliebte Restaurants der Insel liegen außerhalb von Ortschaften entlang der Hauptstraßen. Beschrieben sind sie unter den jeweiligen Regionen, die zahlreichen Restaurants entlang der „Fress-Straße" Carretera Sant Joan zum Beispiel im Kapitel „Der Osten".

Nightlife

Keine Frage – die Hauptstadt ist der heißeste Spot der Insel: legendäre Clubs, Spitzen-DJs, relaxte Atmosphäre, internationales Publikum. Partystimmung ist in Eivissa garantiert, und so manche wilde Nacht dauert bis zum Nachmittag.

Bars

Der Startschuss in die Nacht fällt allabendlich auf der hafennahen „Meile" und in den angrenzenden Gassen. Fliegende Händler bauen ihre Stände auf, Komödianten zeigen Kunststücke, Läden bleiben bis weit in die Nacht geöffnet. Durch das Gedränge stöckeln und stelzen die Promotion-Teams der großen Discos, posieren bereitwillig für jede Kamera. Ein Drink hier, einer dort – dann wird es Zeit für die Clubs.

• *Zentrum* Der enge **Carrer de Barcelona** ist das dröhnende Zentrum der Meile, angefangen mit dem berühmt-berüchtigten „Zoo", in dem viele Neulinge ihre erste Bekanntschaft mit den hiesigen Getränkepreisen machen. Teilweise in ähnlichem Stil, dabei jedoch etwas luftiger zeigt sich der Barbetrieb im angrenzenden **Carrer de Cipriano Garijo**.

Döme: Die Freiluftbar beim Fischmarkt unterhalb der Stadtmauer öffnet erst spät, wird dann aber zum Treffpunkt einer teilweise ausgesprochen schillernden Gästeschar – die Umzüge der Promotion-Teams enden meist hier. Viele Gays. Die beste Zeit ist Mitternacht bis zwei Uhr morgens. Nicht billig. Carrer Alfonso XII s/n. In der Nähe liegt das gay-geprägte **Soap**.

Anstrengend: Promo-Team bei der Arbeit

Verdiente Pause: Promo-Team bei der Rast

Bar La Tierra, ein lang gedienter Klassiker des Gebietes, in einer kleinen Seitengasse des Carrer de Cipriano Garijo. Im Winter als eine der ganz wenigen Bars des Viertels am Wochenende geöffnet. Carreró de Trinitat.

The Rock/Base, zwei langjährig eingeführte, einander benachbarte Bars am Carrer de Cipriano Garijo. Besonders das Base ist für seine Pre-Partys bekannt.

Ibiza Lounge, die ehemaligen „Mao Rooms", ein edel ausstaffiertes Lokal mit Chillatmosphäre, gleichzeitig Sushi-Bar. Nicht billig. Mal abwarten, ob sich´s hält. Carrer Emili Pou 6, fast ums Eck von der Horchatería Los Valencianos.

Bar Zuka, eine angenehme, vorwiegend von Heteros besuchte Bar in der sonst gayprägten „Muttergottes-Straße" Carrer Mare de Déu (Calle de la Virgen), auf Nummer 75. Gute wechselnde DJs, nette Deko.

Teatro Pereyra, außerhalb der eigentlichen Nachtzone, in einem ehemaligen, 1898 erbauten Theater. Berühmt für seine Live-Konzerte, sehr gute Rock-, Jazz- und Bluesacts, prima Atmosphäre. Auch im Winter geöffnet. Der Eintritt ist frei, Getränke sind aber nicht billig. Carrer Comte Rosselló 3, stadtwärts nahe der Plaça des Parc.

● *Bereich Ibiza Nova* **Bar Keeper**, großes Lokal gegenüber der Zufahrt zur Disco El Divino, beliebt auch bei der schicken einheimischen Jugend. Mehrere Theken innen und außen. Hinter dem Keeper noch weitere Bars, darunter das bekannte **PK 2** (gesprochen „pecados" = Sünden).

Casino de Ibiza, zwischenzeitlich provisorisch verlegt, mit Erscheinen dieser Auflage aber wohl im Gran Hotel Ibiza wiedereröffnet. Keine besonderen Bekleidungsvorschriften, ein Ausweis ist jedoch absolut Pflicht! Passeig de Joan Carles I. 17, www.casinoibiza.com.

● *Außerhalb* **KM 5**, an der Straße Richtung Sant Josep, eben ungefähr bei Kilometer 5, linker Hand. Lauschiges Gärtchen mit Feigenbäumen, einem Beduinenzelt und hübsch arrangierten Sitzplätzen. Internationales Publikum, entspannte Atmosphäre. Ordentliches Essen gibt es auch, innen wird getanzt. Geöffnet etwa Mai bis Anfang/Mitte Oktober. Zuletzt gab es Gerüchte über einen evtl. bevorstehenden Verkauf, was jedoch nicht unbedingt etwas bedeuten muss. Carretera Sant Josep, km 5,6. www.km5-lounge.com.

Die Club-Szene in und um die Hauptstadt

Zwar öffnen die großen Clubs meist schon um Mitternacht, vor etwa zwei, drei Uhr morgens ist dort jedoch nur Langeweile angesagt. Von etwa Mitte September bis Mitte Juni bleiben die meisten ganz geschlossen.

• *Ibiza-Stadt* **Pacha**, legendär seit 1973. Der Club der beiden Kirschen, ursprünglich im katalanischen Sitges gegründet, hat zahlreiche Ableger in Spanien und seit dem Jahr 2000 auch einen in München. Einst eine Finca, auf manchen Plakaten ist das Foto noch zu sehen. Dutzende von Bars, Platz für 3000 Personen, vier Areas auf unterschiedlichen Ebenen, Restaurant und schöne Dachterrasse. Gemischtes Publikum, dank der großen VIP-Area auch gern von Promis besucht. Im Winter liefert das Pacha am Wochenende eine der raren Ausgehmöglichkeiten für die verbliebenen Insulaner. Avinguda 8 D´Agost s/n, im Gebiet hinter Ibiza Nova, ✆ 971 313600, www.pacha.com.

El Divino, direkt am Sporthafen Ibiza Nova, von der Altstadt gut per Bootspendeldienst zu erreichen, Abfahrten von ein bis drei Uhr alle 20 Minuten. Ein Nobelclub in fantastischer Lage, mit einer Kapazität von 1400 Personen vergleichsweise klein. Die große Außenterrasse bietet einen prachtvollen Blick auf den Hafen und die Dalt Vila. Edles Ambiente, exklusives Restaurant. Publikum unterschiedlicher Altersgruppen. Längerfristig könnte der geplante Ausbau des Hafens das Ende von El Divino bedeuten, doch dauert es bis dahin hoffentlich noch eine Weile. Passeig de Joan Carles I, ✆ 971 190177, www.eldivino-ibiza.com.

• *Richtung Sant Antoni* **Amnesia**, einige Kilometer außerhalb an der Straße nach Sant Antoni, linker Hand in einer ehemaligen Finca. Vorwiegend junges Publikum, maximale Kapazität 5000 Personen und damit die zweitgrößte Disco der Insel. Von der „Winter Music Conference" zum weltbesten Club 2006 gewählt. Großen Erfolg im Amnesia hat seit Jahren Sven Väth mit seiner „Cocoon"-Clubnacht am Montag. Carretera Sant Antoni, km 6; ✆ 971 198041 www.amnesia.es.

Privilege, ein kleines Stück weiter Richtung Sant Antoni, diesmal rechter Hand – die beleuchtete Kuppel ist nicht zu übersehen. Die ehemalige, weltberühmte „Ku", dank einer Kapazität von angeblich 10.000 Personen immer noch die weitaus größte Disco der Insel und sogar die größte der Welt. Tolle Ausstattung, teilweise abdeckbarer Pool mitten auf dem Dancefloor, mehr als ein Dutzend Bars, Restaurant etc. Publikum überwiegend jung. Mit Abstand bekannteste Clubnacht ist die sehr britische und sehr sexuell eingefärbte „Manumission" am Freitag – wenn sie denn noch hier stattfindet, zwischen Betreibern und der Club-Leitung gab es zuletzt schwere Differenzen. Geöffnet Mitternacht bis sieben Uhr. Carretera Sant Antoni, km 7, ✆ 971 198086, www.privilegeibiza.com.

Ibiza Underground, noch ein Stück hinter dem Privilege, auf der gegenüberliegenden Straßenseite. Erst 2001 in einer Art Villa eröffneter (und damit im Vergleich sehr junger) Club, der seinem Namen gemäß eine Alternative zu den Mega-Discos bilden möchte: „Not for everybody". Ctra. Sant Antoni, km 7,8; zur Saison täglich außer So, Mobil- ✆ 636 457132, www.ibizaunderground.com.

• *Platja d´en Bossa* **Space**, der Afterhour-Club schlechthin (sofern die geplanten Verordnungen der Stadtregierung die Afterhours nicht komplett abschaffen), ab 8 Uhr morgens bis in den Nachmittag geöffnet, dann wieder nachts. Fast rund um die Uhr geht´s beim „We love Space" (Sundays@Space): 22 Stunden am Stück, von Sonntagmorgen acht bis Montag um sechs. Die berühmte Opening-Party Anfang Juni bildet den Beginn der Nightlife-Saison, die Abschlussparty markiert praktisch ihr Ende. Platja d´en Bossa, ✆ 971 396739, www.space-ibiza.es.

Bora Bora, schräg gegenüber vom Space direkt am Strand. Nachmittags oft reichlich Stimmung, trotz – oder auch wegen – der Jets, die im Tiefflug über die Köpfe der Tänzer donnern. Eintritt frei. Gerüchte allerdings sehen das Bora Bora, u. a. durch den Baudruck in der Umgebung, längerfristig in seiner Existenz bedroht.

DC 10, südlich der Platja d´en Bossa Richtung Salines-Strand, direkt in der Einflugschneise des Airports – daher der Name. Der Afterhour-Club „Circo Loco" am Mo ab 6 Uhr morgens ist schon Legende. Leider gilt die Zukunft des DC 10 als unsicher. Carretera Salines, km 1.

Eivissa (Ibiza-Stadt)

Gay

Zusammen mit dem katalanischen Sitges ist Eivissa, wohl auch dank der Toleranz der Insulaner, eine spanische Hochburg der Gays.

• *Bars* Der **Carrer de la Mare de Déu**, auf Spanisch auch als „Calle de la Virgen" bekannt, ist die Gay-Gasse der Stadt schlechthin – hier reiht sich Bar an Bar an Bar. Die aktuell angesagten Adressen ändern sich immer mal wieder, zu den bekannteren und beständigen Namen zählen „Exis" auf Nummer 57 und die „JJ Bar" auf Nummer 79.

Bar Leon, ebenfalls im Carrer Mare de Déu, auf Nummer 62. Beliebt besonders zur Nebensaison, wenn vieles schon oder noch geschlossen hat, im Winter am Wochenende geöffnet.

Bar Angelo's, unterhalb der Stadtmauern im Carrer Alfonso XII. 11, wohl die größte schwule Bar der Insel mit weitflächiger Terrasse, großer Bar innen und Restaurant auf der Dachterrasse. Ganz ähnlich und ebenfalls lange geöffnet ist das nahe **Soap Up** (Ex-Incognito, Tochterlokal des Soap beim Dôme), Carrer Santa Llúcia 23.

Bar La Muralla, Cruise-Bar in der Oberstadt, eines der wenigen Gay-Lokale mit ganzjährigem Betrieb. Terrasse, im Sommer gelegentlich Themenpartys. Die Cruising-Zone liegt gleich in der Nähe. Sa Carrossa 3, nahe des Hauptzugangs zur Dalt Vila. Gleich nebenan: **Bar Red Lounge**.

• *Disco* **Anfora**, ebenfalls in der Oberstadt, die einzige rein schwule Disco der Insel, seit über 20 Jahren in Betrieb. Vier Bars, Cillout-Area, Tanzfläche in einer Felshöhle, großer Darkroom. Geöffnet von Mitte Mai bis Mitte Oktober, dann ab Mitternacht bis in den Morgen. Die Eintrittsgebühr liegt für ibizenkische Verhältnisse ausgesprochen niedrig. Carrer Sant Carles 7. www.disco-anfora.com.

• *Außerhalb* **Chiringay**, eine schwule Strandbar (Chiringuito, hübsches Wortspiel) am südlichen Ende des Nacktbadestrands Platja des Cavallet, zu erreichen mit den Bussen zum Salinas Strand. Nur zur Saison geöffnet, ✆ 971 187429.

Shopping

Shopping-Gelegenheiten gibt es mehr als genug, besonders in La Marina und Sa Penya auch bis weit in die Nacht. Zur Siesta allerdings hat praktisch jedes Geschäft geschlossen. Bekannt ist Ibiza besonders für ausgefallene Mode, aber auch für witzige Accessoires und innovative Musik.

• *Märkte* Erste Adresse für Fisch, Fleisch, Obst und Gemüse. Alle Märkte sind nur am Vormittag geöffnet.

Mercat Nou, die große Markthalle in der Neustadt, sehr breite Auswahl. Carrer de Catalunya, nicht weit von den Bushaltestellen.

Mercat Vell, der „alte Markt" an der Plaça Constitució in der Unterstadt. Hier gibt es vor allem Obst und Gemüse.

• *Einkaufszentren* Die großen „Hipermercats" außerhalb der Stadt bieten ein höchst umfangreiches Angebot, das vom Wagenheber über die Luftmatratze bis zum frischen Fisch reicht.

Syp, knapp außerhalb von Eivissa an der Straße Richtung Santa Eulària, nahe km 2.

Hiper Centro, etwas weiter entfernt an der Straße Richtung Sant Antoni, km 3,7.

• *Mode/Schuhe* Die Konkurrenz ist groß – so manche der kleinen Boutiquen der unteren Altstadt erlebt deshalb nur einen Sommer. Wer es mehr mit den großen Labels hat, findet ebenfalls reiche Auswahl. Haupteinkaufszone ist das Marina-Viertel, edle Boutiquen gibt es auch im Yachthafen Botafoch.

Dora Herbst, direkt im Sporthafen Marina Botafoch, beim Restaurant Giardinetto. Eine berühmte und ausgesprochen noble Boutique, deren edle Ware ihren ebenfalls sehr edlen Preis hat.

Luis Ferrer, Adlib-Designer im Viertel La Marina, die Schaufensterpuppen am kleinen Platz sind kaum zu übersehen. „Weiße" Mode für Männer, Frauen und Kinder. Plaça de Sant Elm, bei der gleichnamigen Kirche.

Custo, eine Filiale des Shops aus Barcelona – weltberühmte Designer-Shirts in der typischen Handschrift und den kräftigen Farben der Brüder Custo und David Dalmau. Nicht billig, ein T-Shirt kann schon mal 90 € kosten. Wie die meisten folgenden Adressen in La Marina; Carrer del Bispe Torres 3, Ecke Carrer del Bispe Cardona.

Adolfo Domínguez, einer der bekanntesten Modedesigner Spaniens. Edle Ware, für das Gebotene relativ preisgünstig. Avinguda de Bartomeu de Rosseló 30, recht zentral in der Neustadt.

Mango, hiesiger Vertreter der spanischen Kette, die für junge Mode zu recht günstigen Preisen bekannt ist. Eingänge am Carrer Lluis Tur i Palau 14 und am Carrer Sa Creu 30. Ein Outlet liegt am Carrer Riambau, weiterer Eingang am Carrer Lluis Tur i Palau.

Deccadence, ein Laden, der laut Eigenwerbung „Fashion Treatment" anbietet, darunter in der Tat ausgeflippte Sachen. Carrer Bisbe Azara 3.

Camper, Ladengeschäft der trendigen, aus Mallorca stammenden Designer-Schuhmarke. Originelle Ware für beide Geschlechter. Carrer del Bispe Cardona 1.

Angel´s Shop, Schuhe, vor allem aber Stiefel, Stiefel, Stiefel... Mehrere Filialen, z.B. am Carrer Manel Sorá 20 und am Passeig Vara de Rey 10.

Luichiny, ebenfalls Schuhe, darunter auch hier reichlich ausgefallene Ware. Avinguda d´Espanya 5.

• *Musik* **MegaMusic**, mit der wohl größten Auswahl der Stadt. Carrer Canarias 23, nicht weit von den Haltestellen der Überlandbusse.

Delta Discos, ebenfalls in der Neustadt, bereits 1967 gegründet. Avinguda d´Espanya 7ª, Filiale im Carrer Sa Creu 32.

Discos M 15, vorwiegend House, Carrer Vicent Cuervo 13, eine Seitenstraße des Passeig Vara de Rey.

• *Zeitungen & Zeitschriften* **Librería Vara de Rey**, ebenda auf Nummer 22. Breite Auswahl an deutschen Zeitungen und Zeitschriften, auch Bücher und Landkarten.

• *Korbwaren* **José Pascual**, Spezialist für geflochtene Taschen, Strohhüte, Hängematten ... Carrer Sa Creu 30.

• *Wein* **Enotecum**, in der Neustadt. Mehr als zweitausend Weine werden hier angeboten, daneben auch feines Olivenöl und andere Delikatessen. Avingua Isidor Macabich 43, Nähe Carrer de Canàries.

• *Likör, Delikatessen* **Fábrica de Licores Aniseta**, Verkaufsstelle der gleichnamigen Destillerie, die u.a. den inseltypischen Likör „Hierbas Ibizenkas" herstellt; erhältlich ist er in verschiedenen Flaschengrößen und in Geschmacksrichtungen von süß bis tro-

Ton in Ton:
Shop im Carrer Mare de Déu

cken. Künftig sollen hier auch andere Inselprodukte (Käse, Wein, Würste etc.) angeboten werden. Av. Santa Eulària 19, nahe Formentera-Fährstation.

• *Tabak* **Benavides Calbet**, in der Passage am Passeig Vara de Rey 6. Gutes Angebot an edlen Zigarren – feine Havannas (Montecristo, Cohiba etc.) sind in Spanien immer noch deutlich günstiger als bei uns.

• *Kunstgalerien* **Galeria Ebusus**, Passeig Vara de Rey 20, ✆ 971 311821. Im Winter findet hier gelegentlich ein „Supermarkt der Kunst" (Supermercat de l´art) statt, bei dem Sammler vielleicht ein Schnäppchen machen können.

Galeria Altamira, in der Neustadt. Avenida d´Espanya 29, ✆ 971 303814.

Eivissa (Ibiza-Stadt)

Feste und Veranstaltungen/Sport

Für eine doch eher kleine Stadt fällt das Programm ziemlich üppig aus, besonders im Frühling und Sommer ist einiges geboten. Über kulturelle und sportliche Ereignisse auf den Balearen informiert das einmal pro Quartal erscheinende Faltblatt „Veranstaltungen", erhältlich im O.I.T.-Büro.

● *Feste und Veranstaltungen* **Festa dels Reis**, 5./6. Januar, Fest der Heiligen Drei Könige, heiß ersehnt von allen Kindern. Am 5. Januar gegen 18.30 die Boots-Einfahrt der Hl. Drei Könige in den Hafen, begleitet von Feuerwerk und gefolgt von einem Umzug, der am Passeig Vara de Rey endet. Am Abend dieses Tages, nicht etwa an Weihnachten, bekommen Spaniens Kinder ihre Bescherung.

Carnestoltes, Carnaval: Der Karneval beginnt am Donnerstag, hier „Fetter Donnerstag" genannt, unter anderem mit einem Tortilla-Wettbewerb am Passeig Vara de Rey. Seinen Höhepunkt erreicht er am folgenden Sonntag, wenn der große Umzug „Sa Rùa" mit seinen parodistischen Figuren durch die Hauptstraßen zieht.

Setmana Santa, die Karwoche bis Ostern. Berühmt ist besonders die feierliche bis zu dreistündige „Processó del Silenci" (stille Prozession) am Karfreitag. Der nur von Trommelschlägen begleitete Umzug der verschiedenen, mit Spitzhüten à la Ku-Klux-Klan maskierten Bruderschaften und ihrer „Pasos" genannten Skulpturengruppen beginnt gegen 20 Uhr an der Kathedrale, gute Beobachtungsplätze für Besucher sind die Plaça de la Vila und der Marktplatz vor dem Stadttor. Auf dem Passeig Vara de Rey findet in der Karwoche die Kunsthandwerksmesse „Plaça d´Art" statt.

Festa del Llibre, 23. April, „Fest des Buches" zu Ehren von Sant Jordi, des katalanischen Nationalheiligen. Traditioneller Austausch von Rosen und Büchern, letzteres nicht ganz so traditionell, da erst seit 1923. Verkaufsstände auf dem Passeig Vara de Rey.

Mercat Medieval, am zweiten Wochenende (Fr–So) im Mai, abgehalten zur Erinnerung an die Aufnahme Ibizas ins Weltkulturerbe. Mittelalterlicher Markt in der Dalt Vila, mit Gauklern, Schlangenbeschwörern, Bogenschützen etc., die Verkaufsstände in den Gassen offerieren dabei auch Artikel, die ihren Ursprung in der karthagischen, römischen und maurischen Kultur haben.

El Rocío, an Pfingstsamstag und Pfingstsonntag, das temperamentvolle Fest der zahlreichen aus Andalusien stammenden Einwanderer, die nicht an der echten Wallfahrt nach El Rocío teilnehmen können. In den Festzelten „Casetas" fließt der Fino (Sherry) trotzdem in Strömen ... Das Festgelände liegt beim Hippodrom, im Hinterland der Platja d´en Bossa, jeder Taxifahrer kennt den Weg.

Corpus Cristi, Fronleichnam, mit einer traditionellen Prozession, die seit dem 16. Jh. abgehalten wird. Beginn bei der Kathedrale, Ziel ist die Kirche Sant Elm.

Nit de Sant Joan, die Nacht des 23. auf den 24. Juni. Nächtliche Freudenfeuer („Fogueró" genannt) und ein großes Feuerwerk, beides zu Ehren des Heiligen Johannes, daneben aber auch Musik und Tanz zur Feier des Sommeranfangs.

Festival Internacional de Música, internationales Musikfestival im Juli/August. Vorwiegend klassische Interpreten, verschiedene Aufführungsorte, Informationen über Programm und Zeiten bei der O.I.T.

Festa de la Verge del Carme, am 16. Juli, das Fest der Schutzpatronin der Fischer und Seeleute und damit vor allem das Fest von La Marina und Sa Penya. Viele Gassen der Unterstadt werden geschmückt, durch den Hafen fährt eine Bootsprozession.

Festival de Jazz, in der zweiten Julihälfte. Dieses Jazzfestival konzentriert sich ausschließlich auf Nachwuchskünstler, zahlreiche Konzerte an reizvollen Orten der Stadt. www.jazzinjuveibiza.com.

Festes Patronals, vom 5. bis 8. August, auch „Festes de la Terra" genannt, der Höhepunkt des ibizenkischen Festjahrs. Der Reigen der Patronatsfeste beginnt mit dem 5. August, dem Fest der Nostra Senyora de les Neus. Nachts wird für die Schutzheilige der Pityusen ein gigantisches Feuerwerk über der Dalt Vila abgebrannt. Am 6. August ehrt man Sant Salvador, den Schutzpatron des Hafens. Dies ist auch der Tag, an dem die ibizenkischen Korsaren gefeiert werden. Der 8. August schließlich steht nicht nur im Zeichen von Sant Ciriac, des zweiten Schutzpatrons von Ibiza, er ist gleichzeitig der „Dia de la Conquesta", der Tag der christlichen Eroberung – am 8. August

1235 gelang es den Katalanen, Eivissa den Mauren zu entreißen. Über den gesamten Zeitraum hinweg (und zum Teil schon einige Tage davor) feiert Eivissa mit Prozessionen, Feuerwerk, Konzerten und Sportveranstaltungen aller Art. Den Abschluss bildet am 8. August ein traditionelles Picknick mit Musik und Tanz auf dem Puig des Molins.

• *Sport* **Golf Club Ibiza**, an der alten Straße zwischen Eivissa und Santa Eulária, etwa auf halbem Weg zwischen beiden Orten. Der bislang einzige Platz der Insel; 18-Loch, 9-Loch, Driving Range. ℡ 971 196118, ganzjährig geöffnet. www.golfibiza.com.

Tauchcenter H²O, im Hotel El Corso an der Marina Botafoch. PADI-Kurse, Tauchgänge etc. ℡ 971 313524.

Wassersportzentrum Anfibios, an der Platja d´en Bossa. Tauchcenter, Windsurfen, Kat-Segeln, jeweils auch Schulungen. Edificio Acapulco s/n, Platja d´en Bossa, ℡ 971 303915, www.anfibios.com.

Sehenswertes

Eivissas Sehenswürdigkeiten konzentrieren sich in der Oberstadt. Stärker noch als die einzelnen Monumente faszinieren hier das stimmige Gesamtbild und die herrlichen Panoramen, die sich von den alten Festungsmauern aus bieten.

In den Vierteln der Unterstadt und an den weiten Avingudas der modernen Neustadt gibt es hingegen nur wenige Sehenswürdigkeiten im engeren Sinn. Ein echtes „Muss" für archäologisch Interessierte ist allerdings die karthagische Nekropole am Puig des Molins, eine der größten und bedeutendsten karthagischen Totenstädte überhaupt.

Dalt Vila

Die Gassen der Oberstadt atmen geradezu Geschichte – hier liegen die uralten Anfänge Eivissas. An einem Hochsommertag, wenn hektische Touristenscharen über die steilen Treppengassen keuchen und sich an den vielen Aussichtsplätzen drängen, mag sich das Gefühl für die große Vergangenheit vielleicht nicht so recht einstellen. Wer das Dalt Vila aber im Winter oder in tiefer Nacht besucht, wird die Jahrhunderte spüren. Sehr gewonnen hat die Atmosphäre der Oberstadt durch die Sperrung für den allgemeinen Verkehr, eine der ersten Segnungen, die die Ernennung zum Weltkulturerbe mit sich brachte. Jüngeren Datums sind die mehrsprachigen Erklärungstafeln, die an zahlreichen strategischen Punkten angebracht wurden und die Oberstadt zu einem „Freiluftmuseum" machen sollen; falls gerade eine „falsche" Sprache vorne steht, kann man sie so lange drehen, bis deutsche Erläuterungen lesbar sind.

Portal de ses Taules: Vom „Alten Markt" Mercat Vell führt eine Rampe hinauf zum Haupttor der Oberstadt, einem von insgesamt nur drei Zugängen. Wie die gesamte Anlage der Stadtmauern wurde es 1585 fertig gestellt, die Zugbrücke stammt jedoch aus jüngerer Zeit. Das Portal krönt ein monumentales Wappen des spanischen Königs Philipp (Felipe) II. Links und rechts des Tors stehen zwei kopflose römische Statuen, genauer gesagt deren Kopien – die Originale finden sich im Archäologischen Museum. Die linke Statue stellt wahrscheinlich einen römischen Soldaten dar, die rechte die Göttin Juno. Hinter dem Portal durchquert man den von Arkaden flankierten Waffenhof *Patio des Armas*, früher Sitz einer Wachmannschaft; seine höher liegenden Gebäudeteile, zugänglich nur von der Oberstadt aus, beherbergen heute das Museum für Zeitgenössische Kunst. Am Ausgang des Waffenhofes in Richtung der Plaça de la Vila steht eine weitere Statuen-Kopie, gewidmet dem örtlichen römischen Magistratsbeamten Lucio Oculacio.

Las Murallas Renacentistas – die Stadtmauern der Renaissance

Die wuchtigen Mauern, die das Bild der Altstadt so eindrucksvoll prägen, bilden das bedeutendste Bauwerk der Insel. Ihre Existenz verdanken sie der im 16. Jh. stets präsenten Piratengefahr. Um die Einwohner vor den immer wiederkehrenden Überfällen zu schützen, ordnete Philipp (Felipe) II. bereits in seiner Zeit als Prinz die Errichtung einer neuen Festung an. Deren Wälle und Bollwerke mussten stark genug sein, um dem Beschuss der mittlerweile üblichen Artillerie nicht nur möglichst lange standzuhalten, sondern auch selbst schwere Kanonen zu tragen, eine Aufgabe, die die verbliebenen mittelalterlichen Mauern nicht erfüllen konnten. 1555 begannen die Arbeiten nach Plänen des römischen Architekten Giovanni Baptista Calvi. Sein Entwurf ähnelte dem Grundriss der bereits bestehenden Verteidigungsanlage und sah sechs Bollwerke vor, die sogenannten *Baluards*. Calvi erlebte das Ende der jahrzehntelangen Bauarbeiten jedoch nicht mehr.

Sein Nachfolger wurde der ebenfalls aus Italien stammende Jacobo Paleazzo, genannt „Fratín", der 1575 die Pläne seines Vorgängers abänderte: Durch einen siebten Baluard auf dem Puig de Santa Llucía erweiterte er die umschlossene Fläche nach Nordosten hin erheblich. Der Umfang der Festungsmauer wuchs auf fast zwei Kilometer. 1585 wurden die Arbeiten, die insgesamt die erhebliche Summe von mehr als 50.000 Dukaten verschlungen haben sollen, noch während der Regierungszeit Philipps II. abgeschlossen. Das Ergebnis kann sich bis heute sehen lassen. Am beeindruckendsten und wahrhaft uneinnehmbar wirkt die Festung im Süden, vom Meer aus betrachtet. Auch von den Mauern selbst ergeben sich höchst reizvolle Panoramen, zum Beispiel die Aussicht vom Baluard Santa Llucía hinab auf Sa Penya oder der Blick vom Baluard de Sant Bernat, der bis nach Formentera reicht.

Plaça de Vila: Der gemütliche Hauptplatz der Oberstadt ist für den Verkehr gesperrt. Umso schöner sitzt es sich in den zahlreichen Restaurants, die sich an Sommerabenden oft bis auf den letzten Platz füllen.

Museu d´Art Contemporani: Das Museum für Zeitgenössische Kunst ist Teil des Baluard de Sant Joan und von der Plaça dels Desamparats aus zu erreichen. Ausgestellt sind vor allem Arbeiten von Künstlern, die auf Ibiza geboren wurden oder sich hier niederließen, beachtenswert besonders die Grafiken. Doch ist auch das Gebäude des 18. Jh. selbst interessant. Der schmucklose obere Saal diente als Waffenkammer für die Wachmannschaft des Patio des Armas, während die beiden unteren, mit einem Tonnengewölbe versehenen Säle als Pulvermagazin fungierten. Eine Filiale des Museums ist in der kleinen Kirche Església de l´Hospital (nicht immer geöffnet; gratis) in der westlichen Altstadt untergebracht.

Öffnungszeiten Von Mai bis September Di–Fr 10–13.30, 17–20 Uhr, Sa/So 10–13.30 Uhr; Oktober bis April Mo–Fr 10–13, 16–18 Uhr, Sa/So 10–13.30 Uhr; Eintritt 1,20 €. Eine Renovierung ist geplant, das Museum wird dann für Monate oder gar Jahre schließen

Carrer de Sa Carossa: Östlich oberhalb der Plaça dels Desamparats erstreckt sich mit einer Reihe von Bars und Restaurants der hübsch bepflanzte Carrer Sa Carossa. Hier sitzt auch die Bronzestatue des ibizenkischen Priesters, Poeten und Historikers Isidor Macabich (1883–1973). In ein paar Schritten ist man am Baluard de Santa Llúcia, von dem sich eine gute Aussicht auf das tiefer liegende Viertel Sa Penya und auf den Hafen bietet.

Einst Teil eines Klosters: Església de Sant Domingo

Església de Sant Domingo: Eine ehemalige Klosterkirche (deshalb auch Església del Convent genannt), deren ziegelgedeckte Kuppeln und strahlend weiße Mauern sich nur ein kleines Stück südlich des Bollwerks der hl. Llúcia erheben. Ursprünglich stand das Kloster der Dominikaner nordöstlich der Stadt in Jesús, doch wurde es wegen der Piratenüberfälle später nach Eivissa verlegt. Die Arbeiten an dem Gotteshaus begannen 1592, zogen sich jedoch mehr als ein Jahrhundert lang hin. Im Inneren der Barockkirche erstaunen die Ausmaße des einzigen, 1884 vom Mallorquiner Matas mit (jüngst restaurierten) Fresken ausgemalten Schiffs, das immerhin mehr als 30 Meter lang ist und auf der Insel nur noch von der Kathedrale übertroffen wird. Links und rechts des Hauptschiffs liegen jeweils fünf Kapellen, darunter die große *Capilla del Roser*, die noch vor der eigentlichen Kirche als eigenständige Kapelle erbaut worden war.

Öffnungszeiten Von Mai bis September Di–Sa 9.30–13.30, 17–20 Uhr, sonst Di–Sa 9.30–13.30, 16–19 Uhr.

Plaça d´Espanya: Die Klostergebäude an der Plaça d´Espanya südwestlich der Kirche dienten nach der Säkularisierung 1835 als Gefängnis, Hospital und Schule. Heute ist hier das Rathaus Ajuntament untergebracht, zu dem auch der Kreuzgang des Klosters zählt, gelegentlich Schauplatz klassischer Konzerte. Dem Rathaus gegenüber erhebt sich die *Casa Fajarnés-Cardona*, ein Gebäude im kolonialen Stil, erbaut Anfang des 20. Jh und heute ein Luxushotel. Weit älter freilich sind die imposanten, vom reichen Bürgertum erbauten Paläste in der längsten Straße der Oberstadt, dem *Carrer de Pere Tur*, der an der Plaça d´Espanya beginnt. Ihm folgend, käme man in weitem Bogen hoch zum Kathedralenplatz.

Es geht jedoch auch schneller, nämlich durch den aufwärts führenden, beleuchteten Tunnel, der ebenfalls an der Placa d´Espanya seinen Ausgang nimmt. Am anderen Ende angekommen, steht man plötzlich außerhalb der Mauern auf dem Gelände

Abkürzung: der Tunnel nach Es Soto

von *Es Soto*, der unbebauten Südseite des Stadtfelsens – hier oben, hoch über dem Meer, wird die für die Verteidigung ideale Position der Oberstadt besonders deutlich. Etwa hundert Meter weiter führt rechter Hand ein zweiter Tunnel wieder ins Innere der Festung. Hinter seinem Ausgang erhebt sich der wuchtige *Baluard de Sant Bernat*, der einmal mehr eine prachtvolle Aussicht bietet; von hier führt ein schöner Panoramaweg hinab zum Stadttor Portal Nou unweit vom Passeig Vara de Rey. In der Gegenrichtung geht es, vorbei an den Mauern des Kastells, über den Carrer de la Universitat zur Plaça del Catedral.

El Castell: Das Kastell wird oft auch als *Almudaina* bezeichnet, hatten hier doch schon die Mauren (und vor ihnen die Karthager und Römer) den Kern ihrer Festung errichtet. Von der maurischen Schlossburg Almudaina, Residenz des Herrschers und Sitz der Administration, blieb jedoch nicht viel erhalten. Aber auch das Kastell unserer Tage, nach Plänen Calvis angelegt und im 18. Jh. umgebaut, ist bisher leider in einem sehr schlechten Zustand und deshalb für die Öffentlichkeit gesperrt. Letzteres wird auch vorläufig so bleiben, sollen auf der Burg doch künftig ein Parador, Restaurants und eventuell auch ein Ableger des Archäologischen Museums entstehen, was freilich noch etwas Zeit in Anspruch nehmen wird.

Catedral de Santa María de les Neus: Die „Kathedrale der Heiligen Jungfrau vom Schnee", geweiht der Schutzheiligen Ibizas, erhebt sich auf uraltem heiligen Boden. Möglicherweise stand hier bereits ein Tempel der Karthager, später wahrscheinlich ein Merkur-Tempel der Römer und auch die Moschee der Mauren. Als die Katalanen 1235 die Stadt erobert hatten, gab es deshalb wenig Dringlicheres, als das maurische durch ein christliches Heiligtum zu ersetzen – es scheint, als wäre dabei anfangs einfach das Gebäude der Moschee beibehalten und geweiht worden. Mitte des 14. Jh. begann man mit dem Bau der heutigen einschiffigen Kirche, zunächst im gotischen Stil. Leider wurden Anfang des 18. Jh. umfangreiche Restaurierungsarbeiten nötig, die barocke Veränderungen mit sich brachten und insgesamt wenig glücklich ausfielen. Rein gotisch geblieben ist jedoch der wuchtige Glockenturm, der zusammen mit der Torre del Homenaje, einem im Kastell gelegenen Turm möglicherweise maurischen Ursprungs, die Silhouette der Dalt Vila prägt. – Das *Kathedralenmuseum* Mo 9.30–13.30, Di–Sa 9.30–13.30, 18–21 Uhr; 1,50 €) mit dem Kirchenschatz ist nach einer Renovierung wieder geöffnet. Wohl selbstverständlich, dass das Gotteshaus nur in passender Bekleidung betreten werden darf.

Dalt Vila 115

Museu Arqueològic: Ebenfalls am Kathedralenplatz liegt das sehr sehenswerte, bereits 1907 gegründete Archäologische Museum mit Funden aus den Ausgrabungsstätten Ibizas und Formenteras. Den Besuch lohnt allein schon die Struktur des Museums, das sich in reizvoller Weise auf mehrere alte Gebäude und Ebenen verteilt. Der Eingangsbereich ist in der ehemaligen Erlöserkapelle Sant Salvador untergebracht, einer kleinen Kapelle des 14. oder 15. Jh., die eine interessante gotische Kreuzgewölbedecke besitzt; die romanische Christusfigur an der Wand stammt aus Katalonien. An die Kapelle schließt sich das im 15. Jh. errichtete Gebäude der Universitat an, der einstigen insularen Selbstverwaltung, die erst durch Philipp V. abgeschafft wurde. Vervollständigt wird das Ensemble durch Galerien im Inneren des benachbarten Baluard Santa Tecla.

Die Ausstellungsstücke, darunter Keramik, Münzen, Glaswaren, Statuen etc., sind auf Englisch beschriftet und chronologisch gegliedert, weshalb es sich sehr empfiehlt, bei einem Rundgang den Richtungsschildern zu folgen. Der zeitliche Rahmen erstreckt sich von der Vorgeschichte über die phönizische (karthagische) Kolonisierung, die karthagische, frührömische und spätrömische Epoche bis zur Spätantike und der islamischen Periode. Viele Exponate, zum Beispiel die aus Ägypten stammenden Skarabäen, belegen die weit reichenden Handelsbeziehungen, die die Insel bereits in der frühen Karthagerzeit besaß. Zu sehen sind auch Ausgrabungsfunde, die 1992 bei der Renovierung des Museums gemacht wurden. Dabei entdeckte man zwischen dem Boden des Saals der Universität und dem felsigen Untergrund eine Abfolge von Schichten, die eine Dicke von mehr als acht Metern erreichte und bis in die späte karthagische Periode zurückging.

• *Öffnungszeiten* April bis September Di–Sa 10–14, 18–20 Uhr, So 10–14 Uhr; im restlichen Jahr Di–Sa 9–15 Uhr, So 10–14 Uhr; Eintritt 2,40 €. An der Kasse ist eine Reihe von Reproduktionen erhältlich, darunter Nachbildungen von Figuren der Götter Tanit und Bes. Sobald eines Tages das Museu Monogràfic am Puig des Molins wieder eröffnet, ist ein Umzug dorthin möglich.

Centre d'Informació Madina Yabisa: Gleich gegenüber vom Archäologischen Museum ist in der ehemaligen Casa de la Cúria dieses neue Dokuzentrum untergebracht, das sich insbesondere der Geschichte Ibizas zur Zeit der Mauren widmet. Die relativ kleine Ausstellung beeindruckt schon allein durch ihre Architektur, ist das Gebäude doch Teil der Stadtmauern. Sehenswert ist auch der gezeigte Videofilm zur Stadthistorie. Eine Infostelle ist angeschlossen.
Öffnungszeiten Di–Fr 10–13.30, 17–20 Uhr, Sa/So 10–13.30 Uhr. Zugang zuletzt noch gratis, irgendwann wird aber wohl Eintrittsgebühr erhoben werden.

Neben dem Zentrum liegt eine kleine Terrasse, die eine sehr schöne Aussicht auf die Unterstadt und den Hafen bietet; gegenüber erhebt sich der Palau Episcopal, der Bischofssitz der Pityusen. Dazwischen führt der Carrer Mayor, später Carrer de Sant Ciriac genannt, wieder abwärts.

Museu Puget: Bereits am Carrer Sant Ciriac liegt dieses 2007 eröffnete Museum, das sich den Arbeiten der ibizenkischen Künstler Narcís Puget Viñas (Vater, 1874–1960) und Narcís Puget Riquer (Sohn, 1916–1983) widmet. Viele der Gemälde zeigen ein längst vergangenes Ibiza und sind deshalb auch historisch interessant, ebenso das schöne Gebäude an sich. Im Erdgeschoss werden wechselnde Ausstellungen gezeigt.
Öffnungszeiten Di–Fr 10–13.30, 17–20 Uhr (Mai bis September) bzw. 16–18 Uhr (Oktober bis April), Sa/So 10–13.30 Uhr. Auch hier war der Eintritt zuletzt noch frei, die Einführung einer Gebühr aber vorgesehen.

Eivissa (Ibiza-Stadt)

Gespiegelt: Fenster am Palast des neuen Museu Puget

Capella de Sant Ciriac: Die kleine Kapelle am Carrer Sant Ciriac wirkt unscheinbar, erinnert jedoch an ein wichtiges Datum der Stadtgeschichte – genau hier soll am 8. August 1235 Joan Xicó als erster katalanischer Soldat die maurische Festung betreten haben. Weiter abwärts gehend, gelangt man, vorbei an der Capella de Sant Cristòfol und gleich danach links, in den Carrer Conquista, die hübsch herausgeputzte „Straße der Eroberung". An der Mauer des Hotels El Palacio haben sich einige deutsche und schweizerische Prominente mittels Handabdrücken verewigt.

Església de l´Hospital: Die kleine Kirche unterhalb des Carrer Conquista wurde Anfang des 18. Jh. erbaut und beherbergt heute eine Dependance des Museums Zeitgenössischer Kunst, ist aber nur zu Sonderausstellungen geöffnet. In den Gassen, die sich in Richtung der Plaça de la Vila anschließen, erstreckt sich ein noch sehr volkstümliches Viertel der Oberstadt, in dem vornehmlich andalusische Einwanderer leben. Das malerische Bild der auf den Straßen spielenden Kinder und in der Sonne trocknenden Wäschestücke verdeckt nur oberflächlich die Armut, die hier herrscht. Angesichts der Sanierung und Restaurierung der Dalt Vila und der dadurch steigenden Mieten werden die hiesigen Bewohner wohl in nicht allzu ferner Zeit in die Außenbezirke Eivissas abgedrängt worden sein. Durch einen engen Torbogen geht es schließlich wieder auf den Hauptplatz der Oberstadt, die Plaça de la Vila.

Unterstadt

Wie schon gesagt, birst die Unterstadt nicht gerade vor Sehenswürdigkeiten. Erwähnenswert sind einzig eine Kirche und zwei Denkmäler, die beide aus dem frühen 20. Jh. stammen und an verschiedene Episoden der Stadtgeschichte erinnern.

Església de Sant Elm: Eigentlich ist die einschiffige Kirche im Marina-Viertel ja Sant Salvador geweiht, dem Schutzpatron des Hafens. Ihren heutigen Namen trägt sie nach dem angrenzenden Carrer Sant Elm – kein großer Widerspruch, gilt doch auch der heilige Telmo (Sant Elm), Namensgeber des Sant-Elm-Feuers, das bei hoher Luftfeuchtigkeit an den Mastspitzen der Schiffe erglüht, als Schutzheiliger der Seefahrer. Mit einer Länge von 26 Metern fällt das Gotteshaus für ibizenkische Verhältnisse relativ groß, dabei architektonisch eher schlicht aus. Sein Inneres ist meist nur zu den Gottesdiensten zugänglich.

Obelisc als Corsaris: Genau gegenüber der Estació Marítima erhebt sich dieser Obelisk, der den ibizenkischen Piraten im Allgemeinen und dem Korsaren Antoni Riquer im Besonderen gewidmet ist. Jahrhundertelang immer wieder von Piraten drangsaliert, begannen die Insulaner ab dem 17. Jh. quasi als Gegenwehr selbst Kaperschiffe auszurüsten, „für Religion und Vaterland", wie es am Denkmal so schön heißt. Zum berühmtesten Piraten Ibizas wurde Antoni Riquer (1773–1846), der am 1. Juni 1806 direkt vor der Küste der Hauptstadt das weit größere und besser bewaffnete britische Piratenschiff „Felicity" aufbrachte, frenetisch gefeiert von der Bevölkerung, die dem Kampf von Land aus zusah. Genau ein Jahrhundert später begann der Bau des Denkmals, das 1915 eingeweiht wurde.

Estàtua Vara de Rey: Das vielleicht etwas arg pompös ausgefallene Denkmal auf dem zentralen Passeig Vara de Rey erinnert, wie auch der Name des Boulevards selbst, an den ibizenkischen Kriegshelden Joaquín Vara de Rey, geboren 1840. Als General der spanischen Armee hatte sich Vara de Rey 1898 im Kampf gegen die USA um Kuba, eine der letzten spanischen Kolonien, hervorgetan. In der Schlacht von El Caney gelang es ihm, mit einer schlecht ausgerüsteten und dem Feind an Zahl hoffnungslos unterlegenen Truppe so lange den Amerikanern zu trotzen, bis ihn eine Kugel tödlich traf. Sein Denkmal wurde durch eine Sammlung in der Bevölkerung finanziert und, ebenso wie der gesamte Passeig, 1904 vom damaligen König Alfonso XIII. eingeweiht.

Pompös: Estàtua Vara de Rey

Necròpolis del Puig des Molins

Seinen heutigen Namen trägt der „Mühlenberg" Puig des Molins nach den einst zahlreichen Windmühlen auf der Gipfellinie, die mindestens seit dem 15. Jh. in Betrieb waren, an die heute jedoch nur mehr vier unbenutzte Mühlenhäuser erinnern. Unterhalb erstreckt sich eine der bedeutendsten Ausgrabungsstätten der Insel, zu erreichen über die Via Romana.

Der nördliche Berghang nämlich, durch eine Talsohle vom Stadthügel getrennt, diente schon den ersten karthagischen Siedlern als Grabstätte, schrieb ihre Tradition doch vor, dass die Friedhöfe zwar nahe der Siedlungen, von ihnen jedoch deutlich abgegrenzt angelegt werden mussten. Während der gesamten karthagischen Zeit lag hier die Nekropolis Eivissas, unter den Römern dehnte sich das Gebiet noch nach Norden aus. Etwa 3500 Gräber vermuten die Forscher auf dem Hanggelände, viele davon noch nicht ausgegraben, die größte bekannte karthagische Totenstadt überhaupt. Anfangs nutzte man vorwiegend natürliche Höhlungen, mit steigender Bevölkerungszahl wurden dann die Gräber als sogenannte „Hypogäen" dicht an dicht aus dem Fels geschlagen. Grabräuber hatten in den Kammern, in denen die Toten mit zahlreichen Beigaben bestattet lagen, somit leichtes Spiel, da sich die dünnen Wände zwischen den einzelnen Gräbern schnell durchbrechen ließen. In späteren Jahrhunderten wurde das Gelände landwirtschaftlich genutzt, pflanzte man Oliven-, Mandel-, Feigen- und Johannisbrotbäume in die Eingangsschächte.

Für Besucher sind bislang nur einige wenige der etwa 340 von außen erkennbaren Grabkammern zugänglich. Bekannt sind sie als „Maultier-Hypogäen", da sie 1946 zufällig entdeckt wurden, als ein Maultier in einen der Schächte einbrach. Ursprünglich stammen die Kammern aus dem 5. und 4. Jh. v. Chr., doch wurden sie, wie andere Gräber auch, immer wieder umgebaut und bis in die Römerzeit genutzt. Die Sarkophage im Inneren sind mit (künstlichen) Skeletten ausstaffiert, die zumindest auf kleinere Kinder wohl etwas gruselig wirken könnten.

Museu Monogràfic: Trotz der Plünderungen vergangener Jahrhunderte wurde in der Nekropolis eine immense Fülle an Grabbeigaben entdeckt, die zusammen mit den Funden aus den Kultstätten der Insel das Museum zur weltweit bedeutendsten Ausstellung karthagischer Kunst machen. Viele Stücke zeigen die Handschrift anderer Völker – die Karthager waren in erster Linie geschickte Händler, weniger Künstler, und kopierten deshalb munter drauflos. Leider war die umfangreiche Sammlung viele Jahre lang nicht mehr zu besichtigen, das Museum wegen „Renovierung" geschlossen. Allzulange muss es bis zur geplanten Wiedereröffnung aber nicht mehr hin sein.

Öffnungszeiten der Nekropole Di–Sa 9–15 Uhr, So 10–14 Uhr. Eintritt gratis, zumindest, solange das Museum nicht wieder eröffnet ist.

Wanderung 1: Von Eivissa zur Platja de ses Salines

Route: Eivissa – Figueretes – Platja d´en Bossa – Platja des Cavallet – Punta de ses Portes – Platja de ses Salines (Busanschluss); **reine Wanderzeit:** ca. 4 ½ bis 5 Stunden; **Einkehr:** an allen Stränden, jedoch keinerlei Möglichkeiten auf dem hügeligen Abschnitt zwischen der Platja d´en Bossa und der Platja des Cavallet, deshalb an ausreichend Trinkwasser denken! Ebenfalls wichtig sind Sonnenschutz und gutes Schuhwerk.

Charakteristik: Eine längere und streckenweise anstrengende Wanderung zu einem der reizvollsten Strände der Insel, die sich leicht zu einer Ganztagestour ausdehnen lässt. Verschiedene farbige Markierungen und Steinmännchen helfen bei der Orientierung. Unterwegs erlebt man ganz verschiedene Seiten Ibizas: Es geht vorbei an belebten Badevororten, durch fast menschenleere Küsten- und Hügellandschaften und entlang der naturgeschützten Salinen im Süden. Wer das dicht besiedelte Küstengebiet südlich der Hauptstadt vermeiden möchte, kann die Wanderung auch erst an der Platja d´en Bossa (Bus- und Bootsverbindung) beginnen. Ein Strandtuch sollte auf jeden Fall im Gepäck sein, Badekleidung ist jedoch nicht unbedingt nötig – die Platja des Cavallet ist einer der beiden offiziellen Nacktbadestrände der Insel und auch am östlichen Ende der Platja de ses Salines geht´s textilfrei. Unterwegs bieten hübsche Strandbars Gelegenheit zum Zwischenstopp. Achtung: Die Rückfahrt ab der Platja de ses Salines erfolgt per Bus, der Fahrplan ist von

Wanderung 1: Von Eivissa zur Platja de ses Salines

Unzugänglich: Felsbucht unweit der Punta des Corb Mari

Oktober bis Anfang Mai jedoch sehr stark eingeschränkt! Dann ist es wichtig, vorher die Abfahrtstage (!) und die Zeiten zu klären und sehr früh zu starten.

Verlauf: Vom oberen Ende des Passeig Vara de Rey steigt man links aufwärts in den Carrer Joan Xicó, hält sich nach wenigen Minuten erneut links aufwärts und durchquert einen Straßentunnel. Etwa 20 Meter hinter dessen Ende geht es rechts in einen (bislang) unasphaltierten Weg, an der Gabelung wenige hundert Meter weiter in den linken der beiden größeren Wege, der hinab Richtung Meer führt und dann eine Rechtskurve beschreibt. Nun ist man bereits auf dem Küstenweg und überblickt einen großen Teil der weiteren Route: die Platja d´en Bossa, das wilde, unbebaute Küstengebiet dahinter und den langen Strand von Cavallet bis hinab zum alten Wachtturm an der Punta de ses Portes.

Bald verwandelt sich der Schotterweg in eine Asphaltstraße, die man gegenüber dem Eingang der Apartments Panoramic wieder nach links verlässt und so die Gartenanlagen des Hotels Los Molinos an der Meerseite umgeht. Bei einem kleinen Strand beginnt die Uferpromenade von *Figueretes*, der man nun etwa zehn Minuten lang folgt, vorbei am Hotel Ibiza Playa im Zentrum von Figueretes. Am Ende der Promenade geht es rechts, sofort wieder links und auf dem Carrer de Carles Roman Ferrer weiter parallel zur Küste, vorbei am Hotel Es Vivé und später am Hotel Torre del Mar, hinter dem man den noch wenig attraktiven Anfang der *Platja d´en Bossa* erreicht – bis hierher ist man etwa eine Dreiviertelstunde unterwegs gewesen.

Bis zum südlichen Ende der Platja d´en Bossa geht man fast eine weitere Dreiviertelstunde, immer den Strand entlang. Unterwegs zeigt sich die Platja d´en Bossa allmählich von einer hübscheren Seite – der Strand wird breiter, der Sand heller. Am Südende der Platja muss, etwa hundert Meter landeinwärts der Küste, auf einer Behelfsbrücke ein kleiner Kanal überquert werden. Dann

Eivissa (Ibiza-Stadt) Karten Umschlagklappe vorne und S. 86/87

steigt man hoch zu dem Wachtturm *Torre de sa Sal Rossa* (auch: Torre des Carregador) aus dem 16. Jh., von dort wieder hinab in Richtung einiger Bootsschuppen am Meer und dann nach rechts die Küste entlang.

Bei einer weiteren Ansammlung von Bootsschuppen geht es auf dem rötlichen, geröllígen Fußpfad steil aufwärts, bis man eine Art Grat erreicht, von dem aus sich eine weite Aussicht bietet. Hier geht es wieder abwärts in Richtung Süden, hinein in ein wildschönes, unbesiedeltes und fast menschenleeres Gebiet. Der weitere Verlauf des Wegs, der zunächst steil und geröllig hinab, dann erneut auf- und wieder abwärts führt, ist eindeutig. Ungefähr zehn Minuten hinter dem Grat nähert sich der Pfad der hier höhlenartig ausgewaschenen Küste mit messerscharf erodierten Felsen. Immer etwa parallel zum Meer gelangt man nach wenigen Minuten zu einer flacheren Felsbucht, die leider oft durch angeschwemmten Müll verunreinigt ist. Nun kommt ein weiterer, zwar kurzer, aber sehr steiler Anstieg, an dessen Ende, fast schon auf Höhe des Kaps der *Punta des Corb Mari*, ein reizvoller Ausblick wartet, der Formentera, die Südspitze Ibizas mit dem Wachtturm Torre de ses Portes und die etwas weiter nördlich vorgelagerte Platja des Cavallet umfasst. Vor dem Badevergnügen an diesem schönen Strand bleibt es jedoch erst einmal anstrengend, denn es folgen noch einige weitere steile Ab- und Aufstiege. Der Wegverlauf ist in diesem Gebiet ist anhand einzelner Farbmarkierungen und Steinpyramiden recht gut erkennbar.

Schließlich trifft man auf einen Fahrweg; hier links und den Fahrweg nach wenigen Metern wieder nach links verlassen. Nun ist es nicht mehr weit hinab zum nördlichen Ende der *Platja des Cavallet* (siehe auch das Kapitel „Der Süden"), die knapp zwei Stunden hinter der Platja d´en Bossa erreicht wird. Das hiesige Restaurant oder die schöne Strandbar „El Chiringuito" sind für eine Rast jetzt sicher willkommen.

Man könnte nun einfach den Strand entlang Richtung Süden stapfen, doch ist auch der parallel hinter dem kiefernbewachsenen Dünengürtel verlaufende Weg reizvoll, der am Parkplatz hinter der Strandbar beginnt und am Rand der Salinen entlangführt. An seinem Ende hält man sich links auf die Sandpiste und erreicht so den Kiosco „Chiringay", eine weitere, dem Namen gemäß rein schwule Strandbar. Auch der Strand selbst ist in diesem Bereich praktisch ausschließlich gay. Ein kurzes Stück südlich endet der Sand und weicht einer felsigen Küste, an der ein leicht begehbarer Weg beginnt. Eine gute halbe Stunde hinter dem Nordende der Platja des Cavallet trifft man auf die *Punta de ses Portes*, die Südspitze Ibizas. Der gleichnamige Wachtturm stammt aus dem 16. Jh., diente einst dazu, eine Fanganlage von Thunfisch (Almadraba) vor Piraten zu schützen und war deshalb mit drei Kanonen bestückt.

Vom Wachtturm folgt man der Richtung Nordwesten verlaufenden Piste, hält sich jedoch bei einer Wegkreuzung möglichst nah an die bizarr verwitterte Felsküste, in die sich vereinzelte kleine Badebuchten schmiegen. Bei der witzigen Strandbar „Sa Trincha", dem ersten und buntesten einer ganzen Reihe von Kioscos, weicht der Fels wieder dem Sand: Hier beginnt die schöne *Platja de ses Salines*, gelegentlich auch Platja Migjorn genannt und im Kapitel „Der Süden" näher beschrieben. Die Bushaltestelle liegt im Hinterland des westlichen Strandbereichs und neben der Straße nach Eivissa, insgesamt etwa eine knappe Dreiviertelstunde von der Punta de ses Portes entfernt.

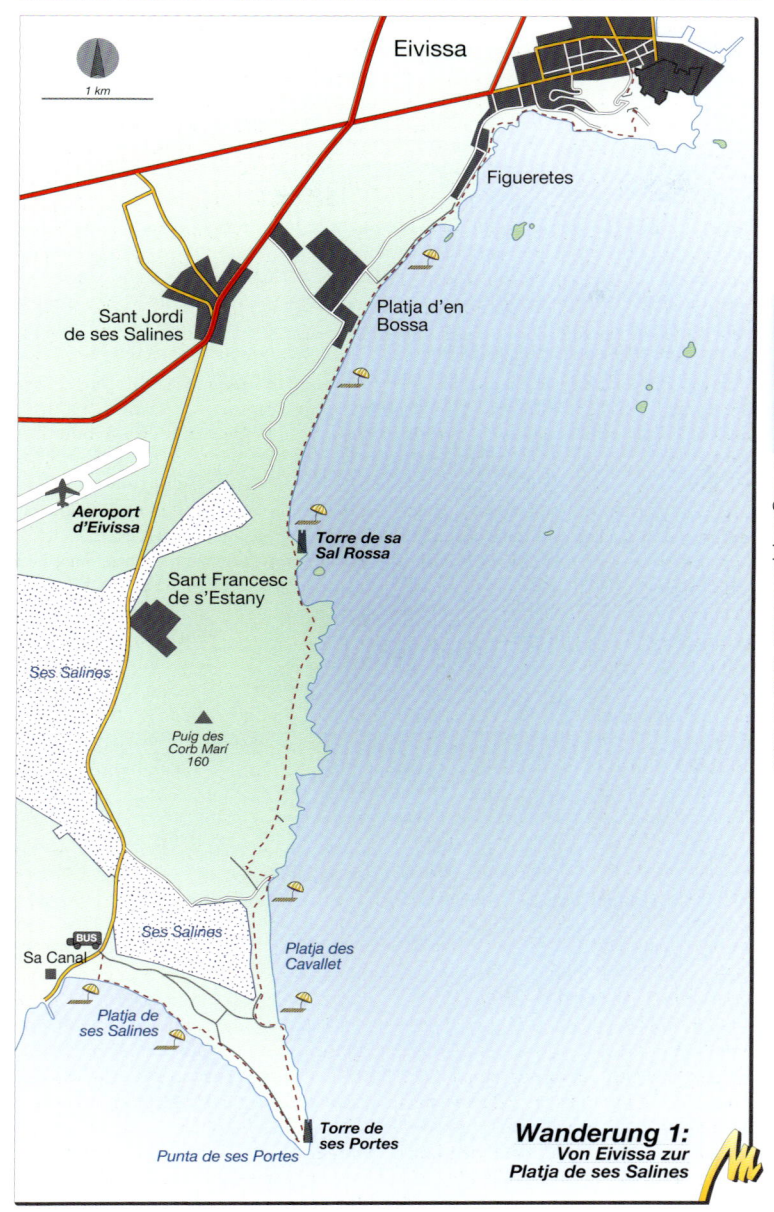

Wanderung 1: Von Eivissa zur Platja de ses Salines 121

Umgebung von Eivissa

Jesús

Die kleine Siedlung, nur wenige Kilometer nordöstlich von Eivissa, zählt zwar bereits zur Gemeinde Santa Eulària, wirkt aber fast noch wie ein Vorort der Hauptstadt.

Durch die Lage an der alten Straße nach Santa Eulària und damit an der Zufahrt des Golfplatzes Roca Llisa, der gleichnamigen Urbanisation und der Cala Llonga, leidet Jesús vor allem im Sommer unter erheblichem Durchgangsverkehr. Umso ruhiger und friedlicher zeigt sich das wahre Herz des Örtchens, die alte Kirche Nostra Senyora de Jesús, bereits im 15. Jh. gegründet und Hort eines der bedeutendsten Kunstschätze Ibizas. Hinter Jesús überklettert die Straße die bewaldeten Hügel der Serra de Balansat und erreicht dann bald die Abzweigung zur Bucht Cala Llonga, die im Kapitel „Der Osten" näher beschrieben ist.

- *Verbindungen* **Busse** der Linie 12 (Cap Martinet) ab Ibiza stündlich, der Linie 15 (Cala Llonga/Sta. Eulària) ab Ibiza 9-mal täglich; beide Linien werden von der Gesellschaft Voramar El Gaucho bedient. Sonntagsfahrten 10-mal bzw. 4-mal täglich.
- *Übernachten* **Agroturismo Can Pere**, einige Kilometer hinter Jesús in Richtung Santa Eulària, Zufahrt linker Hand etwa auf Höhe des Golfplatzes, zuletzt noch ein gutes Stück über eine teilweise steile Piste. Landquartier in schöner und ruhiger Hügellage mit ebenso reizvoll platziertem Pool. Die Zimmer und Suiten sind alle hübsch eingerichtet. Ganzjährig geöffnet, DZ/F nach Saison etwa 125–175 €, Suiten 160–235 €. Ctra. Jesús-Santa Eulària km 7,5; ℡ 971 196600, www.canpereibiza.com.

Agroturismo Can Domo, in ganz ähnlicher Lage, Zufahrt zweihundert Meter weiter ebenfalls linker Hand an derselben Straße. 2004 eröffnetes, farbenprächtiges Quartier mit viel (alternativ-rustikalem) Charme. Die Zimmer sind im Haupthaus und in diversen

Farbenfroh: Agroturismo Can Domo

Nebengebäuden untergebracht und nicht durchgängig für Perfektionisten geeignet. Kleiner, aber schön angelegter Poolbereich. Ganzjährig, zwei Personen zahlen je nach Zimmer und Saison 90–185 €. Es gibt auch Suiten für bis zu vier Personen, besonders schön die abgeschieden gelegene, kuppelförmige „Domo". Ctra. Jesús-Santa Eulària km 7,6; ✆ 971 331059, www.candomo.com.

• *Essen* **Bar-Rest. Bon Lloc**, direkt im Zentrum von Jesús. Recht großer Speisesaal, viele Einheimische, die Tische außen zur Straße sind schon morgens dicht belagert. Relativ preisgünstig, viele Hauptgerichte im Bereich von etwa 10–12 €.

Croissantería Jésus, fast direkt nebenan, von der Durchgangsstraße etwas zurückversetzt. Gute Gebäckauswahl, Sonnenterrasse, besonders zum Frühstück ein beliebter Treffpunkt von Residenten und Langzeiturlaubern. Geöffnet 6-15 Uhr.

• *Baden* **Platja de S´Estanyol**, eine abgeschiedene, von Felsen begrenzte und vor allem von jungen Leuten gern besuchte Strandbucht. Der Strand an sich, teilweise Sand und im Wasser steinig, ist nichts Besonderes, die Lage und die Atmosphäre sind jedoch schön. Die hübsche Strandbar **PK 2** (geöffnet März–November), Ableger der gleichnamigen Bar in Ibiza Nova, offeriert nicht nur Paellas, Fischgerichte etc., sondern auch gute Musik. Zu erreichen ist die Platja über das Nebensträßchen Camí de S´Estanyol, das von der Verbindung Jesús-Talamanca ostwärts (beschildert) vorbei am Fußballplatz abzweigt; nach gut 1,5 Kilometern geht es bei einem vielfarbigen Stein geradeaus auf eine Piste, dann nochmals knapp 1,5 Kilometer.

• *Feste* **Patronatsfest** am 8. September.

Església Nostra Senyora de Jesús: Einer alten Urkunde zufolge wurde das schmucke Gotteshaus bereits 1466 gegründet, jedoch erst 1549 fertig gestellt. Anfangs diente es als Klosterkirche der Franziskaner, später der Dominikaner, bevor diese das Kloster aufgaben und in die Oberstadt Eivissas zogen. Prunkstück der Wehrkirche ist der große Retablo (Altaraufsatz). Vermutlich gegen Ende des 15. Jh. in der Werkstatt der valencianischen Künstler Rodrigo und Francisco Osuna gefertigt, vermischen sich an ihm Gotik und der damals noch junge Stil der Renaissance. Die größte der sieben großen Bildtafeln zeigt die „Mare de Déu de la Llet" (Muttergottes der Milch), in den Tafeln links und rechts flankiert von Petrus und Markus. Die kleineren Tafeln darunter, ebenfalls sieben an der Zahl, sind Szenen aus dem Leben der Gottesmutter gewidmet. Geöffnet ist die Kirche Di–Sa von 9.30–13.30 Uhr.

Puig d´en Valls

So heißt ein jüngeres Siedlungsgebiet westlich von Jesús, benannt nach dem Hügel, der sich oberhalb erhebt. Auf seiner Anhöhe steht eine jener alten Windmühlen, die viele Hügelkuppen der Insel besetzen, heute jedoch meist verfallen sind. Die Mühle von Puig d´en Valls jedoch, bereits 1791 erwähnt, wurde 1991 vom Inselrat gekauft und restauriert; ihr Inneres mit dem Mahlwerk kann aber nur selten besichtigt werden. Künftig sollen noch weitere der insgesamt mehr als hundert ibizenkischen Mühlen (die überwiegend zum Hochpumpen von Grundwasser und nicht als Getreidemühlen dienten) wiederhergestellt und eventuell auch zur Elektrizitätsgewinnung genutzt werden.

Agroturismo Ca n´Arabí, unweit von Puig d´en Valls, das bislang der Hauptstadt am nächsten gelegene Landhotel der Insel. 2003 eröffnetes Anwesen in ruhiger Lage inmitten von Orangenhainen, die noch mit einem traditionellen System bewässert werden; L-förmiger Pool mit Jacuzzi. Die zwölf geschmackvollen Zimmer und Suiten sind in den ehemaligen Stallungen des Gutshofs untergebracht. Kein Restaurant. Geöffnet ganzjährig außer über Weihnachten/Neujahr. Geräumige Standard-DZ/F nach Saison 140–185 €, Junior-Suiten bzw. Suiten 175–250 €. Puig d´en Valls, pol. 22, von Ibiza-Stadt zunächst Richtung Puig d´en Valls, beim Restaurant Es Cami Vell rechts, später links in den Carrer Torrent; ✆ 971 313505, ✉ 971 313733, www.canarabi.com.

Agroturismo Can Jaume, 2006 in Betrieb genommenes Schwesterquartier des Ca n´

Arabí, nur 200 Meter entfernt und in manchen Details noch komfortabler. Geöffnet Mai bis Oktober. DZ 150–185 €, Junior-Suiten bzw. Suiten 185–310 €. ℡ 971 318855, ✉ 971 199839, www.canjaume.org.

Santa Gertrudis de Fruitera

Einst ein bescheidenes Bauerndörfchen, heute gefragter Wohnort vornehmlich ausländischer Residenten, manche mit edel-alternativem Touch. Gute Restaurants, interessante Einkaufsmöglichkeiten.

Bereits auf halbem Weg zur Platja Sant Miquel im Norden und gerade noch im Gemeindebereich von Santa Eulària gelegen, ist Santa Gertrudis doch nur ein knappes Dutzend Kilometer von der Hauptstadt entfernt. Das Dörfchen besteht aus nicht viel mehr als den Zufahrten, einer Hauptstraße und dem Hauptplatz mit der Dorfkirche des späten 18. Jh. Etwas außerhalb in Richtung San Mateo liegt die neuere Siedlung Sa Nova Gertrudis.

Im winzigen Ortskern haben viele der hier heimisch gewordenen Ausländer hübsche Bars, Restaurants und originelle Galerien und Läden eröffnet. Wohl vor allem deshalb ist die kleine Siedlung zu einem beliebten Ausflugsziel avanciert. Die Atmosphäre im Ort zeigt sich auch wirklich von einer sehr angenehmen Seite, am schönsten vielleicht am späten Nachmittag und frühen Abend.

• *Verbindungen* **Busse** der Gesellschaft Autocares Lucas Costa (Linie 25) auf der Strecke Eivissa-Sant Miquel Mo–Sa 6- bis 7mal täglich, So keine Verbindungen.

• *Übernachten/Essen* **Agroturismo Cas Gasi**, etwa vier Kilometer außerhalb in Richtung Sant Antoni, eine ausgesprochen komfortable Hotelfinca, umgeben von einem ausgedehnten, schön gelegenen Grundstück. Neun geschmackvoll möblierte und mit TV, Minibar, Telefon etc. gut ausgestattete Zimmer, eine Suite. Zwei Swimmingpools und ein Restaurant sind vorhanden. Ganzjährig geöffnet, DZ/F nach Saison etwa 270–400 €. Camí Vell de Sant Mateu s/n, ℡ 971 197700, ✉ 971 197899, info@casgasi.com.www.casgasi.com.

Rest. Ama Lur, etwa drei Kilometer vor dem Ort an der Straße von Eivissa. Eines der feinsten Restaurants der Insel und bei einer jährlichen Umfrage unter hundert Gastronomen dreimal in Folge sogar zum besten Lokal der Insel gewählt. Exquisite Küche des Baskenlands, aus dem die größten Köche Spaniens stammen. Zu den Spezialitäten zählen verschiedene Variationen von Bacalao, luftgetrocknetem und vor der Zubereitung wieder gewässertem Kabeljau. Um die 40 € sind für ein komplettes Menü leicht fällig. Nur abends geöffnet, von Mitte Januar bis Mitte März geschlossen, zur NS Mi Ruhetag. Reservierung sehr ratsam. Carretera Sant Miquel, km 2,3; ℡ 971 314554.

Rest. Can Pau, ein kleines Stück weiter, ebenfalls in der Nähe des Kreisverkehrs aus Richtung Santa Eulària. Schöner Garten, gute katalanisch-ibizenkische Küche. Auch hier gibt es Gerichte aus Bacalao. Preisniveau ähnlich wie oben. Von Oktober bis Mai Mo und Di–Mittag geschlossen, sonst täglich, aber nur abends geöffnet. Mitte Januar bis Mitte Februar Betriebsferien. Ctra. Sant Miquel, km 2,9; ℡ 971 197007.

Rest. Can Caus, nochmals ein paar hundert Meter weiter. Eher schlichtes, preisgünstiges Restaurant, dem eine Landwirtschaft und eine Verkaufsstelle für teilweise selbst selbst produzierte Wurstwaren, Ziegenkäse etc. angeschlossen ist. Spezialität ist Ziegenfleisch aus eigener Zucht, Hauptgerichte liegen im Bereich 10–15 €. Außerhalb der Saison Mo Ruhetag. Ctra. Sant Miquel, km 3,5; ℡ 971 197517.

Rest. La Plaza, mitten im Ort. Angenehmes Ambiente, solide französische Küche, auch vegetarische Möglichkeiten, ordentliches Preis-Leistungs-Verhältnis. Menü ab etwa 35 €. Nur abends und nur zur Saison geöffnet, ℡ 971 197075.

Bar Costa, ebenfalls direkt in Santa Gertrudis. Berühmte Bar, deren Schinken-Bocadillos bereits Kultstatus erreicht haben; auch Tapas. Außen niedrige Tische und Stühle, innen ein wahres Gemäldemuseum.

Rest. Foodism, noch recht junges Lokal gleich neben der Kirche. Hier gibt es z.B. sehr leckere Multikulti-Mittagsmenüs zu günstigen Preisen (10 € ohne Getränke).

Manchmal muss man etwas warten, aber das lohnt sich. Venda del Pueblo 11.

• *Einkaufen* **Libro Azul**, freundlich geführte internationale Buchhandlung mit zahlreichen deutschen Titeln und Bestellservice. Auch verlegerisch tätig, Tipp: „Die Geheimnisse Ibizas von A bis Z" von Mariano Planells, sehr amüsant und lehrreich zugleich. Sa Nova Gertrudis, Sa-Nachmittag geschlossen. ✆ 971 197454, www.libro-azul-ibiza.com.

Casi Todo, an der Hauptstraße, ein 1973 eröffnetes Antiquitätengeschäft, dessen Name Programm ist – hier gibt es „praktisch alles". Dazu gehört ein Café, „wo Sie sogar den Tisch, an dem Sie sitzen, kaufen können". Beliebt sind die Versteigerungen, die an manchen Samstagen stattfinden. An- und Verkauf, gleichzeitig eine Anlaufstelle für Oldtimerfans. Details unter ✆ 971 197023, www.casitodo.com.

Te Cuero, am Kirchplatz. Nettes Wortspiel mit „Te quiero" (ich liebe dich). „Cuero" ist Leder, und das gibt es hier in Form von Taschen, Gürteln etc.

• *Sport* **Reitschule** Escuela de Equitación Can Mayans, Carretera Santa Gertrudis a Sant Llorenç, ✆ 971 187388.

Reitschule Es Puig, Finca Can Puig, Carretera Santa Gertrudis a Sant Miquel, Mobil: ✆ 607 144029.

• *Feste* **Patronatsfest** am 16. November.

Kunterbunt: Geschäft in Santa Gertrudis

Sant Rafel de Forca

Lange bekannt als das ibizenkische „Töpferdorf" schlechthin. Sant Rafel liegt unweit der Großdiscos Amnesia und Privilege und besitzt mehrere gehobene Restaurants.

Der Ort erstreckt sich knapp neben der Schnellstraße auf halbem Weg von Eivissa nach Sant Antoni, zu dessen Gemeinde es zählt. Bis vor einigen Jahren galt der Ort als „Dorf der Keramiker", doch sind es heute nur noch wenige Werkstätten. Die Dorfkirche entstand erst gegen Ende des 18. Jh. und wurde 1854 umgebaut. Ins Auge fallen vor allem der Glockenturm mit seiner kleinen Kuppel sowie die Strebemauern außen am Kirchenschiff. Einfach traumhaft ist der Ausblick, der sich von hier auf Eivissa bietet.

- *Verbindungen* **Busse** der Gesellschaft Autobuses San Antonio (Linie 3) von/nach Eivissa und Sant Antoni zur Saison halb- bis viertelstündlich, auch im Winter mindestens stündlich.
- *Übernachten* **Agroturismo Can Lluc**, eine kleine und luxuriöse, 2003 eröffnete Anlage nördlich von Sant Rafel. Mittelpunkt ist eine mehrere Jahrhunderte alte Finca, die zwölf geschmackvoll eingerichteten Zimmer (fast alle mit Terrasse) sind überwiegend in Nebengebäuden untergebracht. Hübscher kleiner Pool. Auch für einen Agroturismo ist das Preisniveau gehoben: DZ/F rund 250–320 €, die Superior-Zimmer 350–490 €. Anfahrt über die Straße nach Santa Agnès, nach zwei Kilometern dann rechts (beschildert), noch ein Kilometer. ℘ 971 198673, ℘ 971 198547, www.canlluc.com.
- *Essen/Bars* **Rest. El Clodenis**, bei der Kirche. Provençalisches Restaurant mit hübschem Gärtchen und feiner Küche nach Saison und Marktlage, freilich nicht ganz billig – um die 50 € fallen für ein komplettes Menü schon an. Ganzjährig geöffnet, So Ruhetag. ℘ 971 198545.

Bar-Rest. L´Elephant, gegenüber. Von der Terrasse bietet sich ein prachtvoller Blick auf die Altstadt von Eivissa. Beliebt als nächtlicher Treffpunkt, ebenso als Restaurant: französisch-mediterrane Küche, interessante Rezepturen, sehr hübsches Ambiente. Gehobenes Preisniveau. Nur abends geöffnet, im Winter geschlossen, Mo Ruhetag. Reservierung sehr ratsam, ℘ 971 198056.

Rest. El Ayoun, im Ortskern, an der Kreuzung mit der Straße Richtung Santa Eulària. Vorwiegend marokkanische Küche, angesichts der Inselgeschichte ja durchaus passend. Großer Garten, ausgesprochen hübsches Dekor, nachts oft DJs. Zuletzt gab es leider Schwierigkeiten mit der Gemeinde, die zu einer (vorübergehenden?) Schließung führten. ℘ 971 198335.

Rest.-Asador Can Pilot, im Ort an der Kreuzung nach Santa Agnès. Großes Lokal, das besonders durch seine hervorragenden Fleischgerichte vom Grill bekannt ist; die Portion kostet etwa 8–12 €. Mi geschlossen. ℘ 971 198293.

- *Keramikwerkstätten* **Cerámicas Icardi**, am Ortsausgang der Dorfstraße in Richtung Sant Antoni; unter anderem schwarze Keramik, Spiegelglasuren, japanische Rakú-Keramik. ℘ 971 198106.

Cerámicas Can Kinoto, ebenfalls an der Durchgangsstraße. Neben schwarzer und anderer Keramik auch Gemälde. Originelles Design. ℘ 971 198262.

- *Feste* **Patronatsfest** am 24. Oktober, unter anderem mit einer Keramik-Messe.

Sant Jordi de ses Salines

Eigentlich nur eine Art Vorstadt von Eivissa, ausgedehnt und nicht gerade reizvoll. Die Wehrkirche allerdings ist sehenswert.

Sant Jordi liegt im Gemeindebezirk Sant Josep, im Hinterland der Platja d´en Bossa. Seit dem Ausbau der stark frequentierten Straße zum Flughafen ist der Ort nicht mehr gar so verkehrsgeplagt wie früher. Viel Betrieb herrscht zum *Flohmarkt*, der jeden Samstag auf der Pferderennbahn Hipódrom de Sant Jordi stattfindet; das Angebot reicht von Second-Hand-Klamotten über alte Autoteile und Möbel bis hin zu Modeschmuck und Büchern.

Església de Sant Jordi: Die Wehrkirche des Ortes ist dem katalanischen Schutzheiligen geweiht, dem hl. Georg, dessen Patronatsfest am 23. April gefeiert wird. Sie wurde spätestens 1577 errichtet, steht jedoch über den Resten einer Vorgängerin, die wohl bereits im 14. Jh. entstand, damals als eine der ursprünglich vier Kirchen, die nach der katalanischen Rückeroberung für jeden der „Quartóns" der Insel erbaut wurden. Den Zinnen und schrägen Außenwänden ist deutlich anzumerken, dass bei der Konstruktion der Kirche auch der Verteidigungsaspekt eine wichtige Rolle spielte. Erst als im 18. Jh. die Zeiten ruhiger wurden, konnte man es sich leisten, Kapellen anzubauen. Das Kircheninnere wurde im 19. Jh. umgestaltet und kann nur bei Messen besichtigt werden.

Geschützte Bucht, herrliches Wasser: Es Bol Nou

Der Süden

Karthagische Relikte, ein ausgedehntes Naturschutzgebiet, zahlreiche schöne Strandbuchten, beliebte Kioscos und die höchste Erhebung der Insel: In Ibizas Süden ist für Abwechslung gesorgt.

Größere Ortschaften gibt es im Süden nicht. Selbst der Gemeindesitz Sant Josep wirkt eher wie ein Dorf, obwohl sein Verwaltungsbezirk ein ausgedehntes Gebiet umfasst, das von der Platja d´en Bossa (siehe Kapitel zu Eivissa) bis zu den südlichen Küstenvororten Sant Antonis reicht. Desto reichhaltiger ist das Angebot an reizvollen Stränden und kleinen Buchten, in denen fast immer eine oder mehrere Strandkneipen stehen. Viele dieser so genannten „Chiringuitos" oder „Kioscos" bzw. „Quioscos" gehören zu den originellsten und schönsten der Insel. Abseits der Strände locken der superbe Ausblick auf die mythenumwobene Insel Es Vedrà oder die Wanderung von Sant Josep hinauf zur Sa Talaia, den mit 475 Metern höchsten Bergzug Ibizas.

Doch hat auch der Süden seine Last der touristischen Erschließung zu tragen: Der Flughafen von Ibiza grenzt direkt an die naturgeschützten Salinen, und manche der Buchten im Westen des Gebietes ersticken fast unter dem Beton der Apartmentanlagen und Hotelkomplexe. Immerhin darf gehofft werden, dass nach dem Machtwechsel auf Ibiza und den gesamten Balearen der Bauboom wenn schon nicht gestoppt, so doch sicherlich gebremst werden wird. Auch das schon vor Jahren erfolgreich bekämpfte, später aber zumindest gerüchteweise wieder in den Bereich des Möglichen gerückte Projekt eines Golfplatzes im Hinterland der Cala d´Hort dürfte unter der neuen Regierung wohl kaum noch Fürsprecher finden.

Parc Natural de ses Salines

Die Naturlandschaft zwischen dem Süden Ibizas und dem Norden Formenteras steht als Heimat zahlreicher seltener Tier- und Pflanzenarten unter besonderem Schutz.

Bereits die frühen karthagischen Siedler Ibizas nutzten die flachen Marschen im Süden Ibizas zur Gewinnung von Salz, das seinen Wert besonders als Konservierungsmittel besaß. Jahrtausendelang blieben „Ses Salines„ eine wichtige Einkommensquelle der Insel, wurden nach der katalanischen Eroberung sogar für lange Zeit in den Gemeinbesitz der Einwohner überführt. Heute werden hier immerhin jährlich noch bis zu 60.000 Tonnen Salz gewonnen, dessen Qualität und Reinheit besten Ruf genießen. Das Grundprinzip des Verfahrens ist einfach: Über Kanäle wird vom Meer Salzwasser eingeleitet und in immer kleinere, flachere Becken gepumpt, wo es sich in der Sonne erwärmt; mehr und mehr Wasser verdunstet, der Salzgehalt steigt an. Das stark konzentrierte Salzwasser in den letzten Verdunstungsbecken nimmt eine rötliche Färbung an, bald zeigen sich die ersten Salzschichten. Im Sommer wird das „Weiße Gold" geerntet, in Hügelform aufgeschichtet und ab dem kleinen Hafen von Sa Canal verschifft.

Das Gebiet ist jedoch auch für den Naturschutz von hoher Bedeutung, wertvoll besonders aufgrund der Vielfalt von Ökosystemen. 1995 wurde deshalb eine Fläche von mehr als 11.000 Hektar als Naturreservat ausgewiesen. 2001 erhielt das Gebiet den Status als Naturpark. Das geschützte Areal reicht vom Süden Ibizas bis zu den Brackwasserseen im Norden Formenteras, umfasst also auch das Meer und die kleineren Inseln zwischen den beiden großen Pityusen. Dennoch waren die Salinen bis in die jüngere Vergangenheit bedroht: Mal sollte hier eine Mega-Disco entstehen, mal sollten gigantische Hotelanlagen gebaut werden.

Die Dünengürtel, Salzmarschen und Felsküsten des Reservats beherbergen mehr als 500 Pflanzenarten. Vor allem jedoch sind sie Brut- und Raststätte für

Parc Natural de ses Salines

zahlreiche selten gewordene Vögel. Über 200 Spezies haben die Ornithologen gezählt, darunter Stelzenläufer, Reiher, Kormorane, Krickenten, Fischadler und Flamingos, von denen in manchen Jahren 400 Exemplare in den Salinen Station machen. Besonders groß ist die Vielfalt zwischen Herbst und Frühjahr, wenn viele Arten hier durchziehen oder überwintern. Aber auch die Unterwasserwelt des Parks ist zu Recht geschützt: Dichte Bestände an Posidonia-Rasen überziehen den Meeresboden, bewahren die Strände vor Erosion und bieten vielen Tieren Schutz und Nahrung – zu den ständigen Bewohnern des Gebiets zählen Oktopusse, Barrakudas, Delfine und Meeresschildkröten.

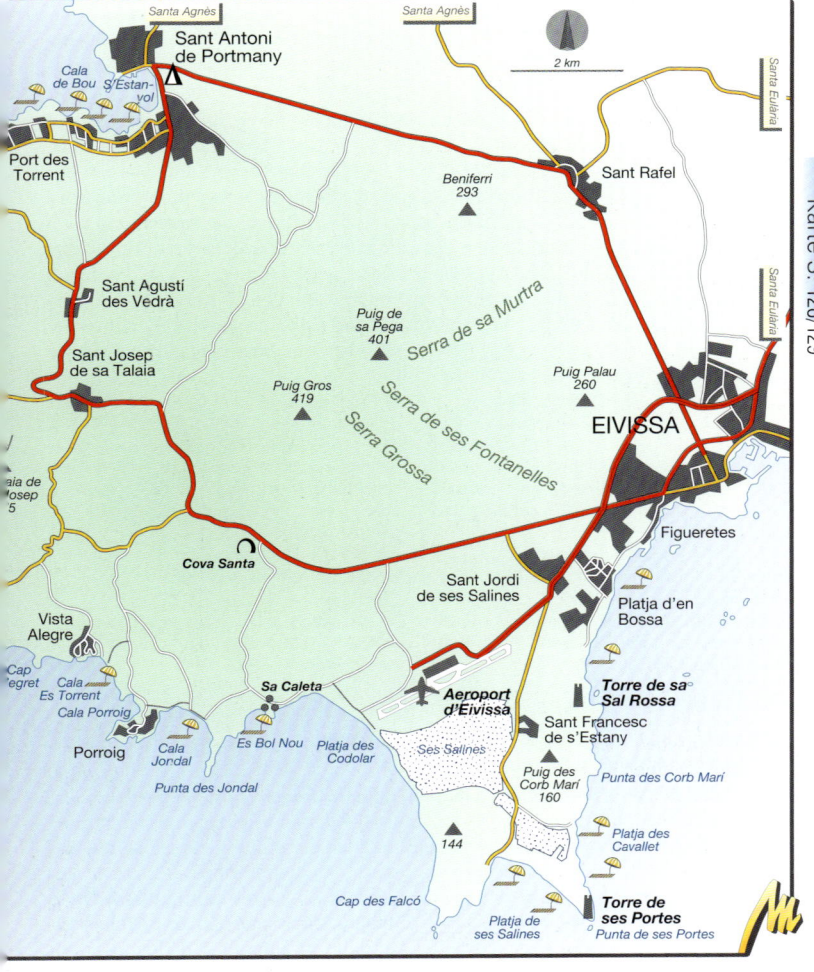

Sant Francesc de s´Estany: Das winzige Dörfchen liegt am Rand der Salinen und an der Straße in Richtung der Platja de ses Salines. Es besteht nur aus wenigen Häusern und einer hübschen kleinen Kirche, die im 18. Jh. für die Arbeiter in den Salinen errichtet wurde.

Platja des Cavallet

Einer der beiden offiziellen Nacktbadestrände Ibizas und gleichzeitig einer der schönsten Inselstrände überhaupt, durch einen bewaldeten Dünengürtel vom Hinterland abgegrenzt.

Der lange, offene Sandstreifen der Platja des Cavallet zählt bereits zum Naturreservat und ist deshalb, ebenso wie die leicht zu Fuß zu erreichende Platja de ses Salines (siehe auch Wanderung 1) jenseits des Kaps, vor allen Begehrlichkeiten der Bau- und Tourismusindustrie geschützt. Zu erreichen ist er über eine Abzweigung der Straße zur Platja de ses Salines, der südliche Teil auch durch Sandwege vom Salinenstrand selbst.

Der bildschöne, feine Sandstrand ist gut einen Kilometer lang, im Schnitt 30 bis 40 Meter breit und, abgesehen von den beiden Kioscos am Nord- und am Südende, völlig unbebaut. Im Wasser fällt der Grund flach ab und besteht überwiegend aus Sand. Nicht stören darf man sich am Seegras, das manchmal angeschwemmt wird und auch stellenweise auf dem Meeresboden wächst. Durch die Ausrichtung nach Osten können an Tagen mit starkem Ostwind auch schon mal stärkere Wellen heranbranden, der Salines-Strand liegt dann in der Regel geschützter. Das Publikum ist bunt gemischt, trägt mal Badehose, mal nicht; der südliche Abschnitt ist überwiegend gay geprägt. Durch seine Attraktivität und die Nähe zur Hauptstadt ist der Strand meist ziemlich stark besucht. Sonnenschirm- und Liegenverleih sind ebenso vorhanden wie diverse Wassersportangebote.

• *Verbindungen* Eine **Bushaltestelle** der Linie von Eivissa zum Salines-Strand liegt an der Abzweigung nach Cavallet, von dort noch etwa eineinhalb Kilometer.
Der **Parkplatz** direkt hinter dem Nordende ist eigentlich gebührenfrei, wird aber bewacht, weshalb ein Trinkgeld angebracht ist.
• *Kioscos* Beide Kioscos sind aufgrund ihrer Größe nicht ganz legal errichtet, was über viele Jahre lang niemandem aufzufallen schien. Zuletzt ist das anders geworden, ein Eingriff der Behörden muss nicht mehr ausgeschlossen sein.

El Chiringuito, am Nordende des Strandes und neben dem nahen Restaurant die einzige Möglichkeit, hier gepflegt zu speisen. Schon eine Institution, groß, schattig und sehr hübsch angelegt; unter den Besuchern viele Einheimische, Residenten und Langzeiturlauber. Gute, aber nicht ganz billige Fischgerichte, nur zur Saison und nur tagsüber geöffnet. ✆ 971 395355.
Chiringay, am Südende der Platja. Wie der Name schon sagt – ausgesprochen gay und wohl der einzige rein schwule Kiosco Ibizas. Ordentliche Küche.

Platja de ses Salines

Und noch ein Traumstrand – feiner Sand, glasklares Wasser. Hübsche Kioscos, herrlicher Blick in Richtung Formentera.

Die schöne Platja de ses Salines, auch *Platja de Migjorn* genannt, erstreckt sich im äußersten Süden der Insel, von Eivissa rund elf Kilometer entfernt. Nach Norden wird sie durch einen Dünengürtel abgegrenzt, der dicht mit Kiefern und Savinas (phönizischer Wacholder) bewachsen ist. Bis auf eine Reihe von Kioscos recht unterschiedlichen Charakters ist der etwa eineinhalb Kilometer lange und bis zu 30 Meter breite Strand völlig unbebaut. Der sandige, wie überall hier flach abfallende Untergrund im Westen und der Mitte des Strandes ist auch für Familien mit Kin-

Platja de ses Salines

Szenetreff am Salines-Strand: Bar „Sa Trincha"

dern ideal, das z. T. mit Felsen durchsetzte Gebiet vor der Strandbar Sa Trincha im Osten eher eine Domäne der Szene; Badehose oder Bikini können, aber müssen dort nicht sein. Liegestühle, Sonnenschirme und Wassersportmöglichkeiten sind in breitem Angebot vorhanden. Wegen der guten Verbindungen zur Hauptstadt wird der Strand im Sommer leider recht voll. Einsamer und ein schönes Gebiet für Spaziergänge ist die Felsküste in Richtung des alten Wachtturms an der Punta de ses Torres, siehe auch weiter oben unter Wanderung 1.

Sa Canal: Die winzige Siedlung westlich des Strands entstand als Hafen für die Salinen. Heute noch wird von hier Salz verschifft, wenn auch nicht mehr im selben Umfang wie früher. Vielleicht deshalb hat die Atmosphäre hier einen etwas nostalgischen Reiz. Hinter Sa Canal trennt der bewaldete, bis zu 144 Meter hohe und steil zum Meer abfallende Höhenzug des „Falkenkaps" Cap des Falcó den Salines-Strand von der Platja des Codolar.

• *Verbindungen* **Busse** der Gesellschaft Voramar El Gaucho (Linie 11) verkehren von/nach Eivissa ab etwa Anfang Mai 10-mal täglich, im Hochsommer stündlich und von Oktober bis Mai Mo/Mi/Fr 2-mal täglich.

Parkplätze liegen direkt hinter dem Strand, sind aber gebührenpflichtig: Pkw 4 €, Motorrad 2 €. Der hintere der beiden Parkplätze besitzt Schattendächer.

• *Übernachten* Wer morgens als erster am Strand sein will, findet mehrere Quartiere gleich hinter der Platja.

* Hostal Rest. Sa Palmera, neben der Zufahrtsstraße, 200 m vor der Bushaltestelle. Die Kategorie führt in die Irre, dieses Quartier zählt schon fast zur Luxusklasse, was auch an den Tarifen leicht ersichtlich ist. Elf gut ausgestattete Zimmer, die Mehrzahl mit Terrassenzugang oder eigener Terrasse. Gehobenes Restaurant. Ganzjährig geöffnet. In den Preisen ist der Flughafentransfer sowie ein Leihwagen enthalten, dennoch erscheinen sie vielleicht etwas arg hoch angesetzt: DZ/F 210–260 €, von Juli bis Mitte September 360 €. Ctra. de ses Salines, km 5; ✆ 971 308899, ✆ 971 308811, www.sapalmeraibiza.com.

* Hostal Mar y Sal, unweit der Bushaltestelle, in den 60ern eröffnet. Oft belegt,

Reservierung ratsam. Ein Restaurant ist angeschlossen und im Sommer rund um die Uhr in Betrieb. Geöffnet Ostern bis Oktober, DZ/Bad/F nach Saison etwa 50–60 €. Platja de ses Salines s/n, ℡ 971 396584, 📠 971 395453.

CH Escandell, zwei Schritte weiter und unter dem Namen der freundlichen Besitzerin besser bekannt als „Casa Huespedes Pepita". Terrasse fürs Frühstück, familiäre Atmosphäre, Küchenbenutzung möglich. Geöffnet April bis Oktober, DZ nach Saison und Ausstattung (ohne/mit Bad) etwa 45–50 €. Platja de ses Salines s/n, ℡ 971 396583.

• *Kioscos* An diesem Strand ist für jeden Geschmack etwas dabei. Ganz ähnlich wie an der Platja des Cavallet sind jedoch auch die hiesigen Kioscos nach Ansicht des Umweltministeriums illegal errichtet, da sie in ihren Ausmaßen den für ein Naturschutzgebiet erlaubten Rahmen sprengen. Gegen den geplanten Abriss oder eine Verkleinerung der Lokale wehren sich die Eigentümer natürlich mit allen Mitteln; Ausgang offen.

Malibú, edle Strandbar, die immer wieder gerne wegen der hier angeblich besonders hohen Prominentendichte gerühmt wird; der hiesige Strandabschnitt wird denn auch spöttisch als „Costa de los Rolex" betitelt. Die Fischgerichte genießen jedenfalls zu Recht guten Ruf. In der Nähe und recht ähnlich: **Guarana**.

Jockey Club, mit jüngerem Publikum als das Malibu, auch das Aufkommen an Goldschmuck ist geringer. Eine hübsche Strandbar mit sehr ordentlichem Essen, aber durchaus deftigem Preisniveau.

Sa Trincha, ganz im Osten der Platja, am Übergang zur Felsküste. Auch wegen ihrer Besucher eine der sympathischsten, fröhlichsten und buntesten Strandbars der Insel. Sa Trincha ist der Kiosco der Szene am Salines-Strand, viele der Gäste hängen den ganzen Sommer auf Ibiza ab. Atmosphärisch ein Traum besonders am späten Nachmittag bei entspannter Musik.

• *Sport* **Tauchcenter** Salinas Diving Center, ℡ 971 308273, www.salinas-diving.com.

Platja des Codolar: Mit rund drei Kilometern ist die Platja des Codolar der längste Strand der Insel, wenn auch nicht gerade der attraktivste. Sein Name, abgeleitet von „Còdol" (Kiesel), gibt schon eine Ahnung von der Beschaffenheit, die Steine haben allerdings mindestens Faustgröße. Unter Wasser gehen die Kiesel in Sand über. Im Hinterland die nur spärlich bewachsenen, etwas öde wirkenden Gebietes erstrecken sich der Flughafen und die Salinen. Wer Einsamkeit sucht, ist hier wohl an der richtigen Adresse.

• *Essen* **Rest. Cap d´es Falcó**, sehr schön gelegenes Lokal am Südostende des Strands, besonders reizvoll bei Sonnenuntergang. Gute Küche, mittleres Preisniveau. Zu erreichen über die etwa zwei Kilometer lange Piste, die zwischen Kilometer 3 und 4 rechts von der Straße zum Salines-Strand abzweigt und später am Südrand der Salinen entlang führt. ℡ 971 324082.

Sa Caleta und Es Bol Nou

Oberhalb der kleinen Bucht Sa Caleta liegen die Reste der wohl ältesten karthagischen Siedlung Ibizas. Gleich nebenan findet sich mit Es Bol Nou eine hübsche, geschützte Strandbucht.

Die Hauptzufahrt erfolgt über eine asphaltierte Seitenstraße der Verbindung von Eivissa nach Sant Josep, vorbei an der Abzweigung zur Cala Jondal, siehe hierzu weiter unten. Eine Alternative bildet das ebenfalls asphaltierte Sträßchen, das vom Umfeld des Airports vorbei an der Platja des Codolar führt und im Sommer auch von den Bussen zur Cala Vadella befahren wird.

Sa Caleta: Eine romantische kleine Felsbucht mit einer Reihe der typischen Bootsgaragen. Die westlich angrenzende Halbinsel Sa Mola birgt eine der bedeutendsten Ausgrabungsstätten der Insel: Hier lag die wahrscheinlich erste phönizisch-karthagische Niederlassung auf Ibiza. Errichtet im 7. Jh. v. Chr., wurde das Dorf etwa fünfzig Jahre später in offensichtlich geordneter Weise wieder aufgegeben, als die Einwohner auf den viel günstiger gelegenen Stadtfelsen Eivissas umzogen und die

Sa Caleta und Es Bol Nou 133

Typisch für die Inseln: Bootsgaragen wie hier an der Bucht Sa Caleta

Siedlung Ibosim gründeten. Ende der Siebzigerjahre begannen die Ausgrabungsarbeiten, die bis heute bei weitem nicht abgeschlossen sind – nur ein Bruchteil der insgesamt etwa vier Hektar umfassenden Fläche gilt als archäologisch ausgewertet. Entdeckt wurden die Grundmauern ganz verschieden großer Gebäude, deren auffälligstes sieben Räume besaß, außerdem Gassen und Plätze, das Fundament eines öffentlichen Backofens und Spuren von Metall verarbeitenden Werkstätten. Das Ausgrabungsgelände selbst sagt dem Laien nicht besonders viel, zumal es durch ein Drahtgitter geschützt wird, die umgebende Landschaft ist jedoch schon allein den kleinen Ausflug wert.

Es Bol Nou heißt die westlich der Halbinsel Sa Mola gelegene Bucht. Ockerfarbene, steil abfallende Felsen umrahmen die kleinen Strände aus Sand, Kies und felsigen Abschnitten, das Wasser ist kristallklar – ein herrlicher, ruhiger Platz in fast völlig unverbauter Umgebung, an dem es zur Hochsaison freilich auch schon mal eng werden kann. Wegen der vor Wind und Wellen geschützten Lage ist die Bucht auch bei Familien beliebt.

• *Kiosco* **Sa Caleta**, an der Bucht von Bol Nou. Eher schon ein Restaurant, beliebtes Ausflugsziel auch der Einheimischen – über Mittag ist der Kiosco das ganze Jahr geöffnet, abends nur von Juli bis September. Bekannt für gute Paellas und Fischgerichte, eigenes Langustenbecken. Viel gerühmt wird auch die alkoholische Kaffeespezialität „Café Caleta". ✆ 971 187095.

Cova Santa: Die „Heilige Höhle" liegt nur ein kleines Stück neben der Hauptstraße von Eivissa nach Sant Josep, an der Zufahrt zu den Buchten Es Bol Nou und Cala Jondal. Von Heiligtümern ist im Inneren der Tropfsteinhöhle allerdings nichts zu entdecken. Auf dem Areal war zuletzt ein Restaurant mit Diskothek (www.cova santa.com, ✆ 971 395466) in Betrieb, in dem an Sonntagen zur Hochsaison Afterhour-Partys stattfanden.

Cala Jondal

Eine weit geschwungene, hübsche und viel besuchte Bucht mit angenehmen Kioscos. Der Strand besteht aus großen Kieseln.

An beiden Enden von steiler, besonders im Osten eindrucksvoller Felsküste begrenzt, erstreckt sich die Cala Jondal über etwa 250 Meter Länge. Die bis zu fußballgroßen, rund geschliffenen Steine am Strand setzen sich (auch in den mit Sand aufgeschütteten Bereichen) im Wasser fort, Badeschuhe sind hier nützlich. Die Infrastruktur ist gut, mehrere Strandbars vermieten Schirme und Liegen. Das Publikum zeigt sich recht gemischt, z. T. jung und szenig, z. T. eher familiär. Zu erreichen ist die Cala Jondal über ein asphaltiertes Seitensträßchen der Straße zu Sa Caleta. Im Westen der Bucht setzt sich das Sträßchen asphaltiert fort und erreicht später die Zufahrt nach Porroig; unterwegs führt eine links abzweigende, nicht besonders gute Pistenzufahrt steil hinunter zur kleinen Nachbarbucht Cala Es Xarcu und weiter nach Porroig.

• *Übernachten* **Agroturismo Ca´n Jondal**, im grünen Hinterland der Bucht. Ökologisch orientierte Finca mit Eigenproduktion von Obst, Gemüse und Wein; traumhaft ruhige Lage in einem einsamen, bewaldeten Hügelgebiet. Sechs schlicht-geschmackvoll eingerichtete Zimmer sowie eine Suite, z. T. mit Terrasse und schönem Blick. Kleiner Pool, Segelboot; organisierte Ausflüge und spirituelle Seminare etc. sind möglich. Zum Frühstück nur Getränke, Rest im Selbstversorgermodus. Ganzjährig geöffnet. DZ relativ günstige 85–105 €, im August 115 €; die Suite kostet kaum mehr. Fahrzeug ratsam, zur Cala Jondal zu Fuß 1,5 km. Anfahrt von Eivissa oder Sant Josep vorbei an der Cova Santa, nach 800 Metern rechts (beschildert) in eine teilweise holprige, zwei Kilometer lange Piste. ℡ 971 187270, 📠 971 187012, www.canjondal.com.

• *Kioscos* Breites Angebot. **Yemanjá**, hübsche Anlage ganz im Osten der Bucht. Gutes Essen, Spezialität sind Reisgerichte (prima Paellas), breite Salatauswahl. Ganzjährig geöffnet, zur Saison auch abends; ℡ 971 187481.
Blue Marlin, direkt benachbart; das frühere, 2002 geschlossene „Jockey Cala Jondal". Tagsüber Restaurant, abends Club; Sonntagabend gab es hier zuletzt Flamenco-Chill-Sessions mit Paco Fernández. Ein beliebter Szenetreff in konsequent weißem Design und mit Loungeatmosphäre. Groß, schick und nicht gerade billig. ℡ 971 410117. www.bluemarlinibiza.com.
Es Sabina, ein typisch spanisches Strandrestaurant unter den namensgebenden Bäumen. Gute Reisgerichte. Geöffnet Mai bis Oktober, dann auch abends.
Tropicana, noch ein Stück weiter im Westen der Bucht. Internationale Küche. Viele Strandliegen, Wassersportangebote.

Porroig

Der Name Porroig steht für ein noch recht junges Villengebiet auf der steilen, weit ins Meer reichenden Landzunge von Punta Roig. Westlich unterhalb erstreckt sich die weite Bucht Cala Porroig, ein von Yachten gern genutzter Ankerplatz – für Landratten interessanter sind freilich die kleinen und versteckten, auf manchen Karten gar nicht verzeichneten Strände beiderseits der Bucht. Die asphaltierte Hauptzufahrt nach Porroig zweigt von der Straße zur Cala d´Hort nach Süden ab.

• *Übernachten* ****** Hotel Residencia Las Brisas de Ibiza**, direkt in Porroig. Eines der Vorzeigehotels der Insel, traumhaft und mit weiter Aussicht über der Bucht gelegen. Farbenfrohe, geschmackvolle Anlage mit orientalischen Beiklängen, reizvoll möblierte Zimmer, sehr schöner Pool. Ein ruhiger Platz zum Ausspannen vom anstrengenden Gelderwerb: DZ/F nach Saison 270–440 €, Suiten nach Größe und Saison 330–790 €. Geöffnet April bis Oktober. Porroig, ℡ 971 802193, 📠 971 802328, www.lasbrisasibiza.com.

Nobles Quartier in Porroig: Hotel Las Brisas de Ibiza

Umgebung von Porroig

Cala Es Xarcu: Eine ruhige, kleine, hauptsächlich von Anwohnern besuchte Bucht mit schmalem Strand, östlich der Landzunge von Punta Roig gelegen und sowohl von der Zufahrt nach Porroig als auch von der Cala Jondal aus über Pisten zu erreichen. Der hiesige Kiosco liegt sehr hübsch und vermietet auch Strandliegen. Auf katalanisch heißt die Bucht übrigens „Xarco", der Wirt des Kioscos freilich besteht darauf, dass die ibizenkische Variante „Xarcu" die einzig korrekte sei.

• *Kiosco* **Es Xarcu**, reizvoll terrassenartig angelegtes, kleines Strandrestaurant, besonders bekannt für frischen Fisch, der freilich, wie immer, seinen Preis hat. Geöffnet von der Karwoche bis Oktober, zur HS auch abends, ✆ 971 187867.

Cala Es Torrent: Ein Spezialist für Fischgerichte ist auch der Kiosco „Es Torrent" in dieser ebenfalls sehr kleinen Bucht, die malerisch am meerseitigen Ende einer Sturzwasserschlucht (Torrent) liegt. Der Strand hier besteht aus Kieseln und Stein, ein Bereich ist mit Sand aufgeschüttet, jedoch dicht mit Liegen zugestellt. Anfahrt über die Asphaltstraße nach Porroig, etwa einen Kilometer vor der Siedlung dann rechts ab auf eine zuletzt steil abwärts führende Piste, alternativ auf der neuen Asphaltstraße ab Vista Alegre. Anders als auf manchen Karten eingezeichnet, treffen sich beide Routen jedoch nicht ganz.

• *Kiosco* **Es Torrent**, ein beliebter Kiosco, der besonders für seine Fischgerichte und andere maritime Köstlichkeiten besten Ruf genießt, freilich alles andere als billig ist. Geöffnet Ostern bis Oktober, abends bis 22 Uhr, ✆ 971 802160.

Vista Alegre: Wie Porroig ist auch die „Fröhliche Aussicht" Vista Alegre, zu erreichen über eine separate Zufahrt von der Straße nach Es Cubells und zur Cala d´Hort, ein reines, noch junges Villen- und Apartmentgebiet, das Ortsfremden wenig zu bieten hat. Die Anlage ist architektonisch relativ geschmackvoll erstellt und auch gut eingegrünt; dennoch bleibt zu hoffen, dass in Zukunft nicht mehr jeder Hang mit Meerblick zwangsläufig bebaut werden muss. Ein Restaurant, das hauptsächlich von den Bewohnern genutzt wird, ist vorhanden.

- *Übernachten* **Pueblo Vista Alegre**, eine Apartmentvermietung in der Urbanisation. Geöffnet etwa Mai bis Mitte/Ende Oktober. Die Preise variieren deutlich nach Saison, Lage und Personenzahl, Preisbeispiel für zwei Erwachsene und zwei Kinder etwa 400–780 €/Woche. Man spricht deutsch. Urbanización Vista Alegre, ℡ 971802183, ℻ 971 802080, www.pueblo-vista-alegre.com.

Es Cubells

Eine winzige Siedlung hoch über der Felsküste, umgeben von prachtvollen Villen. Herrliches Panorama.

Entwickelt hat sich der Ort aus einer Einsiedelei des Mystikers und Karmelitermönchs Francisco Palau, der Mitte des 19. Jh. nicht ganz freiwillig nach Ibiza kam und sich später in die völlige Einsamkeit von Es Vedrà flüchtete. In seinem Kloster, heute noch von Karmeliterinnen bewohnt, finden auch Seminare statt.

Zwar stehen auch hier in der Umgebung schon viele Ferienhäuser, der eigentliche Kern von Es Cubells jedoch besteht gerade mal aus einer Handvoll Häuser samt Geschäft, der Grillbar „Llumbí" und der sehr schön gelegenen Kirche. An den fast senkrecht zum Meer abfallenden Hängen kleben die Villen der Reichen und Superreichen, die hier ein ruhiges Refugium gefunden haben. Die Aussicht über das Meer und auf die felsigen Steilküsten des weit vorgeschobenen Cap Llentrisca ist fantastisch. Am 16. Juli feiert Es Cubells mit viel Betrieb sein Patronatsfest zu Ehren der Mare de Déu del Carme.

Cala des Cubells: Auf dem steilen Sträßchen, das von Cubells hinab zur Küste führt, ist vorsichtiges Fahren angesagt. Nach etwa zwei Kilometern liegt am Ende einer sehr schmalen und kurvigen, ausgeschilderten Zufahrt der familiäre Kiosco „Ses Boques", bei dem auch Liegen und Schirme zu mieten sind. Der Strand hier ist steinig und felsig, für geübte Schnorchler bieten sich jedoch beste Möglichkeiten.

Cala Llentrisca: Schwer zu erreichen ist diese abgeschiedene, steinige Bucht an der Ostseite des unter Naturschutz gestellten Kaps von Llentrisca, die noch ein gutes Stück Fußweg vom Ende der schmalen Straße entfernt liegt. Hier stehen nur ein paar Bootsgaragen von Fischern. Keine Strandbar, keine Liegestühle – nur himmlische Ruhe.

Es Vedrà und die Torre des Savinar

Einem Vulkan gleich ragt die mythenumwobene Felsinsel Es Vedrà aus dem Meer. Ein besonders faszinierender Ausblick auf das Wahrzeichen von Ibiza bietet sich vom Wachtturm Torre des Savinar.

Begleitet von der viel flacheren und kleineren Schwesterinsel Es Vedranell, erhebt sich Es Vedrà auf immerhin 382 Meter, hoch genug, um an manchen sonst klaren Tagen von einer eigenen Wolke umkreist zu werden. Die bizarre Gestalt des mächtigen Felsens faszinierte schon immer und gab Stoff für zahlreiche Legenden. Mancher glaubt, Es Vedrà sei die Insel der Sirenen aus Homers Odyssee, andere raunen von einem Landeplatz für Ufos, erzählen von Schiffen, die in der Nähe der Insel plötzlich spurlos verschwinden, von Bordinstrumenten, die bei einer Annäherung an Es Vedrà verrückt spielen und von Brieftauben, die aufgrund mysteriöser Magnetfelder völlig die Orientierung verlieren. Berichte von seltsamen Visionen fanden

Es Vedrà und die Torre des Savinar

sich auch in den Aufzeichnungen des Karmelitermönchs Francisco Palau, der im 19. Jh. in absoluter Einsamkeit auf dem Gipfel von Es Vedrà lebte und meditierte. Fast eineinhalb Jahrhunderte später fühlte sich der Musiker Mike Oldfield von der Ausstrahlung der Insel zu dem Klassiker „Tubular Bells" inspiriert. Es Vedrà ziert auch das Cover seines „Voyager"-Albums.

Pyramidal: Insel Es Vedrà

Von Menschen unbewohnt, ist die steile Felspyramide Heimat einer vielfältigen Fauna. 1992 setzten die sieben Besitzerfamilien hier sechs Ziegen aus, wie sie früher schon auf Es Vedrà lebten; mittlerweile hat sich die Herde, die regelmäßig mit Wasser versorgt werden muss, auf mehrere Dutzend Tiere erweitert. Groß ist die Zahl der Vogelarten. Im Sommer brütet hier eine Kolonie der äußerst seltenen Eleonorenfalken, die ihre Winter auf Madagaskar verbringen. Es Vedrà besitzt sogar eine besondere Eidechse, die es in dieser Färbung nur auf der Insel selbst gibt; schon die Eidechsen auf der kleineren Nachbarinsel Es Vedranell haben eine etwas abweichende Farbgebung.

Es Vedrà beherrscht den Südwesten Ibizas und ist von vielen Punkten aus zu sehen. Der schönste Blick auf die Insel bietet sich jedoch vom alten Wachtturm Torre des Savinar, manchmal auch „Torre del Pirata" genannt, der sich in einer wunderbaren, vielfältig bewachsenen Felslandschaft auf dem Cap del Jueu erhebt. Besonders spektakulär ist die Aussicht bei Sonnenuntergang, wenn das Meer um die Insel in vielerlei Farbschattierungen von Rosa bis Purpurrot aufflammt – spätestens dann versteht man, warum Es Vedrà seit jeher eine besondere Magie nachgesagt wird.

• *Anfahrt/Fußweg* Von der Straße zur Cala d´Hort geht es, rund vier Kilometer hinter der Abzweigung bei Es Cubells, links in einen holprigen, mit dem Pkw kaum befahrbaren Feldweg – am besten gleich parken. Nach etwa einem Kilometer endet der Weg bei einem Plateau über dem Meer, von dem sich bereits ein schönes Panorama bietet. Von hier führt ein gerölliger, steil ansteigender Fußweg in etwa zehn Minuten hinauf zum Wachtturm Es Savinar.

Mystisch: Atlantis, von oben gesehen

• **Ausflugsboote** verkehren zur Saison ab verschiedenen Buchten der Südwestküste, z. B. ab der Cala d´Hort, der Cala Carbó oder ›der Cala Vadella. Die genauen Abfahrtsdaten wechseln immer wieder mal, in den Strandbars weiß man aber Bescheid. Im Sommer fährt auch ein Schiff ab Sant Antoni.

Atlantis: Legendenumwoben ist nicht nur Es Vedrà, sondern auch die wildschöne Küste tief unterhalb der Torre des Savinar. Einst wurden hier die Marès-Steine für die Stadtmauern aus dem Fels gehauen, weshalb das Gebiet von den Einheimischen als „Sa Pedrera" (Steinbruch) bezeichnet wird. Der Name Atlantis rührt wohl daher, dass in den verbliebenen, geradlinigen und glattflächigen Felskuben mit etwas Fantasie die Überreste einer uralten Stadt zu erkennen sind. Er stammt von den Hippies, die in der romantischen Einsamkeit ab den 60er-Jahren ein Refugium fanden. Sie hinterließen in den Fels geschlagene Figuren und einen gemalten Buddha, dem immer noch dann und wann Opfergaben dargebracht werden sollen. Der Abstieg nach Atlantis ist nicht leicht zu finden und der Wiederaufstieg kräftig anstrengend, was dem mystisch anmutenden Ort eine gewisse Exklusivität und eine besondere Art von Besuchern sichert. Wer sich auf die Suche macht, sollte keinesfalls probieren, erst von der Torre des Savinar aus die dort lebensgefährliche Steilküste hinunterzuklettern, sondern sich schon weit vorher links halten; wichtig ist außerdem ein ausreichender Wasservorrat von mindestens zwei Litern pro Person.

Cala d´Hort

Um die reizvolle Bucht wurde lange ein Tauziehen zwischen Befürwortern und Gegnern der touristischen Erschließung veranstaltet. Traumblick auf Es Vedrà.

„Genug ist genug" hatten sich viele Bewohner Ibizas gesagt, als der Plan bekannt wurde, im unberührten Hinterland der Cala d´Hort einen Golfplatz nebst Großhotel anzulegen. Es kam zu wütenden Protesten und Anfang 1999 zur größten De-

Cala d'Hort 139

monstration in Ibizas Geschichte, an der 12.000 Personen teilnahmen, also ein gutes Siebtel der gesamten Bevölkerung. Unter der noch im selben Jahr gewählten rot-grünen Inselregierung wurde das Projekt gestoppt und, wichtiger noch, die Region um die Cala d´Hort zum Naturpark erklärt. Die ab 2003 amtierende konservative Regierung hob den Naturpark-Status postwendend wieder auf. Man darf gespannt sein, wie es unter der neuen Administration nun weitergeht ...

Eine sehr steile Zufahrt führt hinunter in die Bucht, unten werden Parkplätze im Sommer zur Rarität. Der etwa 200 Meter lange Strand ist relativ schmal, sandige und steinige Bereiche wechseln sich ab. Im Westen stehen noch die typischen, von Fischern genutzten Bootsschuppen. Durch die recht geschützte Lage ist die Cala d´Hort bei Familien beliebt, auch Schnorchler finden gute Möglichkeiten. Das Beste an der Cala d´Hort bleibt jedoch die traumhafte Aussicht auf die vorgelagerte Felsinsel Es Vedrà, am schönsten bei Sonnenuntergang.

•*Übernachten/Essen* **Pensión-Rest. El Carmen**, das erste der insgesamt drei Lokale an der Bucht. Große Terrasse mit schönem Blick auf Es Vedrà, breites Angebot an Speisen, prima Paellas. Mittleres Preisniveau. Zu vermieten sind acht Zimmer, relativ einfach ausgestattet, aber alle mit Aussichtsterrasse, DZ/Bad 75 €. Geöffnet etwa Ende März bis Mitte/Ende Oktober, ✆ 971 187449.

Rest. Es Boldado, ganz im Westen der Bucht, zu erreichen über einen Treppenweg oder eine separate Zufahrt linker Hand der Straße Richtung Cala Vadella. Wunderbare Lage mit Superblick auf Es Vedrà, berühmt für Paella, Guisado de Pescado und anderen frischen Fisch. Mittleres bis leicht gehobenes Preisniveau, keine Kreditkarten. Von Dreikönig bis Ende März geschlossen.

Ses Païses de Cala d´Hort: Auf einem Hanggelände im Hinterland der Cala d´Hort erstrecken sich die 1917 entdeckten Ruinen einer Siedlung, die schon zur karthagischen Zeit des 5. Jh. v. Chr. gegründet wurde. Auch unter den Römern war Ses Païses bewohnt, wurde dann wahrscheinlich von den Vandalen zerstört, in byzantinischer Zeit wieder besiedelt und im 8. Jh. endgültig aufgegeben. Die Ausgrabungen

Auch von Fischern noch genutzt: Cala d'Hort

förderten eine karthagische und eine byzantinische Nekropole zutage, außerdem die Reste eines ausgedehnten römischen Landsitzes, zu dem neben einer großen Villa auch eine Ölmühle, Lagerräume sowie eine tiefe Zisterne zählen. Angeschlossen ist ein kleines Ethnologisches Museum. Reizvoll zeigt sich die umgebende Landschaft mit ihren Trockenmauern und Fruchtbäumen. Das Gelände liegt rechter Hand der Straße in Richtung der Cala Vadella; Achtung, das Hinweisschild ist erst im letzten Moment zu erkennen.

Öffnungszeiten Di–Sa 10–14 Uhr, April bis September auch 17.30–20 Uhr; Eintritt gratis.

Cala Carbó

Eine kleine und ruhige, beiderseits von Felsen begrenzte und dadurch gut geschützte Bucht, landschaftlich reizvoll. Der Strand ist kaum 50 Meter lang und besteht aus grobem Sand und Kies. Im Wasser fällt der Grund flach ab, zeigt sich aber von der eher steinigen Seite, ein gutes Revier für Schnorchler. Es gibt zwei ordentliche, familiäre Restaurants sowie Sonnenschirm- und Liegenverleih. Sonst ist die Bucht, von ein paar Bootsschuppen abgesehen, kaum bebaut; oberhalb verstecken sich ein paar Villen hinter Bäumen.

• *Übernachten* **Landhotel Calador**, im Hinterland des Cala Carbó, von der Zufahrt zur Bucht rechts auf die weißen Türme zuhalten. Eine Oase mit Blick auf Es Vedrà, Restaurant, Palmengarten und großem Swimmingpool; ein feiner Platz auch für Kinder. Freundliche österreichische Leitung, die sich auf Ibiza bestens auskennt, Vermittlung von Reit- und Schiffsausflügen etc. Ein Mietwagen ist angesichts der Lage natürlich nötig. Im Angebot sind rund 20 Zimmer, Studios und Apartments (auch mit zwei Schlafzimmern) unterschiedlicher Größe und Lage, alle gut und geschmackvoll ausgestattet. Ganzjährig geöffnet, Reservierung ratsam. Zwei Personen zahlen je nach Saison und Einheit etwa 55–145 €. ℡ 971 808424, ✉ 971 808107, www.calador-ibiza.com.

Cala Vadella

Im Umfeld der schönen, fjordartig eingeschnittenen Bucht zeigt sich Ibiza von seiner urbanisierten Seite. Breites Serviceangebot.

Die steilen Hänge um die Cala Vadella, die auch Cala Vedella genannt wird, sind mit Villen und Apartmentanlagen geradezu gepflastert. Erfreulicherweise wurden die meisten Bauten hier in angepasster Architektur errichtet und fügen sich deshalb einigermaßen in die umgebende, baumreiche Landschaft ein. In der Strandsiedlung selbst findet der Urlauber und Resident fast alles, was das Herz begehrt: Einkaufsmöglichkeiten, eine ganze Reihe an Bars und Restaurants, sogar einen Fahrzeugverleih, der angesichts der doch etwas abgeschiedenen Lage über Mangel an Kundschaft wohl nicht klagen kann. Geschätzt wird die Cala Vadella insbesondere von Familien, darunter auffallend viele aus dem deutschen Sprachraum.

Der sehr gepflegte Strand ist gut 250 Meter lang, stellenweise sehr breit und besteht aus feinem Sand. Das türkisfarbene Wasser wird nur langsam tiefer, und durch die geschlossene Form der Bucht hält sich auch der Wellengang meist in engen Grenzen – wohl mit ein Grund, warum hier so viele Yachten ankern. Die Infrastruktur ist bestens, das Angebot an Wassersportmöglichkeiten sehr umfangreich.

• *Verbindungen* **Busse** der Gesellschaft Voramar El Gaucho fahren ab Eivissa von Mitte Mai bis Oktober via Sant Josep (Linie 26) 6-mal täglich.

• *Übernachten* Die Mehrzahl der hiesigen Urlauber nächtigt in eigenen oder gemieteten Apartments.

**** **Hotel Rest. Village**, nördlich etwas außerhalb der Cala Vadella bei der Urbanisation Caló d´en Real. Luxuriöses Haus mit

Hübsche Sandbucht, besonders bei deutschen Urlaubern beliebt: Cala Vadella

bekannt gutem Restaurant, freundlicher Service, angenehme Architektur. Ruhige Panoramalage, großer Garten, hübscher Pool. Über Treppen geht es hinab zu einer Badestelle am Meer. Ganzjährig geöffnet, DZ/F nach Saison und Lage etwa 140–300 €, es gibt auch Suiten. Caló d´en Real, ℡ 971 808001, ℡ 971 808027, www.hotelvillage.net.

Apartamentos Vista Mar, gefällige Apartmentanlage etwa einen Straßenkilometer oberhalb der Südseite der Bucht und tatsächlich mit schöner Aussicht aufs Meer. Die Studios und Apartments für zwei bis vier Personen gehören einer Eigentümergemeinschaft, die leerstehende Objekte durch die Verwaltung vermieten lässt. Die Preise für zwei Personen im Studio beginnen bei etwa 60 €. Infos und Buchung unter ℡ 971 808108.

Ibiza House Renting, an der Durchgangsstraße in der Strandsiedlung, vermittelt Apartments und Häuser. ℡ 971 808122, ℡ 971 808262. www.ibizahouserenting.com.

● *Essen* In der Strandsiedlung breite Auswahl, vor der Clubanlage Cala Vedella im Gebiet oberhalb der Apartamentos Vista Mar das gern von Residenten besuchte Restaurant „Phoenix" mit deutscher Küche, das nur abends geöffnet ist.

Bar-Cafetería Ca´s Pou, beim „Spar"-Supermarkt an der Verbindungsstraße von der Cala Carbó zur Cala Vadella. Einfach, preiswert und beliebt bei Einheimischen und Dauerbewohnern ob seines üppigen Mittagsmenüs (Mo–Fr), das für nur 9 € sein Geld wert ist. Auch sonst nicht teuer, Samstagmittag gibt´s den „Bauerneintopf" Bullit pagès. Ganzjährig geöffnet.

Cafetería Bon Sol, direkt in der Strandsiedlung. Kleines italienisches Lokal mit Meerblick, gutem Preis-Leistungs-Verhältnis und leckerer Pizza.

● *Sport* **Tauchschule Aquanautic**, freundlich vom Deutschen Roland geführte Schule südlich oberhalb der Bucht. Kurse, Tauchgänge, Höhlen- und Strömungstauchen, Hilfe bei der Unterkunftssuche etc. Ganzjährig geöffnet; ℡/℡ 971 808267, im Winter ℡ 606 264074 (mobil). www.club-aquanautic-ibiza.com.

Tauchschule Big Blue, mitten in der Strandsiedlung, geöffnet April bis November. ℡ 650 769296 (mobil).

Im Gebiet nördlich der Cala Vadella setzen sich die meist aus Villen und Apartmentanlagen bestehenden Urbanisationen fort. Sie reichen, von Waldstücken unterbrochen, bis hinter die Cala Tarida.

Traumblick vom Pool: Hostal Cala Molí

Cala Molí

Eine sehr hübsche kleine Bucht am Ausgang eines engen Trockentals, begrenzt von Felsen und Wäldern. Der etwa hundert Meter lange Strand besteht aus gröberem Sand und Kies und fällt im Wasser relativ flach ab. Noch vor wenigen Jahren brachten Ausflugsschiffe ganze Hundertschaften von britischen Urlaubern aus Sant Antoni zur (illegalen) lautsprechergestützten Unterhaltung an den Pool der Strandkneipe. Seitdem die Behörden den Landungssteg zerstören ließen, geht es hier wieder ruhiger zu, und das wird hoffentlich auch so bleiben. Die Zufahrt erfolgt über ein schmales, nicht beschildertes Asphaltsträßchen, das fast auf Meereshöhe von der Verbindungsstraße von der Cala Vadella zur Cala Tarida abzweigt.

• *Übernachten* ***** Hostal Cala Molí**, ein sehr empfehlenswertes Quartier an der Hauptstraße südlich der Bucht. Familiäres kleines Hostal in traumhafter Panoramalage hoch über der Küste, von Antonio und Ines sehr freundlich geführt. Nur sieben Zimmer und drei Apartments, jeweils mit eigenem Balkon oder Terrasse. Schön gelegener Pool, auf Wunsch Essensmöglichkeit. Angesichts der Lage ist ein Fahrzeug nützlich. Geöffnet Mai bis Oktober, DZ/F etwa 75–100 €, Apartment für zwei Personen etwa 100–120 €. Keine Veranstalterbindung, jedoch viele Stammgäste, Reservierung ratsam. Urbanización Cala Moli, ✆ 971 806002, ✆ 971 806150. www.calamoli.com.

Cala Tarida

Apartmentsiedlungen und große Clubhotels prägen das Bild der Cala Tarida. Die Bucht selbst ist schön, aber häufig überfüllt.

Anders als im Umfeld der Cala Vadella verstecken sich die Ferienanlagen hier nicht unter Bäumen, sondern präsentieren sich in aller Deutlichkeit. Im Hinterland erstrecken sich, fast bis hinüber zur nördlich benachbarten Cala Corral mit ihrem Sporthafen, weitere Apartmentkomplexe, Shoppingarkaden und Autovermieter.

Und immer noch wird gebaut ... Mit ihrer umfangreichen Infrastruktur, dem kinderfreundlichen Strand und den guten Wassersportmöglichkeiten ist die Cala Tarida vor allem bei Familien beliebt.

Der feine Sandstrand selbst schwingt sich, unterteilt von einigen Felsen, über etwa 250 Meter Länge und ist streckenweise ausgesprochen breit. Das türkisfarbene Wasser wird nur sehr langsam tief; an Vermietern von Sonnenschirmen, Liegen etc. besteht ebensowenig Mangel wie an Anbietern von diversen Wassersportarten.

• *Verbindungen* **Busse** der Gesellschaft Voramar El Gaucho verkehren von/nach Sant Antoni (Linie 5) von etwa Anfang Mai bis Oktober 8-mal täglich, sonst nur 2-mal/Woche, von/nach Eivissa (Linie 38) von Juni bis September 5-mal täglich.

• *Übernachten* Die Cala Tarida wird überwiegend pauschal gebucht.

*** **Insotel Club Tarida Beach**, großes Clubhotel in Strandnähe mit mehreren Pools, umfangreicher Animation, diversen Sportmöglichkeiten, Kinderclub und internationalem Publikum. Buchung am besten über Veranstalter, Individualgäste zahlen fürs DZ/F 80–285 €. Buchung nur auf Basis von mindestens Halbpension, p.P. und Tag nach Saison etwa 80–160 €, AI wird ebenfalls angeboten. Mindestaufenthalt eine Woche. Auch Apartments. Cala Tarida, Buchung über ✆ 902 112345. www.insotel.com.

• *Essen* **Rest. Ses Eufabies**, auf einem Felsen über dem Strand. Schöne Lage, guter Service und recht günstige Preise, deshalb auch immer bestens besucht. Nur zur Saison geöffnet, dann mittags und abends.

Bar-Rest. S'Esparta, etwa drei Kilometer hinter der Cala Tarida an der von Sant Josep kommenden Straße. Angenehmes Landrestaurant mit hübscher Aussichtsterrasse. Ibizenkische Fleisch- und Fischgerichte, berühmt sind die Paella und der Fischeintopf Guisado de Pescado. Von Mo–Fr günstige Mittagsmenüs, sonst mittleres Preisniveau. Geöffnet täglich von Ostern bis November. Ctra. a Cala Tarida, km 4; ✆ 971 800293.

Cala Codolar

Die kleine Bucht, Hausstrand des ausgedehnten Clubs „Calimera Delfín Playa", ist nur über einen engen Staubweg zu erreichen, der von der Zufahrt zur Clubanlage abzweigt und am Ende recht steil wird. In der schmalen, von Felsen eingerahmten Bucht scheinen alle Zivilisationsschrecken wieder vergessen. Der Strand besteht aus etwas Sand, überwiegend aber aus Kieseln und Steinen. Die Atmosphäre ist familiär, eine sympathische Bar macht Kleinigkeiten zum Essen und vermietet Liegen und Sonnenschirme – kaum zu glauben, dass oberhalb dieses ruhigen Fleckchens ein ganzes Feriendorf thront.

• *Übernachten* **Calimera Delfín Playa**, ausgesprochen flächengreifende Clubanlage mit über 700 Betten, Animation, Kinderbetreuung, einem sehr schön hoch über dem Meer gelegenen Pool und zahlreichen Sportmöglichkeiten wie Tauchschule etc. Nur über Veranstalter buchbar, Infos unter www.calimera.de. Telefon vor Ort: 971 195200.

Platges des Comte

Eine Felsküste von bizarrer Schönheit, in die kleine Sandbuchten eingelagert sind. Reizvolle und weitgehend unverbaute Umgebung.

Ihre landschaftliche Schönheit und die grandiosen Ausblicke machen die Platges des Comte, oft auch *Cala Comte* oder *Cala Conta* genannt, zu einem der hübschesten Flecken der Insel. Auch das Hinterland, teils landwirtschaftlich geprägt, teils mit Wald bewachsen, hat seinen Reiz. Die schattenlosen Strände schmiegen sich in die zerklüftete Küste und sind relativ klein, doch lassen sich auch auf den flachen Felsplatten hübsche Plätzchen finden. Das Wasser ist blitzsauber – zuletzt waren die Platges des Comte mit der „Blauen Flagge" ausgezeichnet – und wird nur allmählich tiefer, die vielen Felsen bieten auch Schnorchlern ein reiches Betätigungsfeld. Vor allem aufgrund der guten Busverbindungen nach Sant Antoni kann es hier im Sommer allerdings recht voll werden, zumal sich die Platges des Comte auch zu einem Szenetreffpunkt entwickelt haben. Geradezu traumhaft wird es am Abend, wenn sich von den Strandlokalen wunderbare Ausblicke auf den Sonnenuntergang und die vorgelagerten Felsinseln bieten. Auf der größten von ihnen, Sa Conillera, soll übrigens der Legende nach der karthagische Feldherr Hannibal geboren sein. Die klippengesäumte Landzunge nördlich der Platges des Comte, in Richtung des Kaps Punta de sa Torre und des 1756 errichteten, ungewöhnlich stämmigen Wachtturms Torre d´en Rovira, ist ein schönes Gebiet für Spaziergänge.

- *Verbindungen* **Busse** der Gesellschaft Voramar El Gaucho (Linie 4) fahren von Juni bis Oktober 7-mal täglich von/nach Sant Antoni, davon 4-mal mit Stopp beim Club Delfín. Im Sommer verkehren auch häufige **Ausflugsschiffe** ab Sant Antoni.
- *Essen/Kneipen* **Rest. S´Illa des Bosc**, recht edles und dementsprechend nicht ganz billiges Lokal, das prima Fisch, aber auch Paella und andere Reisgerichte serviert. Zu erreichen auf einer separaten Fahrzeugzufahrt (beschildert) oder zu Fuß in einer Minute vom Hauptparkplatz. Geöffnet März bis Dezember, von Juni bis Oktober auch abends. ✆ 971 806161.
Sunset Ashram, die Szenekneipe an den Platges des Comte, in Superlage über dem Meer. Besonders schön sitzt man hier natürlich zum Sonnenuntergang. Geöffnet Mai bis Oktober und bis zwei Uhr morgens; tägliche DJ-Sessions. Mobil-✆ 661 347222.

Cala Bassa

Wie die Platges des Comte ist auch diese Strandbucht landschaftlich höchst ansprechend und als „Naturgebiet von besonderem Interesse" ausgewiesen, zur Saison freilich ebenfalls viel besucht.

Halbrund geschwungen und vor den meisten Winden gut geschützt, erinnert die Cala Bassa fast an einen riesigen Swimmingpool. Schattige Bäume wachsen bis direkt an den Sandstrand, die felsige Uferlinie an beiden Seiten ist ein Paradies für Schnorchler. Das Wasser ist kristallklar, nicht umsonst war der Strand zuletzt mit der „Blauen Flagge" prämiert. Wegen der häufigen Verbindungen ab Sant Antoni wird die Cala Bassa im Sommer recht voll und betriebsam, das Publikum besteht überwiegend aus jungen britischen Pauschaltouristen. Drei Kioscos offerieren Speis und Trank, das Angebot an Wassersportmöglichkeiten lässt kaum Wünsche offen.

- *Verbindungen* **Busse** der Gesellschaft Voramar El Gaucho (Linie 7) von Mai bis Oktober 8-mal täglich von/nach Sant Antoni, von dort im Sommer auch häufige **Ausflugsschiffe**.
- *Camping* **Cala Bassa** (2. Kat.), im Hinterland der Bucht, nur wenige hundert Meter vom Strand. Der landschaftlich schönste Campingplatz der Insel, sehr ruhig gelegen. Teilweise schattig. Grillmöglichkeit, Tische und Bänke, zur HS Bar und Restaurant. Es gibt auch kleine Bungalows und Mietcaravans. Sympathische Leitung. Geöffnet von April bis September. Zwei Personen mit Zelt zahlen je nach Saison etwa 9–19 €. Im spanischen Urlaubsmonat August ist Reservierung sehr ratsam. Cala Bassa, ✆ 971 344599, ✉ 971 347469, www.campingcalabassa.com.

Port des Torrent

Obwohl Port des Torrent offiziell noch zur Gemeinde Sant Josep zählt, beginnt hier praktisch schon der Siedlungsbereich von Sant Antoni. Eigentlich eine hübsche, gut geschützte Bucht mit sandigem, im Wasser flach abfallendem Strand, hat Port des

Fang in Sicht? An der Cala Bassa

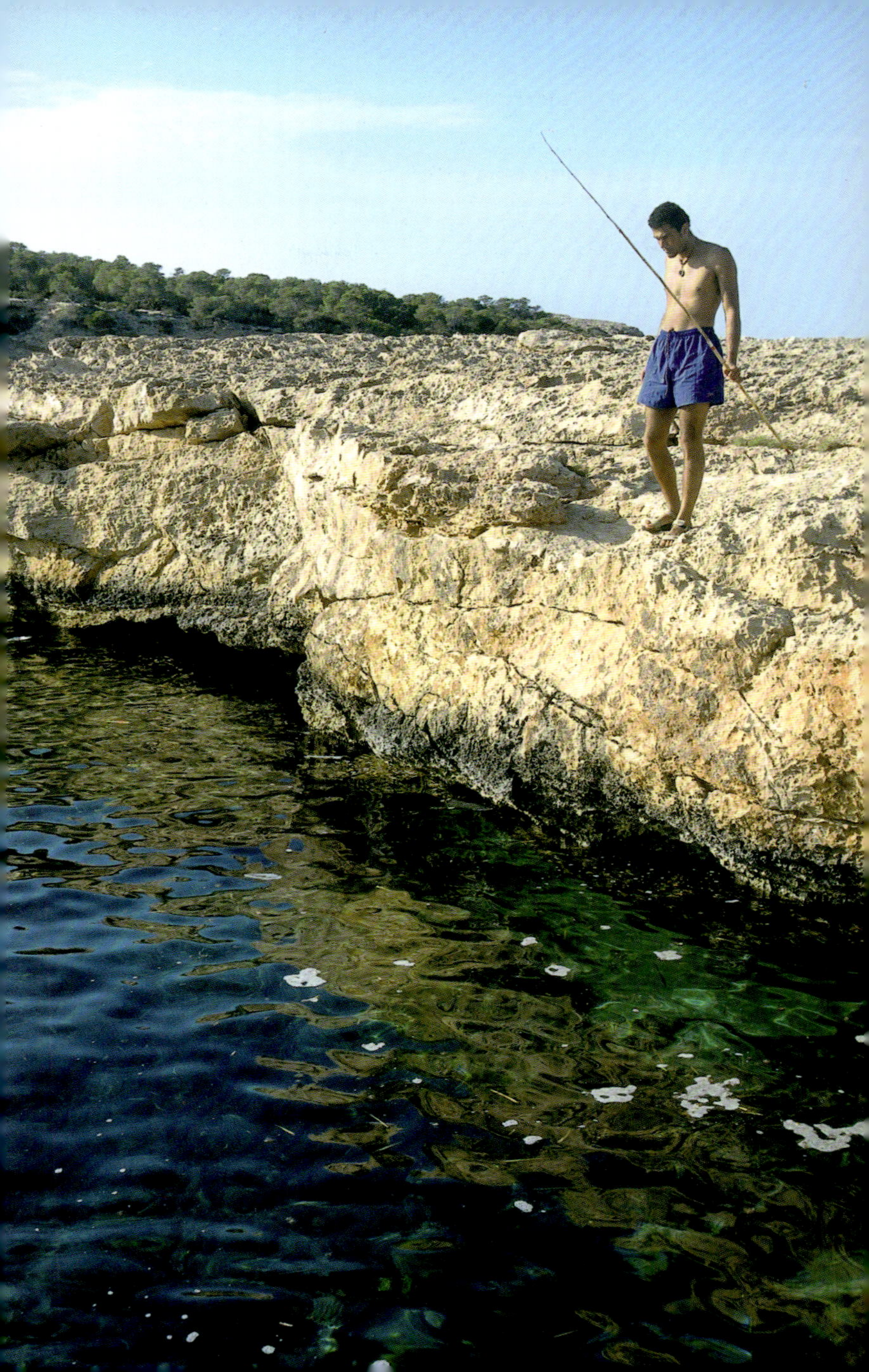

Torrent durch die Bauwut der letzten Jahrzehnte sehr gelitten. Östlich erstrecken sich kilometerweit die belebten, von vorwiegend britischem Pauschaltourismus geprägten Strandvororte von Sant Antoni, die eigentliche Gemeindegrenze beginnt allerdings erst an der Platja des Pouet.

• *Übernachten/Essen* **** **Hotel Victoria**, eine Oase im grünen Hinterland. Ruhige Hügellage, von der die Sicht weit übers Meer reicht. Das Gebäude selbst ist keine Schönheit, aber ausgesprochen komfortabel. Hallenbad, Restaurant mit Panoramaterrasse. Eigener Helikopter-Parkplatz, der wohl gern von Rock-Größen genutzt wird – an der Rezeption grüßen die Fotos ehemaliger Gäste wie Guns´n´Roses, Keith Richards und Robert Plant. Ganzjährig geöffnet, das Restaurant allerdings nur Mai–Oktober, außerhalb dieser Zeit nur Frühstück. DZ/F nach Saison etwa 105–170 €, Suiten je nach Ausstattung und Saison 120–390 €. Anfahrt über die Verbindungsstraße von Sant Agustí zur Cala Tarida, nach drei Kilometern links in eine Rüttelpiste, dann wieder asphaltiert. ✆ 971 340900, ✉ 971 342572, www.victoriaibiza.com.

Rest. Can Pujol, ein weiteres Refugium. Eher schlicht wirkendes, dabei jedoch nicht gerade billiges Restaurant an der Küste östlich von Port des Torrent, schöne Terrasse zum Meer, angenehme Atmosphäre. Prima Paella, vor allem jedoch gute Fischgerichte, Spezialität Bullit. Ganzjährig geöffnet außer im Dezember, Mi Ruhetag. Carretera Vieja a Port des Torrent, ✆ 971 341407.

Sant Josep de sa Talaia

Ein kleines, ganz überwiegend von modernen Bauten geprägtes Straßendorf bildet die „Hauptstadt" der größten Gemeinde der Insel.

Trotz seiner bescheidenen Dimensionen ist Sant Josep doch Verwaltungssitz eines ausgedehnten Gemeindegebietes, das von der Platja d´en Bossa bis zur Bucht von Sant Antoni reicht, dabei allerdings nur etwa 13.500 Einwohner beherbergt. Hübsch herausgeputzt hat man den Hauptplatz mit seiner von alten Bäumen beschatteten Grünanlage und der jenseits der Straße gelegenen, im 18. Jh. erbauten Kirche, die eine dreibogige Vorhalle, einen üppig geschmückten, wenn auch nur teilweise originalen Hauptaltar und eine schön geschnitzte Kanzel besitzt. Hier und im Umkreis von wenigen hundert Metern spielt sich das gesamte Dorfleben ab, das entgegen dem modernen Erscheinungsbild von Sant Josep durchaus noch traditionelle Züge besitzt.

Aussichtsreich: Blick von der Talaia de Sant Josep

• *Verbindungen* **Busse** der Gesellschaft Voramar El Gaucho (Linie 8) von Eivissa nach Sant Antoni von Juni–Oktober 5-mal täglich, So nur 2-mal, zusätzliche Verbindungen von/nach Eivissa im Sommer durch die Busse zu den Calas Vadella und Tarida, siehe dort. Im Winter deutlich eingeschränktes Angebot.

• *Übernachten* *** **Hotel Res. Jardins de Palerm**, das einzige Quartier in Sant Josep,

Sant Josep de sa Talaia

ein kleines, aber feines Hotel mit nur neun Zimmern, einen Katzensprung vom Ortskern entfernt. Schöne Gartenanlagen, kleiner Pool, liebevolle Dekoration. Die Besitzer empfehlen das Haus besonders für frisch verliebte Pärchen und legen Wert auf gepflegte Kundschaft. Ganzjährig geöffnet außer im November, DZ/F nach Saison und Ausstattung 165–265 €, auch Suiten. Anfahrt über die Straße nach Cubells, dann rechts, beschildert. ✆ 971 800318, ✆ 971 800453, www.jardinsdepalerm.com.

• *Essen/Kneipen* Das renommierte Restaurant Ca na Joana, knapp drei Kilometer außerhalb des Ortes in Richtung Ibiza-Stadt, stand zuletzt leider zum Verkauf.

Rest. Can Domingo, ein ländlicher Feinschmeckertempel, einer privaten Finca angeschlossen. Mediterrane Küche nach Marktlage, gute Weinauswahl, schöne Lage. Etwa 35–40 € sind für ein komplettes Menü zu rechnen. Anfahrt Richtung Eivissa, nahe Straßenkilometer 9,7 dann rechts in den beschilderten Schotterweg, noch knapp ein Kilometer. Nur abends geöffnet und im Winter nur am Wochenende. ✆ 971 800184.

Rest. El Sol de Siena, im Ort, an der Hauptstraße nahe der Kirche. Gehobene mediterrane „Cocina de Autor", nicht ganz billig (Hauptgerichte 20–25 €); das Preis-Leistungs-Verhältnis stimmt jedoch. Nur abends geöffnet, So Ruhetag. Carrer Pedro Escanellas 34, ✆ 971 800697.

Bar Destino, im Carrer de sa Talaia, der kleinen Fußgängerzone oberhalb des Dorfplatzes, und bekannt für gute Tapas. Hübsche Einrichtung. So Ruhetag. Jeden Freitag gibt´s Couscous, dann wird es voll hier, Reservierung unter ✆ 971 800341.

Bar-Café Es Racó Verd, direkt an der Kreuzung nach Es Cubells. Angenehme Gartenbar mit frisch gepressten Säften, Sandwiches etc. Gleichzeitig ein beliebter Treffpunkt, quasi das Kulturzentrum von Sant Josep. Häufig finden hier auch Konzerte statt.

Bar Can Bernat Vinya, gleich nebenan am schattigen Hauptplatz. Uriger Treffpunkt der männlichen Dorfbewohner, im Angebot nur Getränke und Kleinigkeiten wie Bocadillos. Dafür sitzt man draußen sehr schön.

Bar-Rest. Es Pla, am Ortsrand linker Hand der Straße Richtung Eivissa. Optisch unauffällig, bei den Einheimischen beliebt vor allem wegen des günstigen und guten Mittagsmenüs, das Mo–Fr angeboten wird. Prima Tapas.

Zentrum des Ortes: die Gemeindekirche Sant Josep

Café-Rest. Es Galliner, zentraler bei der Gemeinde Ayuntamiento gelegen. Auch hier gibt es an Werktagen ein preiswertes, schmackhaftes Mittagsmenü. Carrer L´Ajuntament 2, hinter der Bank La Caixa.

• *Feste* Besonders stolz ist man in Sant Josep auf die überlieferten, bis heute hoch gehaltenen Traditionen, insbesondere auf die Volkstanzgruppen „Colles de Ball", die bei den Festen auftreten.

Patronatsfest am 19. März, mit Mittagsmesse, Tanzaufführungen und Gemäldeausstellung.

Wallfahrt zur Kapelle auf dem Puig d´en Serra, am Sonntag, der dem 19. März folgt. Die Kapelle liegt östlich etwas außerhalb des Ortes, von Eivissa kommend zu erreichen über eine Abzweigung rechter Hand.

Festes pageses, „Bauernfeste" an verschiedenen ländlichen Örtlichkeiten im Gemeindegebiet. Mehrere Termine im Hochsommer und Herbst, z. B. am 5. August bei der Quelle Font des Verger an der Straße Richtung Es Cubells; weitere Daten im Fremdenverkehrsamt Eivissa. Auch bei diesen Festen treten die Volkstanzgruppen auf.

Sant Agustí des Vedrà: Auf dem Weg von Sant Josep nach Sant Antoni lohnt sich ein Abstecher in den winzigen Weiler Sant Agustí, der rechter Hand knapp abseits der Straße liegt. Ein sehr gemütliches, hübsch herausgeputztes Fleckchen – der Ortskern um die strahlend weiße Kirche für fremde Autos gesperrt, ein alter Fluchtturm, reichlich Blumenschmuck. Es gibt das gute Restaurant Can Berri Vell (nur abends von Ostern bis Oktober, außerhalb der HS So Ruhetag, ✆ 971 344321), die ebenfalls nur abends geöffnete Bar Berri und sogar eine Kunstgalerie, die, ja richtig, ebenfalls Berri heißt, jeweils benannt nach der ehemals reichsten Familie des Dörfchens. Neben den allgegenwärtigen Berris war Sant Agustí lange auch durch die mehrsprachige „Europa-Schule Can Blau" bekannt, doch ist diese mittlerweile geschlossen. Am 28. August feiert die kleine Siedlung ihr Patronatsfest.

Wanderung 2: Auf die Talaia de Sant Josep

> **Route:** Sant Josep – Talaia de Sant Josep – Sant Josep; **reine Wanderzeit:** ca. 1½-2 Stunden; **Einkehr:** nur in Sant Josep. Unterwegs keine Möglichkeiten, Trinkwasser nicht vergessen. Festes Schuhwerk ist nötig.

Charakteristik: Mit 475 Metern ist die Talaia de Sant Josep, auf spanisch „Atalaya" genannt, der höchste Berg der Insel. Zwar könnte man den Gipfelgrat mit seinen verschiedenen Sendeanlagen auch mit dem Fahrzeug über einen Schotterweg erreichen, der von der Verbindungsstraße zur Cala Vadella abzweigt, reizvoller ist aber natürlich der Aufstieg zu Fuß. Der Weg auf den Gipfel beginnt im Zentrum von Sant Josep und führt auf kleinen Pfaden durch Kiefernwald und Macchia. Unterwegs bieten sich schöne Ausblicke auf die Südküste, von oben weite Panoramen über fast die ganze Insel. Besonders angenehm ist diese Wanderung, die immerhin einen Aufstieg von mehr als 250 Höhenmetern umfasst, am Morgen oder am frühen Abend.

Verlauf: Von der Hauptstraße in Sant Josep geht es über den schattigen Dorfplatz neben der Bar Can Bernat Vinya hinauf zur Bar Destino. Dort hält man sich rechts, gleich wieder links aufwärts und geradeaus. Dieser Weg führt hinauf zu den Gartenanlagen des Hotels „Jardins de Palerm"; hier links und gleich wieder links. Man folgt nun der Asphaltstraße, die zunächst im Bogen etwas ansteigt und sich dann wieder senkt, bis diese eine harte Linkskurve zur Straße nach Es Cubells beschreibt; hier geht es bei einem großen Johannisbrotbaum schräg rechts auf ein ansteigendes Sträßchen.

Wanderung 2: Auf die Talaia de Sant Josep 149

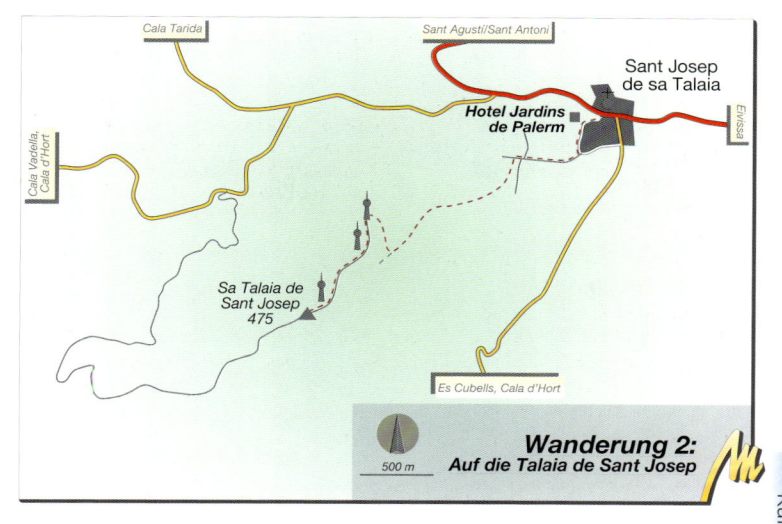

Nach wenigen hundert Metern trifft von rechts eine Piste auf unser Sträßchen, das sich hier in einen Fahrweg verwandelt, gleich darauf eine weitere von links. An der nächsten, fast unmittelbar folgenden Abzweigung müssen wir den Fahrweg nach schräg links aufwärts verlassen; diese Stelle war zuletzt beschildert, der Pfad u. a. mit blauen Pfeilen markiert. Der Weg steigt nun sehr steil an und führt links an einem einzeln stehenden Haus vorbei. Bald bietet sich nach links eine weite Aussicht, die bei gutem Wetter bis nach Formentera reicht, später auch ein kurzer Ausblick in Richtung Sant Antoni. Etwa eine Viertelstunde nach Verlassen des Feldwegs trifft man am Kopf eines kleinen Tals auf einen Zaun; hier links. Am Ende des Zauns hält man sich rechts, 50 Meter weiter nach links. Knapp zehn Minuten später heißt es aufzupassen, denn hier geht es vom bisherigen Fußpfad hart rechts und steil nach oben ab. Nach wenigen, aber mühevollen Minuten ist die Schotterstraße auf dem Gipfelgrat erreicht.

Von den Sendeanlagen öffnet sich ein weiter Ausblick auf Sant Antoni, die Küste und das Hinterland; bei sehr guten Wetterbedingungen soll man sogar das spanische Festland der Region Valencia erkennen können. Ein noch umfassenderer Aussichtspunkt findet sich ein kleines Stück weiter bei einem anderen Sendeturm, rechter Hand oberhalb der Schotterstraße: Von hier genießt man einen fast ungehinderten 360-Grad-Blick, nur die Sicht auf Es Vedrà ist leider versperrt. Folgt man der Piste, sind es noch etwa zehn Minuten bis zum wirklich höchsten Punkt der Insel, der bei einer dritten Sendeanlage liegt und durch eine Markierungssäule gekennzeichnet ist. Wegen der umgebenden Bäume gibt es dort allerdings kaum etwas zu sehen.

Der Rückweg erfolgt wie der Hinweg. Alternativ kann man auch der Schotterpiste folgen, die in Serpentinen zur Verbindungsstraße von Sant Josep nach Cala Vadella hinab klettert, muss dann von dort zurück zum Dorfplatz jedoch noch gut zwei Kilometer auf Asphalt hinter sich bringen.

Bäuerliches Ibiza: Feld bei Sant Mateu

Der Westen um Sant Antoni

Scharfe Kontraste prägen den Westen. Sant Antoni ist die zweitgrößte Stadt der Insel, gleichzeitig eine touristische Metropole erster Ordnung. Nur wenige Kilometer entfernt liegt das ländliche, stille Ibiza.

Das hier vorgestellte Gebiet entspricht ungefähr den Gemeindegrenzen von Sant Antoni de Portmany, spanisch San Antonio Abad. Einzige wichtige Ausnahme ist das Dorf Sant Rafel nahe der Schnellstraße zur Hauptstadt, das zwar noch zu Sant Antoni zählt, jedoch im Kapitel „Umgebung von Eivissa" näher beschrieben wird.

Über den Charme des modernen Ferienzentrums Sant Antoni mag man durchaus geteilter Meinung sein, die landschaftlichen Reize seiner Umgebung jedoch stehen außer Frage. Abgesehen von der Gemeindehauptstadt und ihren nach Osten wuchernden Urbanisationen ist die ungefähr 20.000 Einwohner zählende Region nur dünn besiedelt. Unweit nördlich der Stadt beginnen die Ausläufer von *Els Amunts*, der längsten Gebirgskette der Insel, die sich bis hinüber zur Cala de Sant Vincent erstreckt. Winzige Weiler, bewaldete Hügelrücken und ausgedehnte Felder mit der berühmten roten Erde Ibizas prägen die schöne Landschaft dieses noch weitgehend unberührten Gebiets. Eingebettet in die Höhenzüge liegen fruchtbare Täler, in denen Weinstöcke, Olivenbäume, Johannisbrot- und Feigenbäume wachsen. Und am Ende jedes Winters verwandeln die Mandelbäume das Tal um Santa Agnès in ein Meer aus weißen Blüten.

Die vorwiegend felsigen Küsten des Westens stürzen steil ins Meer ab und bieten häufig geradezu atemberaubende Panoramen. Ans Wasser allerdings kommt man nur selten. Einzig im Gebiet um Sant Antoni findet sich eine Reihe von Strandbuchten, darunter die besonders schöne Cala Salada, doch sind sie durch die Nähe zu dem großen Touristenzentrum zumindest zur Hochsaison häufig überfüllt. Eine Alternative bilden die weiter westlich im Gemeindebezirk von Sant Josep gelegenen Strände der Cala Bassa und der Platges des Comte (siehe der Süden), die beide von Sant Antoni aus gut mit Bus oder Boot zu erreichen, eben deshalb jedoch ebenfalls nicht gerade einsam sind.

Sant Antoni de Portmany

Die Urlaubsmaschine im Inselwesten. Sant Antonis Publikum besteht ganz überwiegend aus Pauschaltouristen, viele davon britischer Herkunft. Im Sommer herrscht Halligalli rund um die Uhr.

Sant Antoni de Portmany hat eine lange Geschichte, wurde bereits von den Römern gegründet. Damals hieß die Siedlung an der weiten Bucht *Portus Magnus* (Großer Hafen), eine Bezeichnung, die immer noch im Beinamen Portmany weiterlebt. Später wussten auch die Mauren den Ankerplatz zu schätzen, und nach ihnen machten die Katalanen Sant Antoni zum „Hauptdorf" ihres Quartóns Portmany.

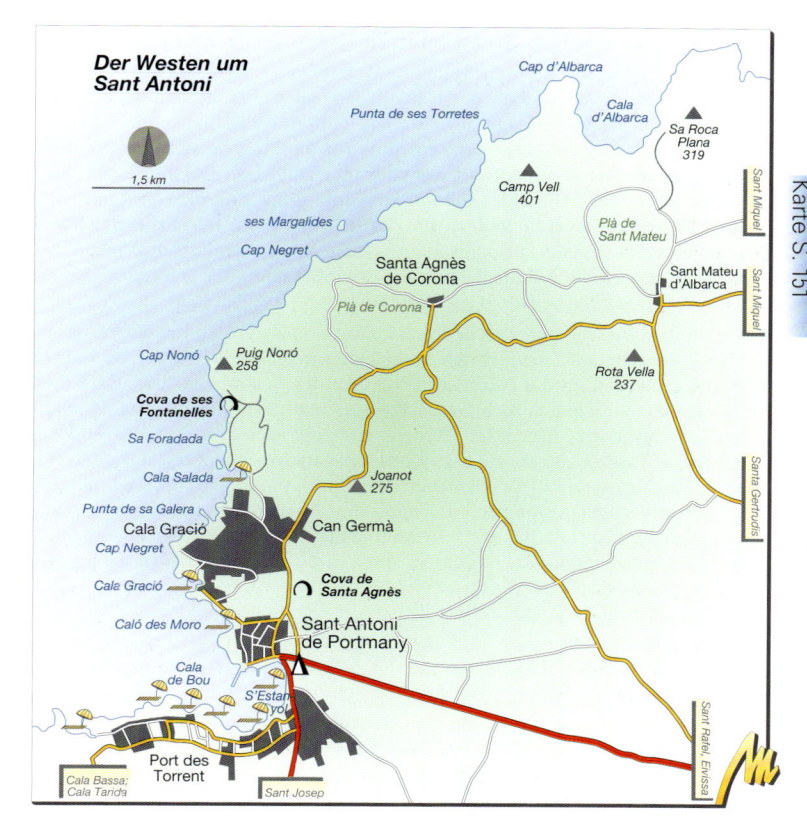

Der Westen um Sant Antoni

Eine besondere Bedeutung erreichte die Siedlung freilich nie, stand immer im Schatten von Eivissa. Doch ist von der Vergangenheit ohnehin nichts mehr zu spüren, das ehemalige Fischerdorf längst eine durch und durch vom Fremdenverkehr geprägte Stadt. Die ersten Hotels von Sant Antoni wurden bereits in den 30er-Jahren errichtet, in den 60ern begann der große Boom.

Sanfter Tourismus ist es nicht gerade, der sich hier abspielt. Vor allem im Süden der an sich schönen, wenn auch nicht mit überdurchschnittlicher Wasserqualität gesegneten Bucht Badía de Portmany ragen hohe Hotelkästen auf, im Hinterland reihen sich Apartmentkomplexe. Die Besucher von Sant Antoni stammen zu einem guten Teil aus Großbritannien und sind oft erstaunlich trinkfest. Was für Mallorca der deutsche Ballermann an der Platja de Palma, ist für Ibiza das berüchtigte britische „West End" im Zentrum von Sant Antoni. Viele Vorfälle, die der Insel immer wieder unrühmliche Schlagzeilen einbringen, nehmen in dieser Kneipenmeile ihren hässlichen Anfang. Gegen Ende der Neunziger konnte es selbst der hart gesottene britische Diplomat Michael Birkett nicht mehr ertragen, „die Schweinereien aufzuräumen, die diese Touristen hinterlassen". Nach nur eineinhalb Jahren Dienstzeit in Sant Antoni warf der Vize-Konsul freiwillig das Handtuch und gab seine Stellung auf: „Bis ich hierher kam, glaubte ich, der schlimmste Diplomatenposten sei Ulan-Bator", so Birkett seinerzeit. Ulan-Bator ist die Hauptstadt der Mongolei...

Mit Hilfe verstärkter Polizeipräsenz (und mit umstrittenen Überwachungskameras im West End und an der Hafenpromenade) bemüht sich Sant Antoni jedoch, sein schlechtes Image abzustreifen. Guten Willen beweisen auch die Versuche, die Stadtarchitektur des Zentrums aufzuwerten. So steht beim großen Kreisverkehr an der Hauptzufahrt das eiförmige „Ou d´en Colóm" – das Werk eines Künstlers aus Sant Rafel soll an die Entdeckung Amerikas erinnern. Die Hafenpromenade wurde erweitert, der weite Hauptplatz mit Palmen herausgeputzt und mit großen Springbrunnen versehen, die nachts farbig beleuchtet sind. Ganz neu ist die Küstenpromenade, die im Westen der Stadt am Café del Mar vorbei bis zur Bucht Caló d´es Moro führt.

Seit jeher üppig ist die touristische Infrastruktur von „San An", wie die britischen Besucher den Ort kurz nennen. An Vergnügungsmöglichkeiten aller Art besteht kein Mangel, vor allem das Nachtleben tobt. An der Auswahl an Bars, Cafés und Clubs gibt es nun wirklich nichts zu mäkeln, Grund genug für manchen nächtlichen Abstecher nach Sant Antoni. Weniger gut steht es um die Strände. Der zwar lange, aber schmale Hauptstrand liegt direkt am stark frequentierten Hafen, die übrigen Strandbuchten im Ortsgebiet sind klein und im Sommer chronisch überbelegt – der britische Reiseveranstalter Thomson will sogar ermittelt haben, dass die Strände von Sant Antoni „mit nur 1,1 Handtuchflächen Platz pro Person" die überfülltesten von ganz Europa seien. Um an einen wirklich reizvollen Strand zu gelangen, bleibt man deshalb auf die Busse und Boote angewiesen, die, immerhin hinreichend häufig, zur Cala Bassa und den Platges des Comte pendeln.

Information/Nützliche Adressen und Telefonnummern

- *Information* **O.I.T. Municipal Sant Antoni**, Passeig de ses Fonts s/n, 07820 Sant Antoni; ✆/✆ 971 343363. Freundlich geführtes Büro in einem Häuschen am Rand des Hauptplatzes, das viele nützliche Informationen über Ort und Gemeinde bereit hält. Öffnungszeiten Mo–Fr 9.30–14.30, 15–20.30 Uhr, Sa 9–13 Uhr, So 9.30–13.30 Uhr, im Winter jeweils nur vormittags.
- *Nützliche Adressen* **Notruf:** ✆ 112

Sant Antoni de Portmany

Und abends wieder in die Disco: Mittagspause am Hafen

Ärztliche Versorgung: Centre Salud, Carrer d´Alacant s/n, im nördlichen Stadtbereich nahe Av. Isidor Macabich, ✆ 971 345121.
Post: Carrer de Sant Rafel, in der Nähe der Plaça d´en s´Erá d´en Manyà, Öffnungszeiten im Sommer Mo–Fr 8.30–20.30 Uhr, Sa und im Winter nur vormittags.
Internetzugang: World Connection, Carrer del General Balanzat 12, ✆ 971 347081.
Wäscherei: Lavanderia San Antonio, Av. Isidor Macabich 12, im Norden der Siedlung; ✆ 971 803857.

Verbindungen

- *Schiff* **Fähren** der Balearia verkehren 2-mal täglich nach Dénia in der Provinz Alicante, daneben bestehen auch Verbindungen nach Barcelona. Abfahrten ab dem Anleger Moll Nou, Info-✆ 902 160 180, www.balearia.com.

Ausflugs- und Taxiboote: Entlang der Uferpromenade warten zur Saison zahlreiche Ausflugsboote auf Kundschaft. Ziele sind u. a. die vielen Hotels im Süden der Bucht („Hoteles Bahía", Abfahrten im Sommer etwa halbstündlich, Hin- & Rückfahrt 4 €) sowie die Buchten Port des Torrent (stündlich), Cala Bassa und Platges des Comte (jeweils 7-mal täglich, HS häufiger, Hin- & Rückfahrt 9 €). Die Cala Gració im Norden (5 €) wird 7-mal täglich angefahren, Formentera (30 €) einmal täglich, Portinatx (25 €) 2-mal pro Woche. Zusätzlich gibt es noch Küstenfahrten mit Glasbodenbooten, z. B. nach Es Vedrà (18 €) einmal täglich.

- *Bus* Neue Busstation im Gebiet knapp östlich des Zentrums. Die folgenden Angaben beziehen sich auf die Sommersaison, die in der Regel von Anfang/Mitte Mai bis Ende Oktober läuft, und auf Werktage. An Sonntagen sind die Frequenzen z. T. geringer, im Winter gilt ein erheblich eingeschränkter Fahrplan. Ratsam, sich bei Tagesausflügen vorab über die Rückfahrmöglichkeiten zu erkundigen. Fahrpläne gibt es in der Touristeninformation oder unter www.ibizabus.com.

Autobuses San Antonio: Busse via Sant Rafel nach Eivissa (Linie 3) tagsüber halb- bis viertelstündlich.
Voramar El Gaucho fährt via Sant Josep 4-mal täglich zum Airport (nur 15.6.–15.9., Linie 9), nach Eivissa (Linie 8) 5-mal täglich, zur Cala Gració (Linie 1) 12-mal täglich, nach Port des Torrent (Linie 2) stündlich, Platges des Comte (Cala Conta; Linie 4) 7-mal, Cala Tarida (Linie 5) 8-mal und Cala Bassa (Linie 7) ebenfalls 8-mal täglich, nach Santa Agnès (Linie 30) nur Juli bis September 2-mal täglich.

Der Westen um Sant Antoni

Autobuses Empresas H.F. Vilas bedient 5-mal täglich Santa Eulària (Linie 19).

Autocares Lucas Costa fährt von Mai bis Oktober jeweils Di und Do 2-mal täglich nach Port Sant Miquel (Linie 22).

Discobusse verkehren von Anfang/Mitte Juni bis Ende September täglich von Mitternacht bis 7 Uhr. Für Sant Antoni interessante Linien sind die „Disco-Route" von/nach Eivissa sowie die „Hotel-Route" von/nach Port des Torrent. Fahrpreis knapp über 2 €.

• *Taxi* Standplatz am Passeig de ses Fonts, Nähe Carrer del Progrés, sowie am Busbahnhof, Funktaxi unter ✆ 971 343764.

• *Mietfahrzeuge* Gute Auswahl, bei Zweirädern sogar besser als in der Hauptstadt; ein Preisvergleich kann nicht schaden. Die Mehrzahl der Vermieter residiert entlang der Avinguda Dr. Fleming südlich des Kreisverkehrs und an der von Eivissa kommenden Hauptzufahrtsstraße Avinguda de Portmany. Hier nur einige Adressen, komplette Liste beim Fremdenverkehrsamt.

Autos Ibiza (Betacar/Europcar), nur Autos, Avinguda de Portmany, ✆ 971 345068.

Motos Luis, Autos und Zweiräder, mehrere Filialen, u. a. Avinguda de Portmany, ✆ 971 340765, und Edificio Sol y Mar, Avinguda Dr. Fleming 9, ✆ 971 341034.

Autos Turbo, Autos und Zweiräder (auch Fahrräder), Edificio Sol y Mar, Avinguda Dr. Fleming 9, ✆ 971 803427.

• *Auto* In den **Zonas Blavas**, den „Blauen Zonen", kenntlich an den so eingefärbten Randsteinen, ist das Parken gebührenpflichtig, auch zu erkennen an den dort aufgestellten Parkautomaten. Entlang der Hafenstraße gibt es bislang noch keine Blauen Zonen; dort muss man nur zu bestimmten Zeiten (aktuelle Daten an Schildern) einen Zettel mit der Ankunftszeit gut sichtbar hinter der Windschutzscheibe hinterlassen – Parkplätze sind in diesem Gebiet freilich Glückssache.

Übernachten/Camping

Sant Antoni wird fast ausschließlich pauschal gebucht, selbst die kleinen Hostals im Stadtkern sind praktisch durch die Bank von Reiseveranstaltern geblockt. Bei Schwierigkeiten mit der Quartiersuche lohnt sich deshalb ein

Übernachten
2 Hostal Res. Pikes
3 Hostal Res. Roig
4 Hostal Res. Marí
5 Hotel Tropical
9 CH Marquesa
10 Campingplatz

Essen & Trinken
1 Rest. Sa Capella
6 Rest. Es Rebost de Can Prats
7 Rest. Rias Baixas
8 Rest. Sa Premsa
11 Bar Rincón de Pepe
12 Rest. Curry Club
13 Rita's Cantina
14 Rest. Club Nàutic

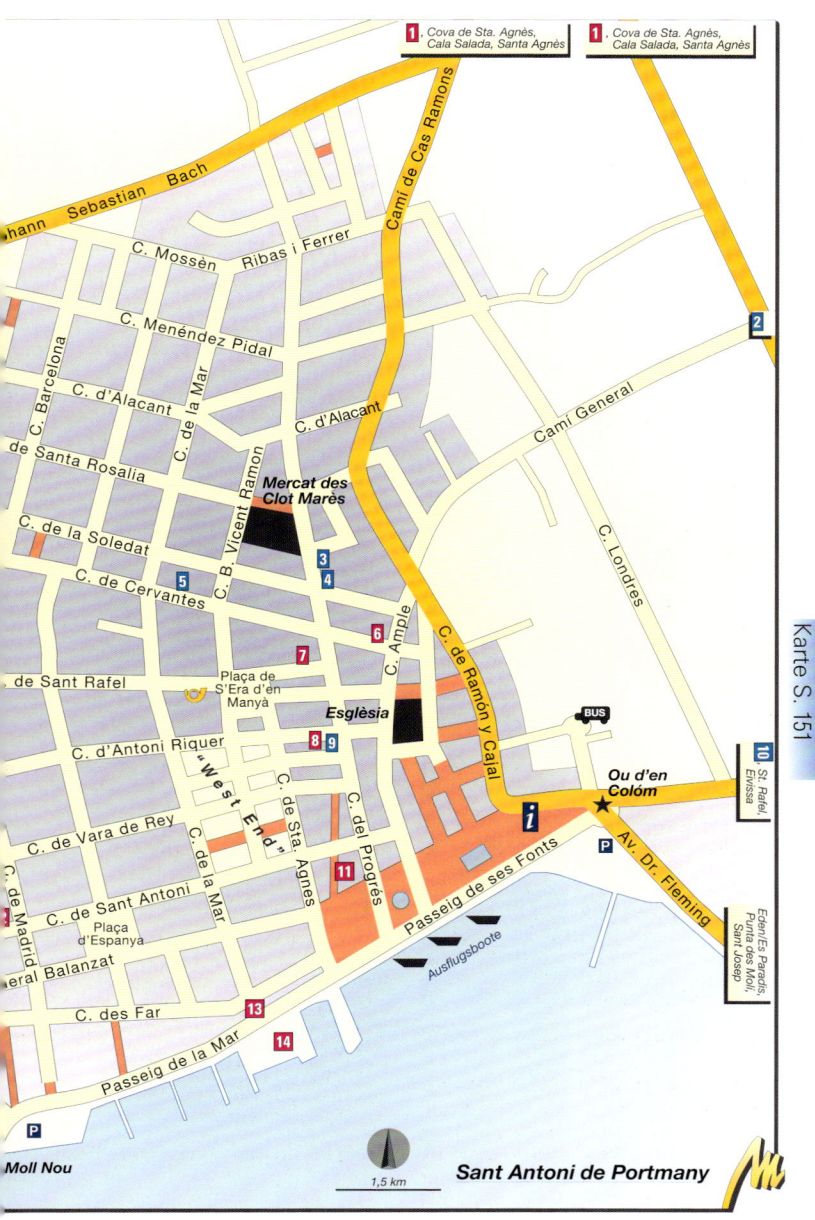

Sant Antoni de Portmany 155

Der Westen um Sant Antoni
Karte S. 151

Cova de Sta. Agnès, Cala Salada, Santa Agnès

Johann Sebastian Bach
C. Mossèn Ribas i Ferrer
Camí de Cas Ramons
C. Menéndez Pidal
C. Barcelona
C. d'Alacant
C. de la Mar
C. d'Alacant
de Santa Rosalia
Camí General
Mercat des Clot Marès
C. de la Soledat
C. B. Vicent Ramon
C. Londres
C. de Cervantes
C. Ample
C. de Ramón y Cajal
de Sant Rafel
Plaça de S'Era d'en Manyà
Església
BUS
C. d'Antoni Riquer
"West End"
Ou d'en Colóm
C. de Vara de Rey
C. de Sta. Agnès
C. de la Mar
C. del Progrés
St. Rafel, Eivissa
Passeig de ses Fonts
C. de Sant Antoni
Av. Dr. Fleming
C. de Madrid
Plaça d'Espanya
Eden/Es Paradís, Punta des Molí, Sant Josep
eral Balanzat
C. des Far
Ausflugsboote
Passeig de la Mar

Moll Nou

1,5 km

Sant Antoni de Portmany

Gang zum Fremdenverkehrsamt, das Bescheid weiß, in welchem Hotel Zimmer z. B. durch Stornierungen frei wurden.

• *Hotels* Der Bau eines kleineren Fünfsterne-Hotels ist im Gespräch.

*** Hotel Tropical (5), ordentliche Mittelklasse im Stadtzentrum. Natürlich ist auch dieses Hotel im Programm von Reiseveranstaltern, zur Nebensaison sind hier aber schon mal Zimmer frei. Vorwiegend junges Publikum, Pool. Geöffnet Mai bis Oktober, DZ/F 55–90 €, Halbpension ist kaum teurer. Carrer Cervantes 28, ☎ 971 340050, ℻ 971 344069, www.hoteltropicalibiza.com.

** Hostal Res. Pikes (2), in ruhiger Lage wenige Kilometer außerhalb der Stadt an der Landstraße Richtung Santa Gertrudis. Einmal mehr klares Understatement in der offiziellen Klassifizierung – das Pikes, untergebracht in einer alten Finca, zählt zu den Edelherbergen der Insel, beliebt bei der Prominenz: Mick Jagger und Jon Bon Jovi waren auch schon da... Sehr schöne Dekoration, Blumenschmuck, diverse Terrassen. Entspannte Atmosphäre. Exquisiter Service, Frühstück gibt es bis mittags, Gäste erhalten Freikarten für die großen Discos. Gute Sportmöglichkeiten, Pool ist selbstverständlich. Ganzjährig geöffnet, 27 Zimmer und Suiten, DZ nach Saison etwa 185–250 €, Suiten 230–500 € – man kann aber noch deutlich mehr ausgeben. Die Zufahrt ab der Hauptstraße von Eivissa ist beschildert, einige Kilometer vor Sant Antoni geht es rechts ab; ☎ 971 342222, ℻ 971 342312, www.pikeshotel.com.

* Hostal Res. Marí (4), schlichtes, aber solides Quartier im Stadtzentrum. Große Zimmer mit TV und Klimaanlage, in den unteren Stockwerken moderner möbliert als weiter oben, aber auch dort völlig okay; ordentliche Bäder. Ganzjährig geöffnet, DZ/Bad etwa 40–70 €. Carrer Progrés 42, ☎ 971 341974, www.hostalmari.com.

* Hostal Res. Roig (3), direkt benachbart. Mit 37 Zimmern ähnlich groß wie der Nachbar, geräumige Zimmer mit Balkon, moderne Bäder – alles blitzblank. Preisniveau ähnlich wie nebenan. Carrer Progrés 44, ☎ 971 340483.

Casa Huespedes Marquesa (9), ebenfalls im Stadtzentrum. Einfache Pension mit Gemeinschaftsbädern, immerhin preisgünstig. 16 Zimmer, DZ etwa 30–35 €, in manchen der Räume mit Klimaanlage 40 €. Carrer Antoni Riquer 1b, Anfragen im Geschäft nebenan, ☎ 971 341305.

• *Camping* **San Antonio (10)** (2. Kat.), nicht weit von der Stadt. Recht hübsch gelegener, freundlich geführter Platz, weitgehend schattig, mit Pool, Wäscheservice und Vermietung von kleinen Bungalows (Minimum vier Tage) mit oder ohne eigenem Bad. Bar-Restaurant vorhanden. Je nach Andrang geöffnet von etwa Juni bis Mitte September, zwei Personen mit Zelt zahlen etwa 15–18 €. Zufahrt von Eivissa kommend kurz vor dem Zentrum links, ☎ 617 835845.

Die schönsten Wochen des Jahres ...

*E*ssen (siehe *K*arte *S*. 154/155)

Mehr als Fish & Chips: Sant Antoni besitzt eine erstaunliche Reihe guter Restaurants recht unterschiedlichen Charakters.

Rest. Sa Capella (1), nördlich etwas außerhalb der Stadt, im Gebiet der Cova de Santa Agnès. Mal etwas anderes – dieses Restaurant ist in einer alten, freilich nie genutzten Kapelle untergebracht. Sehr edles Ambiente, hervorragende Fleisch- und

Sant Antoni de Portmany 157

Fischgerichte. Menü ab etwa 40 €. Nur abends geöffnet; von November bis Ostern geschlossen. Reservierung ratsam. Sa Capella de Can Basora, Carretera Sant Antoni – Santa Agnès, km 0,6; ✆ 971 340057.

Rest. Rias Baixas (7), mehrfach prämiertes Lokal im Stadtzentrum. Hier serviert man galicische Küche, die nach der baskischen als die feinste Spaniens gilt und landesweite Beliebtheit genießt. Prima Fischgerichte und galicische Weine. Menü ab etwa 35 € aufwärts. Außerhalb der Saison Mo Ruhetag. Im Winter etwa zwei Monate Betriebsferien. Zuletzt umgezogen an den alten Standort, den das Restaurant bis ins Jahr 2000 innehatte: Carrer Ignasi Riquer 2. ✆ 971 340480.

Rest. Club Nàutic (14), das Restaurant des Yachtclubs von Sant Antoni, Terrasse mit Blick über die Bucht. Interessante Vorspeisen, die Fischgerichte genießen besten Ruf. Menü ab etwa 30 €, also nicht unbedingt billig, das Preis-Leistungs-Verhältnis ist jedoch sehr gut. Mo Ruhetag. Passeig de la Mar, ✆ 971 345184.

Rest. Es Rebost de Can Prats (6), ein freundliches, familiäres kleines Restaurant mit guter ibizenkischer Küche und origineller Speisekarte; 2003 als eines der 150 besten Restaurants Spaniens ausgezeichnet. Feiner Hauswein, umfangreiche Dessertauswahl. Dabei gar nicht einmal überteuert, ab etwa 20 € aufwärts ist man dabei. Di Ruhetag. Carrer Cervantes 4a, ✆ 971 346252.

Rest. Curry Club (12), stilvoll dekoriertes indisches Restaurant etwas abseits der üblichen Rennstrecken; erst vor wenigen Jahren eröffnet, aber bereits für viele Einheimische der „beste Inder der Insel". Große Terrasse, schöne Innenräume. Breites Angebot, auch Vegetarier werden glücklich. Menü ab etwa 18 €, man kann aber auch deutlich mehr ausgeben. Carrer Sant Antoni 38, Ecke Carrer de Madrid; ✆ 971 343604.

Rest. Sa Premsa (8), die „Presse" – gemeint sind hier allerdings nicht Druckerzeugnisse, sondern eine Weinpresse. Gemütlich-rusti-

*Häufig Livemusik:
Restaurant Villa Mercedes*

kale Dekoration, ordentliche Küche, beliebt bei den Einheimischen. Hauptgerichte kosten überwiegend 10–14 €, Mo–Sa gibt es auch ein sehr preiswertes Mittagsmenü. Carrer Antoni Riquér 3, im Zentrum.

Bar Rincón de Pepe (11), ein Klassiker in Sant Antoni: Seit langem gibt es hier die besten Tapas der Stadt. Breite Auswahl, auch Hauptgerichte. In der „Souvenirgasse" Carrer de Sant Mateu 6, Tische auch im Freien.

Rita´s Cantina (13), zentral an der Hafenstraße nahe dem Club Marítim. Kosmopolitischer Treffpunkt, der ab morgens geöffnet hält, beliebt fürs Frühstück oder auch einen Happen zwischendurch. Günstige Preise. Passeig de la Mar.

Nightlife

Was das Nachtleben angeht, braucht sich Sant Antoni wahrlich nicht zu verstecken – es muss ja nicht unbedingt das „West End" sein. Vorteilhaft ist, dass alle Bars und Discos vom Stadtkern aus zu Fuß zu erreichen sind. Wie auf Ibiza üblich, reicht auch hier jedoch die Saison nur von etwa Anfang, Mitte Juni bis Mitte, Ende September. Davor und danach gehört Sant Antoni einem eher familiären Publikum.

• *Cafés & Bars* **Café del Mar**, traditionsreicher Chillout-Treffpunkt am Sunset-Strip von Sant Antoni, bereits 1980 gegründet und durch zahlreiche Compilations weltweit bekannt. Stamm-DJ José Padilla ist zwar schon vor Jahren im Streit geschieden, dennoch hat das Café eine treue Fangemeinde behalten – zu jedem Sonnenuntergang versammeln sich hier Hunderte. Versonnen schweift der Blick über das Meer ... Das ist auch die einzige Richtung, in die man sehen mag, denn das Umfeld glänzt nicht gerade durch Schönheit. Ob die neue Promenade der Atmosphäre zu- oder abträglich ist, darüber mag man sich streiten. Carrer Lepanto 4, geöffnet von Ostern bis Anfang November.

Café Mambo, ebenfalls in diesem Gebiet und eine weitere Lokal-Berühmtheit, auch für Pre-Partys.

Savannah und **Mezzanine** heißen weitere Bars im Umfeld, die natürlich allesamt ebenfalls einen superben Blick auf den Sonnenuntergang bieten – nach Geschmack auswählen.

Kanya, eine Sunset-Bar weiter nördlich an der winzigen "Maurenbucht" Caló des Moro. Tolle Lage, Terrasse (Frühstück bis 14 Uhr), kleiner Pool. Hübsch ist auch das benachbarte, ruhigere Bar-Restaurant **Kasbah**.

Plastik, direkt am großen Kreisverkehr beim "Ou d´en Colóm". Neue Filiale einer renommierten (zuletzt geschlossenen), aber eventuell wieder öffnenden) Music-Bar des West Ends. Der Start ließ sich gut an.

Itaca, eine aus einer ganzen Reihe von Bars südlich des großen Kreisels. Zweistöckig, hübsche Terrasse zum Strand, oft wilde Pre-Partys.

Kumharas, ein sicherer Hafen im ansonsten völlig verbauten Süden der Bucht von Sant Antoni. Man versteht sich als "meeting place for crossing cultures", ein entspannter Platz im Goa-Stil. Originelle Dekoration, Restaurant mit vorwiegend vegetarischer Küche, Bar in einem alten Wachtturm, Hängematten, Massagen, Jongleure, Workshops und Performances... Cala de Bou, direkt am Strand, www.kumharas.org.

Villa Mercedes, etwas gediegener als die anderen. Ausgesprochen hübsche, über ein Jahrhundert alte Villa mit herrlicher Gartenanlage und tollem Ambiente. Mehrmals pro Woche Livemusik: Samba, Flamenco, Jazz etc. Essen und Cocktails gibt´s auch. Passeig de la Mar, ganz in der Nähe des Club Nàutic. ✆ 971 343404.

● *Clubs* Gleich zwei der großen Clubs von Ibiza residieren in Sant Antoni, aber auch das "Privilege" und das "Amnesia" (siehe Eivissa) sind von hier guta zu erreichen.

Eden, nahe der Avinguda Dr. Fleming. Platz für fast 5000 Gäste. Zwölf Bars, drei Dancefloors. Geöffnet bis 7 Uhr. Eine der beliebtesten Clubnächte ist der "Judgement Sunday". ✆ 971 803239, www.edenibiza.com.

Es Paradis Terrenal, gleich gegenüber. Das 1975 eröffnete "irdische Paradies", die Disco mit dem Pyramidendach, glänzt mit üppigem Dekor – Säulen, Marmor, Palmen ... Bei den berühmten Wasserpartys "Fiesta del Agua" (Mi/Sa) wird die runde Tanzfläche vollständig unter Wasser gesetzt. Geöffnet wie oben, ✆ 971 346600, www.esparadis.com.

Einkaufen/Feste

● *Einkaufen* **Mercat des Clot Marès**, zwischen Carrer Bartomeu Vicent Ramón und Carrer del Progrés. Von außen mit dem Charme eines Ärztehauses, die Auswahl an frischer Ware jedoch ist gut. Geöffnet Mo-Sa, jeweils nur bis 14 Uhr.

Mega-Music, wie der Name sagt ... Ähnlich breite Auswahl wie im Hauptgeschäft in Eivissa. Carrer Santa Agnès 5.

● *Feste* **Festa dels Reis**, am 5./6. Januar, Fest der Heiligen Drei Könige. Am 5. Januar Umzug durch die Hauptstraßen der Stadt, später – und nicht an Weihnachten – bekommen die Kinder ihre Bescherung.

Sant Antoni Abat, mehrere Tage bis zum 17. Januar, Patronatsfest zu Ehren des Schutzheiligen Antonius, der auch für Haus- und Hoftiere zuständig ist: mittags werden sie auf dem Passeig de ses Fonts gesegnet.

Carnestoltes, Carnaval: Der Karneval beginnt am "Fetten Donnerstag" mit einem Volksfest in der Cala Gracio, am Faschingsdienstag findet in der Stadt abends ein großer Umzug statt.

El Rocío, im Mai oder Juni, das große Fest der andalusischen Einwanderer. Sevillanas, Sherry, Rüschenkleider für die Kleinen...

Mare de Déu del Carme, 16. Juli, das Fest der Schutzheiligen der Fischer und Seeleute, mit Bootsprozession in der Bucht.

Festes Patronals de Sant Bartomeu, mehrere Tage bis zum 24. August, das große Sommerfest der Stadt mit umfangreichem Programm.

Sant Antoni de Portmany 159

Eine der ältesten Inselkirchen: Església de Sant Antoni

Sehenswertes

Església de Sant Antoni: Die Pfarrkirche an der Plaça de l´Església ist das einzige bedeutende Monument innerhalb der Stadt und heute von modernen Bauten geradezu eingekesselt. Bereits 1305 als Kirche des Quartóns Portmany gegründet und in den folgenden Jahrhunderten nach und nach als Wehrkirche ausgebaut, zählt sie zu den fünf ältesten Gotteshäusern der Insel. In jenen gefährlichen Zeiten tat man gut daran, das Meer im Blick zu behalten, und so wurde die einschiffige Kirche auf einem kleinen Hügel etwas landeinwärts der Küste errichtet. Der große Vorhof bot auch der Bevölkerung des Umlands Platz, eine Zisterne sorgte für Wasservorrat; bis weit ins 19. Jh. hinein war das Gotteshaus sogar mit Kanonen bestückt.

Sa Punta des Molí: Eine schön restaurierte alte Windmühle am südlichen Ende der Strandpromenade von Sant Antoni, die zusammen mit dem benachbarten Bauernhaus und einer Ölpresse zum Freilichtmuseum und Kulturzentrum ausgebaut wurde. Gelegentlich finden hier Ausstellungen und Aufführungen statt.

Cova de Santa Agnès: 1907 wurde etwa eineinhalb Kilometer nördlich des Zentrums, rechter Hand der Straße Richtung Santa Agnès, eine lange Zeit in Vergessenheit geratene unterirdische Kapelle wiederentdeckt, deren Alter bis heute nicht völlig geklärt ist. Sie liegt in einer natürlichen Höhle, in der auch Gegenstände karthagischer, römischer und maurischer Herkunft gefunden wurden. Möglich, dass das versteckte kleine Heiligtum, das aus einem rechteckigen kleinen Schiff und dem Presbyterium mit dem Altar besteht, bereits zur Zeit der Urchristen als Kultstätte diente, vielleicht wurden hier auch unter maurischer Herrschaft heimliche Gottesdienste abgehalten. Eine Legende erzählt, dass im 16. oder 17. Jh. in der Kapelle eine Holzstatue der hl. Agnès gefunden wurde. In die Pfarrkirche gebracht,

Baden und Schnorcheln gut: Cala Salada

verschwand sie dort aber immer wieder, um erneut in der Höhle aufzutauchen. Dies soll am 24. August geschehen sein, dem Tag des hl. Bartomeu, weshalb bei dessen Fest auch die hl. Agnès besondere Verehrung genießt.

Öffnungszeiten Di–Sa 10–13 Uhr, gratis. Die Kapelle ist in Privatbesitz und die Zeiten ändern sich schon mal, Anfrage beim Fremdenverkehrsamt ist deshalb ratsam.

Aquarium Cap Blanc: Eine weitere natürliche Höhle nördlich der Stadt, diesmal direkt an der Küste in Richtung der Cala Gració und als Aquarium eingerichtet. Sie steht mit dem Meer in Verbindung und beherbergt einen flachen Salzwassersee. Früher wurden hier Fische ausgesetzt, als Vorrat für Zeiten, an denen schlechtes Wetter das Auslaufen der Boote unmöglich machte. Heute kann man auf einem Steg durch die Höhle laufen und dabei verschiedene Fischarten beobachten, die alle in den umliegenden Gewässern gefangen wurden, darunter kleine Haie, Muränen und Rochen; es gibt auch einige echte Aquarien sowie eine Amphorensammlung.

Öffnungszeiten Zur Saison täglich 10–19 Uhr, im Winter geschlossen. Eintrittsgebühr 4,50 €, Kinder deutlich ermäßigt. Der Fußweg von der Verbindungsstraße zur Cala Gració ist beschildert.

Strände und Buchten um Sant Antoni

Südlich der Stadt: An der Südseite der Bucht von Sant Antoni liegt eine Reihe von Stränden und Buchten wie die Cala de Bou oder die Platja de s´Estanyol, die zwar in der Regel gut gepflegt, durch die zahlreichen benachbarten Großhotels zur Saison aber ebenso regelmäßig überfüllt sind. Die Wasserqualität der Hafenbucht ist zudem wegen des häufigen Schiffsverkehrs nicht die beste.

Platja de s´Arenal: Das gilt erst recht für den rund 700 Meter langen, dabei jedoch recht schmalen Hauptstrand von Sant Antoni, der sich am Kopf der Hafenbucht erstreckt. Trotz seiner guten Infrastruktur und des kinderfreundlich flach abfallenden Grundes bietet er sich deshalb eher für ein Sonnenbad an als für einen Sprung ins Wasser. Mancher nutzt ihn auch, um seinen Rausch auszuschlafen…

Caló des Moro: Eine winzige, teils sandige, teils felsige Bucht im nördlichen Ortsbereich von Sant Antoni, in bequemer Fußentfernung großer Hotels und darum zur Saison dicht an dicht belagert. Immerhin, die beiden Music-Bars „Kanya" und „Kasbah" haben Stil, erstere sogar einen kleinen Pool.

Cala Gració und Cala Gracioneta: Noch ein Stück weiter nördlich, etwa zwei Kilometer vom Stadtzentrum entfernt, liegen diese beiden einander benachbarten, landschaftlich reizvollen Sandbuchten, die sich in eine tief eingeschnittene Felsküste schmiegen. Der Strand der Cala Gració reicht weit landeinwärts, die Cala Gracioneta ist deutlich kleiner. In beiden Buchten wird es wegen der guten Bus- und Bootsverbindungen nach Sant Antoni zur Saison sehr voll. Die Wasserqualität ist in Ordnung, die Infrastruktur ebenfalls. Strandbars sind vorhanden, besonders hübsch „El Chiringuito" an der Cala Gracioneta, zu dessen Spezialitäten Reisgerichte zählen.

● *Essen* **Restaurant Es Pi d'Or O'Pazo**, galicisches Restaurant nördlich oberhalb der Cala Gració, mit dem Auto der Beschilderung zum Cap Negret folgen. Fisch, Meeresfrüchte und Fleischspezialitäten werden direkt aus Galicien eingeflogen. Dennoch bleibt die grundsolide Küche bezahlbar: Menü ab etwa 30 €. Von etwa Mitte Dezember bis Anfang Februar geschlossen. Carretera Cap Negret s/n, ✆ 971 342872.

Racó de Sa Galera: Wie ein Finger ragt die lange Landzunge der Punta de sa Galera ins Meer. Die nördlich anschließende, felsige Küste ist ein Paradies für Schnorchler, das Wasser einfach traumhaft. Nacktbaden ist üblich. Keinerlei Einrichtungen.

Cala Salada

Die letzte und zweifelsfrei die schönste Bucht nördlich von Sant Antoni: von Kiefernwald begrenzt, tief in die Felsküste eingeschnitten und mit glasklarem, türkisfarbenem Wasser.

Obwohl nur vier Kilometer von dem Touristenzentrum entfernt, wird es hier zudem nicht ganz so voll wie in den anderen Buchten, da es keine Busverbindung gibt. Die Bucht teilt sich in zwei Sandstrände, von denen der hintere, die Cala Saladita, nur mit etwas Kletterei zu erreichen ist. Auch auf den Felsen lässt sich so manches hübsche Plätzchen finden. Das Wasser wird nur langsam tiefer und ist aufgrund der geschützten Lage meist ruhig. Schnorchler finden hervorragende Möglichkeiten. Liegestuhl- und Sonnenschirmverleih sind vorhanden, das große Strandrestaurant serviert zu normalen Preisen ordentliche Paella und gegrillten Fisch. Zufahrt über die Straße Richtung Santa Agnès, nach gut zwei Kilometern dann links hinab auf einer Asphaltstraße; Parkplätze sind zur Saison allerdings rar. Nördlich der Cala Salada beginnt eine spektakulär zerklüftete Felsküste, die nur an wenigen Stellen Zugang ans Wasser gestattet; eine Möglichkeit dazu liegt unterhalb der Höhle Cova de ses Fontanelles, siehe die folgende Wanderung.

Wanderung 3: Zur Cova de ses Fontanelles

> **Route:** Cala Salada – Cova de ses Fontanelles – Cala Salada; **reine Wanderzeit:** ca. 2 Stunden; **Einkehr:** nur an der Cala Salada. Unterwegs keine Möglichkeiten, Trinkwasser und Sonnenschutz nicht vergessen. Festes Schuhwerk ist ratsam.

Charakteristik: Die uralten Felsmalereien der Grotte Cova de ses Fontanelles sind mit dem bloßen Auge kaum noch zu erkennen. Die umgebende Landschaft und auch der Weg selbst sind dafür malerisch, besonders schön am

162 Der Westen um Sant Antoni

**Wanderung 3:
Zur Cova de ses Fontanelles**

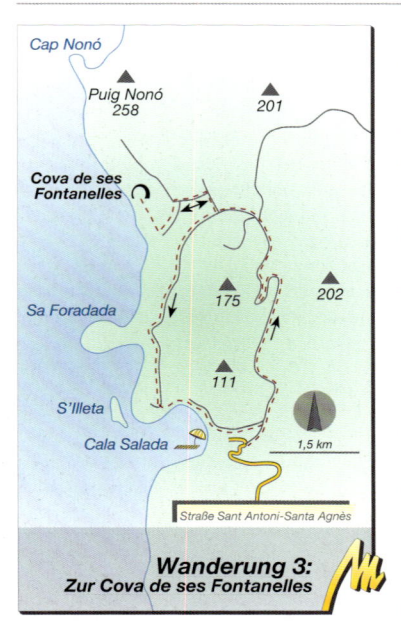

Morgen oder späten Nachmittag. Die Route führt durch Kiefernwald und ehemaliges, weitgehend aufgegebenes Farmland – ein beschauliches, friedliches Fleckchen Ibiza, nur wenige Kilometer nördlich der trubeligen Touristenmetropole Sant Antoni. Von der Umgebung der Grotte bietet sich ein herrliches Küstenpanorama, bevor es, entweder auf demselben Weg oder aber oberhalb des Meeres, wieder zum Ausgangspunkt an der Cala Salada geht.

Verlauf: Von der Zufahrtsstraße aus Richtung Sant Antoni kommend, biegt man in der letzten Linkskurve vor der Cala Salada rechts in den Fahrweg (beschildert: „Ses Fontanelles"), an der kurz darauf folgenden Gabelung hält man sich geradeaus; links ginge es zum hinteren Strand, der Cala Saladita. Nach einer Weile steigt die Piste in Serpentinen aus dem waldigen Tal heraus kräftig an. Gut eine halbe Stunde nach dem Beginn der Wanderung senkt sich der Fahrweg wieder: Hier ist der höchste Punkt der Tour erreicht. Die bald folgenden beiden Abzweigungen nach links und rechts bleiben unberücksichtigt. Mittlerweile ist man aus dem Wald heraus und überquert eine Hochfläche mit teilweise verwildertem ehemaligem Ackerland; beeindruckend sind die uralten Feigen- und Johannisbrotbäume, deren weit ausladende Äste gestützt werden müssen, damit sie nicht abbrechen. Nur etwa drei Minuten hinter den beiden oben erwähnten Abzweigungen muss man die Hauptpiste (links ein Fahrradwegweiser) auf einem breiten Fahrweg nach rechts verlassen; das Hinweisschild an dieser Stelle war zuletzt herausgerissen. Nach etwa 200 Metern macht der Weg einen Linksknick und führt nun leicht bergab, weitere 400 Meter weiter beschreibt er eine deutliche Rechtskurve (und steigt dann in Richtung einiger entfernter Häuser und des Hügels Puig Nonó wieder an). Genau in dieser Rechtskurve geht es hart links ab und auf einem steinigen, relativ breiten Weg durch ein lichtes Waldgebiet schnurgerade nach Südwesten auf die Küste zu. Nach wenigen Minuten gabelt sich der Weg hoch über dem Meer; rechts geht es auf einem anfangs breiten, dann aber schmaler werdenden Pfad im Bogen hinab zur Grotte von Ses Fontanelles, die etwa eine Stunde nach Beginn der Wanderung erreicht wird. Im Abstieg genießt man ein fantastisches Panorama der felsigen Küste mit ihren vorgelagerten Inselchen und dem „Lochfelsen" Sa Foradada.

Cova de ses Fontanelles: Die Grotte, auch bekannt unter dem Namen „Cova des Vi", ist eigentlich eher ein überhängender Felsen. 1917 wurden hier zwei Flächen mit schwarzen Felszeichnungen

Versteckt: Ankerplatz unweit der Cala Salada

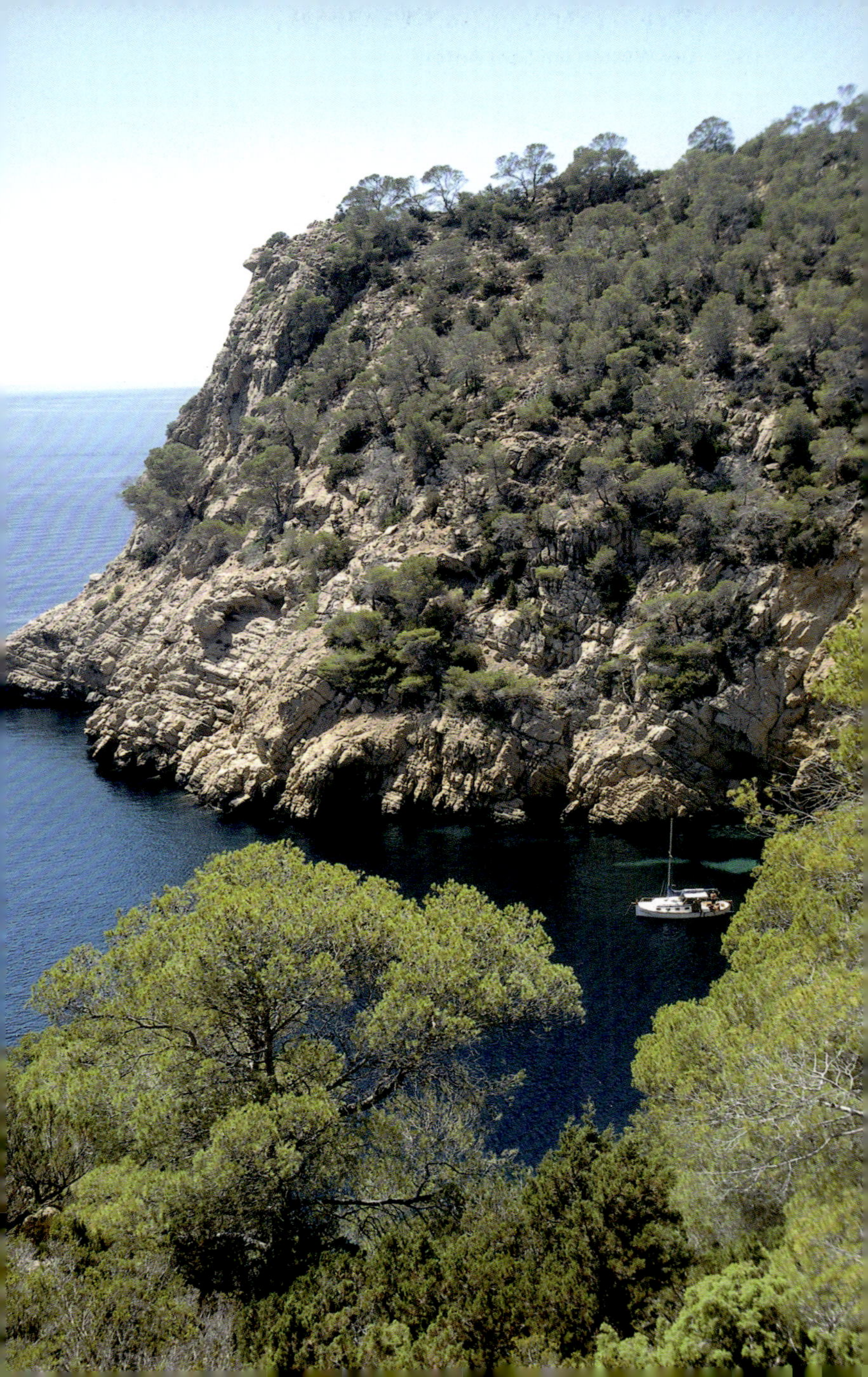

Am Ziel: Cova de ses Fontanelles

entdeckt, die einzigen bekannten Höhlenmalereien der Pityusen. Ihre Motive, mit Ausnahme der Darstellung einiger Schiffe, waren freilich auch damals schon nur mehr schwer identifizierbar. Nicht endgültig geklärt ist auch das Alter der Zeichnungen – eine Theorie ordnet sie der Bronzezeit zu, einer anderen Version zufolge sind sie das Werk karthagischer Soldaten, die in der Nähe einen Wachtposten hatten. Um Vandalismus vorzubeugen, ist die Grotte mit einem Gitter geschützt; im Inneren wurde ein Schild angebracht, das die Lage der beiden Flächen verdeutlicht. Unterhalb der Höhle führt der Pfad weiter hinunter zur Küste, der Einstieg ins Wasser ist wegen der Felsen aber nicht ganz einfach.

Der Rückweg kann wie der Hinweg erfolgen. Es existiert aber auch eine Variante, bei der allerdings das Risiko besteht, aufgrund einer zwischenzeitlich möglicherweise erfolgten Sperrung von echtem oder vorgeblichem Privatgelände wieder umkehren zu müssen; beim letzten Besuch war der Weg jedoch geöffnet und begehbar. Hierbei geht man zunächst wieder zur scharfen Rechtskurve und auf dem Fahrweg zurück bis zu dessen Einmündung in die Hauptpiste (abenteuerlustige Naturen mit Orientierungssinn könnten sich auch von der Gabelung hoch über der Küste in Richtung des von der Cova de ses Fontanelles wegführenden Pfads durchzuschlagen versuchen). An der Hauptpiste hält man sich diesmal nun rechts. Nach einem knappen Kilometer bietet sich ein reizvoller Ausblick auf die Küste, bald danach wird ein ehemaliges Tor durchquert – hier hatten die Anwohner vor Jahren versucht, den Weg mittels einer Kette und eines Verbotsschilds zu sperren; beides war zuletzt zerstört, doch besteht natürlich die Gefahr, dass ein erneuter Versuch unternommen wird, sei er nun legal oder nicht. Wenige Minuten später, kurz bevor die Piste bei einem Haus endet, muss man sich in einer Kurve seinen Weg links hinunter zur Cala Saladita suchen, dem kleineren der beiden Strände an der Cala Salada; im Absteigen dabei zunächst eher etwas nach rechts und damit weg von der Bucht halten, um nicht in eingezäuntes Privatgebiet zu geraten. Unten trifft man auf einen Pfad, der nach links zum Strand führt. Dort geht es bei der „Strandtafel" aufwärts, vor der Mauer links hoch und dann rechts durch das Tor auf eine Piste. Sie führt zurück zum Ausgangspunkt, der von der Cova de ses Fontanelles insgesamt etwa eine knappe Stunde entfernt ist.

Santa Agnès de Corona (Santa Inés)

Kaum zehn Kilometer von Sant Antoni entfernt und doch eine andere Welt: Santa Agnès ist ein Bauerndörfchen wie aus dem Bilderbuch.

Gerade mal eine Handvoll Häuser scharen sich um das schneeweiße, erst zu Anfang des 19. Jh. errichtete Kirchlein. Ibizenkische Gotteshäuser wurden immer auch als gesellschaftlicher Treffpunkt der im Umland verstreuten Bauernhöfe konzipiert, und so besitzt auch die Kirche von Santa Agnès (spanisch: Santa Inés) die typische, „Porxada" oder „Portxo" genannte Vorhalle, die sowohl Schutz vor Sonne als auch vor Regen bietet. Die meist britischen Touristen, die zur Saison mit einer Art Trambahn auf Gummirädern, dem „Mini-Tren Turístico", von Sant Antoni nach Santa Agnès kutschiert werden, interessieren sich freilich in erster Linie für die beiden Bar-Restaurants des Örtchens. Sie tun dies nicht ganz zu Unrecht, lockt die Bar „Can Cosmi" (Di Ruhetag) doch mit einer schönen Terrasse und ihrer bekannt guten Tortilla española, dem üppigen spanischen Kartoffelomelett.

Um das kleine Dorf erstreckt sich die Ebene *Plà des Corona*, umrundet von einem asphaltierten Nebensträßchen. Ihre eisenhaltige und deshalb rote Erde gilt, zusammen mit der des Nachbartals von Sant Mateu, als die fruchtbarste der Insel. Im Tal von Santa Agnès wachsen vor allem Mandelbäume, die ab Mitte Februar die gesamte Ebene in ein Meer aus weißen Blüten tauchen, ein wirklich traumhafter Anblick, der allein den Weg hierher wert ist.

- *Verbindungen* Busse der Gesellschaft Voramar El Gaucho (Linie 30) von Juli bis September Mo–Sa 2-mal täglich ab Eivissa, ab Sant Antoni (ebenfalls Linie 30) 1-mal täglich; im restlichen Jahr nur Mo–Fr 1-mal täglich ab Eivissa, dann keine Rückfahrtmöglichkeit am selben Tag.
- *Übernachten* **Hotel Rural Es Cucons**, an der Rundstrecke durch die Ebene Plá des Corona, nicht weit von der ersten Einmündung aus Richtung Sant Antoni. Schönes Landhotel rund um ein renoviertes Bauernhaus aus dem 17. Jh., geführt von einer Familie aus Barcelona. Weitläufiges Areal, hübsche Gartenanlage mit Pool, der an die Mandelplantagen der Ebene grenzt. Essensmöglichkeit für Gäste. Gemütlich und stilvoll eingerichtete Zimmer, DZ nach Saison etwa 210–270 €, Suiten nach Saison und Ausstattung 260–550 €. Geöffnet April bis Oktober, ✆ 971 805501, ✆ 971 805510, www.escucons.com.
Agroturismo Can Pujolet, zwischen Santa Agnès und Sant Mateu. Herrlich ruhig und abgeschieden gelegenes Quartier in und um eine mehr als hundert Jahre alte, modernisierte Finca. 130.000 Quadratmeter Grund, ökologischer Anbau von Gemüse, Weizen und vielen Obstarten; nördlich des Anwesens führen Fußwege durch den Wald zur einsamen Steilküste. Hübsche, komfortable Zimmer, alle mit eigener Terrasse; großer Pool mit Jacuzzi. Keine Hunde. Ganzjährig geöffnet, DZ/F nach Saison und Ausstattung etwa 175–270 €, Suiten 250–330 €, auf Vorbestellung auch Essen aus eigenem Anbau. Zufahrt von dem kleinen Sträßchen, das vom Ortskern in Santa Agnès nach Sant Mateu führt, nach knapp zwei Kilometern links (auf einem Stein markiert), noch 900 Meter. ✆ 971 805170, ✆ 971 805038, www.ibizarural.com.
- *Feste* **Patronatsfest** von Santa Agnès am 21. Januar, mit einer Mittagsmesse, gefolgt von einer Prozession und der Feier mit Musik, Tanz, Speis und Trank.

Sant Mateu d´Albarca

Wer Santa Agnès für winzig hält, hat Sant Mateu noch nicht gesehen. Manch Neuankömmling sucht erst einmal, wundert sich – und hat den Weiler doch schon gefunden, denn die Ansammlung von verstreuten Häusern um die Kirche ist tatsächlich Sant Mateu. Unterhalb des einfachen, im späten 18. Jh. errichteten Gotteshauses, das am 21. September sein Patronatsfest feiert, liegen ein Fußballplatz und eine längst nicht immer geöffnete Bar.

Es Plà de Sant Mateu oder auch **Es Clot** heißt die fruchtbare Ebene, die sich nordwestlich von Sant Mateu ausdehnt und auf einer asphaltierten Rundstraße umkreist werden kann. Hier schlägt das Herz des bäuerlichen Ibiza: einzelne Gehöfte, dazwischen Weizenfelder, Gemüsebeete, Feigen- und Johannisbrotbäume, vor allem aber Weingärten, denn um Sant Mateu wird (wenn auch in relativ geringen Mengen) der beste Wein der Insel produziert.

Cala d´Albarca: Im Gebiet nördlich der Ebene öffnet sich diese weite, schöne Felsbucht, die sehr versteckt liegt und nur auf einem anstrengenden Fußmarsch erreicht werden kann. Am Ende des steilen Abstiegs, der etwa 30–40 Minuten in Anspruch nimmt, trifft man auf einen Felsstrand, kristallklares Wasser und nur auf wenige Menschen. So schön das Schwimmen hier ist, gilt es auch bei nur etwas stärkerem Wellengang doch Vorsicht walten zu lassen. Der Rückweg wird hart, reichlich Wasser sollte auf jeden Fall im Gepäck sein.

• *Anfahrt* Von der Kirche in Sant Mateu geht es zunächst über das nach Norden führende Nebensträßchen Richtung Sant Miquel (nicht die direkte Straße nach Sant Miquel!). Nach etwa 800 Metern biegt man an einer Gabelung dann links auf die Rundstrecke um den Plà ab; in der Gegenrichtung ist hier auch ein Schild zur Cala d´Albarca zu erkennen – es ist das letzte, die anderen Schilder werden immer wieder demontiert. Genau einen Kilometer weiter erreicht man ein winziges Kiefernwäldchen (rechts ein weißer Bungalow), in dem beiderseits der Straße zwei blaue Schilder mit der Aufschrift „Sant Antoni de Portmany" stehen. Hier geht es rechts in eine ganz gut befahrbare Piste, der man noch rund 800 Meter weit folgt, bis sie sich nach einer Rechtskurve hoch über dem Meer zu einer Art Gabelung bzw. Parkplatz verbreitert. Schräg links gegenüber beginnt der anfangs noch recht breite Weg hinab zur Bucht.

Fruchtbar: Eisen färbt die Erde der Felder rot

Wildromantisch: Küste westlich der Cala Xaraca

Der Norden

Ein Paradies für Naturliebhaber ist diese sehr ländliche Region, in der sich noch geradezu einsame Flecken finden. Das hügelige Binnenland prägen fruchtbare Felder und ausgedehnte Wälder, in die schroffe Felsküste schmiegen sich einzelne Badebuchten.

Die gesamte Gemeinde von Sant Joan, deren Grenzen ungefähr dem hier beschriebenen Gebiet entsprechen (Ausnahmen sind die im Kapitel „Der Osten" näher beschriebenen Dörfchen Sant Llorenç und Balàfia) zählt nicht einmal 5000 Einwohner, ist also ausgesprochen dünn besiedelt. Die Dörfer sind klein, ganz wie früher leben viele Menschen noch auf weit verstreut liegenden Bauernhöfen. Im Umfeld der Fincas schützen sorgfältig aufgeschichtete Trockensteinmauern die Felder, auf deren roter Erde Gemüse, Getreide und Obstbäume wachsen.

Quer durch den Norden erstreckt sich die unter Naturschutz gestellte, dicht bewaldete Hügelkette *Els Amunts*, die von der Cala Salada bei Sant Antoni bis zur Cala Sant Vicent verläuft. Ihre höchste Erhebung erreicht sie in der Serra de la Mala Costa mit dem 410 Meter hohen Puig d´en Forns. Die überwiegend felsigen Küsten des Nordens stürzen spektakulär ins Meer ab, doch findet sich hier auch eine Reihe guter Badegelegenheiten. Leider sind die größeren Buchten z. T. mit Apartmentkomplexen und großen Hotelbauten verschandelt. Das hässlichste Beispiel bildet der architektonische Wildwuchs, der die eigentlich sehr hübsche Bucht von Port de Sant Miquel entstellt; die Strände von Portinatx, des größten Fremdenverkehrsorts im Norden, sind von baulichen Entgleisungen ebenfalls nicht verschont geblieben. Mit einem Fahrzeug erschließen sich jedoch auch wirklich reizvolle Buchten wie die schöne Cala Benirràs oder die abgelegene Cala d´en Serra.

Der Norden
Karte S. 168/169

Penyal de s´Àguila und Es Portitxol

Die steilen Felsküsten des Nordens sind auf dem Landweg oft unzugänglich. Ausnahmen bilden das wildromantische Gebiet um die Felsnase von s´Àguila und die entlegene Hafenbucht Es Portitxol.

Ausgangspunkt ist die kleine Urbanisation *Isla Blanca*, die über ein asphaltiertes Seitensträßchen der Verbindungsstraße von Sant Mateu nach Sant Miquel zu erreichen ist. Von hier führt eine sehr steile, teils asphaltierte, teils geschotterte und mit großen Schlaglöchern versehene Zufahrt in vielen Kurven hinab zur Felsküste. Mit der Enduro oder einem Jeep ist das Sträßchen problemlos befahrbar; Pkw-Besitzer, die ihr Gefährt nicht martern wollen, sollten es hingegen besser oben bei den Parkplätzen im Wäldchen am Ende der Apartmentsiedlung stehen lassen und die 1½ Kilometer zu Fuß zurücklegen. Immer noch hoch über dem Meer geht die Straße in eine schlechte Piste über; von einem Aussichtsplateau eröffnet sich ein fantastischer Blick auf die bizarr geformte Küstenlinie. Über eine Piste und dann über Fußpfade gelangt man zu einer steinigen, wenig besuchten Bucht östlich unterhalb des markanten Felsens Penyal de s´Àguila, das Baden hier ist allerdings nur bei ruhiger See zu empfehlen.

Es Portitxol: Einsames Ibiza – die kreisrunde, nahezu abgeschlossene Steinbucht Es Portitxol mit ihren typischen Bootsgaragen liegt schon recht versteckt. Und da sie nur zu Fuß zu erreichen ist, sieht man hier selbst im Hochsommer nur wenige Menschen. Der Weg beginnt am Ende der großen Mauer in einer breiten Rechtskurve, ein paar hundert Meter vor dem Ende der oben beschriebenen Sträßchens. Als schmaler Pfad führt er zunächst durch Macchia hoch oberhalb der Küste, bietet dabei herrliche Panoramen. Dann senkt sich der Weg allmählich und durchquert aufgegebenes Farmland, in dem noch einzelne Hausruinen stehen. Nach etwa 20 bis 30 Minuten ist die Bucht erreicht. Trotz ihres geschützten Charakters empfiehlt es sich bei rauer See, mit dem Schwimmen vorsichtig zu sein; Verpflegung und Getränke muss man sich selbst mitbringen.

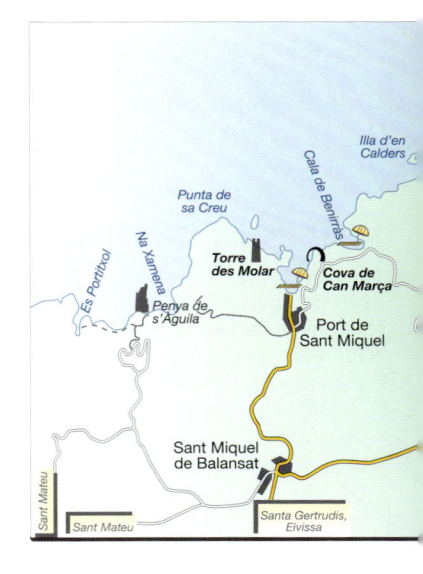

Sant Miquel de Balansat

Ein freundliches Dorf, besuchenswert vor allem wegen seiner wehrhaften Kirche, die auf einem Hügel hoch über dem Ort thront.

In seinen Grundzügen stammt das weithin sichtbare Gotteshaus bereits aus den Anfängen des 14. Jh. und zählt somit zu den ältesten Kirchen Ibizas. Es entstand als

Sant Miquel de Balansat 169

Zentrum eines der vier Quartóns, in die die Katalanen nach ihrer Eroberung die Insel geteilt hatten. Der Ort Sant Miquel existierte damals noch gar nicht, die Bevölkerung des Gebiets war auf einzelne, abgeschiedene Gehöfte verteilt. Über die Zeiten hinweg wurde die Kirche umgestaltet und erhielt ihre heutige Form wohl erst gegen Ende des 17. Jh. Der Vorhof dokumentiert mit beachtlicher Größe seine Funktion als gesellschaftlicher Treffpunkt. Jeden Donnerstagnachmittag ab 18.15 Uhr (Busse ab Eivissa) finden hier Folkloreaufführungen statt, begleitet von einem kleinen Kunsthandwerksmarkt, der bis 22 Uhr geöffnet hat. Obwohl Tänze und Musik natürlich für Touristen gedacht sind, genießen sie als durchaus authentisch und traditionsgemäß einen guten Ruf. In der Kirche selbst lohnt sich besonders ein Blick in die Kapelle Capilla de Benirràs, die mit Fresken des 17. Jh. geschmückt ist, eine Seltenheit auf Ibiza. Auch ein Rundgang um das Gotteshaus empfiehlt sich, wird doch erst so an den wuchtigen Mauern und den kleinen, hoch angesetzten Fenstern der wehrhafte Charakter der Kirche erkennbar.

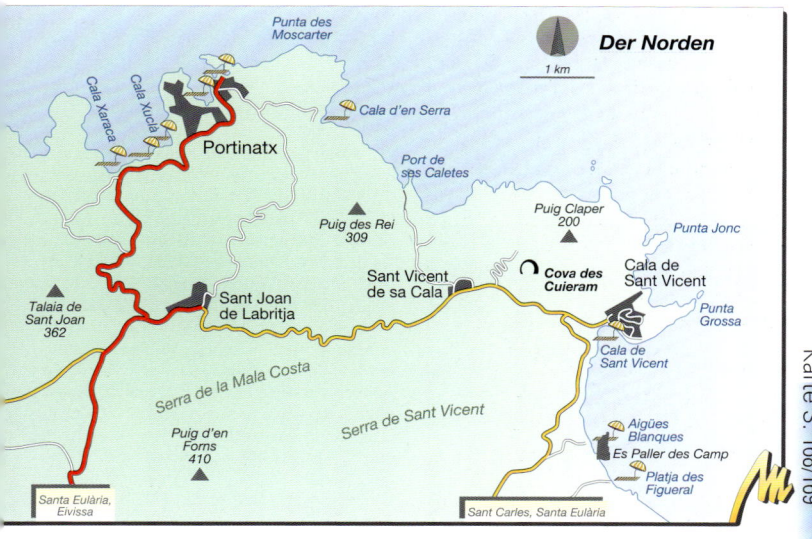

- *Verbindungen* **Busse** der Gesellschaft Autocares Lucas von Eivissa via Santa Gertrudis (Linie 25) Mai bis Oktober Mo–Sa 6- bis 8-mal täglich, sonst Mo–Sa 5- bis 6-mal täglich; von Mai bis Oktober jeweils Di/Do auch 2-mal täglich ab Sant Antoni (Linie 22).
- *Übernachten* **Agroturismo Can Planells**, freundlich geführter Familienbetrieb etwa zwei Kilometer westlich, oberhalb der Straße nach Sant Mateu und umgeben von ausgedehnten Fruchtbaumhainen. Die acht Zimmer bzw. Suiten liegen im großen, alten Hauptgebäude oder in ehemaligen Stallungen und sind mit Bedacht eher schlicht gehalten. Kleiner Pool. DZ/F nach Ausstattung und Saison 125–210, Suiten 160–300 €. Venda de Rubio 2, ☏ 971 334924, ✆ 971 334115, www.canplanells.com.
- *Feste* **Patronatsfest** („Santmiquelada") am 29. September, begleitet von Musik und Tänzen. Großes, traditionsreiches Fest mit Besuchern von der ganzen Insel; auch an kulinarischen Freuden fehlt es nicht.

Port de Sant Miquel

An sich eine traumschöne Bucht, wären da nicht die teilweise instinktlose Bebauung im Hinterland und die beiden gigantischen Hotelkomplexe, die den Hang ihrer Ostseite bedecken. Die Umgebung versöhnt.

Die Bucht von Port de Sant Miquel liegt am Ausgang eines fruchtbaren Tals, etwa vier Kilometer vom Ort Sant Miquel selbst entfernt. Einige wenige Fischerboote erinnern noch daran, wie es hier früher einmal ausgesehen haben mag. Heute stehen die Liegen und Sonnenschirme dicht an dicht, bevölkert von den Insassen der Großhotels und von Ausflüglern, die Port de Sant Miquel per Schiff oder mit einem „Touristenzug" auf Gummirädern ansteuern. Entlang der Zufahrtsstraße stehen in öder Betonarchitektur Bars, Restaurants und Supermärkte, das Angebot der hiesigen Souvenirläden findet an Kuriosität wohl nur noch in Sant Antoni seinesgleichen. Der Sandstrand selbst ist rund hundert Meter lang und etwa ebenso breit, vermag jedoch im Hochsommer die Urlauberscharen kaum zu fassen. Und gleich nebenan liegt eine herrliche, fast menschenleere Landschaft ...

• *Verbindungen* **Busse** der Gesellschaft Autocares Lucas von Eivissa via Santa Gertrudis und Sant Miquel (Linie 25) von Mai bis Oktober Mo–Fr 6-mal, Sa 7-mal täglich, von Mai bis Oktober außerdem Mo 2-mal und Mi 3-mal täglich nach Es Canar (Linie 37). Von Mai bis September besteht jeweils Di/Do auch 2-mal täglich eine Verbindung (Linie 22) nach Sant Antoni.

• *Übernachten* Alle genannten Quartiere liegen in geflissentlichem Abstand zur Bucht selbst.

***** **Hotel Hacienda Na Xamena**, eines der wenigen Fünfsterne-Hotels von Ibiza, Mitglied der erlesenen Vereinigung Relais & Châteaux. Traumhafte Lage in 180 Meter Höhe an der Steilküste über der Felsbucht Na Xamena. Angepasste Architektur im Finca-Stil, drei Pools, Sauna, Tennisplatz, neues Spa (traumhaft die Wasserkaskaden). Alle Zimmer mit Balkon oder Terrasse und superbem Ausblick. Mehrere Restaurants, Kochkurse gibt es auch. Geöffnet April–Oktober, Standard-DZ/F nach Saison etwa 225–430 €, Superior-DZ/F 300–550 €. Die Suiten kosten noch eine Kleinigkeit mehr... Die Zufahrt zweigt kurz vor Port de Sant Miquel nach links in Richtung der Urbanisation Na Xamena ab, noch einige Kilometer auf einem schmalen Sträßchen. ℡ 971 334500, ✆ 971 334606, www.hotelhacienda-ibiza.com.

Hotel Rural Ca´s Pla, wunderschönes kleines Landhotel inmitten eines großen Gartengrundstücks. Reizvolle, ruhige Hügellage mit weiter Aussicht, Pool mit Blick auf Sant Miquel; Sauna und Fitnessraum. Sehr hübsch dekorierte Zimmer, die Inneneinrichtung der Gemeinschaftsräume strotzt geradezu vor Antiquitäten und Sammlerstücken. Freundliche Leute, sehr angenehme Atmosphäre. Im Dezember und Januar geschlossen. Für die Ausstattung ist das Preis-Leistungs-Verhältnis exzellent: Standard-DZ/F nach Saison etwa 135–205 €, Sui-

Großer Vorhof, donnerstags Folklore: Kirche in Sant Miquel de Balansat

Kleine Bucht westlich von Port de Sant Miquel: Caló des Moltons

ten nach Größe und Ausstattung 145–270 €. Zufahrt von der Straße Sant Miquel – Port de Sant Miquel bei km 14, in einer Rechtskurve links ab, noch etwa ein Kilometer. ✆ 971 334587, ✉ 971 334604, www.caspla-ibiza.com.

Hotel Rural Villa Ca´n Maries, noch etwas näher an Port de Sant Miquel. In Hügellage mit Blick zum Meer, Garten und kleiner Pool. Deutschsprachiger Besitzer, viele Stammgäste. Angeboten werden Studios, Familienzimmer und Suiten, 2er-Studio mit Frühstück 165–205 €, Suiten 225–280 €. Die Pistenzufahrt zweigt in der Nähe der Kreuzung zum Hotel Hacienda Na Xamena ostwärts ab. Geöffnet von der Karwoche bis Dezember, ✆ 971 334566, ✉ 971 334688, www.ibiza-spotlight.com/canmaries.

Umgebung von Port de Sant Miquel

Caló des Moltons: Vom westlichen Rand der Bucht von Port de Sant Miquel führt eine mit blauen Pfosten markierte Wanderroute, eine so genannte „Ruta des Falcó", in wenigen Minuten hinüber in die Bucht Caló des Moltons. Im Vergleich zur großen Nachbarin wirkt die kleine, felsgerahmte Bucht mit ihren Bootshäusern und dem gerade mal zehn Meter langen Sandstrand geradezu idyllisch. Es gibt einen einfachen Kiosco, der auch einige Liegen vermietet. Oberhalb der Bucht (dem Pfeil folgen) setzt die Wanderroute sich in Richtung des alten Wachtturms Torre des Molar fort.

Es Pas de s´Illa: Ein abgelegener und deshalb selten überfüllter Strand an der schmalen Verbindung vom Festland zur Felsinsel Illa des Bosc. Zu erreichen ist er über eine Abzweigung des Wanderwegs zum Wachtturm Torre des Molar; es gibt auch eine fast zwei Kilometer lange Piste, die vom Sträßchen zum Hotel Hacienda Na Xamena abzweigt. Der Strand ist etwa 25 Meter lang und besteht aus einer Mischung aus Sand, Kies und Steinen – zum Baden insgesamt nicht allzu attraktiv, aber schön gelegen. Ein rustikaler Kiosco ist vorhanden.

Familienstrand und Hippie-Treff: Cala de Benirràs

Torre des Molar: Das Ziel der blau markierten „Ruta des Falcó" liegt kaum eine halbe Stunde Fußweg von Port de Sant Miquel entfernt, inmitten der Macchia hoch über dem Meer. Ein paradiesischer Platz mit Panorama: Der alte Wachtturm bietet eine famose Aussicht auf die schroffen, sich kilometerweit ausdehnenden Steilwände der Felsküste. Manchmal ist der Zugang ins Innere möglich; Achtung, die Treppen hinauf zur Plattform sind extrem schmal. Vorsicht auch in der Umgebung, denn nur wenige Meter vom Turm entfernt fällt die Küste ungesichert senkrecht zum Meer hin ab.

Cova de Can Marçà: Ein Ausflug in die Unterwelt – auf der östlichen Seite der Bucht von Port de Sant Miquel, zu erreichen über die Piste zur Cala Benirràs, wurde eine mehr als 100.000 Jahre alte Tropfsteinhöhle als Touristenattraktion hergerichtet. Höhepunkt ist ein künstlicher Wasserfall, der die zahlreichen Wasserläufe imitiert, die einst die Höhle durchzogen. Entdeckt wurde die Cova de Can Marçà von Schmugglern, die die Höhle, deren Eingang nur etwa zwölf Meter über dem Meer liegt, als Zwischenlager nutzten. Die Führungen durch die farbig beleuchtete Höhle, vorbei an Stalaktiten und Stalagmiten, dauern etwa eine halbe Stunde.

Führungen Im Sommer halbstündlich von 10.30–13.30, 14.30–19.30 Uhr, im Winter stündlich von 11 bis etwa 17 Uhr. Eintritt Erwachsene 7,50 €, Kinder 4 €. Die Höhle ist üppig beschildert.

Cala de Benirràs

Wohl die schönste Strandbucht im Norden: tief eingeschnitten, fast unverbaut und mit wunderbarem Blick auf die Küste im Westen.

Zu erreichen ist die Cala Benirràs entweder auf dem neu asphaltierten Sträßchen, das von Port de Sant Miquel an der Cova de Can Marçà vorbei führt, oder auf einer ebenfalls schmalen Straße, die von der Verbindung von Sant Miquel nach Sant Joan abzweigt. Trotz zahlreicher Abstellmöglichkeiten werden Parkplätze an der Bucht im Sommer knapp.

Der Andrang ist verständlich, denn die Cala Benirràs besitzt schon einen ganz eigenen Reiz. Das türkisfarbene Wasser ist herrlich klar, die bewaldeten Hügel im Umfeld sind nur spärlich bebaut – bleibt zu hoffen, dass die Bucht auch künftig vom Urbanisierungswahn verschont bleibt. Die Aussicht auf die Steilküste und das markante vorgelagerte Inselchen Es Cap Bernat ist traumhaft, besonders schön bei Sonnenuntergang. Der Strand selbst erstreckt sich über etwa 150 Meter und reicht tief ins Land, die umgebenden Felsen bieten ein interessantes Revier für Schnorchler. Es gibt mehrere Bars und Restaurants, außerdem Liegestuhl- und Sonnenschirmverleih.

Das Publikum am Strand zeigt sich von der sehr gemischten Seite, viele Familien mit Kindern, aber auch Ibiza-Szene und junge Urlauber. Berühmt ist die Cala Benirràs für die hier im Sommer vor allem an Sonntagnachmittagen gelegentlich abgehaltenen Trommelkonzerte. Früher trafen sich hier einmal jährlich, nämlich immer am 28. August, sogar mehrere tausend Menschen zu einem großen bunten Trommelfest, doch ist diese Veranstaltung mittlerweile Geschichte. Und da es fast in jedem Reiseführer steht, sei es auch hier erwähnt: 1987 fungierte die Cala Benirràs als Schauplatz der mediengerecht inszenierten Hochzeit von Nina Hagen mit einem damals noch minderjährigen Punk. Eine lange Dauer war der Ehe freilich nicht beschieden.

Portinatx

Das größte Touristenzentrum im Norden erstreckt sich über mehrere Buchten. Beliebt ist Portinatx vor allem bei Familien.

In wenigen Jahrzehnten hat sich Portinatx (gesprochen „Portinatsch") vom winzigen Fischerhafen zum reinen Ferienort entwickelt, der im Sommer vor Besuchern fast überquillt, im Winter jedoch nahezu ausgestorben wirkt. Hinter den schönen Strandbuchten der sehr geschützt gelegenen Cala de Portinatx erheben sich große Hotels, die praktisch ausschließlich pauschal und oft „all inclusive" gebucht werden, im Umfeld machen sich Urbanisationen breit. Eine echte Schönheit ist Portinatx also nicht unbedingt, verglichen mit Sant Antoni oder der Platja d´en Bossa freilich immer noch von bescheidenen Dimensionen. Dennoch wird es zur Saison an den hellen, feinsandigen Stränden *S´Arenal Petit* und *S´Arenal Gran* ausgesprochen voll. Vor allem Familien schätzen die beiden kinderfreundlich langsam abfallenden Strände, das Publikum ist international mit einem gewissen Schwerpunkt auf britischen Besuchern. Für einen Familienurlaub ist auch wirklich alles Nötige geboten. Am ursprünglichsten und fast schon idyllisch zeigt sich der Ort an dem von Felsen umschlossenen Naturhafen ganz im Norden der Siedlung, der auch einen kleinen, aber hübschen Strand besitzt – hier lässt sich noch ahnen, wie Portinatx vor Beginn des Fremdenverkehrs einmal ausgesehen haben mag.

An Pluspunkten verzeichnet Portinatx gute Wassersportmöglichkeiten (besonders Taucher finden hervorragende Bedingungen), die reizvolle Küstenlinie und die attraktive Landschaft seiner Umgebung, die von Felsküsten und ausgedehnten Wäldern geprägt ist. Wer hier Urlaub macht, sollte allerdings unbedingt einen Mietwagen ins Budget einplanen. Doch selbst mit einem Fahrzeug liegt Portinatx für die Entdeckung der Insel noch so ungünstig, wie ein Ort auf einer kleinen Insel wie Ibiza überhaupt liegen kann – vor einigen Jahren gab es eine ganze Saison lang in den hiesigen Läden sogar nur deshalb keine deutschen Zeitungen mehr zu kaufen, weil die Lieferanten sich weigerten, den „weiten Weg" (es sind rund 30 Kilometer) von Eivissa zurückzulegen.

- *Verbindungen* **Busse** der Gesellschaft Empresas H.F. Vilas fahren von Mai bis Oktober ab Eivissa (Linie 20) Mo–Fr 5-mal, Sa/So 2-mal täglich, ab Santa Eulària (Linie 21) von Mitte Mai bis Mitte Oktober Mo–Fr 3-mal täglich.

Taxi: Standplatz an der Hauptstraße. Eine Fahrt nach Eivissa schlägt mit rund 28–30 € zu Buche, die Strecke nach Santa Eulària mit 18 € und die Reise zum Flughafen mit etwa 36 €.

- *Übernachten/Essen* Die großen Ferienanlagen von Portinatx sind über Reiseveranstalter deutlich günstiger zu buchen als individuell.

** **Hostal-Rest. Ca´s Mallorquí**, direkt an der kleinen Hafenbucht im Norden von Portinatx. Nette französische Besitzer. Auch als Restaurant (Do Ruhetag) eine Empfehlung, schöne Terrasse mit Panorama, Spezialität sind Fisch und Meeresfrüchte, gefangen von örtlichen Fischern, Portion je nach Art um etwa 15–18 €, die Langusten aus dem eigenen Becken natürlich mehr; große Salate. Neun ordentliche Zimmer, alle mit Meerblick, Heizung und TV. DZ/Bad/F 65–90 €, Juli bis Mitte September 110 €; zur HS besser langfristig reservieren. Geöffnet etwa April bis Mitte Oktober. Cala Portinatx, ℡ 971 320505, ✆ 971 320504. www.casmallorqui.com.

* **Hostal La Cigüeña**, an einem der beiden Hauptstrände, nur ein paar Schritte vom Wasser. Freundlicher Familienbetrieb, der sich aus dem Vertrag mit einem britischen Veranstalter gelöst hat und lieber auf Individualgäste setzt, eine Seltenheit in Portinatx. Pool mit Jacuzzi, Fitnessraum. Die Zimmer nach hinten sind ruhiger. Geöffnet Mai bis Oktober. DZ/Bad/F etwa 40–60 €, im Juli/August bis 75 €; mittlerweile gibt es auch Apartments. Portinatx, S´Arenal Petit, ℡ 971 320614, ✆ 971 320699, www.laciguenya.com.

Bar-Rest. S´Arena, an der Straße zum Hafen, Nähe Taxistand, Terrasse mit Blick über den Strand S´Arenal Gran. Solide spanische Küche, relativ preisgünstig: Paella gibt es ab 12 €, den Fischtopf Guisado de Pescado für 18 €. Nur zur Saison geöffnet.

Bar Can Luquí, etwas außerhalb des Ortes an der Straße Richtung Sant Joan und Eivissa. Auch bekannt als „Bar Camping", den Platz gibt es jedoch nicht mehr. Bodenständige spanische Küche in üppigen Portionen, auch Tapas; Spezialität ist Fleisch vom Grill. Preiswert und ganzjährig geöffnet.

- *Sport* **Tauchschule Subfari Portinatx**, eine von zwei Schulen im Ort. An der Hafenbucht, eine sympathische Strandbar liegt gleich nebenan. ℡ 971 337558.

Buchten um Portinatx

Cala Xuclà: Diese hübsche kleine Bucht liegt einige Kilometer außerhalb von Portinatx, zu erreichen über die Straße Richtung Sant Joan und Eivissa, nahe Kilometer 19. Eine steile Betonpiste führt hinab zu dem etwa 30 Meter langen Sandstrand, der im Wasser nur flach abfällt, aber dort mit Steinen durchsetzt ist. Außer ein paar Bootshäuschen und einer einfachen Strandbar, die auch Sonnenschirme und Liegen vermietet, ist die Bucht unbebaut. Herrliches Wasser.

S´Illot des Renclí: Keine Bucht im eigentlichen Sinn, aber ein sehr reizvoller Platz mit einem vorgelagerten Inselchen, Bootsgaragen und einer vielfältigen, hauptsächlich aus Klippen bestehenden Küste, die besonders für Schnorchler interessant ist. Kiesige Abschnitte und ein schön gelegenes Restaurant gibt es auch. Anfahrt von Portinatx vorbei an der Cala Xuclà, noch etwa ein Kilometer.

Cala Xaraca: Schon etwas größer als die Cala Xuclà ist diese Bucht, die etwa einen Kilometer hinter S´Illot des Renclí liegt. Im Umfeld stehen einige Villen, das große Restaurant am etwa 80 Meter langen Strand aus Sand und Kies vermietet Schirme und Liegen. Auch hier bieten sich gute Schnorchelmöglichkeiten und ein feiner Ausblick; Parkplätze sind allerdings rar. Im Gebiet westlich der Bucht führt ein anfangs noch asphaltiertes Sträßchen, das sich bald in eine sehr holprige, steinige Piste verwandelt, immer etwa parallel zum Meer bis zur Klippenküste vor der Felsinsel *Illa d´en Calders*. Es durchquert eine wilde, nahezu einsame Landschaft, ideal für ausgedehnte Spaziergänge und Entdeckungstouren.

Selten überfüllt: Cala Xuclà

Cala d´en Serra: Im Gegensatz zu den oben beschriebenen Buchten liegt die Cala d´en Serra im Gebiet östlich von Portinatx, zu erreichen über ein drei Kilometer langes, mittlerweile asphaltiertes Sträßchen, das sich am Schluss in eine steil hinab führende Piste verwandelt. Die fast kreisrunde Bucht ist umgeben von bewaldeten Felshängen; ihre zauberhafte Schönheit stört einzig die Ruine eines vor Jahrzehnten wohl schwarz errichteten und nie fertig gestellten Hotelbaus, die hoffentlich irgendwann einmal abgerissen werden wird. Der knapp 50 Meter lange Strand besteht aus Sand, Felsen und Kieseln, fällt im Wasser relativ schnell ab und ist auch dort mit Fels und Steinen durchsetzt, ein prima Revier für Schnorchler. Sonnenschirme und Liegen gibt es bei der Strandbar zu mieten. Die bewaldete, von vielen kleinen Wegen durchzogene Halbinsel zwischen hier und Portinatx ist ein reizvolles Gebiet für Wanderungen, z. B. zum Leuchtturm, der am Felskap der *Punta des Moscarter* hoch über der Küste thront.

Sant Joan de Labritja

Die kleinste und gemütlichste „Gemeindehauptstadt" von Ibiza. Ein gewisser alternativer Touch ist in Sant Joan offensichtlich.

Vor den Läden am frisch restaurierten Hauptplatz Plaça d´Espanya hängen Bongos, Batiktücher und handgewebte Kleider, im Café werden Tofu-Burger und Guarana-Drinks angeboten, und abends sieht sich alles in der Dorfbar Vista Alegre: Sant Joan de Labritja, spanisch „San Juan Bautista" genannt, ist nicht nur Gemeindesitz, sondern fungiert auch als Treffpunkt der im Umland wohnenden, oft alternativ bewegten Residenten. Gemessen an der geringen Einwohnerzahl sind ihrer nicht wenige, Sant Joan besitzt mit über 27 Prozent den höchsten Ausländeranteil aller Gemeinden der Pityusen. Einzige Sehenswürdigkeit neben dem hübschen, aber ausgesprochen kleinen Ortskern ist die Kirche aus dem 18. Jh. mit ihrem ungewöhnlich spitz geformten Glockenturm und einem Tonnengewölbe im Inneren.

Typisch: Sant Joan

- *Verbindungen* **Busse** der Gesellschaft Empresas H.F. Vilas von/nach Eivissa (Linie 20) 2-mal täglich, auf der Strecke Santa Eulària-Portinatx (Linie 21) von Mitte Mai bis Mitte Oktober Mo–Fr 3-mal täglich.
- *Service-Büro* **ECO**, am Hauptplatz, offiziell die „Eivissa Communications Organization". 1986 gegründetes Büro mit umfangreichem Angebot für Residenten, aber auch für Reisende: E-Mail-Service, Vermittlung von Ferienhäusern, Mietwagen etc. Im angeschlossenen „New Age Bazar" gibt es unter anderem Naturkosmetik, Musik, Zubehör für Solaranlagen und Vorrichtungen, die beim Wassersparen helfen. Geöffnet Mo–Fr 10–14, 18–20 Uhr, Sa 12–14 Uhr. Plaça d´Espanya, 971 333059, 971 333078, www.eco-ibiza.com.
- *Internet-Info* **www.ibizaruralhotels.com**, die Seite einer Vereinigung für Landtourismus, in erster Linie gedacht zur Promotion der Landhotels der Gemeinde, jedoch auch mit nützlichen allgemeinen Informationen.

- *Übernachten/Essen* **Agroturismo Can Gall**, sehr reizvolles Quartier einige Kilometer außerhalb in Richtung Eivissa. 2003 eröffnetes Landhotel, das inmitten von Obstplantagen liegt und rund um das Haus parkähnlich gestaltet ist. Hübscher Pool. Neun Zimmer, komfortabel und mit Geschmack eingerichtet, alle mit Terrasse. Freundliche Besitzerfamilie, gute Küche. Flughafentransfer, Reitmöglichkeit, Fahrradverleih. Prinzipiell ganzjährig geöffnet außer im Dezember. DZ nach Saison und Ausstattung etwa 180–275 €. Ctra. Sant Joan, km 17,2; aus Richtung Eivissa rechts der Straße. 971 337031, 971 337003, www.agrocangall.com.

Agroturismo Can Martí, in sehr ruhiger Lage etwas außerhalb von Sant Joan, geführt von der Familie Brantschen. Keine modische Luxus-Finca, sondern ein echter, ökologisch engagierter Agroturismo mit elf Hektar Land, auf dem Biogemüse, Obst etc. wachsen. Nur vier jeweils hübsch dekorierte Wohneinheiten, vom DZ (nach Saison 120–150 €) bis zum Vierpersonen-Häuschen (190–240 €), Frühstück geht extra. Geöffnet April bis Oktober. Kinder sind herzlich willkommen, Raucher sollten innerhalb der Zimmer auf ihre Passion verzichten können. Anfahrt von der Straße Eivissa – Sant Joan, kurz hinter der Abzweigung nach Portinatx rechts auf den Feldweg, beschildert. 971 333500, 971 333112. www.canmarti.com.

Agroturismo Can Fuster, in einem 150 Jahre alten Haus kurz vor dem Ortseingang aus Richtung Ibiza-Stadt und nur wenige hundert Meter vom Ortskern, der leicht zu Fuß zu erreichen ist. Unterschiedlich ausfallende Zimmer, rustikal-schlicht eingerichtet, aber durchaus komfortabel; diejenigen zur Straße vielleicht nicht immer ganz ruhig. Großes Grundstück, Pool. Ganzjährig, DZ/F 100–145 €, im August 170; die einzige Suite kostet 110–185 €. Venda Cas Ripolls 1, 971 337305, 971 337331, www.canfuster.com.

Café Om Sweet Home, aus Richtung Eivissa kommmend gleich am Ortseingang rechts. Hier merkt man, dass Sant Joan eine der Hippie-Hochburgen der Insel ist, es gibt makrobiotisches Essen, Salate, selbstgemachte Pizza und Kuchen, auch Verkauf von Honig, Biobrot etc.

- *Feste* **Sant Joan**, am 23. und 24. Juni. In der Nacht des 23. die Feuer „Focs de la Nit de Sant Joan", am 24. Juni Mittagsmesse und Prozession.

Einsamer Ankerplatz: Port de ses Caletes

Sant Vicent de sa Cala

Das kleine Inlandsdörfchen liegt etwa sechs Kilometer westlich von Sant Joan, zu erreichen auf einer kurvigen Straße, die sich durch dicht bewaldete Hügel schlängelt. Umgeben ist es von einem hübschen, fruchtbaren Trockental, das bis zur größeren Strandsiedlung Cala de Sant Vicent reicht. Sant Vicent de sa Cala selbst besteht praktisch nur aus einer verstreuten Ansammlung von Häusern um die schlichte Kirche. Das Gotteshaus ist eine der jüngsten ländlichen Kirchen Ibizas und entstand erst in den sicheren Zeiten des 19. Jh., weshalb ihm der sonst typische wehrhafte Charakter völlig fehlt.

▶ **Port de ses Caletes:** Die kleine Hafenbucht etwa vier Kilometer nördlich von Sant Vicent bildet eine der wenigen Möglichkeiten, in diesem Gebiet ans Meer zu gelangen. Die Zufahrtsstraße gabelt sich nach einer Weile; rechts geht es zu einer Urbanisation, links hinunter zur Bucht. Vorsicht, das schlaglochreiche Asphaltsträßchen ist schmal und wird immer schmaler, misst am Ende gerade mal noch eine Wagenbreite. Einen Strand im eigentlichen Sinn besitzt das idyllische, von Bootsgaragen flankierte Fleckchen nicht, der Zugang ins Wasser ist steinig. Wer es einsam liebt, dürfte hier allerdings richtig sein.

Cala de Sant Vicent

Eigentlich eine der schönsten Strandbuchten der Insel, wäre sie nicht wie so viele andere mit großen Hotelklötzen verbaut.

Wer aus Richtung Santa Eulària kommt, genießt bei der Anfahrt einen wunderbaren Blick hinab auf den langen Sandstrand und das türkisfarbene Wasser, leider aber eben auch auf die vielstöckigen Hotels und Apartmentblocks, die den Strand säumen – eine reine Feriensiedlung, im Winter menschenleer. Im Hintergrund erhebt sich das bewaldete, locker mit Villen bebaute Felskap der *Punta Grossa*; der Aufstieg ist beschwerlich, wird aber mit einem weiten Panorama belohnt, das bis zur Insel Tagomago reicht. Der ausgesprochen breite Strand selbst erstreckt sich, von einer Promenade begleitet, über rund 400 Meter Länge. Das Wasser wird nur allmählich tiefer und zeigt sich von der sehr sauberen Seite. Die Auswahl an Bars und Restaurants ist recht ordentlich, Wassersportmöglichkeiten und die übliche Infrastruktur sind vorhanden. Außer Strandleben ist allerdings nicht viel geboten. Besondere Beliebtheit genießt die Cala de Sant Vicent vor allem bei Familien, darunter relativ viele Franzosen.

* *Verbindungen* **Busse** der Gesellschaft Empresas H.F. Vilas von Mai bis Oktober von/nach Eivissa (Linie 20) 2-mal täglich, im Hochsommer bestehen weitere Verbindungen ab Santa Eulària via Platja des Figueral (Linie 23).
* *Übernachten/Essen* Die großen Hotels von Cala de Sant Vicent sind pauschal gebucht am günstigsten.

**** Grupotel Cala San Vicente, mit 105 Zimmern zwar groß, aber immer noch um die Hälfte kleiner als der Nachbar in der Dreisterneklasse, der zur selben Kette gehört. Im Jahr 2000 renoviert. Geöffnet Mai bis Oktober, p.P. im DZ bei Halbpension je nach Saison etwa 45–85 €; die reine Übernachtung mit Frühstück ist kaum günstiger. ✆ 971 330021, ✉ 971 333344. www.grupotel.com.

Restaurante Can Gat, im hinteren Bereich der Promenade. Gehobenes Lokal, bekannt besonders für Paella, frischen Fisch und Meeresfrüchte. Fischgerichte kosten um die 20–25 €, Paellas sind etwas günstiger. Geöffnet April bis Oktober, dann täglich; ✆ 971 320123.

▶ **Cova des Cuieram:** Etwas landeinwärts der Cala de Sant Vicent, nördlich oberhalb der Straße nach Sant Joan, versteckt sich eine der bedeutendsten Ausgrabungsstätten Eivissas. Hier entdeckten Archäologen 1907 in einer Tropfsteinhöhle ein karthagisches Heiligtum, das mit einer Eingangshalle und einer Zisterne ausgestattet und vom 5. bis ins 2. Jh. v. Chr. benutzt worden war. Neben Resten von Tieropfern wurden auch viele Votivbilder der Göttin Tanit gefunden, der der Tempel vermutlich geweiht war. Erst seit kurzem ist die Höhle beleuchtet und zu festen Zeiten geöffnet.

* *Anfahrt/Fußweg/Öffnungszeiten* Gutes Schuhwerk ist ratsam. Von der Kreuzung mit der Straße nach Sant Carles fährt man etwa 1,5 km Richtung Sant Joan, dann rechts ab (beschildert „Cova des Cuileram"). Nach weiteren 1,5 km Bergstraße geht es rechts in einen ansteigenden Waldweg (beschildert), hier im Umfeld parken. Die Waldpiste verwandelt sich nach rund einer Viertelstunde Fußweg in einen schmaleren Pfad und führt, z. T. über Treppen, abwärts zur Höhle. Geöffnet ist Di–Sa 9.30–13.30 Uhr (diese Zeiten können sich aber noch ändern), der Eintritt frei.

▶ **Südlich der Cala de Sant Vicent** führen Seitenstraßchen der Straße nach Sant Carles zu weiteren, ebenfalls sehr schönen Stränden wie dem Nacktbadestrand *Aigües Blanques* und der *Platja des Figueral* – siehe hierzu im folgenden Kapitel „Der Osten um Santa Eulària".

Urig: Restaurant „Bigote" in der Cala Mastella

Der Osten um Santa Eulària

Fast zwei verschiedene Welten: Vor allem im Gebiet zwischen Santa Eulària und Cala Llenya erstrecken sich ausgedehnte Urbanisationen, der äußerste Norden der Region ist hingegen weniger dicht bebaut.

Mit rund 27.000 Einwohnern liegt die Gemeinde Santa Eulària von der Bevölkerungszahl her an zweiter Stelle auf Ibiza, nach der Hauptstadt Eivissa, aber noch deutlich vor Sant Antoni. Das hier beschriebene Gebiet entspricht ungefähr den Grenzen dieses Verwaltungsbezirks; Ausnahmen sind die Dörfchen Sant Llorenç und Balàfia, die bereits zur Gemeinde Sant Joan zählen, sowie die Ortschaften Jesús und Santa Gertrudis, die zwar zu Santa Eulària gehören, jedoch im Kapitel „Umgebung von Eivissa" näher vorgestellt werden.

Zurückzuführen ist die relativ hohe Einwohnerzahl der Gemeinde auch auf die vielen Residenten vornehmlich deutscher und britischer Herkunft, die dauerhaft in und um Santa Eulària leben. Für Urlauber, insbesondere für Familien, ist die Ostküste ebenfalls ein ausgesprochen beliebtes Ziel. Den reizvollen Buchten zwischen der Gemeindehauptstadt und der Cala Llenya gereichte ihre Anziehungskraft allerdings nicht unbedingt zum Vorteil, gibt es auf ganz Ibiza doch nur wenige Gebiete, die – wenn auch aufgelockert durch Felder und Waldstücke – über eine solche Distanz mit großen Hotels, Apartmentkomplexen und Villensiedlungen bebaut sind. Kein Wunder, dass lokale Umweltschützer schon mal mit Grafitti wie „Rettet Ibiza! Nicht noch mehr Beton!" ihrer Verzweiflung Luft machen.

Weiter nördlich hat der große Bauboom hingegen noch nicht so stark Einzug gehalten, blieben Buchten wie die Cala Mastella oder der felsgesäumte Nacktbadestrand von Aigües Blanques bislang von architektonischen Exzessen verschont.

Und das Inlandsdorf Sant Carles scheint sogar noch ein wenig vom Geist jener Jahre bewahrt zu haben, als es die erste Hippie-Hochburg der Insel war. Spürbar wird er besonders beim samstäglichen Hippiemarkt von Las Dalias, dem ursprünglichsten seiner Art auf Ibiza. Der älteste und größte ist er freilich nicht: Diese Attribute beansprucht der Mittwochs-Markt von Punta Arabí bei der Retortensiedlung Es Canar, der sinnigerweise auf dem Gelände einer großen Clubanlage abgehalten wird.

Aigües Blanques

Die „Weißen Wasser" sind einer der beiden offiziellen Nacktbadestrände der Insel und beeindrucken durch ihre landschaftliche Schönheit.

Den Namen hat der lange, von kleinen Felskaps unterteilte Strand wohl von den Wellen, die sich hier bei Ostwind oft stark schäumend brechen und, je nach Strömung, den schmalen Sandstreifen auch schon mal fast völlig verschwinden lassen. An ruhigeren Tagen ist das Meer hier jedoch herrlich klar und schimmert in den schönsten Türkistönen. Im Wasser fällt der Grund zwar zunächst flach ab, ist aber zum Teil mit Felsen durchsetzt. Direkt hinter dem Strand ragen hohe Klippen auf, weshalb sich hier die Sonne schon relativ früh am Nachmittag verabschiedet. Von diesen kleinen Einschränkungen abgesehen, zählen die Aigües Blanques sicherlich zu den attraktivsten Stränden Ibizas. Zu erreichen ist das Gebiet über Abzweigungen von der Verbindungsstraße zwischen der Cala de Sant Vicent und Sant Carles; das letzte geteerte Stück hinunter zur nördlichen der beiden Strandbars ist allerdings ausgesprochen steil, die Piste zum südlichen Kiosco sogar nahezu unbefahrbar – besser, ein Stück weiter oben in der Nähe des Hostals Sa Plana zu parken.

● *Übernachten* **Hacienda Encanto del Rio**, im Hinterland der Aigües Blanques, zu erreichen über eine Abzweigung linker Hand der Straße nach Cala Sant Vicent. Neun schlicht-elegant eingerichtete Einheiten unterschiedlicher Größe, vom Studio bis zur Sechs-Personen-"Residenz", alle mit eigener Küche. Pool, Restaurant etc. Deutsch-

„Weiße Wasser": Aigües Blanques

sprachige Leitung. Geöffnet April bis Oktober. Zwei Personen zahlen im Studio nach Saison 125–165 €. ℡ 971 335034, www.encantodelrio.com.

Hostal Sa Plana, in der Nähe des südlichen Endes der Aigües Blanques. Freundliches, familiäres Quartier in einem verwinkelten Haus, offiziell nur als „Fonda" klassifiziert, doch hat dies auf Ibiza wenig zu besagen. 30 schlicht möblierte, aber ordentliche Zimmer, oft mit Balkon. Mehrere Terrassen, kleiner Pool; auch Essensmöglichkeit. Geöffnet Mai bis Oktober, DZ/Bad/F etwa 55–65 €. Aigües Blanques, Apdo. 19, ℡ 971 335073, ℡ 971 335551. www.ibiza-hotels.com/saplana.

● *Kioscos* **Aigües Blanques**, im nördlichen Abschnitt der Aigües Blanques, der etwas edlere der beiden Kioscos am Strand. Geöffnet Mai bis Oktober.

El Chiringuito, die südliche Strandkneipe. Einfacher Kiosco mit rustikalem Charme in ebenfalls sehr schöner Lage, ein beliebter Treffpunkt vor allem auch der Szene.

Platja des Figueral

Der Strand südlich der Aigües Blanques wurde vom Tourismus schon stärker vereinnahmt, hat sich jedoch einen gewissen Reiz bewahrt.

Die Platja des Figueral bildet fast die südliche Fortsetzung der Aigües Blanques. Zwischen den beiden Stränden erstreckt sich jedoch ein steiler, klippenreicher Küstenabschnitt mit dem markanten, wegen seiner Form „Es Paller des Camp" (Heuhaufen) genannten Felsen.

182   Der Osten um Santa Eulària

Das Hinterland der Platja des Figueral ist bäuerlich strukturiert, Felder wechseln sich mit Wald ab. Am Strand selbst entwickelte sich schon in den Anfängen des ibizenkischen Fremdenverkehrs eine kleine Siedlung mit mehreren einfachen, familiären Hostals, die bis heute überlebt haben und preisgünstige Standquartiere in diesem Teil der Insel abgeben. Erst viel später entstanden die beiden ausgedehnten, zusammengehörigen Club-Hotels Cala Blanca und Cala Verde, die fast ausschließlich pauschal gebucht werden, zusammen mehr als 550 Zimmer zählen und besonders beim deutschen Publikum beliebt sind. Obwohl der feinsandige Strand mehrere hundert Meter lang ist, wird es wegen dieser großen Anlagen an der Platja des Figueral im Sommer ziemlich voll. Die Infrastruktur ist gut, neben Sonnenschirm- und Liegenverleih gibt es auch eine Reihe von Wassersportangeboten.

• *Verbindungen*   Busse der Gesellschaft Empresas H.F. Vilas (Linie 23) von Mitte Mai bis Mitte Oktober via/nach Santa Eulària Mo–Fr 3-mal, Sa 1-mal täglich. Zur HS fahren die Busse noch etwas häufiger; dann bestehen auch Verbindungen zur Cala de Sant Vicent.

• *Übernachten/Essen*   *** **Hotel Club Cala Blanca/Cala Verde**, beide der Kette Invisa Hoteles angeschlossen. Diese ausgedehnten Clubanlagen sind über Reiseveranstalter am günstigsten erhältlich, spontane Buchung vor Ort ist jedoch prinzipiell auch möglich. Diverse Sportangebote, mehrere Pools, mit Animation ist zu rechnen. Zimmer unterschiedlicher Größen, auch Familienzimmer und Apartments. Ein DZ/F kostet z.B. im Cala Blanca nach Saison rund 70–145 €, im August 205 €. Geöffnet etwa Mitte April bis Oktober, ✆ 971 335100, ℡ 971 335040 (Cala Blanca) bzw. ✆ 971 335111, ℡ 971 335061 (Cala Verde). www.invisa-hoteles.com

* **Hostal Es Alocs**, freundlicher Familienbetrieb direkt am Strand. Das älteste Quartier vor Ort, gegründet Ende der Sechzigerjahre. Der namensgebende, riesige Keuschlammstrauch, der die Terrasse überschattet, ist noch weit älter – der Urgroßvater des heutigen Besitzers kannte ihn schon vor hundert Jahren in der heutigen Größe. 25 Zimmer, schlicht möbliert, jedoch sehr sauber, alle mit Balkon; DZ/Bad nach Saison etwa 35–55 €. Das zugehörige Restaurant serviert solide, preiswerte Hausmannskost, auf der Terrasse sitzt man sehr schön. Geöffnet Mai bis Oktober, man spricht Deutsch. Platja des Figueral, ✆/℡ 971 335079, hostalalocs@hotmail.com.

* **Pensión Las Golondrinas**, ebenfalls nahe der Zufahrtsstraße, noch etwas weiter landeinwärts. Ähnlich wie Es Alocs ein fast schon nostalgisches Quartier alter Schule mit zehn schlichten, aber brauchbaren und sauberen Zimmern; DZ/Bad/F kosten nach Saison etwa 40–50 €. Die Chefin spricht Deutsch, das zugehörige Restaurant ist gut und gar nicht teuer. Geöffnet April bis Oktober. Platja des Figueral, ✆/℡ 971 335225, mariluzjuan@telefonica.net.

Pou des Lleó

Eine landschaftlich reizvolle, ruhige Bucht in fast unverbauter Umgebung. Die felsige Küste bietet gute Schnorchelmöglichkeiten.

Die von Fischerhäusern umgebene kleine Bucht lockt besonders durch ihre abgeschiedene Lage. Im Umfeld erstrecken sich Felder, Wälder und nur wenige bebaute Grundstücke. Ein schönes Revier für Spaziergänge ist das Gebiet in Richtung des Kaps Punta d´en Valls mit dem gleichnamigen, einsamen Wachtturm, der im 18. Jh. errichtet, 1982 restauriert wurde und eine weite Aussicht bietet. Der kleine Strand selbst (Kiosco vorhanden) gehört nicht unbedingt zu den besten der Insel, doch hält sich dafür der Andrang auch in engen Grenzen. Schnorchler finden an der Felsküste fast paradiesische Verhältnisse. Zu erreichen ist die Bucht über eine Abzweigung der Straße von Sant Carles zur Platja des Figueral.

• *Übernachten/Essen*   **Fonda Pou des Lleó**, an der Zufahrtsstraße, nicht weit vom Strand. Ruhige Einzellage, schlichte Zimmer, meist mit Balkon. DZ/F zur NS rund 60 €, etwa vom 20. Juni bis 20. September ist aber mindestens Halbpension obligatorisch,

Abgelegen: Felsküste von Pou des Lleó

für zwei Personen 85 €. Geöffnet Ostern bis Oktober. Das zugehörige Restaurant ist spezialisiert auf Fisch und Paellas. Pou des Lleó, ✆/✉ 971 3352174. ww.poudeslleo.com.
Rest. Salvadó, an der nahen Küste. Familiäres Restaurant mit schöner Aussichtsterrasse, bekannt für gute Fischgerichte. Gekocht wird auf Holzfeuer. Mittleres Preisniveau. Geöffnet März bis Mitte November. ✆ 971 187879.

▶ **Tagomago:** Die Felsinsel, knapp zwei Kilometer vor dem Kap der Punta d´en Valls gelegen, ist von vielen Punkten der nördlichen Ostküste aus zu sehen. Angeblich bereits im 8. Jh. v. Chr. besiedelt, diente sie später als Stützpunkt von Piraten und beherbergte dann bis zum Ende des 19. Jh. ein kleines Fischerdorf, das jedoch aufgegeben wurde. Heute ist das rund 90 Hektar große Eiland unbebaut, abgesehen von einem Leuchtturm und einer einzigen, in den 80er-Jahren errichteten Villa. Mehr Gebäude werden es auch nicht werden, denn die Insel steht unter Naturschutz: Im Sommer lebt hier eine Kolonie der seltenen Eleonorenfalken.

Cala de Boix

Auch diese hübsche Bucht mit ihrem ungewöhnlichen, dunklen Sand zählt zu den ruhigeren Flecken der Ostküste. Strand pur.

Wie an der Bucht Pou des Lleó ist auch hier das Hinterland nur sehr sparsam bebaut – keine Großhotels, keine Apartmentkomplexe. Der etwa 150 Meter lange Strand liegt tief unterhalb der Zufahrt und ist über einen steilen Treppenweg zu erreichen. Beiderseits von einer dramatischen, bewaldeten Felsküste eingerahmt, besteht er aus dunklem Sand, auf Ibiza eine absolute Seltenheit. Unter Wasser fällt der Grund zwar nur langsam ab, ist aber zum Teil mit Felsen durchsetzt, deshalb etwas Vorsicht. Sonnenschirm- und Liegenverleih sowie eine hübsch gelegene Strandbar sind vorhanden, oben beim Parkplatz gibt es mehrere Restaurants.

● *Übernachten* *** Hostal Cala Boix**, neben der Zufahrt zum Parkplatz, dem Restaurant s´Arribada angeschlossen. Wieder eines der sympathischen, angenehm altmodischen Hostals, wie sie in diesem Gebiet – anders als im Rest der Insel – noch relativ

Dunkler Sand, ruhige Umgebung: Cala de Boix

häufig zu finden sind. Schlichte, aber saubere Zimmer mit Klimaanlage, zum Teil mit Balkon; DZ/Bad mit Frühstück etwa 60–70 €, Halb- oder Vollpension ist möglich. Geöffnet von Ostern bis Oktober. ℡ 971 335224, privat 971 335096. www.hostalcalaboix.com

Cala Mastella

Eine sehr kleine Sandbucht, auf beiden Seiten von Wald umschlossen und berühmt besonders für ihr uriges Restaurant.

Da ziemlich tief eingeschnitten, liegt die Bucht recht geschützt, die umgebende Felsküste eignet sich gut zum Schnorcheln. Der kurze Strand selbst allerdings misst kaum mehr als 50 Meter. Das Wasser wird im Strandbereich nur langsam tiefer, doch verstecken sich unter der Oberfläche auch bewachsene Felsen. Das Hinterland ist locker mit einzelnen Villen bebaut, ersten Vorboten der weitflächigen Urbanisierung, die nur ein kurzes Stück weiter südlich beginnt.

● *Essen* **Restaurant Cala Mastella**, weit besser bekannt als „Bigote", an einem winzigen, malerischen Fischerhafen linker Hand (östlich) der Bucht, zu erreichen über einen Felspfad entlang der Küste oder über eine (steile) Pistenzufahrt. Sehr einfaches Restaurant in schöner Lage am Wasser. Bigote, der „Schnurrbart", ist Fischer, sein Fischeintopf mit Reis (Bullit de peix) bereits eine Legende. Allerdings kommt nicht jeder in den Genuss eines Mahls bei Bigote: Einen Tag, besser noch mehrere Tage vorher muss man reserviert haben, und zwar persönlich – ein Telefon gibt es nicht. Um 12 Uhr beginnt die erste Mittagessens-Schicht mit gegrilltem Fisch (14 €); wer lieber den berühmten „Bullit" (18 €) möchte, muss für den Termin um 14.30 reservieren. Mittlerweile ist Bigote, der eigentlich Juan Ferrer heißt, zwar nicht mehr der jüngste, doch gehören noch andere Fischer zur Familie – für Nachschub ist also gesorgt.

Sant Carles de Peralta

Einst Bauerndorf, dann Hochburg der Hippies. Ein Hauch von Sixties-Atmosphäre hat in Sant Carles bis heute überlebt.

In der Umgebung des kleinen Straßendorfs erinnern sorgfältig gepflegte Felder daran, dass auch auf Ibiza immer noch Landwirtschaft betrieben wird, östlich erhebt

Sant Carles de Peralta

sich der gerade mal 230 Meter hohe, bewaldete „Hausberg" Talaia de Sant Carles. Das Dorf selbst erstreckt sich um die Kirche, die Ende des 18. Jh. auf Anregung des ersten Bischofs der Insel errichtet wurde und mit ihrer doppelbogigen Vorhalle einen eleganten Eindruck macht. Der eigentliche Ortskern wirkt geradezu winzig, doch besitzt auch Sant Carles mittlerweile seine Urbanisation. Dennoch hat sich die Siedlung zumindest ein wenig von der Hippie-Atmosphäre der Sechziger bewahrt, ist ein beliebter Wohnsitz von Anhängern alternativer Lebensstile geblieben. Allgemeine Treffpunkte sind „Anita´s Bar" bei der Kirche und „Las Dalias", etwas außerhalb in Richtung Santa Eulària gelegen und jeden Samstag (von Juni bis Oktober auch Montagnacht) Schauplatz des schönsten Hippie-Markts der Insel.

• *Verbindungen* **Busse** der Gesellschaft Empresas H.F. Vilas (Linie 16) von/nach Santa Eulària 2-mal täglich; im Sommer häufigere Verbindungen durch die Linien von/zur Platja des Figueral bzw. Cala Llenya.

• *Übernachten/Essen* **Agroturismo Can Curreu**, etwas außerhalb in Richtung Santa Eulària, Abzweigung rechter Hand kurz vor Las Dalias; es gibt auch einen Fußweg nach Sant Carles. Ein ausgesprochen nobles Finca-Hotel in angenehm ruhiger Lage. Hübsch dekorierte Zimmer und Suiten mit Terrasse und Jacuzzi; Spa, Pool und Reitmöglichkeit. Das angeschlossene Restaurant, zugänglich auch für Auswärtige, genießt allerbesten Ruf, ist aber nicht billig. Ganzjährig geöffnet, DZ/F nach Saison 280 €, Suiten nach Ausstattung und Saison 320–430 €. Carretera Sant Carles, km 12; ✆/📠 971 335280, www.cancurreu.com.

Agroturismo Can Talaias, ebenfalls ein Landhotel, in herrlicher Aussichtslage auf dem bewaldeten „Hausberg" von Sant Carles. Die ehemalige Villa des britischen Schauspielers Terry Thomas (sein Porträt hängt im Salon), umgebaut aus einer alten Finca. Weitläufiges, sehr schön eingerichtetes Anwesen, von der großen Terrasse weiter Blick aufs Meer. Der romantische Pool wirkt eher wie ein Quellteich. Ganzjährig geöffnet, DZ/F nach Saison und Ausstattung (ohne/mit Lounge oder Terrasse) 125–245 €, es gibt auch einige wenige Suiten. Anfahrt am besten über die Straße zur Platja des Figueral, dann rechts Richtung Cala Boix, nach 500 m erneut rechts und den Berg hinauf; die Schotterzufahrt von Sant Carles selbst ist sehr steil und schwer zu finden. ✆ 971 335742, 📠 971 335032, www.hotelcantalaias.com.

Anita´s Bar, der Klassiker in Sant Carles. Eigentlich heißt der ehemalige Hippie-Hangout ja „Restaurant Can Pep Benet", und Anita ist auch längst nicht mehr da, doch kümmert das niemanden. Hübscher Patio, innen erstaunlich groß, an den Postfächern können die Bewohner der Umgebung immer noch ihre Briefe abholen. Gut bestückte Tapa-Theke, die Hauptgerichte sind recht preiswert; wer mag, kann es auch bei einem der berühmten Hierbas belassen. An der Kreuzung der Hauptstraße, bei der Kirche.

• *Ärztliche Versorgung* **Euro-Clinic Ibiza**, allgemeinmedizinische Praxisklinik mit deutscher Ärzteschaft. Sant Carles, Ses Oliveres de Peralta 19–20, beschildert; ✆ 971 326952, Mobil-✆ 667/984488 (rund um die Uhr), www.euro-clinic-ibiza.de.

• *Feste* **Patronatsfest** des Ortsheiligen, am 4. November.

Hippiemarkt „Las Dalias"

Lebendige Tradition: Las Dalias und sein Hippiemarkt

Alles begann 1954, als der Tischler Juan Marí etwas außerhalb von Sant Carles die Bar „Las Dalias" (Die Dahlien) gründete. Der wenig später angebaute Festsaal wurde schnell zum wichtigsten Treffpunkt der in der Umgebung wohnenden Bevölkerung. In den Achtzigern übernahm der Sohn, genannt „Juanito", das Ruder. Er war es auch, der 1985 die Idee hatte, einmal wöchentlich einen Kunsthandwerksmarkt zu veranstalten. Anfangs gab es nur 25 Stände, heute sind es manchmal bis zu 200 Anbieter.

Verglichen mit dem riesigen Markt von Punta Arabí bei Es Canar (siehe weiter unten) ist Las Dalias dennoch klein geblieben. Der entspannten Atmosphäre ist das nur förderlich. Im schönen Garten des Anwesens, einem schattigen Labyrinth unter Planen und Weinlaub, lässt es sich gemütlich von Stand zu Stand zu bummeln oder einen Schluck an der Saftbar nehmen. Das bunte Angebot reicht von Kifferutensilien und Indiendevotionalien über modische Fähnchen und Batiktücher bis hin zu teilweise durchaus hochkarätigem Kunsthandwerk. Im Inneren des Gebäudes warten weitere Aussteller, eine Bar und ein Restaurant. Doch ist Las Dalias mehr als nur der Hippiemarkt, nämlich ein wichtiges Kommunikationszentrum in diesem Teil der Insel. Hier gibt es eine Galerie, außerdem finden viel besuchte Konzerte, Theateraufführungen, Versteigerungen, Trancepartys, nächtliche Kunstmärkte („Noche del Arte") und Indien-Feste wie „Namasté" (Mittwoch) statt – auf Plakatanschläge achten. Seit 2007 wird zur Saison jeden Montag ein Nachtmarkt abgehalten, bei dem auch bekannte DJs und Musiker auftreten.

• *Lage und Öffnungszeiten* Las Dalias liegt einen Kilometer außerhalb von Sant Carles, aus Richtung Santa Eulària kommend linker Hand vor dem Ort. Der Samstagsmarkt findet rund ums Jahr von 10–19 Uhr statt, der neue, sehr atmosphärische Nachtmarkt an Montagen von Juni bis Oktober von 19–1 Uhr. Zu bestimmten Terminen (Weihnachten, Ostern etc.) gibt es auch mehrtägige Märkte. Carretera Sant Carles, km 12, ✆ 971 326825, www.lasdalias.com.

Cala Llenya

Eine attraktive Bucht mit langem, gepflegtem Strand. In der Umgebung allerdings machen sich mehrere Ferienanlagen breit.

Mit der Cala Llenya beginnt eine Kette von mal mehr, mal weniger stark urbanisierten Buchten, die praktisch bis hinab nach Santa Eulària reicht. Immerhin sind die Villen und Clubhotels der Cala Llenya, anders als weiter südlich um Es Canar, noch halbwegs geschmackvoll in die bewaldete Landschaft eingepasst und wahren meist auch respektvollen Abstand zur Küste. Bleibt abzuwarten, was die Zukunft bringt, denn im Hinterland wird weiterhin gebaut. Der etwa 200 Meter lange Strand selbst liegt am Ausgang eines Trockentals und kann sich mit seinem feinen Sand und dem angrenzenden Baumbestand wirklich sehen lassen; an der Nordostseite finden sich sogar noch einige der typischen Bootsgaragen. Der Grund fällt relativ flach ab und die Wasserqualität ist gut. Auch die Infrastruktur passt; es gibt eine Strandbar, Liegen- und Sonnenschirmverleih. Zu erreichen ist die Cala Llenya über ein schmales Sträßchen von der Cala Mastella und über eine breitere Straße direkt ab Sant Carles, von Mitte Mai bis Mitte Oktober besteht auch eine Busverbindung mit Santa Eulària.

Traditionell: Bunte Bootsgaragen schmücken das Ende der Cala Llenya

• *Übernachen* **Hotel Club Can Jordi**, im Umfeld der Bucht, ein Lesertipp von Sigrid Müller: „Vor allem die ruhige Umgebung und die freundliche Atmosphäre in dem familiär geführten Hotel haben mir sehr gefallen. Es gibt unterschiedliche Kategorien von Zimmern, vom recht einfachen ohne Kühlschrank und Fernseher bis zum komfortablen mit Klimaanlage. Schön auch der etwa 40-minütige, weiß-blau ausgeschilderte Fußweg nach Sant Carles." Geöffnet etwa April bis Oktober, die DZ-Preise liegen nach Standard und Saison im Dreh bei 70–100 €, im Juli/August ab 95 bzw. 115 €; Buchung auch über TUI. ℡ 971 335121, ℡ 971 335399, www. club-can-jordi.com.

Cala Nova

Im Charakter der Cala Llenya ganz ähnlich ist diese hübsche Strandbucht, die bereits im Einzugsbereich von Es Canar liegt.

Abgesehen vom Klotz des „Fiesta Hotel Cala Nova" am Südende der Bucht ist die Bebauung in der bewaldeten Umgebung der Cala Nova sogar etwas dünner als an der Cala Lenya, wobei zu hoffen bleibt, dass sich dies künftig nicht ändert. Der rund 250 Meter lange, schön geschwungene Sandstrand wird durch Felsen in zwei Hälften geteilt. Hoher Wellengang lässt den Strand bei entsprechenden Windverhältnissen allerdings recht schmal werden. Dann ist beim Baden hier auch besondere Vorsicht geboten, da sich gefährliche Strömungen entwickeln können – beachten Sie zu Ihrer eigenen Sicherheit bitte unbedingt die Warnflaggen! Einige hübsche Bars sowie Vermieter von Sonnenschirmen, Liegen und Tretbooten sorgen für Strandkomfort.

• *Verbindungen* **Busse** der Gesellschaft Empresas H.F. Vilas (Linie 18) von/nach Santa Eulària via Es Canar von Juni bis September Mo–Fr 7-mal, Sa/So 2-mal täglich. Achtung, Mittwochs fallen die Busse aus.

• *Camping* **Playa de Cala Nova** (2. Kat.), im Hinterland der Bucht. Einer von drei Plätzen im Gebiet um Es Canar und insgesamt wohl der beste hier. Schattiges Gelände, nicht weit vom Strand, auch nach Es Canar kommt man noch leicht zu Fuß. Gepflegte Sanitärs, Bar-Restaurant und

Noch nicht übermäßig bebaut: Cala Nova

Einkaufsmöglichkeit. Geöffnet Ostern bis Oktober, zwei Personen mit Zelt zahlen je nach Saison etwa 12–18 €. Auch Vermietung von Zelten, kleinen „Bungalows" und Caravans. Cala Nova, ✆ 971 331774.

Es Canar

Das größte Touristenzentrum weit und breit, bekannt auch durch den riesigen Hippiemarkt, der zur Saison jeden Mittwoch hier stattfindet.

An Es Canar scheiden sich die Geister – die einen halten den Ort für ein Ferienzentrum par excellence, das dem Urlauber alle nötigen Einrichtungen bietet, die anderen schlicht für den größten Schandfleck der Ostküste. Die überwiegend von Briten besuchte Retortensiedlung aus hoch aufragenden Hotelklötzen und Apartmentblocks entstand erst in den 70er-Jahren und sieht auch so aus. Im Sommer läuft diese Urlaubsmaschine auf vollen Touren, bei einem Besuch im Winter kann den Besucher angesichts der menschenleeren Straßen und verrammelten Geschäfte jedoch fast das Gruseln packen. Ganz klar, dass der Hausstrand des Ortes bestens gepflegt und mit aller nötigen Infrastruktur ausgestattet ist und dass das Angebot an Wassersportmöglichkeiten in weitem Umkreis seinesgleichen sucht. Ebenso klar allerdings auch, dass der etwa 300 Meter lange, relativ breite und im Wasser flach abfallende Sandstreifen zur Saison kaum ausreicht, die Urlauberscharen zu fassen.

- *Information* **Oficina de Turismo**, Kiosk am Hauptplatz nahe der Bushaltestelle, ein Außenposten des rührigen Fremdenverkehrsamts von Santa Eulària. Geöffnet Mai bis Oktober, Mo–Sa 9–13.30 Uhr, Mi auch 17–19 Uhr; ✆ 971 330728.
- *Verbindungen* **Busse** der Gesellschaft Empresas H.F. Vilas (Linie 18) halten direkt im „Zentrum"; Verbindungen von und zum Airport von Mitte Juni bis Mitte September 7-mal täglich. Nach Santa Eulària von Juni bis September Mo–Fr mehrmals stündlich, Mai/Oktober sowie Sa/So etwa stündlich, im restlichen Jahr nur 4- bis 9-mal täglich. Autocares Lucas Costa fährt von Mai bis Oktober jeweils Mo und Mi 2- bis 3mal täglich nach Port de Sant Miquel (Linie 37).

Es Canar 189

Discobusse von und nach Santa Eulària verkehren von Anfang Juni bis Ende September je einmal pro Nacht; in Santa Eulària besteht Umsteigemöglichkeit zum Discobus nach Eivissa.

Ausflugsboote der Gesellschaft „Cruceros Santa Eulària" verbinden zur Saison Es Canar mit Santa Eulària (10x täglich, Hin- und Rückfahrt 8 €), Cala Llonga (9-mal, 11 €) und Eivissa (7-mal, 13 €). Ein- bis zweimal täglich verkehrt auch ein Schiff nach Formentera, Hin- und Rückfahrt rund 25 €. Infos unter ✆ 971 332251, www.ferrysantaeulalia.com.

• *Übernachten* Die großen Hotels und Clubanlagen von Es Canar werden nahezu ausschließlich (und preislich günstiger) bei Pauschalveranstaltern gebucht.

** **Club Punta Arabí**, vor der gleichnamigen Felshalbinsel südlich etwas außerhalb des Zentrums. Berühmter, bereits Anfang der 70er-Jahre gegründeter Ferienclub für ein explizit junges Publikum: Das Durchschnittsalter liegt bei 22 Jahren, zur Hauptsaison sind es tendenziell ein paar Jährchen weniger, zur Nebensaison einige wenige mehr. Eine strikte Altersgrenze besteht allerdings nicht. Ausgedehntes Gelände, Pool, reichlich Animation und Sportmöglichkeiten, außerdem die „größte clubeigene Disco der Balearen", kostenlos, versteht sich. Unterbringung in Bungalows, im Clubhotel etwas außerhalb der Anlage selbst oder in Apartments. Die Zimmer sind generell recht einfach ausgestattet, was angesichts des üppigen sonstigen Angebots wohl kaum ein Problem darstellt. Buchbar über diverse Veranstalter. Wer nur einmal für ein paar Tage die Atmosphäre schnuppern will oder sich erst vor Ort entscheidet, kann auch versuchen, individuell zu buchen, Reservierung ratsam: DZ/Halbpension für zwei Personen nach Saison etwa 60–120 €. Geöffnet Mai bis Ende Oktober. Es Canar, ✆ 971 330650, ✆ 971 339167, www.clubpuntaarabi.com.

* **Hostal Casa Pepe**, im Ortsbereich an der Straße zum Club Punta Arabí. Solides, familiäres kleines Hostal mit deutschen Besitzern. Zwar im Programm eines Reiseveranstalters, oft ist aber auch Platz für Individualreisende, Reservierung möglich. Geöffnet etwa Mai bis Oktober, DZ/Bad/F rund 45–65 €, bei längerem Aufenthalt Rabatt. Avinguda Punta Arabí, ✆ 971 330256, ✆ 971 339333. www.hostal-casa-pepe.com.

• *Camping* Auch der Platz an der Cala Nova (siehe oben) liegt noch im Einzugsbereich von Es Canar.

Vacaciones Es Canar (1. Kat.), neben der Hauptzufahrtsstraße zum Zentrum von Es

---

Der größte Hippiemarkt der Insel: Punta Arabí

Fast alle Autos und Ausflugsbusse in der kilometerlangen Schlange, die sich jeden Mittwoch Richtung Es Canar wälzt, haben dasselbe Ziel: den größten und ältesten Hippiemarkt der Insel. 1969 wurde er erstmals abgehalten, heute warten hier mehr als 400 Stände auf die Besucher. Und die strömen wirklich in Scharen, in manchen Jahren sind es im Saisonverlauf bis zu einer halben Million. Ursprüngliches Ambiente sollte man da besser nicht erwarten, und natürlich ist auch längst nicht mehr jeder Verkäufer ein „echter" Hippie. Dennoch findet sich mit etwas Suchen unter der vielen industriell gefertigten Massenware auch noch so manches schöne Stück, und wer einfach nur ein paar Musikanten zuhören, sich ein Henna-Tattoo zulegen oder einen Karikaturisten mit einem Porträt beauftragen will, ist hier ebenfalls richtig. Vergleichsweise authentischer und origineller sind freilich die Märkte von Las Dalias bei Sant Carles, siehe oben.

• *Lage und Öffnungszeiten* Der Markt findet auf dem Gelände des Ferienclubs Punta Arabí statt, der auch als Veranstalter fungiert und südlich etwas außerhalb von Es Canar liegt, siehe auch oben. Geöffnet ist von April bis Oktober jeden Mittwoch von 10–19 Uhr. Achtung, die Anfahrt ist meist mit langen Staus verbunden; vielleicht eine gute Idee, gleich mit einer der Ausflugsboote anzureisen, die Eivissa, Cala Llonga und Santa Eulària mit Es Canar verbinden. Infos zum Markt: ✆ 971 330650, www.hippymarket.com

---

Der Osten um Santa Eulària — Karte S. 181

Canar. Ordentlicher Platz mit guter Ausstattung, Pool und viel Schatten, ein Teil des Geländes ist allerdings von Miethütten und caravanähnlichen Mobilhäusern belegt. Geöffnet etwa Mitte Mai bis Mitte Oktober; zwei Personen mit Zelt zahlen nach Saison etwa 15–21 €; es gibt auch Mietzelte. Es Canar, ✆ 971 332117.

La Playa, an der Küste hinter dem Gelände des Clubs Punta Arabí, nahe beim Strand Platja de Ca na Martina. Relativ schattig; auch hier gibt es Mietbungalows. Geöffnet etwa Mitte Mai bis Mitte Oktober, zwei Personen mit Zelt kosten deftige 19–38 €. ✆ 971 338525, www.camping-laplaya-ibiza.com.

• *Feste* Festa de Sant Cristófol, am 10. Juli.

Buchten zwischen Es Canar und Santa Eulària

Platja de Ca na Martina: Der Strand Ca na Martina schließt sich südlich direkt an die Felshalbinsel von Punta Arabí an und ist praktisch der „Hausstrand" der dortigen Clubanlage. Allzu attraktiv wirkt der etwa 150 Meter lange Streifen aus ziemlich dunklem Sand allerdings nicht, könnte meist auch besser gepflegt sein. Strandbars und Wassersportmöglichkeiten sind vorhanden.

Cala s´Agarmassa: Hübscher als die Ca na Martina, dabei nur wenige Dutzend Meter lang ist der Strand dieser kleinen, ein Stück weiter südlich gelegenen Bucht. Nahebei allerdings stehen große Hotels und Apartmentanlagen. Am Strand wechseln sich Fels und Sand ab, es gibt Bars und ein großes Wassersportzentrum (Cesar´s, ✆ 971 330919) das unter anderem Wasserski und Parasailing offeriert; und auch Schnorchler finden hier gute Möglichkeiten. Sehr reizvoll ist der Fußweg entlang der Küste zur benachbarten Cala Pada, der unter alten Bäumen hindurch führt.

Cala Pada: Eine schöne Bucht mit etwa 200 Meter langem Sandstrand, begrenzt von Felsen. Die Kiefern wachsen hier bis direkt an den Strand und verstecken so die mehr als 300 Zimmer umfassende Anlage des „Club Cala Pada", dessen vornehmlich deutsche Gäste bei voller Belegung allein schon mehr als ausreichend wären, den Strand zu füllen – dementsprechend eng geht es auch oft zu. Natürlich existieren auch hier Strandbars sowie ein umfangreiches Wassersportangebot, im Sommer besteht Bus- und Bootsverbindung mit Santa Eulària.

• *Übernachten* ** **Club Cala Pada**, bei deutschen Gästen ausgesprochen beliebtes Apartmentdorf, geschätzt besonders von Familien mit Kindern, die hier die Sprösslinge einem eigenen Kinderclub anvertrauen können. Umfangreiche Sportmöglichkeiten (Segeln, Surfen, Tennis etc.), Animations- und Showprogramm, mehrere Pools, tägliche Arztbesuche etc. Die günstigsten Apartments kosten je nach Saison pro Tag 45–105 €. Zu buchen über Reiseveranstalter (TUI, Neckermann, Thomas Cook, ITS, Jahn) oder direkt bei Fiesta Reisen, Seckbacher Landstraße 74, 60389 Frankfurt am Main, ✆ 069/451014, ✆ 069/ 4693111, www.fiesta-reisen.de. Info vor Ort unter ✆ 971 330886; www.clubcalapada.com.

• *Sport* Beide Schulen direkt am Strand. **Segel- und Windsurfschule**, deutsche Leitung, dem Club Cala Pada angeschlossen, Infos dort.

Tauchcenter Cala Pada, ebenfalls deutsch geführt. Hier werden auch Schulungen und Tauchgänge für Kinder angeboten. ✆/✆ 971 330755, www.diving-ibiza.com.

Platja Niu Blau/Platja Estanyol: Zwei Namen für denselben hübschen Strand, Autofahrer folgen am besten dem Schild zum Restaurant „Bora Bora". An beiden Seiten wird der etwa 200 Meter lange Strand von Felsen begrenzt, auf denen Kiefernbäume gnädig die Bebauung verbergen. Auch direkt am Strand wachsen Bäume und bieten dort feine Schattenplätzchen. Im Wasser abwechselnd Sand und Kiesel, der Grund fällt nur langsam ab. An Einkehrmöglichkeiten, Wassersportangeboten sowie Sonnenschirm- und Liegenverleihern fehlt es auch hier nicht. Weiter in Richtung Santa Eulària lohnt sich ein Stopp dann kaum noch, zumal das Gebiet selbst an der Felsküste ziemlich verbaut oder als Bauland ausgewiesen ist.

Herz des Städtchens: die Rambla von Santa Eulària

Santa Eulària des Riu

Ein gemütliches, ruhiges Städtchen, beliebter Wohnort ausländischer Residenten. Santa Eulària glänzt mit einem großen Yachthafen, der sehr schönen Kirche und einem sehenswerten Volkskundemuseum.

Seinen Beinamen trägt Santa Eularìa nach dem Fluss („Riu"), der südwestlich der Siedlung ins Meer mündet, im Gebiet landeinwärts der beiden Brücken am Ortseingang heute jedoch meist ausgetrocknet ist. Früher allerdings bildete er eine bedeutende Quelle des Wohlstands der Region, sorgte er doch nicht nur für die Bewässerung des fruchtbaren Umlands, sondern war auch als einziger Wasserlauf der Insel stark genug, zahlreiche Getreidemühlen anzutreiben, die von den Bewohnern ganz Ibizas genutzt wurden.

Das Ortsbild der Gemeindehauptstadt zeigt sich von der modernen Seite – kein Wunder, ist Santa Eulària doch in den letzten Jahrzehnten gewachsen wie kaum eine andere Siedlung auf Ibiza, vor allem wegen des stetig steigenden Fremdenverkehrs. Ohnehin reicht die Besiedlung des Stadtgebiets nur bis ins späte 18. Jh. zurück, als auf dem Kirchenhügel Puig d´en Missa die ersten Wohnhäuser um das Gotteshaus entstanden. Die beiden heutigen Hauptadern der Stadt, die mittlerweile von einer Ortsumgehung entlastete Durchgangsstraße *Carrer Sant Jaume* und die hübsche, baumbestandene *Rambla* (offiziell „Passeig de s´Alamera" genannt), die den Rathausplatz Plaça d´Espanya mit der Uferpromenade verbindet, wurden sogar erst Anfang des 19. Jh. angelegt. Ihr Schnittpunkt markiert das Herz des Städtchens. Oberhalb des Carrer Sant Jaume erstrecken sich die vergleichsweise älteren Ortsteile, meerwärts die jüngeren Siedlungszonen mit ihren vielstöckigen Apartmentblocks und großen Hotels. Auffällig modern und ausgedehnt ist der Sporthafen von Santa Eulària. Nordöstlich von ihm liegt der neue Stolz der Stadt, das Kongresszentrum „Palau de Congressos", das einzige auf Ibiza.

Als Ferienort ist Santa Eulària ein Ziel der familiären Art, Nachtleben findet nur in sehr begrenztem Umfang statt. Hier lassen es die Besucher ruhiger angehen, begnügen sich mit einem Bummel auf der wirklich reizvollen Rambla, auf der hübsch begrünten Strandpromenade Passeig Marítim und auf dem Passeig Port Esportiu, der entlang des Yachthafens führt. Geschätzt wird die gelassene, durchaus noch „einheimisch" wirkende Atmosphäre auch von deutschen Besuchern – waren es früher hauptsächlich Briten, die nach Santa Eulària kamen, so hat die Zahl deutscher Urlauber und Residenten seit Ende der Neunziger deutlich zugenommen. Doch auch wer nicht hier wohnt, sollte einen Ausflug in das Städtchen nicht versäumen: Die Kirche auf dem Stadthügel, der Santa Eulària seinen Namen verdankt, ist ebenso sehenswert wie das nahe Völkerkundemuseum, das unter anderem Trachten und ländliche Arbeitsgeräte zeigt.

Information/Nützliche Adressen und Telefonnummern

• *Information* **O.I.T. Municipal de Santa Eulària**, Carrer de Marià Riquer Wallis 4, 07840 Santa Eulària, ✆ 971 330728. In einer Parallelstraße der Rambla, ein engagiertes und sehr hilfreiches Büro, seit vielen Jahren kompetent geführt. Öffnungszeiten im Sommer Mo–Fr 9.30–13.30, 17–19.30 Uhr, Sa 9.30–13 Uhr, im Winter Mo–Fr 9–14 Uhr, Sa 9–13 Uhr. www.santaeulalia.net.

Info-Kiosk an der Rambla, eine „Außenstelle" des Fremdenverkehrsamts, für allgemeine Anfragen völlig ausreichend. Geöffnet April–Oktober, dann täglich 10–14, 16–20 Uhr. ✆ 971 330728.

Internet: www.santaeulalia.net

• *Nützliche Adressen und Telefonnummern* **Notruf:** ✆ 112.

Deutsche Arztpraxis: Dr. med. Klaus-G. Diller, Carrer Pintors Puget 1a (Nähe O.I.T.), Erdgeschoss; ✆ 971 330670, Notfälle ✆ 619 523231.

Deutscher Zahnarzt: Georg Esch, Passatge Algemesí 4/2D, bei der Rambla, ✆ 971 332901.

Post: Passatge Algemesí, Ecke Rambla, geöffnet Mo–Fr 9.30–13.30 Uhr (HS bis 20.30 Uhr), Sa 9.30–13 Uhr. Carrer de Sant Rafel, in der Nähe der Plaça d´en s´Erà d´en Manyà.

Internetzugang: Mark y Dani, Carrer de la Mar 12, in einer Seitenstraße der Rambla, ✆ 971 338079, markydani@ctv.es; ein Computergeschäft mit Netzanschluss.

Verbindungen

• *Bus* Große Busstation im Gebiet hinter dem Rathaus, nahe der Markthalle von Santa Eulària. Die folgenden Angaben beziehen sich auf die Sommersaison, die in der Regel von Anfang/Mitte Mai bis Mitte/Ende Oktober läuft, und auf Werktage (Mo–Fr). An Samstagen und erst recht an Sonntagen sind die Frequenzen zum Teil geringer, im Winter gilt ein erheblich eingeschränkter Fahrplan. Ratsam, sich bei Tagesausflügen vorab über die Rückfahrmöglichkeiten zu erkundigen. Buspläne gibt es in der Touristeninformation, unter Telefon 971 192456 oder unter www.ibizabus.com.

Autobuses Voramar El Gaucho fährt von/und zur Cala Llonga (Linie 41) 10x täglich.

Autobuses Empresas H.F. Vilas bedient den Airport von Mitte Juni bis Mitte September 7-mal täglich. Nach Eivissa (Linie 13) tagsüber halbstündlich und Es Canar (Linie 18) mehrmals stündlich; Cala Nova (ebenfalls Linie 18) 7-mal täglich. Nach Sant Antoni (Linie 19) 5-mal, Portinatx (Linie 21) 2-mal, Platja des Figueral via Sant Carles (Linie 23) 3-mal, zur HS häufiger; nach Cala Llenya via Sant Carles (Linie 16) 3-mal; im Hochsommer bestehen auch Verbindungen zur Cala Sant Vicent.

Discobusse verkehren von etwa Anfang Juni bis Ende September täglich von Mitternacht bis etwa 6 Uhr nach Eivissa, einmal pro Nacht auch von/nach Es Canar; Fahrpreis jeweils knapp über 2 €.

• *Schiff* **Ausflugsboote** der Gesellschaft „Cruceros Santa Eulària" starten zur Saison ab der Mole Sa Punta am Yachthafen nach

Schnittig: Yachten im Sporthafen von Santa Eulària des Riu

Eivissa (7-mal tägl., Hin- und Rückfahrt 13 €), Es Canar (9x, 8 €), Cala Pada (4x, 7 €) und Cala Llonga (9-mal, 8 €). Zweimal täglich verkehrt auch ein Schiff nach Formentera, Hin- und Rückfahrt etwa 25 €. Infos unter ✆ 971 332251, www.ferrysantaeulalia.com.

• *Taxi* Standplätze an der Rambla, Funktaxi unter ✆ 971 333033.

• *Mietfahrzeuge* **Autos Marí**, Pkw und motorisierte Zweiräder, Carrer de la Mar 25 (nahe der Rambla), ✆ 971 330236, 🖷 971 332659.

BK Autos, Edificio Somar, Carretera Es Canar, linker Hand der Straße nach Es Canar, ✆ 971 331209.

Vespas Torres, Motos, Scooter und Fahrräder, Carrer Sant Jaume 66, ✆ 971 330059.

Kandani, Fahrräder aller Art, Carretera Es Canar, Pol. 10/109, linker Hand der Straße nach Es Canar, ✆ 971 339264, www.kandani.com.

• *Auto* In den „Blauen Zonen" **Zonas Blavas**, zu erkennen an den blau eingefärbten Randsteinen, muss an den dort aufgestellten Automaten ein Parkticket erworben und gut sichtbar hinter der Windschutzscheibe abgelegt werden. Die Zeiten, zu denen bezahlt werden muss, sind an den Automaten angegeben; maximale Parkzeit zwei Stunden. Wer einen Strafzettel bekommen, seine Parkzeit aber nur bis zu einer Stunde überzogen hat, kann die Anzeige annullieren. Diese „Anulación Denuncia" funktioniert so: Am Parkautomat den grünen Knopf „AD" drücken, ermäßigte Strafe bezahlen und das neu erhaltene Ticket samt dem Strafzettel gefaltet in den Briefschlitz am Automaten werfen.

Übernachten (siehe *Karte S. 195*)

Erstaunlich ist das recht ordentliche Angebot preiswerter kleiner Hostals im Zentrum. Etwas außerhalb liegen mehrere schöne Landhotels.

• *In Santa Eulària* ***** **Hotel Aguas de Ibiza (2)**, im Nordosten des Yachthafens unweit des neuen Kongresszentrums gelegen. Ein brandneuer Fünfsterner, bei der letzten Recherche noch in Bau, mit Erscheinen dieser Auflage aber vielleicht bereits eröffnet. Ausgedehnter Komplex mit mehr als hundert Zimmern, Thalasso-Spa, Pool, Dachterrasse etc. www.aguasdeibiza.com.

**** **Hotel Tres Torres (7)**, großes Hotel im nordöstlichen Bereich des Yachthafens, also nicht mehr ganz zentral. Gut ausgestattete Zimmer mit Klimaanlage, Balkon und schönem Meerblick; Pool. Geöffnet Mai bis Oktober, DZ/F nach Saison etwa

194 Der Osten um Santa Eulària

100–145 €, im August bis zu 220 €; es gibt auch Suiten. Bahia Ses Estaques, ☎ 971 330326, ℻ 971 332085. www.ecohoteles.com.

** Hostal Res. Ca´s Català (12), ein ruhiger Hafen in der Stadt. Das sympathische britische Paar Jill und Kim Brown führt dieses angenehme, kleine Zwölf-Zimmer-Hostal mit seinem reizvollen, durch eine hohe Mauer gut geschützten Garten samt Terrasse und Pool, in dem es sich hervorragend ausspannen lässt. Keine Kinder; Raucher sollten in den Zimmern auf ihr Laster verzichten können. Geöffnet etwa Mitte April bis Ende Oktober, DZ/Bad/F nach Ausstattung und Größe etwa 115–130 €, Mittagessen möglich. Carrer del Sol s/n, im westlichen Zentrumsbereich, ☎ 971 331006, ℻ 971 339268, www.cascatala.com.

** Hostal Res. Buenavista (22), unterhalb des Puig d´en Missa. Ältestes Hostal im Ort, untergebracht in einer hübschen Villa. Zuletzt in Renovierung, die bei einigen Zimmern bereits abgeschlossen war; das Ergebnis dürfte sich sehen lassen können. Die erhöht liegenden Räume sowie diejenigen nach hinten sind wegen der nahen Hauptstraße ruhiger. Im Programm eines britischen Veranstalters, für Individualgäste ist aber oft Platz. Zum Haus gehört ein Garten samt Pool sowie das Rest. „Es Trull", gelegen in einer natürlichen Höhle, in der früher eine Ölmühle untergebracht war. Ganzjährig geöffnet. DZ/Bad/F etwa 70–110 €. Carrer Sant Jaume s/n, ☎/℻ 971 330003. Geplante Website: www.ibiza-buenavista.com.

** Hostal Res. Rey (8), gleich hinter dem Rathausplatz. Ein solides Hostal alter Schule; recht geräumige Zimmer mit Steinfußböden, guten Betten und ordentlichen Bädern. Geöffnet Mai bis Oktober, DZ/Bad nach Saison etwa 45–55 €, von Mitte Juli bis Ende August 65 €. Carrer de Sant Josep 15, ☎ 971 330210.

* Hostal Res. Sa Rota (3), ein recht ordentliches Quartier, das trotz Veranstalterbindung meist auch Zimmer für Individualgäste frei hat. Schlichte, aber durchaus brauchbare Zimmer, DZ/Bad nach Saison und Ausstattung 40–50 €, im August bis zu 65 €, Frühstück geht extra. Ganzjährig geöffnet. Carrer Sant Vicent 59, ☎/℻ 971 330022. www.ibiza-hotels.com/sarota.

● *Im Vorort Siesta* ******* Hotel Fenicia Prestige (15)**, 2006 eröffnete Luxusanlage gleich jenseits des Flüsschens, das Siesta von Santa Eulària trennt – über die Fußgängerbrücke ist man schnell am Strand oder im Zentrum. Mit mehr als 170 Suiten nicht gerade klein, schöner Gartenbereich, großer Pool, mehrere Restaurants und ein 1200 Quadratmeter großes Thalasso-Spa. Ganzjährig geöffnet, Zweier-Suiten nach Saison und Ausstattung 280–1020 €, die „Präsidenten-Suite" kostet noch einiges mehr. Carrer Narcisos s/n, Anfahrt von der Straße Richtung Jesús und Cala Llonga, der Beschilderung nach Siesta folgen. ☎ 971 807000, ℻ 971 807444, www.insotel.com.

**** Grand Hotel Palladium (17), in schöner Lage über dem kleinen Strand Caló de s´Alga, zu Fuß entlang der Promenade etwa 20 Minuten vom Zentrum entfernt. Im Jahr 2000 errichtetes, luxuriöses Quartier, das neben Komfort vor allem auf Wellness setzt: Außen- und Innenpool, Saunen, Dampfbad, Thalasso-Wannen, Behandlungen mit Fango und Aloe Vera etc. DZ nach Ausstattung etwa 230–360 €; es gibt auch Suiten. Carrer Los Lirios 1, ☎ 971 338260, www.grandhotelpalladium.com.

** Hostal Can Bufí (18), etwas landeinwärts von Siesta. Prima Lage knapp außerhalb der Stadt, vom Zentrum nur ein paar Fußminuten entfernt und trotzdem auf dem Land. Verwinkelte, charmante Anlage auf einem weitläufigen, schön begrünten Grundstück, hervorgegangen aus einem ehemaligen Bauernhof; großer Pool (nicht für kleine Kinder geeignet). Deutsche Besitzer. 14 hübsch eingerichtete Zimmer, DZ/Bad/F nach Saison etwa 85–110 €. Geöffnet Ende April bis Mitte Oktober sowie auf Anfrage. Zufahrt unweit der Kreuzung der Straße nach Ibiza-Stadt mit der von Jesús und Cala Llonga kommenden Straße, ☎ 971 330016, ℻ 971 336784, www.ibiza-spotlight.com/canbufi.

● *Außerhalb* Ein (Miet-)Fahrzeug ist für alle aufgeführten Quartiere fast unumgänglich.

Agroturismo Atzaró (19), in abgeschiedener Lage im Gebiet weit nördlich der Stadt, zu erreichen über die Straße nach Sant Joan. 2004 eröffneter, ausgesprochen edler Agroturismo rund um eine Jahrhunderte alte Finca, umgeben von Orangenhainen. Die sehr reizvoll konzipierte Anlage vereint marokkanische und balinesische Einflüsse; es gibt Sitzterrassen, Brunnen, einen schönen Poolbereich und ein Spa, das, wie ebenso das Restaurant, auch für Gäste von außerhalb zugänglich ist. Geöffnet von März bis Mitte November,

Santa Eulària des Riu

Rest. & Hotel

- 2 Hostal Aguas de Ibiza
- 3 Hostal Res. Sa Rota
- 7 Hotel Tres Torres
- 8 Hostal Res. Rey
- 12 Hostal Res. Ca's Catala
- 15 Hotel Fenicia Prestige
- 17 Grand Hotel Palladium
- 18 Hostal Can Bufí
- 19 Agroturismo Atzaró
- 20 Hostal La Colina
- 21 Hotel Rural Les Terrasses
- 22 Hostal Res. Buenavista

- 1 Rest. Ca's Pagès
- 4 Rest. El Naranjo
- 5 Bar-Rest. Cardamon Club
- 6 Bar-Rest. El Rincón de Pepe
- 9 Rest. Ca Na Ribes
- 10 Bar-Rest. Casa Juanito
- 11 Celler Can Pere
- 13 Café The Royalty
- 14 Bar Can Cosmi
- 16 Bar-Rest. El Falucho

DZ/F nach Saison und Ausstattung etwa 165–370 €, Suiten 205–580 €. Carretera Sant Joan km 15 (siehe auch den Kasten „Landstraße der Schlemmerlokale" am Ende dieses Kapitels), die Zufahrt zweigt beim kleinen Geschäft „Comestibles Petit" bzw. zwischen den Restaurants Sis Pins und Ca na Pepeta ostwärts ab; ✆ 971 338838, 📠 971 331650, www.atzaro.com.

Hotel Rural Les Terrasses (21), etwa fünf Kilometer außerhalb, Zufahrt Richtung Eivissa linker Hand, kenntlich am blauen Stein. Sehr geschmackvoll dekoriertes Haus mit nur wenigen, jeweils unterschiedlichen Zimmern, eine „Insel auf der Insel", wie es der Prospekt verspricht. Zwei Pools, Tennisplatz. Unterschiedlich ausfallende DZ/F nach Größe und Saison etwa 125–350 €, die Suite 240–370 €. Auf Vorbestellung Verpflegungsmöglichkeit. Geöffnet März bis Mitte November, im Februar wird auf Anfrage eventuell geöffnet. Carretera de Santa Eulària, km 1; ✆ 971 332643, 📠 971 338978, www.lesterrasses.net.

** Hostal La Colina (20), ebenfalls in diesem Gebiet, Zufahrt linker Hand der Straße nach Eivissa etwa 300 Meter vor der Abzweigung zu Les Terrasses. Hübsche Hotelfinca – die offizielle Klassifizierung untertreibt mal wieder – in einem alten Bauernhaus; kein Luxusquartier, aber sehr gemütlich und durchaus komfortabel. Sympathische Schweizer Besitzer, die sich auf der Insel bestens auskennen und einiges mit ihren Gästen unternehmen, viele Stammkunden. Im Winter Wanderwochen. Großer Pool. Geöffnet ganzjährig (Heizung) außer der Zeit von November bis Januar. DZ/F nach Saison 70–105 €, Familienzimmer 110–175 €; Carretera Santa Eulària, ✆/📠 971 332767, www.lacolina-ibiza.ch.

Essen (siehe Karte S. 195)

Auf seine vielen kleinen, guten Bars und Restaurants aller Preiskategorien ist man in Santa Eulària besonders stolz – nicht zu Unrecht. Viele Lokale schließen allerdings außerhalb der Saison.

● *In Santa Eulària* „Fressgasse" Nummer eins ist der Carrer de Sant Vicent nahe der Plaça Espanya.

Celler Can Pere (11), gehoben in Küche, Ambiente und Preis. Hier zählen Fischgerichte zu den Favoriten; umfangreiche

Bildschönes Ensemble: der Kirchhügel Puig d'en Missa

Santa Eulària des Riu

Weinkarte. Gemütliches Gewölbe. Hauptgerichte etwa 10–15 €, man kann aber auch mehr ausgeben; manche Fischgerichte nach Gewicht. Carrer Sant Jaume 63, Eingang auch am Carrer de Sant Vicent; ✆ 971 330056. Do-Mittag und von Mitte Januar bis Ende März geschlossen.

Rest. Ca Na Ribes (9), zehn Meter weiter. Gute Fisch-, aber auch Fleisch- und Reisgerichte, zu den Spezialitäten gehören der schwarze Tintenfischreis „Arròs negre" und die Nudelpaella „Fideuà"; Hauptgerichte kosten überwiegend um die 15 €. Carrer Sant Jaume 67, ✆ 971 330006. Mittwoch sowie von November bis Ostern geschlossen.

Rest. El Naranjo (4), etwas versteckter in einer Parallelgasse zum Carrer Sant Vicent gelegen. Kleines Gärtchen, in dem die namensgebenden Orangenbäume stehen, freundlicher Service und sehr gute Küche. Die meisten Hauptgerichte liegen um die 18–20 €. Carrer de Sant Josep 31 (über einen möglichen Umzug wurde jedoch spekuliert), Reservierung ratsam: ✆ 971 330324. Mo und im Winter geschlossen.

Bar-Rest. Cardamom Club (5), abgelegen in einem wenig schönen Wohngebiet. Die alte Finca und der zugehörige Garten sind jedoch hübsch und das indische Essen ist gut. Beliebter Szenetreff, mittlere Preislage. Nur abends geöffnet, Di Ruhetag, im Winter auch Montag, dafür dann So-Mittag geöffnet. Carrer de la Sèquia des Mallorquí, eine Seitenstraße des Carrer del Sol, im Gebiet westlich der Busstation. ✆ 971 330017.

Bar-Rest. El Rincón de Pepe (6), mit einer guten Auswahl an Tapas. Gut und preisgünstig, auch viele Hauptgerichte kosten nicht mehr als 6–10 €. Ganzjährig geöffnet, im Winter Mi, im Sommer So Ruhetag. Carrer Sant Vicent 53.

Bar-Rest. Casa Juanito (10), gleichfalls in der „Fressgasse" und vor allem bekannt für seine sehr leckeren Tapas und Raciones. Hauptgerichte gibt es auch. Preisgünstig. Carrer Sant Vicent 33, Di Ruhetag.

Bar-Rest. El Falucho (16), in einem Wohnblock nahe der Rambla. „Muy casero": Solide Hausmannskost steht auf dem Programm. Die Mittagsmenüs von Mo–Fr sind ausgesprochen preisgünstig und gut, sonntags wird ein (mäßiger) Aufschlag verlangt. Passatge Algemesí, ums Eck von der Infostelle. Sa Ruhetag.

Café The Royalty (13), edles Café-Restaurant, gut vor allem fürs Frühstück. In strategischer Lage am Carrer Sant Jaume, Ecke Rathausplatz Plaça Espanya.

Bar Can Cosmi (14), auf der anderen Straßenseite. Ebenfalls ein geschäftiger Treffpunkt, bodenständiger und preisgünstiger als die Konkurrenz gegenüber.

• *Außerhalb* **Rest. Ca's Pagès (1)**, einige Kilometer außerhalb von Santa Eulària in Richtung Sant Carles, linker Hand gegenüber von Kilometer 10. Rustikales Lokal mit großer, schattiger Terrasse, innen viel Holz. Sehr beliebt auch bei den Einheimischen wegen der guten, üppig portionierten Fleischgerichte, die mit Preisen von überwiegend etwa 10–12 € gar nicht einmal teuer sind. Prima Weinauswahl. Carretera de Sant Carles, km 10; ✆ 971 319029. Di Ruhetag, von Mitte Februar bis Ende März geschlossen.

Nightlife/Sport

Wie bereits erwähnt, ist Santa Eulària nicht gerade für sein ausuferndes Nachtleben bekannt. Einige wenige interessante Adressen gibt es aber doch.

• *Nightlife* **Café Guaraná**, Highlight im Sporthafen. Music-Café mit bekannt guten, internationalen DJs, beliebt auch bei einheimischen Besuchern. Zur Saison ab 22 Uhr bis in den Morgen geöffnet.

Café Mirage, ebenfalls im Sporthafen. Ein britisches „Café Concierto" mit der Lizenz für Live-Konzerte, die zur Saison jeden Abend stattfinden

• *Sport* **Ibiza Diving**, großes Tauchzentrum im Sporthafen, Tauchkurse auch in deutscher Sprache; ✆ 971 332949, 📠 971 332899, www.ibiza-diving.com.

Boca Rio, diverse Wassersportangebote am Strand bei der Flussmündung: Parasailing, Wasserski etc. ✆ 670/223381.

Einkaufen/Feste

• *Einkaufen* Deutsche Zeitungen und Zeitschriften gibt es an der Rambla.

Hippiemarkt auf der Rambla, zur Saison täglich außer sonntags und mittwochs.

Es Mercat, die Markthalle von Santa Eulària, erste Adresse für frische Ware. Ganz oben am Carrer del Sol, geöffnet nur vormittags von Mo–Sa.

Ribas, Weinhandlung mit sehr umfangreichem Angebot an hochklassigen Weinen, Cavas und Hochprozentigem. Carrer Sant Vicent 18. Ganz ähnlich im Carrer del Mar 4: **Bodega L´Àngel**.

• *Feste* **Patronatsfest** der heiligen Eulària am 12. Februar, mit Messe und Prozession um den Puig d´en Missa.

Anar a Maig, am ersten Sonntag im Mai, die Feierlichkeiten beginnen aber in der Regel schon einige Tage früher. Das Hauptfest der Stadt, mit Umzug und Wettbewerb geschmückter Pferdewagen, Blumenschmuck, Feuerwerk, Musik und Tanz sowie einer landwirtschaftlichen Messe.

Wallfahrt zur Kapelle auf dem Puig d´en Ribes etwas landeinwärts von Santa Eulària, ein traditionsreiches Ereignis mit ebenso traditionellem Picknick auf dem Hügel. Im Rahmen des Maifestes; offizieller Termin ist der 3. Mai, doch kann sich das genaue Datum ändern, Infos im Fremdenverkehrsamt.

▸ **Baden:** In und um Santa Eulària finden sich mehrere Sandstrände, die jedoch allesamt zur Saison gut besucht bis kräftig überfüllt sind.

Platja de Santa Eulària: Der gepflegte Stadtstrand liegt gleich am unteren Ende der Rambla. Knapp 300 Meter lang und bis zu 40 Meter breit, besteht er aus feinem, grauem Sand, der sich im nur langsam tiefer werdenden Wasser fortsetzt. Gute Infrastruktur inklusive Sonnenschirm- und Strandliegenverleih sowie Sportmöglichkeiten, das Wasser macht allerdings nicht immer einen besonders klaren Eindruck.

Platja des Riu: Der Strand vor der Flussmündung erstreckt sich noch etwas länger als der Hauptstrand, mit dem er durch eine Promenade verbunden ist. Auch hier besteht eine gute Infrastruktur mit Bars, Duschen etc. und vor allem umfangreichen Wassersportangeboten. Im Wasser fällt der Grund relativ schnell ab.

Caló de s'Alga: Ein Stück jenseits der Flussmündung liegt diese hübsche, kleinere Strandbucht, die der Urbanisation Siesta vorgelagert und von der Platja des Riu über einen Fußweg (siehe Wanderung 4) zu erreichen ist. Der bräunliche Sandstreifen ist allerdings relativ schmal; Sonnenschirm- und Liegenverleih sowie eine Strandbar sind vorhanden. Die nahe Felsküste eignet sich gut zum Schnorcheln.

Sehenswertes

Santa Eulàrias Sehenswürdigkeiten konzentrieren sich auf und um den Kirchenhügel Puig d´en Missa, die Keimzelle der Siedlung, die sich mit schönem Fernblick am Ortseingang aus Richtung Eivissa erhebt – hier, auf dem 52 Meter hohen „Hügel der Messe", liegen die Ursprünge der Stadt.

Església Puig d´en Missa: Als die Katalanen nach ihrer Eroberung Ibizas die Insel in vier Landstriche („Quartóns") geteilt hatten, begannen sie zu Beginn des 14. Jh., für jeden Quartón eine Kirche zu errichten. Wahrscheinlich schon auf dem Puig d´en Missa entstand damals ein erstes Gotteshaus, das bereits der hl. Eulària gewidmet war – einer für die Katalanen sehr bedeutenden Heiligen, fungiert die von den Römern hingerichtete Märtyrerin doch auch als Stadtpatronin der katalanischen Hauptstadt Barcelona. Von jener frühen Kirche bleib freilich nichts erhalten, da sie 1555 bei einem türkischen Angriff völlig zerstört wurde. Bald wurde jedoch ein neues Gotteshaus gebaut; Auftraggeber war der spanische König Philipp II., Architekt vermutlich der Baumeister Giovanni Baptista Calvi, der auch für die erste Phase der Stadtbefestigung Eivissas verantwortlich zeichnete. Dass die festungsartige Kirche mit ihrem halbrunden Bollwerk im Süden auch eine sehr hohe militärische Bedeutung besaß, ist bis heute augenfällig geblieben. Als die Zeiten ruhiger wurden, setzte man Ende des 17. Jh. zwei Kapellen an das Hauptschiff, die dem

Grundriss die Form eines Kreuzes gaben. Damals entstand als Treffpunkt der Landbevölkerung vor und nach den Gottesdiensten auch die schöne, „Porxada" (oder „Portxo") genannte Vorhalle. Mit ihren drei Reihen halbrunder Bögen, gestützt von quadratischen Säulen, gilt sie als eines der schönsten Beispiele ländlicher ibizenkischer Architektur. Später kamen weitere Anbauten wie die Sakristei und das Pfarrhaus hinzu, bis schließlich im Umfeld der Kirche auch die ersten Wohnhäuser errichtet wurden, Ursprung der Siedlung Santa Eulària selbst. Die Ausstattung des Kircheninneren ging 1936 in den Wirren des Bürgerkriegs völlig verloren und wurde nach und nach ersetzt – der barocke Hauptaltar zum Beispiel stammt aus einer Kirche im kastilischen Segovia.

Museu Barrau: Das kleine Museum (Privatbesitz; häufig wechselnde Öffnungszeiten), untergebracht im einfachen Wohnhaus des Künstlers bei der Kirche, zeigt Gemälde des katalanischen Impressionisten Laureà Barrau (1863–1957), der seit 1910 auf Ibiza lebte und hier auch begraben liegt.

Museu Etnològic Can Ros: Ein typisches altes Bauernhaus unterhalb der Kirche beherbergt seit 1994 das Volkskundliche Museum der Insel. Auf relativ engem Raum ist hier eine Vielfalt von Gegenständen zusammengetragen, die einen guten Einblick in die Lebensverhältnisse des ländlichen Ibiza vergangener Zeiten geben – schade deshalb, dass alle Beschriftungen nur in katalanischer Sprache gehalten sind. Neben alten Trachten und Schmuckstücken wie dem Gehänge „Emprendada", das als Brautpfand diente, sind unter anderem eine Weinkelterei, eine komplette Küche und eine Vielzahl landwirtschaftlicher Geräte zu sehen. Die „Trull" genannte Ölmühle wurde aus Sant Miquel herbeigeschafft und neu zusammengesetzt; ein Video dokumentiert den Prozess, mit dem aus Oliven das kostbare Öl gewonnen wurde. Sehenswert ist auch das Gebäude selbst mit seiner überdachten Vorhalle und der Eingangshalle, die das Zentrum des Familienlebens war. Wer sich nach der Besichtigung entspannen möchte, findet beim Hostal Buenavista (siehe „Übernachten") eine hübsche Bar, deren Pool auch von Besuchern benutzt werden darf.

Öffnungszeiten: April bis September Mo–Sa 10–14, 17.30–20 Uhr, So 11–13.30 Uhr; im restlichen Jahr Di–Sa 10–14 Uhr, So 11–13.30 Uhr. Eintrittsgebühr 3 €, So gratis.

Pont Vell: Noch etwas ortsauswärts des Puig d´en Missa überspannt die alte Brücke von Santa Eulària den Fluss. Obwohl häufig als „Römerbrücke" bezeichnet, stammt

„Alte Brücke": Pont Vell

Nur ein paar Schritte von den Ferienhotels: Steilküsten-Blick (Wanderung 4)

sie erst aus der Zeit nach der katalanischen Eroberung, vermutlich aus dem 16. Jh. Die zumindest im Sommer recht kläglichen Reste des früheren Flusses werden von einer Pumpe in Bewegung gehalten, damit das Wasser nicht fault. Meerwärts der Brücke führt ein gepflegter Spazierweg entlang des Flussbetts zur Mündung am Strand Platja des Riu.

Wanderung 4: Von Santa Eulària zur Cala Llonga

> **Route:** Santa Eulària – Caló de s´Alga – Cala Blanca – Cala Llonga; **reine Wanderzeit:** ca. 2,5–3 Stunden; **Einkehr:** nur in Santa Eulària, Caló de s´Alga und Cala Llonga. Unterwegs keine Möglichkeiten, Trinkwasser und Sonnenschutz nicht vergessen. Badesachen dürfen im Gepäck sein, festes Schuhwerk ist nötig.

Charakteristik: Eine recht anstrengende, aber reizvolle Wanderung durch die waldreiche, wenig bebaute Küstenlandschaft zwischen den Ferienzentren Santa Eulària und Cala Llonga. Der Weg folgt streckenweise einer mit blauen Pfosten markierten Wanderroute, einer so genannten „Ruta des Falcó". Unterwegs bieten sich herrliche Ausblicke. Ein kurzer Abstecher führt durch einen Tunnel zur einsamen Steinbucht Cala Blanca; auch an der Cala Llonga besteht natürlich Bademöglichkeit. Die Rückfahrt nach Santa Eulària, wahlweise auch die Weiterreise nach Eivissa, erfolgt per Bus oder zur Saison per Ausflugsschiff. Achtung, von November bis Anfang Mai sind die Busfrequenzen stark eingeschränkt, weshalb es sich dann besonders empfiehlt, schon vorab die aktuellen Fahrpläne zu studieren; die Weiterfahrt nach Eivissa ist in den Wintermonaten in der Regel nicht möglich.

Verlauf: Vom unteren Ende der Rambla in Santa Eulària folgt man der Strandpromenade nach rechts in Richtung der Flussmündung, die etwas oberhalb auf einer Brücke überquert wird. Jenseits

Wanderung 4: Von Santa Eulària zur Cala Llonga

der Brücke geht es wieder Richtung Küste und weiter auf der Promenade, die zunächst etwas landeinwärts verläuft, sich dann nach links wendet, in einen Fußweg verwandelt und schließlich, insgesamt etwa 20 Minuten nach Beginn der Wanderung, die Strandbucht *Caló de s´Alga* erreicht.

Hinter der Bucht läuft man vorbei an einem großen, gemauerten Steinkegel und steigt, immer etwa parallel zur Küste, in einen Wald hinauf an. Bald trifft man auf eine Piste, der man nach links folgt, vorbei an einer Reihe von Abzweigungen. Nach gut zehn Minuten steigt diese hier betonierte Piste in einer S-Kurve bei einem „Can Shakti" benannten Haus deutlich an. Etwa vier Minuten, nachdem man das Ende der Umzäunung dieses Hauses hinter sich gelassen hat, wird die Piste auf einem steil nach links abwärts führenden, anfangs betonierten Weg verlassen; zuletzt standen hier beiderseits zwei blaue Pfosten einer „Falkenroute". Sobald der Weg eine Linkskurve beschreibt und

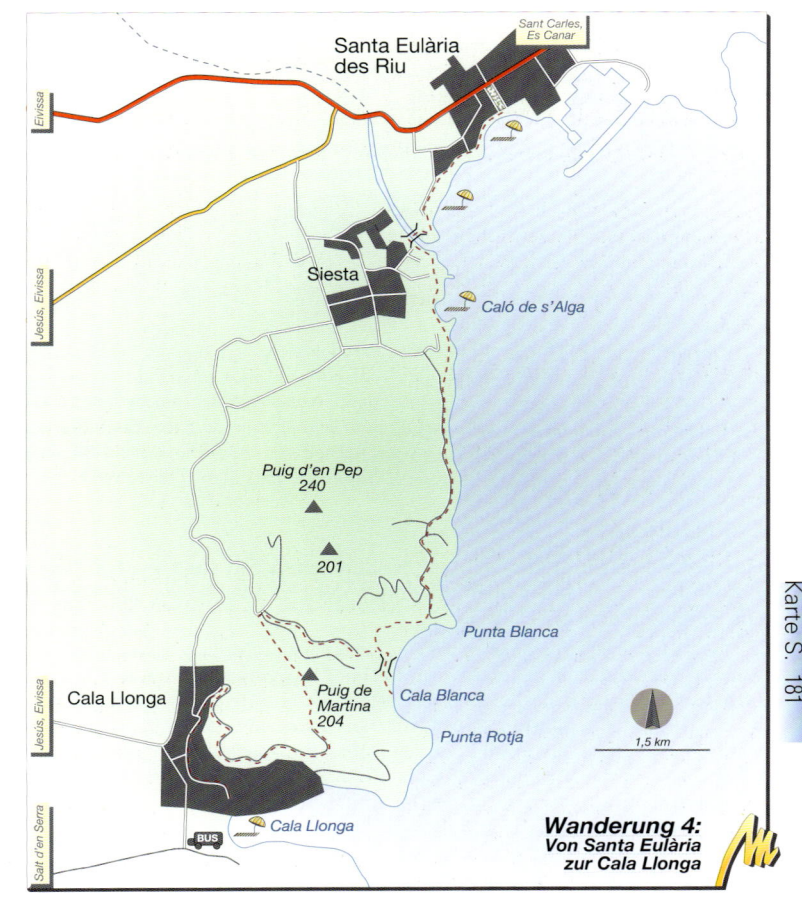

Der Osten um Santa Eulària
Karte S. 181

ein Haus mit Turm in Sicht kommt, vor dem die Zufahrt endet, biegt man erneut ab, diesmal nach rechts auf einen schmalen Pfad hoch über dem Meer. Bald wendet sich dieser Pfad wieder etwas landeinwärts, steigt kurz an (lassen Sie sich nicht verführen, hier zu früh in die Schlucht hinabzusteigen) und senkt sich dann allmählich in das linker Hand gelegene Tal hinab. Unten angekommen, führt der Weiterweg eigentlich nach rechts, doch lohnt sich vorher ein Abstecher zur Cala Blanca. Dazu hält man sich links und folgt dem steinigen Bachbett meerwärts, bis sich nach wenigen Minuten rechts ein Tunnel zur *Cala Blanca* öffnet, die insgesamt etwa eine gute Stunde nach Beginn der Wanderung erreicht wird. Die fast immer menschenleere „Weiße Bucht" verdankt ihren Namen wohl den hellen, großen Steinen, die den Einstieg ins Meer manchmal etwas mühsam machen – so man es überhaupt bis hinab ans Wasser schafft, der Zugang verändert sich durch Felsstürze immer wieder mal. Bei hohem Wellengang verzichte man sicherheitshalber auf das Badevergnügen.

Nun geht es zurück durch den Tunnel, dahinter links und auf dem Weg entlang des Bachbetts landeinwärts. Nach einer Weile verbreitert sich der Pfad zu einem Fahrweg, steigt in mehreren Kurven deutlich an und erreicht schließlich, etwa 20 Minuten hinter dem Tunnel, bei einer Feriensiedlung ein Asphaltrondell. Hier hält man sich links und biegt nach wenigen Metern erneut links in einen südostwärts ansteigenden, schmalen Fußweg ein, links an einem blauen Pfahl vorbei. Der Pfad steigt durch lichten Wald weiter an und ist gelegentlich mit blauer und roter Farbe markiert. Etwa zehn Minuten hinter dem Rondell erreicht man über eine Art Grat die mit einer Steinpyramide markierte Anhöhe des 204 Meter hohen Puig Marina; die Aussicht hier ist leider durch Bäume versperrt. Jetzt führt der Pfad wieder abwärts (achten Sie auf die Markierungen), wendet sich bald steil, teilweise rutschig und steinig Richtung Meer und erreicht nach wenigen Minuten einen breiteren, mit einem blauen Pfosten markierten Weg, dem man nun folgt. Nach einer Rechtskurve sieht man tief unten bereits die *Cala Llonga* leuchten, doch ist es bis dorthin noch ein Stück Weg – die Piste wendet sich nämlich erst noch einmal landeinwärts, verwandelt sich auf Höhe der Ferienanlage „Montemar" in Asphalt und führt erst dann, rechts vorbei an einem Supermarkt und dem Restaurant „Zebra", hinunter zur Bucht, deren Strand knapp 1,5 Stunden hinter der Cala Blanca erreicht ist.

Cala Llonga

Eine tief eingeschnittene Bucht, an beiden Seiten von steilen, bewaldeten Hügeln begrenzt. Leider beeinträchtigen massive Bauten die landschaftliche Schönheit der Cala Llonga.

„Die seitlich in die Felsen hineingebauten Hotels galten seinerzeit als Modell für urbanistische Architektur in abfallendem Gelände": So umschreibt ein Faltblatt des Fremdenverkehrsamts die Tatsache, dass sich beiderseits der Bucht mehrere Großhotels erheben, die zusammen mit anderen Quartieren und den zahlreichen Apartments Platz für weit über 4000 Personen bieten. Im Umfeld finden sich Autovermieter, Bars, Restaurants, Geschäfte und diverse Sportanbieter – eine komplette touristische Infrastruktur also, die vor allem auf (vorwiegend britische) Pauschalurlauber zugeschnitten ist. Direkt hinter der Bucht erstreckt sich landwirtschaftlich genutztes Gebiet, die Hügel in Richtung Santa Eulària bedecken ausgedehnte, wenn auch gut in die waldreiche Landschaft eingepasste Feriensiedlungen.

Einsam: Küstenabschnitt nördlich der Cala Llonga

Der feine Sandstrand der Bucht ist rund 200 Meter lang, bis zu hundert Meter breit und fällt im Wasser kinderfreundlich sanft ab. An Strandbars, Sonnenschirm- und Liegenvermietern besteht natürlich kein Mangel. Wegen der großen Hotels und der im Sommer recht guten Busverbindungen nach Santa Eulària und Eivissa wird der Strand trotz seiner Größe zur Saison allerdings ausgesprochen voll, und das Wasser wirkt durch Anschwemmungen nicht immer sauber.

- *Information* **Infokiosk** des Fremdenverkehrsamts Santa Eulària, in Strandnähe. Geöffnet Mai bis Oktober, dann täglich 10–14 Uhr, ✆ 971 330728.
- *Verbindungen* **Busse** der Gesellschaft Voramar El Gaucho fahren ab etwa Anfang Mai bis Oktober von und nach Santa Eulària (Linie 41) Mo–Sa 10x, So 6-mal täglich. Dieselbe Gesellschaft bedient die Linie via Golf Roca Llisa und Jesús nach Eivissa (Linie 15) von Mai bis Oktober Mo–Sa 9-mal, So 4-mal täglich.

Ausflugsboote der Gesellschaft „Cruceros Santa Eulària" verkehren zur Saison nach Santa Eulària (10x täglich, Hin- und Rückfahrt 8 €), Eivissa (4x, 13 €) und Es Canar (9-mal, 11 €). 1–2mal täglich fährt auch ein Schiff nach Formentera, Hin- und Rückfahrt etwa 25 €. Info-✆ 971 332251, www.ferrysantaeulalia.com.

- *Übernachten/Essen* Die Großhotels der Cala Llonga werden fast ausschließlich (und preisgünstiger) pauschal gebucht. Auf Individualgäste ist man kaum eingestellt.

Rest. Zebra, in der Urbanisation nördlich oberhalb der Bucht. Solide Küche, schöne schattige Terrasse und freundlicher Service. Hauptgerichte kosten im Schnitt etwa 15 €, eine der Langusten aus dem Wasserbecken natürlich eine Kleinigkeit mehr ... Carrer Monte Everest, bergwärts vorbei an der Musikbar „Mister Cairo's", ✆ 971 196593.

- *Feste* **Santa María de la Asunción**, 15. August, großes Sommerfest an Mariä Himmelfahrt.
- *Sport* **Tauchschule** „Rumbo Azul", Hotel Sirenis ✆ 971 196625, ✆ 971 394486.

Reitschule „Easy Rider", im Hinterland des Strands, ✆ 971 196511.

Salt d´en Serra: Südwestlich der Cala Llonga führt ein Fahrweg zu dieser schmalen Kieselbucht, die meist etwas weniger überfüllt ist als die Cala Llonga selbst. Oberhalb findet sich das sehr hübsch gelegene Restaurant „Sol den Serra" (✆ 971 196176, www.soldenserra.com) mit reizvoller Aussicht, schöner Dekoration, gutem Essen und freundlichen Besitzern.

Wehrhafter Weiler: Balàfia

Cala Olivera: Eine kleine Bucht etwas abseits der noblen Urbanisation *Roca Llisa*, die in der Nähe des gleichnamigen Golfplatzes (siehe Eivissa/Sport) und unweit der Nebenstraße von der Cala Llonga zur Hauptstadt liegt. Eigentlich ist die Zufahrt, die durch privates Siedlungsgebiet führt, durch ein Wachhäuschen samt Wärter für Außenstehende abgeriegelt. Dies gilt jedoch nicht für Personen, die zur Bucht selbst wollen: Da Spaniens Küsten für jedermann zugänglich sind, muss der Wärter diese Besucher passieren lassen. Fraglich allerdings, ob der Aufwand sich lohnt, denn die gerade mal 30 Meter lange Bucht ist meist mehr als nur gut besucht.

Sant Llorenç und Balàfia

Die beiden Inlandsdörfchen etwas westlich der Landstraße nach Sant Joan sind jeweils winzig, jedoch recht unterschiedlich im Charakter.

Sant Llorenç de Balàfia, ein kleiner Weiler, der bereits zur Gemeinde Sant Joan zählt, besteht gerade mal aus einer Handvoll Häuser, die sich um den Kirchhügel scharen, und einer Bar. Die hübsche Kirche selbst stammt aus dem 18. Jh. und ist von einer gepflegten Anlage umgeben, bietet aber außer der reizvollen Aussicht auf die landwirtschaftlich geprägte Umgebung nichts Spektakuläres.

Balàfia hingegen, etwas weiter nördlich gelegen, ist in seiner Art einmalig: ein perfekt erhaltenes Wehrdörfchen aus den gefährlichen Zeiten des 16. Jahrhunderts. Mancher schreibt der kleinen Siedlung mit ihrer typisch ibizenkischen Architektur gar eine noch viel längere Vergangenheit zu, die bis in die Zeit der maurischen Herrschaft zurückreichen soll. Obwohl Balàfia ein ganzes Stück von der Küste entfernt liegt, muss die Piratengefahr auch hier immens gewesen sein – drohte ein Überfall, so konnten sich die Bewohner der sieben Häuser über Strickleitern in die beiden torlosen Wehrtürme flüchten und dann die Leitern hochziehen. Heute kommen die Invasoren aus anderen Motiven: Die wenigen Einwohner Balàfias beklagen sich bitter über Touristen, die ihr Dörfchen mit einem Museum verwechseln oder gar glauben, mit dem Auto hindurchfahren zu können – und dann zwangsläufig steckenbleiben.

Die Landstraße der Schlemmerlokale: Carretera Sant Joan

An vielen Landstraßen der Insel locken Restaurants zu einem Stopp. Nirgends jedoch ist die Konzentration an guten Lokalen so hoch wie entlang der Carretera Sant Joan, die von der Verbindungsstraße zwischen Eivissa und Santa Eulària abzweigt und nach Sant Joan und Portinatx führt. Hier ist für fast jeden Geschmack und Geldbeutel etwas geboten, noble Gourmetrestaurants finden sich ebenso wie preiswerte Landgasthäuser. Im Folgenden eine Auswahl von empfehlenswerten Lokalen, geordnet nach ihrer Lage von Süd nach Nord. Die Kilometerzahlen in den Adressenangaben beziehen sich auf die Entfernung von Eivissa – wenn Sie wissen möchten, wie weit das Lokal ungefähr von der Hauptabzweigung an der Straße zwischen Eivissa und Santa Eulària entfernt ist, ziehen Sie einfach acht Kilometer ab.

Rest. Bambuddha Groove, wenige hundert Meter hinter der Abzweigung. Thailändisches Restaurant mit superber Dekoration, schöner Bar und einem Angebot, das auch Vegetarier glücklich macht. Für ein Menü sind etwa 40 € zu rechnen. Gelegentlich gibt es Konzerte, Ausstellungen etc. Nur abends ab 20 Uhr geöffnet, Küche bis 1 Uhr, Bar noch länger. Von November bis Ostern geschlossen. Carretera Sant Joan, km 8,5; aus Richtung Eivissa linker Hand. ☏ 971 197510, www.bambuddha.com.

Rest. Es Caliu, gut zwei Kilometer weiter, rechter Hand, zu erkennen an der Windmühle. Rustikales Gasthaus, gegründet 1972. Leckeres Fleisch vom Holzkohlengrill, Hauptgerichte überwiegend etwa 10–15 €. Im Juli/August nur abends geöffnet. Ctra. Sant Joan, km 10,8; ☏ 971 325075.

Rest. Can Gall, mit hübscher Gartenterrasse samt weiter Aussicht. Vielfältige Auswahl, Hauptspeisen um die 15–20 €. Mi Ruhetag. Ctra. Sant Joan, km 11,6; linker Hand. ☏ 971 325576.

Rest. Cicale, nur ein paar hundert Meter entfernt, das ehemalige „Es Porrons", jetzt von Italienern betrieben. Lauschige Gartenterrasse, gute Pasta und Holzofenpizza (um die 10 €), ein komplettes Menü kommt auf etwa 30 €. Nur abends, kein Ruhetag. Ctra. Sant Joan, km 12, linker Hand. ☏ 971 325151.

Bar-Rest. Aura, 2006 eröffnetes, schick gestyltes Restaurant mit Lounge-Atmosphäre, DJs, Ausstellungen etc. Mediterran-internationale Küche, Menü ab etwa 30 €. Di Ruhetag. Ctra. Sant Joan, km 13, linker Hand. ☏ 971 325356, www.aura-ibiza.com.

Bar-Rest. Es Pins, knapp zwei Kilometer nördlich. „Die Pinien" sind ein solider Landgasthof mit typisch ibizenkischer Küche und Brot aus dem eigenen Backofen; berühmt ist das „Bauernragout" Sofrit pagès. An Werktagen gibt es ein sehr preiswertes und sättigendes Mittagsmenü; auch sonst liegen die Preise niedrig. Mi Ruhetag. Ctra. Sant Joan, km 14,8; rechter Hand. ☏ 971 325034.

Bar-Rest. Juanito, eigentlich „Ca´n Muson de sa Vila" genannt, im Gebiet der Kreuzung nach Sant Carles, nicht weit von der Abzweigung Richtung Balàfia. Eines von mehreren guten Restaurants hier; kleines Gärtchen, schattige Terrasse, die Bar hängt voller Schinken. Prima ibizenkische Küche, Spezialität sind Eintöpfe (Vorbestellung), es gibt aber auch Grillgerichte und Tapas. Hauptspeisen kosten überwiegend etwa 10–15 €. Mo Ruhetag. Ctra. Sant Joan, km 15,4; aus Richtung Eivissa rechts. ☏ 971 325082.

Rest. Cana Pepeta, ganz in der Nähe. Eine echte Institution ibizenkischer Küche (es gibt z.B. hervorragendes Spanferkel), von Einheimischen schon mal als das „authentischste Restaurant der Insel" gerühmt. Das Preisniveau liegt ähnlich bis etwas höher als bei „Juanito", manche Speisen auch hier nur auf Vorbestellung. Di Ruhetag. Ctra. Sant Joan, km 15,4; aus Richtung Eivissa rechter Hand. ☏ 971 325023.

Rest. Balàfia, ebenfalls in diesem Gebiet. Sehr beliebtes, oft voll belegtes Lokal mit großer Gartenterrasse. Grund des Andrangs sind die schmackhaften, kräftig gewürzten Fleischgerichte vom Grill, aber auch die ebenso berühmten köstlichen Kartoffeln. Preise etwa wie oben. Nur abends, So Ruhetag. Ctra. Sant Joan, km 15,4; aus Richtung Eivissa linker Hand. ☏ 971 325019.

Ton in Ton: Farbspiel an Formentera-Finca

Formentera

Gerade mal 82 Quadratkilometer groß, mit Ausnahme zweier Hochebenen fast flach wie ein Brett, bewohnt von rund 8000 Seelen und umgeben von traumhaften Stränden: Formentera, ein schöner Tagestrip ab Ibiza, aber auch eine Urlaubsinsel par excellence.

„Das letzte Paradies im Mittelmeer" wird Formentera von seinen Fans gern genannt. Und ihrer sind viele: Die kleinste bewohnte Baleareninsel besitzt eine sehr treue Anhängerschaft – nur ganz wenige andere Ferienziele dürften eine so hohe Wiederholerrate zu verbuchen haben wie Formentera. Mancher kommt irgendwann dann gar für immer ... Insgesamt sind auf Formentera mehr als 2.000 ausländische Residenten gemeldet, die Mehrzahl Deutsche. Mindestens ebenso beliebt ist die Insel, vielleicht etwas überraschend, bei Urlaubern aus Italien, die vor allem zur Hochsaison stark in Erscheinung treten. Aber auch viele Dauerbewohner Ibizas machen immer mal wieder gern den kurzen Trip hinüber zur kleinen Schwesterinsel. Sie wissen, warum.

Schon bei der Anreise springt die Schönheit der Strände ins Auge, kilometerlang, feinsandig und wegen ihres türkisblau leuchtenden, absolut sauberen Wassers oft und zu Recht mit denen der Karibik verglichen. Die Landschaft hingegen scheint von der Papierform her weniger spektakulär. Im Osten erhebt sich die Hochebene von *La Mola* auf knapp 200 Höhenmeter, im Südwesten erreicht das felsige Gebiet am *Cap de Barbaría* kaum mehr als hundert Meter Höhe. Der Rest der Insel ist nahezu topfeben – kaum eine Stelle auf Formentera, von der aus das Meer nicht in

Wie in alten Zeiten: Bootsschuppen an der Cala Saona

Sicht wäre. Die wenigen Siedlungen sind nicht mehr als Dörfer, selbst der Gemeinde- und Inselratssitz *Sant Francesc Xavier* hat nun wirklich nichts Städtisches an sich. Verglichen mit Ibiza oder Mallorca ist Formentera dünn besiedelt, besitzt nur eine Gesamteinwohnerzahl von etwa 8000 Personen. Und die Entfernungen sind gering: Die längste durchgehende Straßenverbindung, vom Cap de Barbaría bis zum Leuchtturm auf La Mola, misst 28 Kilometer, vom Hafenort *La Savina* sind es bis dorthin sogar nur 20 Kilometer.

Gerade diese gemütliche Überschaubarkeit ist für viele einer der großen Vorzüge Formenteras. Und wer sich die Zeit nimmt, genauer hinzusehen, wird feststellen, was es trotz der geringen Größe alles zu entdecken gibt. Sehenswürdigkeiten im engeren Sinn sind zwar rar. Dafür schärft sich auf Formentera nach einer Weile der Blick für Details. Für die rührende Fürsorge etwa, mit der die Bauern die weit ausladenden Äste der uralten Feigenbäume abstützen, damit sie nicht brechen. Für die sorgfältig angelegten Steinmäuerchen, die die Insel wie ein Netz überziehen und die kultivierten Flächen in ein Schachbrettmuster aufteilen. Für die immer wieder anders leuchtenden Schattierungen des Wassers, die strahlenden Farben des Sonnenuntergangs, das eigentümliche, manchmal fast afrikanisch anmutende Licht der Insel.

Entdeckt wurde die besondere Atmosphäre des abgelegenen Eilands bereits früh von Künstlern, Aussteigern, Hippies und anderen Freigeistern. Sie trafen auf eine Bevölkerung, die tief in ihren alten Traditionen verwurzelt war, den seltsamen Fremden jedoch mit großer Toleranz begegnete. Auch heute noch besteht das Publikum von Formentera, von der Hochsaison vielleicht einmal abgesehen, zu einem guten Teil aus überzeugten Individualisten: Da die Insel zum Glück keinen Flughafen besitzt, führen die Mühen der Anreise zu einer gewissen Auslese der Besucher.

Ohnehin ist die touristische Entwicklung Formenteras bislang im Rahmen geblieben. Die gesamte Insel besitzt knapp 5.000 Hotelbetten, das ist weniger als ein Drittel der Kapazität von Ibizas Gemeinde Sant Josep. Obwohl noch zahlreiche Plätze in Apartments und Ferienhäusern hinzukommen, ist die Aufnahmefähigkeit Formenteras doch eng begrenzt. Bettenburgen sind eine ausgesprochene Seltenheit, kleinere Familienbetriebe überwiegen. Selbst *Es Pujols*, die größte Fremdenverkehrssiedlung der Insel, ist von vergleichsweise bescheidenen Dimensionen. Und das soll, wenn es nach dem Willen der meisten Formenterenses geht, auch so bleiben: Verfechter touristischer Großprojekte haben einen schweren Stand auf der Insel. Dem Umweltschutz hingegen wird – obwohl sicher noch einiges zu tun bleibt – vergleichsweise hohe Bedeutung eingeräumt. Rund die Hälfte Formenteras steht unter Naturschutz, und ein System aus Zäunen und Holzstegen schützt die fragilen Dünensysteme der Strände vor der Beschädigung durch unbedachte Besucher.

Mit seiner weitgehend flachen Landschaft, der geringen Verkehrsdichte (auf der gesamten Insel gibt es keine einzige Ampel) und den relativ kurzen Entfernungen gilt Formentera als Paradies für Fahrradfahrer. Das engmaschige Netz schmaler Feldwege reizt zu Entdeckungstouren; dass ein Teil dieser Camís kürzlich asphaltiert wurde oder es noch werden soll, ist nicht unumstritten. Dass man sich in diesem Labyrinth – das auf allen Landkarten nur höchst unzulänglich dargestellt wird – immer wieder mal verfährt, gehört zum Vergnügen hingegen einfach dazu. Wassersportler finden ebenfalls beste Möglichkeiten, insbesondere Taucher, die sich an der artenreichen Flora und Fauna der Felsküsten erfreuen dürfen. Nachtleben hingegen wird auf der ruhigen Insel eher klein geschrieben. Großraumdiscos à la Ibiza existieren nicht, doch scheint sie auch kaum ein Besucher zu vermissen. Kein Mangel besteht dafür an originellen Kneipen wie der legendären „Fonda Pepe" und charmanten Strandbars wie dem „Pirata Bus" oder der „Blue Bar".

Dank der häufigen Schiffsverbindungen durch die nur vier Kilometer schmale, an Inseln und Inselchen reiche Meerenge *Es Freus* gehört ein Ausflug nach Formentera für viele Ibiza-Besucher fast zum Standardprogramm. Mit ihrem gemächlichen Lebensrhythmus ist die Insel wirklich wie geschaffen, um für ein paar Tage vom anstrengenden Nightlife der großen Schwester auszuspannen. Formentera eignet sich jedoch auch bestens, einen kompletten Urlaub zu bestreiten. Doch Vorsicht, die Rückfallgefahr ist hoch...

Geschichte

Formentera erreichte nie die Bedeutung Ibizas, seine Geschichte ist deshalb auch weniger genau dokumentiert. Zahlreicher als auf der großen Schwesterinsel sind jedoch die Relikte der Vorgeschichte.

Aufsehenerregende Funde wie die Entdeckung des um 1600 v. Chr. errichteten Megalithgrabs von Ca na Costa bei Es Pujols und des Dorfes Cap de Barbaría II belegen die Besiedlung von Formentera bereits in der Bronzezeit. Die Menschen jener Zeit leben in Familiengruppen und ohne erkennbare Verteidigungsmaßnahmen, z. T. auch in Höhlen wie der Cova des Fum auf La Mola. Sie ernähren sich in erster Linie von der Zucht von Schafen und Ziegen, aber auch von Landwirtschaft und Fischfang. Obwohl die Bevölkerung insgesamt nicht sehr zahlreich ist, bestehen bereits Handelskontakte mit Mallorca, vielleicht auch mit dem spanischen Festland.

Klaustrophobisch: Kapelle Sa Tanca Vella in Sant Francesc

Die Karthager zeigen kein großes Interesse an Formentera. Die Römer hingegen errichten etwa in der Inselmitte die Festung Can Blai, und sie geben der Insel wohl auch ihren Namen: *Frumentaria*, die „Weizeninsel" – ein möglicher Hinweis darauf, dass Formentera, damals wohl deutlich fruchtbarer als heute, den Römern als Kornkammer diente. Eine andere Version allerdings leitet den Namen von *Promontoria* („Vorgebirge") ab. Nach dem Niedergang des Römischen Reichs teilt Formentera die Geschicke Ibizas, wird über die Jahrhunderte hinweg immer wieder von fremden Eindringlingen geplündert und gelangt im 10. Jh. unter die Herrschaft der Mauren, die das Land kultivieren, Wasserräder und Brunnen bauen, aber die Insel auch als Stützpunkt für Raubzüge nutzen.

1235 erobern die Katalanen auch Formentera. Der erste Versuch, die Insel mit katalanischen Zuwanderern neu zu besiedeln, scheitert jedoch wegen der häufigen Überfälle maurischer und türkischer Piraten: Gegen Ende des 14. Jh. wird Formentera völlig verlassen und bleibt drei Jahrhunderte lang menschenleer. Erst 1697 beginnt unter Führung der Ibicencos Marc Ferrer und Toni Blanc die so genannte „Zweite Wiederbevölkerung". Obwohl die Zeiten allmählich sicherer werden, drohen immer noch gelegentliche Piratenattacken, weshalb die Wehrkirche von Sant Francesc Xavier errichtet und ein System von Wachttürmen an den Küsten installiert wird; fünf dieser Türme sind heute noch zu sehen.

Zunächst geht die Wiederbesiedelung allerdings relativ langsam vonstatten: Mitte des 18. Jh. zählt die Insel gerade mal 400 Menschen. Gegen Ende des 19. Jh. sind es immerhin schon 2000 Einwohner, die vorwiegend von Ackerbau, Tierhaltung und Fischfang leben. Den wirtschaftlichen Aufschwung und damit ein Anwachsen der Bevölkerungszahl bringt jedoch erst der Tourismus, der in den 60er-Jahren mit den ersten Hotelbauten in Es Pujols einsetzt. Besonders rasant verläuft die Entwicklung freilich nicht: Noch in den Siebzigern besitzt Formentera gerade mal 600 Hotelbetten, also kaum mehr als ein Achtel der heutigen Kapazität.

Ibiza
S'Espalmador
Es Pas
Platja de ses Illetes
Boot S'Espalmador
Kiosco Es Ministre
Platja de Llevant
Es Cavall d'en Borras
Salines
Punta de sa Pedrera
La Savina
Sa Roqueta
Sa Roqueta
Salines
Ca na costa
Can Marroig
Estany des Peix
Estany Pudent
Punta de la Gavina
Torre de la Gavina
Es Pujols
Sant Ferran de ses Roques
Sant Francesc Xavier
Cova d'en Xeroni
Camí Vell de la Mola
Platja de Cala Saona
Torre des Pi des Català
Es Ca Marí
Es Mal Pas
Platja d
Puig d'en Guillem 108
Punta de l'Anguila
Es Plà del Rei
Torre des Garroveret
Cap de Barbaría

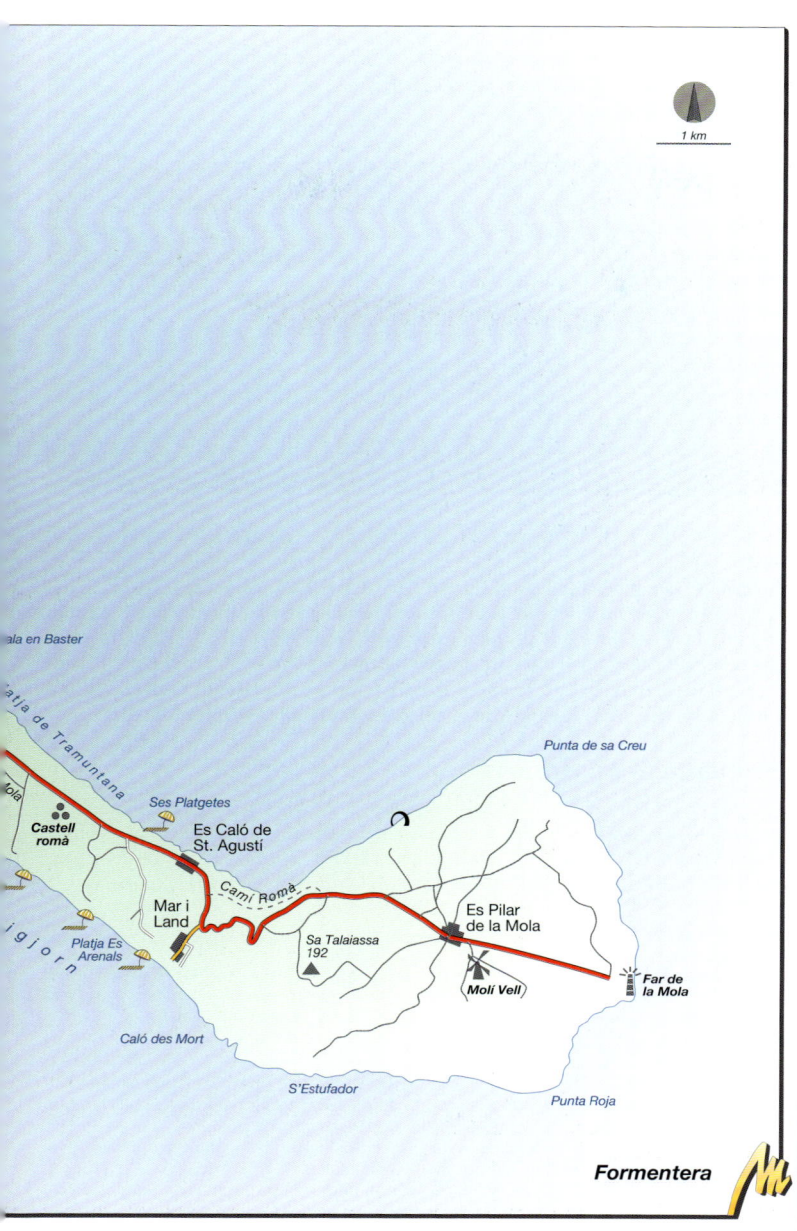

Formentera 211

1 km

ala en Baster

atja de Tramuntana

Punta de sa Creu

Ses Platgetes

Castell romà

Es Caló de St. Agustí

Cami Romà

Mar i Land

Es Pilar de la Mola

Platja Es Arenals

Sa Talaiassa
192

Molí Vell

Far de la Mola

Caló des Mort

S'Estufador

Punta Roja

Formentera

Formentera
Karte S. 210/211

In 30 Minuten auf die Insel: „Jet" im Anflug

Ein großer Tag in der Inselgeschichte ist der 10. Juli 2007. An diesem Dienstag um 12.31 Uhr trat erstmals der Inselrat (Consell Insular) von Formentera sein Amt an und begründete damit die Unabhängigkeit der Insel von Ibiza. Formentera steht nun quasi auf Augenhöhe mit den übrigen Balearensinseln. Freilich mit einer Besonderheit: Inselratspräsident Jaume Ferrer ist gleichzeitig Bürgermeister, da auf Formentera, übrigens einzigartig in Spanien, Inselrat und Gemeinde identisch sind.

Formentera-Reisepraxis

Eine kleine Einführung zu Informationsquellen über die Insel, zu Verkehrsmitteln, Unterkunftsmöglichkeiten und kulinarischen Genüssen auf Formentera. Weitere Informationen zu Themen, die sowohl Ibiza als auch Formentera betreffen (Sprache, Flora und Fauna etc.) finden Sie in den Einleitungskapiteln vorne im Buch.

Information/Internet

• *Information* **O.I.T. Municipal Formentera**, das einzige Fremdenverkehrsamt der Insel, im Hafenort La Savina, siehe dort.

• *Internet* Hier nur allgemeine Sites, die sich ausschließlich mit Formentera befassen. Weitere Adressen, z. B. Seiten über Ibiza bzw. die Balearen, auf denen man bezüglich Formentera durchaus ebenfalls fündig werden kann, stehen im Kapitel „Wissenswertes von A–Z" weiter vorne im Buch, spezialisierte Sites z. B. von Hotels unter dem jeweiligen Text. Auf den Adressen formentera.org und formentera.com, also dort, wo man die Suche vielleicht beginnen würde, war bislang nicht allzuviel zu sehen bzw. stehen nur Platzhalter. Internetzugang besteht u. a. in Sant Ferran und Es Pujols.

www.fonda.de, die wohl beliebteste Site deutschsprachiger Formentera-Liebhaber, benannt natürlich nach der „Fonda Pepe". Sehr viel Inhalt, ein interessantes Forum, Inselneuigkeiten, Formentera A–Z, Links, eine üppige Fotogalerie usw. Sehenswert!

www.inselfeeling.de, noch eine private Site deutschsprachiger Formentera-Fans, eben-

falls mit einem (allerdings nicht so gut besuchten) Forum.
www.insel-formentera.info, eine weitere deutschsprachige Seite. Umfangreiche Fotosammlung, exquisite Linkliste.
www.formentera.es, die Site der Gemeinde. Bislang nur auf Spanisch und Katalanisch, der Inhalt etwas trocken dargeboten.
formenteratotlany.com, eine Site der Balearenregierung und eines Unternehmerverbandes, die den Ganzjahrestourismus promoten soll. Bisher nur auf Spanisch und Katalanisch.
www.blausand.de, siehe auch den Infokasten „Formenteras Traumstrände – mit Vorsicht zu genießen". Neben Infos zu ihrem eigentlichen Anliegen enthält die Site auch gute und vielfältige allgemeine Tipps.
www.formentera.de, die Site des auf Formentera spezialisierten Reiseveranstalters „Touristic Service" aus Düsseldorf. Neben Unterkunfts- und Flugangeboten findet sich auch manche nützliche Spezialinformation.
www.wetteronline.de/de/Formentera.htm, aktueller Wetterbericht mit Dreitagesvorhersage und dem Trend für weitere drei Tage.

*A*nreise/*U*nterwegs auf *F*ormentera

● *Anreise* Mangels Flughafen führt an der Schiffsfahrt durch die häufig unruhige Meerenge Es Freus zwischen Ibiza und Formentera kein Weg vorbei. Zur Saison bestehen ab Eivissas Fährstation Estaciò Formentera mehr als 20 tägliche Verbindungen der Gesellschaften Baleària/Trasmapi (Fähren und Schnellboote; ✆ 971 312071 und ✆ 902 160180, www.balearia.com) und Mediterrànea Pitiusa (Schnellboote; ✆ 971 322443, www.medpitiusa.net), seltener auch der Iscomar (www.iscomar.com, ✆ 902 119128). Am Wochenende sind die Frequenzen z. T. etwas eingeschränkt, im Winter liegen sie deutlich niedriger.
Fähren: Etwas langsamer als die Schnellboote, Fahrtzeit etwa eine Stunde, Passage p.P. etwa 11 €, bei gleichzeitiger Buchung von Hin- und Rückfahrt gibt es Ermäßigung. Autos bis 4,50 Meter kosten an die 70 €, Motorräder nach Hubraum etwa 12–21 €.
Schnellboote: Die Schnellboote verkehren weit häufiger als die Fähren und verkürzen die Überfahrt auf 30 Minuten („Jet", p.P. etwa 20 €) bzw. 40 Minuten (Exprés, 17 €) besitzen jedoch die unpersönliche Atmosphäre eines Flugzeugs.
Tagesausflüge von Ibiza werden vor allem ab Sant Antoni, den südlichen Strandvororten von Eivissa und den Ferienzentren der Ostküste angeboten, Details im jeweiligen Text.
Taxi-Service Salao, ein nicht ganz billiger Service für Ungeduldige – die Überfahrt ab Ibiza kostet für bis zu vier Personen tagsüber etwa 220 €, nachts 250 €, pro zusätzlicher Person jeweils 60 €. Auch für Ausflüge und Hochseefischerei zu chartern. ✆ 609 847116.
● *Unterwegs auf Formentera* **Bus:** Die Gesellschaft „Autocares Paya" (✆ 971 323181) betreibt einen zur Saison recht effektiven Busdienst entlang der Hauptstraßen vom Hafenort La Savina bis El Pilar de la Mola. Auch die meisten Strände (Ausnahme: Cala Saona) sind damit gut zu erreichen;

In Reih und Glied: Motorroller an der Verleihstation

Abgestützt: alter Feigenbaum

sympathischerweise stoppen die Busse auf Handzeichen nahezu überall. Abfahrten laut Sommerfahrplan, der von etwa Anfang Mai bis Mitte/Ende Oktober gilt, z. B. nach Sant Ferran 12-mal, nach El Pilar 3-mal täglich; während der Siestazeit am Nachmittag machen auch die Busse Pause. Zum Kunsthandwerksmarkt in El Pilar (Mi/So) gibt es eine Sonderlinie, sonst sind die Verbindungen sonntags reduziert. Auch im Winter gilt ein deutlich eingeschränkter Fahrplan.

Taxis sind angesichts der geringen Entfernungen relativ teuer und besitzen bislang noch keinen Taxameter; ratsam, sich vorab nach dem Fahrpreis zu erkundigen. Preisbeispiel: von La Savina zum Far de la Mola etwa 23 €.

Ausflugsboote fahren im Sommer von La Savina (Näheres siehe dort) über den Illetes-Strand zur Insel S´Espalmador.

Mietfahrzeuge: Fahrräder, motorisierte Zweiräder und Autos sind zu den meisten Zeiten in ausreichendem Angebot verfügbar. Zur Hochsaison werden sie allerdings ein knappes Gut. Die örtlichen Vermieter, wie sie sich in breiter Auswahl z. B. am Hafen von La Savina (siehe dort) finden, nehmen für diesen Zeitraum nur ungern Reservierungen an und sind dabei nicht immer zuverlässig. Generell ist es ratsam, sich das Fahrzeug vor Anmietung genau anzusehen.

Die Preise beginnen bei etwa 5 € pro Tag für ein einfaches Fahrrad und bei etwa 15–18 € für einen der beliebten 50er-Motorroller, die es in einer schnellen und einer langsameren Variante gibt. Ein Pkw kostet ab etwa 30 €; Vollkaskoversicherung ist vor Ort allerdings nur selten erhältlich, die Vorausbuchung ab der Heimat schon allein aus diesem Grund zu empfehlen. Zur Hochsaison liegen alle Preise deutlich höher. Tankstellen gibt es an der Inselhauptstraße hinter La Savina und zwischen Sant Francesc und Sant Ferran.

Umweltfreundliche Alternative: Electracar beim Hauptplatz von Sant Francesc vermietet Elektroroller und -fahrräder. Die Roller erreichen bis zu 45 km/h und haben eine Reichweite von 50 Kilometern, Nachladen (Dauer: vier bis sechs Stunden) ist an zwanzig über die Insel verteilten Stationen möglich, z.B. während man am Strand liegt. Tagespreis je nach Saison 22–30 €, gelegentlich aber auch Spezialangebote. Hotelservice. C. Ramón Llull 68, 1. Stock; Sant Francesc, ℡ 971 322875, www.elektracar.com.

Tipps für Fahrradfahrer: Das Fahrrad gilt zwar als das Verkehrsmittel schlechthin auf Formentera, doch hat die umweltfreundliche Fortbewegung für Untrainierte ihre engen Grenzen – bereits der langsame, aber stetige Anstieg nach Sant Francesc wirkt bei sommerlichen Temperaturen kräftig schweißtreibend, von der steilen Serpentinenstraße hinauf zur Mola nicht zu reden. Tipp: Starten Sie Ihre Erkundungstour vom Hafen aus nicht direkt Richtung Sant Francesc, sondern wählen Sie zunächst die abwechslungsreichere und sanftere Strecke über Es Pujols nach Sant Ferran. Mit den vielen Gängen und der breiten Bereifung eines Mountainbikes ist man (gerade auf den zahlreichen Feldwegen) besser bedient als mit einem Hollandrad, auch die Bremsen dieser Räder sind zuverlässiger. Wer nachts unterwegs sein will, sollte sich eine aufsteckbare Beleuchtung mitbringen. Übrigens besteht in Spanien, der Bürokratie sei Dank, seit einiger Zeit Helmpflicht auch für Radfahrer. Bislang übte sich die Polizei auf Formentera zwar freundlicherweise in Zurückhaltung, doch könnte sich dies natürlich eines Tages ändern – erkundigen Sie sich besser vor Ort über den aktuellen Stand. Nützlich, schon allein wegen der recht passablen Karte, ist der „Führer der Radwanderrouten auf Formentera", gratis erhältlich beim Fremdenverkehrsamt in La Savina.

Zu Fuß: Die Broschüre „Circuitos Verdes – Grüne Routen", erhältlich beim Fremdenverkehrsamt in La Savina, verzeichnet knapp 20 Touren, die für Fahrradfahrer und Wanderer geeignet sein sollen, allerdings z. T. sehr kurz sind – selbst die längste misst gerade mal 3,2 Kilometer. Mit einer guten Karte bewaffnet macht das Wandern auf Formentera aber eigentlich überall Spaß, z. B. auf dem kaum befahrenen „Camí Vell de la Mola", der von Sant Francesc immer etwa parallel zur Inselhauptstraße bis ins Gebiet kurz vor dem römischen Kastell verläuft und unterwegs zahlreiche Abzweigungen zum Strand Platja de Migjorn passiert. Achtung, für Fußgänger ist eine **Taschenlampe** sehr nützlich – außerhalb der Ortschaften gibt es keine beleuchteten Straßen!

Übernachten/Küche und Keller/Feste

• *Übernachten* Viele Quartiere sind in fester Hand von Reiseveranstaltern. Zur Hochsaison im Juli und August werden freie Unterkünfte aller Art äußerst rar, rechtzeitige Reservierung empfiehlt sich dann dringend. Im Winter hat hingegen fast alles geschlossen. Gemessen an ihren Preisen, fallen die meisten Hotels und Hostals auf Formentera recht einfach aus.

Deutlich: Hinweisschild am Fähranleger

Apartments und **Ferienhäuser** sind eine sehr beliebte Form der Unterkunft auf Formentera. Erkundigen sie sich jedoch vor Anmietung, wie es um die Strom- und vor allem um die Wasserversorgung bestellt ist: Wasser ist knapp auf Formentera, der Grundwasserspiegel niedrig und viele Brunnen sind versalzen. Vermietung in der Regel nur wochenweise, die Preise sind stark saisonabhängig. Zwei Formentera-Spezialisten: Reinhardt Touristik, Bismarckstraße 33, 40210 Düsseldorf (woher die meisten Formentera-Fans kommen), ✆ 0211/320167, ✉ 0211/131190, www.reinhardt-touristik.de. Eine sehr gute Anlaufadresse für Kurzentschlossene ist die Niederlassung in Es Pujols (siehe dort). Touristic Service, ebenfalls in „Formentera-Nord": Cheruskerstraße 109, 40545 Düsseldorf, ✆ 0211/312041, ✉ 0211/344766, www.formentera.de.

Camping: Ein Campingplatz existiert auf Formentera bislang nicht, und das soll auch so bleiben. Zuletzt war (wieder einmal) ein großer Platz in Planung, doch dürfte die Inselregierung versuchen, alle Schritte bis hin zur Enteignung des Geländes zu unternehmen, um diesen zu verhindern. Unterstützt sieht sie sich dabei von einem Großteil der Einwohner, die mit „Camping" offensichtlich viel Müll und wenig Einnahmen assoziieren. „Wildes" Zelten ist strengstens verboten.

● *Küche und Keller* Die **Küche** Formenteras ähnelt weitgehend der ibizenkischen – hier wie dort zählen Reisgerichte, Eintöpfe wie der „Sofrit pagès" und natürlich Fisch und Meerestiere zu den Favoriten. Besondere Spezialitäten Formenteras sind der Fisch in grüner Sauce, der kleine, fast tropisch aussehende Fisch „Raó" und der Trockenfisch „Peix sec", in der Regel Katzenhai oder Rochen, der zum Trocknen an kahle Bäume gehängt wird und unter anderem als Salatgarnitur Verwendung findet. Doch sind die Einwohner traditionell nicht nur Fischer, sondern immer auch Bauern gewesen. Schweinefleisch (auch in Würsten wie der „Sobrasada") und Kaninchen zählen deshalb ebenfalls zur Inselküche; berühmt ist auch der oft mit Honig servierte Ziegenkäse Formenteras. Unter den Nachspeisen erwähnenswert ist vor allem der Käse-Pfefferminz-Kuchen „Flaó" und der Gebäck-Pudding „Greixonera". Achtung, im Winter ist die Mehrzahl der Insellokale geschlossen, die Suche nach einem geöffneten Restaurant wird dann manchmal zum Glücksspiel.

Wein wird auf Formentera vornehmlich zum Eigenbedarf produziert und gelangt nur in kleinen Mengen in den Handel. Nicht jede Flasche, auf der „Formentera" steht, enthält auch wirklich den kräftigen, herben Inselwein – Abhilfe bringt längerfristig vielleicht das offizielle Label „Vi de la Terra de Formentera". Wie auf Ibiza trinkt man auch hier nach dem Essen gern den Kräuterlikör Hierbas oder den mit Thymian versetzten Frígola.

● *Feste* Zu den Feierlichkeiten der einzelnen Ortschaften siehe im jeweiligen Text.

Nostra Senyora de les Neus (Santa Maria de las Nieves), am 5. August, das Fest der Schutzheiligen der Pityusen.

Kult an der Platja de Migjorn: Blue Bar

Formenteras Traumstrände – mit Vorsicht zu genießen

So wunderschön die langen, feinsandigen Strände von Formentera aussehen, so gefährlich können sie auch sein. Leider kommt es immer wieder zu tödlichen Badeunfällen; zu den Ursachen zählen vor allem Selbstüberschätzung und Unkenntnis der Gefahren des Meeres. Besonders hohe Risiken bestehen bei bestimmten Witterungsbedingungen an der Platja de Llevant sowie an der Platja Migjorn, da sich an beiden Stränden bei auflandigem Wind und hohem Wellengang tückische Unterströmungen bilden können. Die Sicherheitsmaßnahmen waren früher nur äußerst lax. Erst aufgrund einer Initiative (siehe unten), die ein persönlich Betroffener ins Leben gerufen hatte, reagierten die Behörden schließlich. Seitdem werden die Strände von Mai bis Oktober durch Rettungsschwimmer überwacht, Notrufsäulen sind installiert worden, ein Nummernsystem an den Strand-Papierkörben erlaubt im Notfall (Notrufnummer: ☏ 112) die genaue Lokalisierung des Unglücksorts. Auskunft über die aktuelle Gefahrenlage geben die an Masten angebrachten Warnflaggen, die Sie zu Ihrer eigenen Sicherheit unbedingt beachten sollten: *Grün* – keine Gefahr; *Gelb*: Vorsicht; *Rot*: Baden verboten, Lebensgefahr! Eine rote Flagge am Strand bedeutet übrigens nicht, dass man an diesem Tag überall auf der Insel aufs Baden verzichten muss. Auf der jeweils gegenüberliegenden Seite können dann durchaus gute Bedingungen herrschen – wenn z. B. an der nach Osten ausgerichteten Platja de Llevant hohe Brecher anrollen, zeigt sich der nach Westen orientierte Illetes-Strand oft von der ruhigen Seite.
Weitergehende Informationen **Initiative Blausand**, www.blausand.de

Rote Flagge: Baden verboten!

La Savina

Die kleine Hafensiedlung der Insel, Ankunftsort aller Besucher, macht einen modernen und etwas unpersönlichen Eindruck, ist für die meisten Reisenden auch nur eine Durchgangsstation.

Neben dem Fähranleger beherbergt La Savina auch einen großen Sporthafen, in dem sich im Sommer die Yachten aus aller Welt nur so drängen. Bei An- und Abfahrt der Fähren herrscht immer einiges Leben im Ort, und es macht Spaß, in einem der Hafencafés Neuankömmlinge und Abreisende zu beobachten – abends

Moderne Hafensiedlung: La Savina

können allerdings die Mücken aus den nahen Salzseen zur Plage werden. Länger aufhalten mögen sich in La Savina nur wenige Besucher, die Mehrzahl sucht sich gleich nach Ankunft bei einem der zahlreichen Verleiher einen fahrbaren Untersatz oder steigt in einen Bus oder ein Taxi.

• *Information* **O.I.T. Municipal Formentera**, 07870 La Savina, in der „Vermieterzeile" beim Fähranleger, ✆ 971 322057, ✆ 971 322825. Sehr hilfreiches und freundlich geführtes Büro, ganzjährig geöffnet Mo–Fr 10–14, 17–19 Uhr, Sa 10–14 Uhr.

• *Verbindungen* Zu den Schiffsverbindungen von und nach Formentera siehe im Einleitungskapitel.

Bus: Bushaltestelle gleich beim Fähranleger, Verbindungen (Sommerfahrplan) u. a. nach Sant Francesc und Sant Ferran 11-mal, Es Pujols 7-mal, entlang der Inselhauptstraße bis Mar i Land 8-mal, El Pilar 3-mal, zur Platja Illetes 2-mal täglich.

Taxi: Standplatz am Hafen, ✆ 971 322002.

Ausflugsboote: Die „Barca Bahia" pendelt zur Saison 3-mal täglich vom Hafen über den Illetes-Strand (Kiosco El Ministre) zur Insel S´Espalmador, Preis hin und zurück 15 €.

Mietfahrzeuge: Breites Angebot gleich beim Fähranleger und in der Umgebung, hier nur eine Auswahl:
Europcar bzw. Betacar, ✆ 971 322031.
Autos Formentera, ✆ 971 322817.
Autos Isla Blanca, ✆ 971 322559.
Moto Rent Mitjorn, ✆ 971 322306.
Moto Rent La Savina, ✆ 971 322275.

• *Übernachten* ***** Hostal Bellavista**, direkt am Hafen, Zimmer aber auch nach hinten zur manchmal lauten Straße. 40 sehr gepflegte Zimmer unterschiedlicher Ausstattung, teilweise mit Klimaanlage und Heizung. Ganzjährig geöffnet, weite Preisspanne: DZ/Bad/F nach Komfort und Saison etwa 75–140 €. Port de la Savina, ✆ 971 322255, ✆ 971 322672.

** Hostal Bahia, gleich nebenan. Auch hier sind die Zimmer zum Hafen vorzuziehen. Ganzjährig geöffnet außer im Dezember und Januar, DZ/Bad/F nach Saison 75–115 €, im August 130 €. Port de la Savina, ✆ /✆ 971 322142. www.hbahia.com.

** Hostal La Savina, traditionsreiches Haus an der Hauptstraße Richtung Sant Francesc, die ruhigeren und etwas teureren Zimmer liegen zum Salzsee Estany des Peix. Ordentliches Mobiliar; Internetzugang, gutes Restaurant. Geöffnet Mai bis Oktober, DZ/Bad/F nach Lage und Saison 55–105 €, im August bis 130 €. Avinguda Mediterránea 22–40, ✆ /✆ 971 322279.

- *Essen* Die Hostals am Hafen verfügen jeweils über eigene Restaurants.
Rest. Sa Sequi, etwas außerhalb in Richtung Es Pujols. Ein echter Pluspunkt ist die schöne Lage am Meer, die Küche offeriert Fischspezialitäten zu inseltypischen Preisen – Hauptgerichte kosten im Schnitt um die 15–20 €, eine Fischpaella für zwei Personen knapp 40 €, die Insassen des Langustentanks natürlich einiges mehr. Geöffnet etwa Mai bis Oktober, ✆ 971 187494.
- *Nachtleben* **Gecko´s Café**, an der Marina. Beliebtes Nachtcafé, Treffpunkt auch der Einheimischen, im Sommer bis gegen drei, vier Uhr morgens geöffnet.

Casa Paco, marokkanisch inspirierte Lounge am Hafen. Echter Betrieb herrscht hier aber nur zur Hochsaison.
- *Sport* **Blue Adventure**, deutschsprachige Tauchschule in der Parallelstraße zur Uferfront. Carrer Almadrava 67–71, ✆ 971 321168, www.blue-adventure.com.
Diving Center Vellmarí, eine weitere Tauchbasis, direkt im Hafen. Marina de Formentera 14, ✆ 971 322105, ✆ 971 323198. www.vellmari.com.
- *Feste* **Mare de Déu del Carme** (Virgen del Mar), am 16. Juli, das Fest der Schutzheiligen der Fischer und Seeleute, mit Bootsprozession in der Hafenbucht.

Estany des Peix/Punta de sa Pedrera

Der Salzsee Estany des Peix südwestlich von La Savina ist dank seiner Öffnung zum Meer ein beliebter Ankerplatz für kleinere Boote, die freilich nur einen geringen Tiefgang haben dürfen. Seinen Namen trägt die flache „See der Fische", die kleinere der beiden Lagunen von Formentera, nach seinem Fischreichtum und der in alten Zeiten in ihm betriebenen Fischzucht. Auch Salz wurde hier früher gewonnen. Heute bildet der See ein wichtiges Rastgebiet für Wasservögel, steht deshalb auch als Teil des Naturreservats Ses Salines unter besonderem Schutz. Zum Baden freilich vermag das Gewässer nicht zu verlocken.

Punta de sa Pedrera: Die einsame, nur spärlich bewachsene, von Pisten und Pfaden durchzogene und unter Naturschutz stehende Region um die Punta de sa Pedrera eignet sich gut für Wanderungen und Mountainbike-Touren, die felsige Landspitze selbst ist ein schöner Platz zum Betrachten des Sonnenuntergangs; wer in diesem Gebiet ins Wasser möchte, sollte sich allerdings mit Badeschuhen wappnen. Ein Stück landeinwärts erhebt sich der alte Gutshof von Can Marroig, in dessen Umgebung Picknickplätze und ein Kinderspielplatz angelegt sind; irgendwann könnte hier vielleicht ein maritimes Forschungszentrum eingerichtet werden. Schautafeln informieren über die streng geschützten „Virots", eine mit dem Albatros verwandte Sturmtaucherart, die an den Steilküsten Formenteras lebt und dort früher (oft unter Lebensgefahr) mit bloßer Hand von den Insulanern gefangen wurde. Entlang der bizarren, erodierten Felsküste führen Fußwege südwärts zur *Punta de Sa Gavina* mit dem gleichnamigen Turm, einem der fünf alten Wachttürme der Insel.

Estany Pudent und die Salinen

Östlich von La Savina liegt der „Stinkende See" Estany Pudent. Die unfreundliche Benennung resultiert aus der Tatsache, dass der Brackwassersee, der nur durch den schmalen künstlichen Kanal Sa Sequí mit dem Meer verbunden ist, mangels ausreichendem Wasseraustausch an heißen Tagen wirklich einen fauligen Geruch verbreitet. Den zahlreichen Mücken macht der Gestank nichts aus, ebensowenig den Wasservögeln. Letztere sollen allerdings allmählich seltener werden, da der See zunehmend versalzt.

Ses Salines: Gleich nördlich des Sees, jenseits der Straße von La Savina nach Es Pujols, erstrecken sich die Salines Marroig, die weitaus größten Salinen von Formentera;

Schön besonders bei Sonnenuntergang: Formenteras Salinen

zusammen mit den Salines Ferrer im Westen des Estany Pudent bedecken sie eine Fläche von 80 Hektar. Eine bewaldete Dünenlandschaft trennt das System aus Kanälen und Verdunstungsbecken von den schönen Stränden beiderseits der nach Norden weisenden Halbinsel. Zwar sind die Salinen von Formentera, anders als die auf der größeren Schwesterinsel, schon seit Jahrzehnten außer Betrieb, doch sind sie als Ökosystem höchst wertvoll, stehen deshalb als *Reserva Natural de ses Salines* unter besonderem Schutz; Näheres hierzu im Ibiza-Kapitel „Der Süden". Flamingos, auf Ibiza keine seltenen Gäste, sollen hier allerdings schon länger nicht mehr gesichtet worden sein. Besonders schön und ein Fest für Fotografen ist ein Bummel durch das Gebiet bei Sonnenuntergang, wenn die Salzkrusten in den Becken wie Eiskristalle glänzen. Vielleicht entsteht eines Tages sogar ein Salzmuseum in den Salinen, entsprechende Pläne gibt es schon seit längerem.

Platja de ses Illetes und Platja de Llevant

Die immer schmaler werdende Halbinsel, die in Richtung Ibiza weist und im Gebiet von Es Trocadors ausläuft, beherbergt lange Strände, die zu den besten Formenteras zählen.

Von den Kioscos einmal abgesehen, ist die gesamte wildschöne Region praktisch unbebaut und wird es auch künftig bleiben – die Dünen, Wälder und Salinen der Halbinsel stehen als Teil des inselübergreifenden Naturreservats Ses Salines unter besonderem Schutz. Erschlossen ist das Gebiet nur durch Pisten, auf denen im Sommer freilich ein mehr als reger Verkehr herrscht. Sobald die Parkplätze auf der Halbinsel gefüllt sind, wird die Zufahrt deshalb zur Saison gesperrt, gleichzeitig werden Shuttlebusse (zukünftig evtl. mit Elektroantrieb) eingesetzt, die vom Eingang zu den Kioscos Es Ministre und Tanga pendeln.

Es Cavall d´en Borràs/Platja de ses Illetes: Die Westseite der Halbinsel unterteilt sich in mehrere Abschnitte, auch wenn sie oft nur mit dem Namen „Illetes" be-

Platja de ses Illetes und Platja de Llevant

zeichnet wird. Der Strand von Cavall d´en Borras umfasst den südlichen Bereich, in dem dichte Dünenvegetation bis nahe ans Meer wächst. Nach einem felsigen Küstenabschnitt folgt die Platja de ses Illetes, benannt nach den vorgelagerten Inselchen. Sie gilt als der exklusivste Strand auf Formentera, ihre Kioscos sind mit die teuersten der Insel. Die hohen Preise resultieren wohl aus der besonderen Zahlungskraft des Publikums: Im Umfeld der kleinen Inseln ankern im Sommer zahlreiche teure Yachten und Rennboote aus Ibiza, deren Eigner wohl kaum aufs Geld schauen müssen. Die Landschaft zeigt sich hier offener und spärlicher bewachsen, das herrlich klare Wasser leuchtet in intensiven Blau- und Türkistönen. Noch weiter nördlich wird die Landzunge dann so schmal, dass die Distanz zur Platja de Llevant an der Ostseite kaum noch fünfzig Meter beträgt, bis sie bei der Punta des Trucadors (auch Punta des Pas) schließlich ausläuft.

• *Verbindungen* **Busse** fahren zur Saison ab den meisten Orten 1- bis 2-mal täglich, das **Ausflugsboot** „Barca Bahia" stoppt auf seinem Weg von La Savina (siehe dort) zur Insel S´Espalmador beim Kiosco „Es Ministre".

• *Kioscos* Wie erwähnt, zählen die Strandbuden hier nicht gerade zu den Sonderangeboten – ihre Popularität tut dies jedoch keinen Abbruch. Die Beschreibung erfolgt von Süd nach Nord.

Big Sur, am Strand von Cavall d´en Borràs. Viel besucht vor allem von Italienern, die oft in sehr ausgelassener Partystimmung sind.

El Tiburón, ein Stück weiter nördlich. Hier dreht sich alles um den namensgebenden Hai, ein uriger und beliebter Treffpunkt.

Es Molí de Sal: Edles Restaurant, benannt nach einer alten Salzmühle und beliebt beim Jet-Set, der sich keine Gedanken über die hiesigen, fürwahr gesalzenen Preise zu machen braucht. Reservieren: ✆ 971 187491.

El Pirata: Stilgerecht mit wehender Piratenflagge. Die Besitzer der hier oft ankernden Yachten kommen per Schlauchboot oder Jetski.

Juan y Andrea: Eine der bekanntesten und beliebtesten Adressen am Illetes-Strand, ein gutes, aber nicht billiges Restaurant. Abholservice für Yachties. ✆ 971 187130.

Es Ministre: Der nördlichste und letzte der Kioscos. Hier endet die Piste, weiter geht es nur zu Fuß. In der Nähe liegen eine Wassersportstation und der Anlegesteg des Ausflugsschiffs „Barca Bahia".

Beliebtes Ziel von Yachten: Platja de ses Illetes

Bei ruhiger See einfach herrlich: Platja de Llevant

Platja de Llevant: Der „Oststrand" erstreckt sich über deutlich mehr als einen Kilometer Länge und gilt als eines der Nacktbadeparadiese der Insel. Gleichzeitig ist er wegen der oft starken Strömungen aber auch einer der gefährlichsten Strände, beachten Sie deshalb bitte unbedingt die Warnflaggen! Bei Badeverbot genügt es häufig, einfach die Seiten der Halbinsel zu wechseln – da auf Formentera der Ostwind deutlich überwiegt, liegt die Platja Illetes in der Regel geschützter.

• *Kiosco* **Tanga**, etwa auf Höhe des nördlichen Endes der Salinen, ein großer Kiosco, dessen Dach von einem mächtigen Stamm gestützt wird. Die Preise liegen auf dem Niveau der Kioscos am Illetes-Strand, also nicht gerade niedrig; am stimmigsten scheint das Preis-Leistungs-Verhältnis noch bei den Paellas.

S´Espalmador

Die drittgrößte Insel der Pityusen, knapp drei Kilometer lang und bis zu 800 Meter breit, ist zwar in Privatbesitz, jedoch frei zugänglich und im Sommer Ziel zahlreicher Yachten. Hauptgrund für einen Besuch sind die wunderbaren, in die Felsküste geschmiegten Strände wie die lange Platja de s´Alga oder die nach Osten ausgerichtete Platja sa Senyora; ein besonderer Spaß ist auch das beliebte Bad in dem Schlammtümpel der Insel. Sehenswürdigkeiten gibt es, mit Ausnahme des im 18. Jh. errichteten Wachtturms Sa Torreta, jedoch nicht. Bei niedrigem Wasserstand kommen viele Besucher von S´Espalmador zu Fuß durch die „Es Pas" genannte Meerenge zwischen dem Illetes-Strand und der Insel. Wegen der oft starken Strömungen birgt dieses Unternehmen jedoch gefährliche Risiken, es gab dabei schon Tote! Auf der sicheren Seite ist man mit dem Ausflugsboot, das von La Savina (siehe dort) zur Insel fährt und nahe der Strandbar Es Ministre einen Zwischenstopp einlegt; Verpflegung und Getränke sollten im Gepäck sein.

Sa Roqueta

Fast schon ein Außenposten von Es Pujols ist diese kleine Strandsiedlung, die nur aus einigen Hotels und Villen besteht. An der abwechslungsreich gegliederten Küste mischen sich Sandstrände mit felsigen Bereichen, die übliche Infrastruktur ist vorhanden. Aufgrund der etwas abgeschiedenen Lage sprechen die Quartiere von Sa Roqueta vornehmlich Ruhe suchende Urlauber und Familien mit Kindern an, die auf nächtliche Vergnügungen wenig Wert legen.

• *Übernachten/Essen* **Hotel Lago Playa**, etwa 150 Meter vom Meer und mit gerade mal 26 Zimmern von angenehmen Dimensionen, wie eigentlich alle Quartiere von Sa Roqueta. Pool vorhanden, ebenso ein Internetzugang. Geöffnet Mai bis Oktober. Im Angebot mehrerer Reiseveranstalter, Individualgäste zahlen pro DZ/Bad nach Saison etwa 65–125 €, im August 145 €. Angeschlossen ist auch ein einfacheres Einstern-Hostal. Sa Roqueta, ✆ 971 328507, ✆ 971 328842, www.lagoplaya.com.

Hostal Rosamar, ebenfalls etwas zurückversetzt von der Küste. Familiäres Quartier mit schlichten, aber solide möblierten Zimmern, das angeschlossene, gute Restaurant ist auf Grillgerichte spezialisiert. Geöffnet Mai bis Oktober, DZ/Bad/F etwa 95 €, im Juli/August 115 €. Sa Roqueta, ✆/⌂ 971 328473. hostalrosamar@terra.es.

Hostal Sa Roqueta, in fantastischer Lage direkt am Strand. Die Zimmer fallen auch hier recht einfach aus, wer eine der großen Terrassen zur Meerseite erwischt, wird darüber aber gern hinwegsehen. Geöffnet Mai bis Oktober, DZ/Bad/F etwa 70–80 €, im August 100 €. Sa Roqueta, ✆ 971 328506.

Kiosco Levante, ein schlichter, unprätentiöser Kiosco in Richtung der Platja de Llevant.

Ca na Costa: Das Megalithgrab Ca na Costa, unweit des Estany Pudent etwa gegenüber von Sa Roqueta gelegen und zwischen 1900 und 1600 v. Chr. errichtet, ist der bedeutendste prähistorische Fund Formenteras – bis zu seiner Entdeckung 1974 gab es keinerlei Beweise über eine vorgeschichtliche Besiedlung der Insel. Die von zwei konzentrischen Steinringen umgebene Grabstätte, in der Konstruktion ähnlichen

Beweis für prähistorische Siedler: Ca na Costa

Anlagen in Katalonien vergleichbar, besteht aus einem Korridorzugang und der runden Grabkammer, die von sieben gut mannshohen, aufrecht stehenden Kalksteinblöcken gebildet wird. Ausgrabungen im Umfeld förderten die Skelette von zwei Frauen und sechs Männern zu Tage, aber auch Keramik sowie Reste von Steinwerkzeugen, die eindeutig eine Handelsbeziehung mit Gebieten außerhalb der Pityusen belegen. Das Grabmal ist durch ein Eisengitter geschützt, kann aber von außen jederzeit besichtigt werden.

Es Pujols

Das Touristenmekka der Insel, überwiegend von Pauschalreisenden besucht. Verglichen mit ibizenkischen oder gar mallorquinischen Verhältnissen wirkt Es Pujols freilich fast noch dörflich.

Die Siedlung entstand erst vor wenigen Jahrzehnten aus einem kleinen Fischerhafen, und das sieht man ihr – obwohl es tatsächlich immer noch Fischer gibt – auch an. So etwas wie ein Ortszentrum existiert schlichtweg nicht, den allgemeinen Treffpunkt bildet deshalb die Strandpromenade, auf der zur Saison abends fliegende Händler ihre Stände aufstellen. Östlich etwas außerhalb liegt auf der Landzunge beim gleichnamigen Wachtturm die Urbanisation Punta Prima, deren ausgedehnte Ferienanlage ihren nicht geringen Teil zu den Besucherzahlen beisteuert. Die Infrastruktur von Es Pujols ist für Formentera-Verhältnisse bestens; Fahrzeugvermieter, Einkaufsmöglichkeiten, Hotels, Restaurants und Bars finden sich in inseluntypisch breiter Auswahl.

In der Nebensaison ein eher ruhiger Fleck, platzt Es Pujols im Sommer aus allen Nähten; dann wird es manchmal sogar schwer, einen Abstellplatz für den Roller oder das Fahrrad zu finden. Seine Liebhaber hat der Ferienort sowohl bei italienischen als auch bei deutschen Urlaubern, wobei die starke Düsseldorfer Präsenz nicht zu überhören ist. Hauptgrund des Andrangs sind natürlich die attraktiven, hübsch geschwungenen Strände des Ortes, feinsandig und durch vorgelagerte Felsinselchen relativ gut geschützt. Alle nötigen Einrichtungen inklusive einer Wassersportstation sind vorhanden, zur Saison geht es allerdings erwartungsgemäß ausgesprochen eng zu.

- *Information* **Punto de Información turística**, Avda. Miramar s/n, direkt an der Hauptkreuzung, ✆ 971 328997. Nur zur Saison geöffnet, dann Mo–Fr 16–22 Uhr, Sa 17–22 Uhr.

- *Verbindungen* **Busse** (Sommerfahrplan) nach La Savina 10-mal, Sant Francesc 9-mal, Sant Ferran 11-mal, Sa Roqueta und Ca Mari 2-mal, Platja Illetes 2-mal, entlang der Inselhauptstraße bis Mar i Land 5-mal, hinauf nach El Pilar 1- bis 3-mal täglich.

Taxi: Standplatz an der Avda. Miramar nahe der Hauptkreuzung, ✆ 971 328016.

Mietfahrzeuge: Gute Auswahl an Vermietern z. B. entlang der zum Strand führenden Avda. Miramar und an dem von La Savina kommenden Carrer Espalmador. Einige Anbieter: La Savina, ✆ 971 328188. Formentera Motos, ✆ 971 328404. Moto Rent Pujols, ✆ 971 322138. Agustin, guter Service, ✆ 971 328060.

- *Internet-Zugang* **C@fe Formentera**, Carrer Espalmador 98–84, an der Zufahrtsstraße aus Richtung La Savina, ✆ 971 328806. www.cafeformentera.com.

- *Übernachten* Praktisch alle Unterkünfte sind im Programm von Reiseveranstaltern, ohne langfristige Reservierung ist deshalb zur Hochsaison kaum ein Bett zu bekommen. Im Ortskern und an den Hauptstraßen geht es im Sommer laut zu.

* Hotel Rocabella, in wirklich traumhafter Lage am Kap beim nordwestlichen Strandende,

Schattenspiel im Sand: Strand von Es Pujols

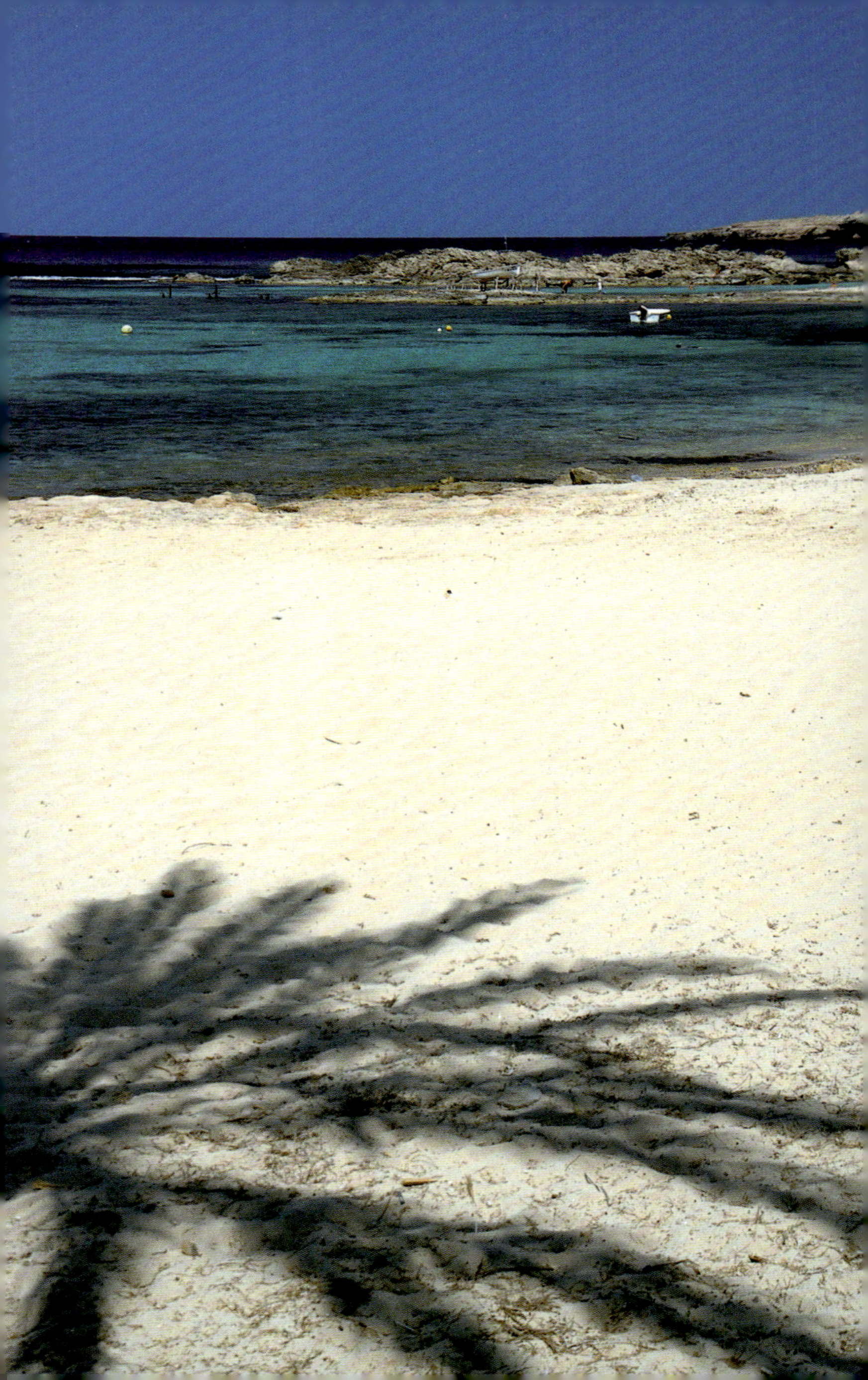

etwa zehn Fußminuten vom Ort, die separate Zufahrt zweigt von der Straße Richtung La Savina ab. Schön gelegener Pool, relativ schlichte Zimmer, angeschlossen die für ihre hausgemachten Kuchen bekannte Cafeteria Zulmar. Sehr oft voll belegt. Geöffnet Mai bis Mitte Oktober, DZ/F nach Saison etwa 80–145 €, im August 165 €, dann aber für Individualgäste meist keine Chance. ✆ 971 328130, ✆ 971 328002. www.roca-bella.com.

*** **Hostal Sa Volta**, an der zentralen Kreuzung, deshalb trotz Lärmschutzfenstern nicht immer ganz ruhig, ansonsten komfortabel. Vor wenigen Jahren renoviert, Dachterrasse mit kleinem Pool. Geöffnet März bis Dezember. DZ nach Saison 85–140 €, im August 160 €, auch „Demi-Suiten" mit Salon. Avda. Miramar 94, ✆ 971 328125, ✆ 971 328228. www.savolta.com.

** **Hostal Roca Plana**, kastenartiger Bau an der Zufahrtsstraße aus Richtung La Savina, die nach hinten gelegenen Zimmer sind deshalb vorzuziehen. Angenehme Räumlichkeiten. Geöffnet Mai bis Oktober, DZ/F nach Saison etwa 75–105 €, im August 130 €. Carrer Espalmador 41–55, ✆ 971 328335, ✆ 971 328401. www.rocaplana.es.

** **Hostal Voramar**, an der Flanierstraße zum Strand. Lang gestreckter Bau, viele der recht geräumigen Zimmer liegen deshalb relativ ruhig. Komplett renoviert, Zimmer mit Klimaanlage, Sat-TV und Kühlschrank; Gymnastikraum und Pool. Deutsche Leitung. Geöffnet Mai bis Oktober, DZ/F nach Saison etwa 85–105 €, von Mitte Juli bis Ende August 145 €. In der angeschlossenen „Fonda Pinatar", die über einfachere Zimmer verfügt, liegen die Preise etwas niedriger. ✆ 971 328119, ✆ 971 328680, www.hostalvoramar.com.

* **Hostal Res. Mayans**, familiäres Quartier etwas abseits des Trubels, im Gebiet östlich der Straße zum Strand. 23 etwas eng ausfallende Zimmer, überwiegend mit Balkon; kleiner Pool. Geöffnet Ostern bis Oktober, DZ/Bad/F nach Saison 55–85 €, im August 120 €. ✆/✆ 971 328724, in der angeschlossenen Cafeteria ✆ 971 328347.

* **Hostal Capri**, an der Flanierstraße zum Strand; die meisten Zimmer liegen nach hinten und damit relativ ruhig. Einfaches Mobiliar, die nachträglich eingebauten Bäder sind über den Balkon zu erreichen. Beliebtes Restaurant angeschlossen. Geöffnet Ostern bis Oktober, relativ preisgünstig: DZ nach Saison etwa 55–65 €, im August 80 €. Avinguda Miramar 41, ✆ 971 328352.

Apartments: Reinhardt Touristik, ein Düsseldorfer Spezialveranstalter für Formentera, betreibt ein prima geführtes örtliches Büro, das Restplätze vermittelt und ein guter Ansprechpartner für Unterkunftssuchende ist. Geöffnet ab etwa Ostern bis Ende Oktober. Carrer Espalmador 33, an der Zufahrtsstraße aus Richtung La Savina, ✆/✆ 971 328305, www.isla-formentera.com.

• *Essen* **Rest. Pinatar**, an der Flanierstraße zum Strand, in einer Umfrage unter den Restaurantbesitzern der Inseln schon mal zum besten Lokal Formenteras gewählt. Gehobenes Ambiete, gute und ortstypische Küche mit Schwerpunkt auf Fisch und Reisspezialitäten, dabei gar nicht einmal so teuer: Hauptgerichte überwiegend im Bereich um 15–20 €, die Langusten aus dem Becken natürlich einiges mehr. Avinguda Miramar 25, ✆ 971 328137.

Rest. Capri, dem gleichnamigen Hostal angeschlossen. Große schattige Terrasse, die oft bis auf den letzten Platz besetzt ist. Gute Lokalküche, Spezialität des Hauses sind Fischgerichte und Paellas, aber auch die Fleischspeisen können sich schmecken lassen. Hauptgerichte kosten überwiegend etwa 15–18 €, z. T. auch mehr. Avinguda Miramar 41, Mo-Mittag geschlossen. ✆ 971 328352.

Rest. Luzius, fast am Ende der Uferpromenade in Richtung Hotel Rocabella. Große Terrasse zum Meer, französisch inspirierte Qualitäts-Küche. Gehobenes Preisniveau, Hauptgerichte liegen überwiegend im Bereich von 15–20 €. Reservierung ratsam: ✆ 971 328417.

Rest. Caminito, großes Lokal knapp außerhalb des Ortes, ein Restaurant für Fleischliebhaber: Sowohl die Chefs als auch das Fleisch kommen hier aus Argentinien. Grillgerichte etwa im Preisbereich um die 20 €, man kann aber auch mehr anlegen. Nur abends geöffnet. Carretera Es Pujols-La Savina s/n, ✆ 971 328106.

Pizza Pazza, Pizza, wie sie sein soll: guter Teig, aus dem Holzofen und mit Mozzarella belegt. Entsprechend viele italienische Gäste. Pizza etwa 10–12 €, die Nudelgerichte liegen ebenfalls in dieser Preisklasse. Carrer Espalmador, an der Hauptstraße aus Richtung La Savina, gegenüber dem Hostal Roca Plana.

Mittlerweile kalkweiß bemalt: die Wehrkirche von Sant Francesc

Integral, unscheinbares Lokal unweit des Pizza Pazza. Hier werden Vegetarier glücklich, es gibt z. B. Salate, vegetarische Bocadillos und Couscous. Nicht teuer.

● *Nachtleben* Im Sommer das lebendigste der Insel, im Winter praktisch inexistent.

Carrer d´Espardell: Die Kneipengasse der Siedlung, eine unscheinbare Abzweigung der Strandpromenade, ist nicht mehr ganz so aktuell wie früher. Im Sommer herrscht in den Bars wie „Indiana Café", der „Tennis Bar" oder dem „Ugly" dennoch reichlich Betrieb, wobei das Publikum der einzelnen Lokale in seiner Besucherstruktur (italienischer oder deutscher Nationalität) streng getrennt erscheint. Neu hier ist die „Pirata Bus Bar", ein (anfangs leider noch nicht wirklich erfolgreicher) Ableger des „Pirata Bus". Ums Eck liegt die nur zur HS geöffnete Disco **Magoo**.

Riman Blue, ein paar hundert Meter von der zentralen Kreuzung an der Straße in Richtung Sant Ferran, ist die derzeit beliebteste Music-Bar von Es Pujols, das Publikum jung und international gemischt, der Musikstil ebenfalls. Hundert Meter weiter liegt die zweite Disco des Ortes, das italienisch geführte **Xueno**.

● *Sport* **wet4fun**, Wassersportzentrum am nordwestlichen Ortsstrand: Cat-Segeln und Windsurfing, auf Wunsch auch Wasserski, Reiten und andere Sportarten. ✆/☏ 971 322042, www.wet4fun.de.

● *Feste* **Mare de Déu del Carme** (Virgen del Mar), am 16. Juli. Das Fest der Schutzheiligen der Fischer und Seeleute wird auch in Es Pujols mit einer Bootsprozession gefeiert.

Sant Francesc Xavier

Die „Inselhauptstadt", vielfach noch bekannt unter dem kastilischen Namen San Francisco, ist in Wahrheit nicht mehr als ein Dorf.

Als Verwaltungszentrum Formenteras beherbergt Sant Francesc neben dem Rathaus auch andere wichtige Einrichtungen wie die Hauptpost und die Polizeistation der Insel. Mittelpunkt der Siedlung ist der Hauptplatz *Plaça Constitució*, an dem auch die wuchtige Wehrkirche steht. Wegen des Behördenverkehrs und der ganz passablen Einkaufsmöglichkeiten herrscht vormittags einiger Betrieb im Ort,

228 Formentera

abends geht es dagegen ziemlich ruhig zu. Es gibt lebendigere Siedlungen auf Formentera, doch lohnen die beiden Kirchen und das Volkskundemuseum von Sant Francesc zumindest einen Kurzbesuch.

- *Information* **Punto de Información turística**, Plaça Constitució, beim Rathaus; kein Telefon. Geöffnet Juni bis Oktober, dann Mo–Sa 9–15 Uhr.
- *Verbindungen* **Busse** fahren (Sommerfahrplan) u.a. nach La Savina und Sant Francesc etwa stündlich, Es Pujols 6-mal, bis Mar i Land 8-mal, nach El Pilar 4-mal und zum Illetes-Strand 1-mal täglich. **Taxis** unter ✆ 971 322016.
- *Ärztliche Versorgung* **Hospital de Formentera**, an der Inselhauptstraße Richtung Sant Ferran, ✆ 971 321212.
- *Post* **Correos**, Carrer Pla del Rei, Nähe Ortseingang, an der Straße Richtung Cap de Barbaría. Öffnungszeiten: Mo–Fr 8.30–20.30 Uhr, Sa 9–13 Uhr.
- *Übernachten/Essen* Das Angebot an Quartieren in Sant Francesc ist gering, die Nachfrage allerdings auch.
CH Casa Rafal, ein kleines Stück westlich der Plaça Constitució. Casa Huéspedes („Gästehaus") mit immerhin 16 Zimmern; die Zimmer mit eigenem Bad fallen größer und besser aus als die mit Gemeinschaftsbad. Geöffnet ganzjährig außer vom 20. Dezember bis 7. Januar, DZ/Bad/F 50–65 €, ohne Bad (nur zur HS angeboten) 50 €. Das angeschlossene Restaurant bietet solide Küche und Mo–Fr mittags ein günstiges Tagesmenü. Carrer d'Isidor Macabich 10, ✆/✆ 971 322205.
CH Bar del Centro, am Hauptplatz gegenüber der Kirche. Urige Kneipe in einem alten Haus, die auch einige schlichte Zimmer mit Gemeinschaftsbad vermietet; oft belegt. Geöffnet Januar bis November, DZ rund 35–40 €. Plaça Constitució, ✆ 971 322063.

Rest. Estrella Dorada, in der Fußgängerzone nicht weit vom Hauptplatz, mit Terrasse im Freien. Gute und nicht überteuerte Küche, deshalb oft voll besetzt, die meisten Hauptgerichte kosten etwa 8–12 €, das recht ordentliche Mittagsmenü knapp 10 €. Carrer Jaume I., 8.
Fonda Platé, fast direkt am Hauptplatz. Beliebt wegen der günstigen Lage und der hübschen Terrasse, zu essen gibt es Snacks und Kleinigkeiten wie Spaghetti uaw.
Bar Ca Na Pepa, neben der Kirche. Kleines, gemütliches Lokal, das leckere Gerichte (meist um die 10 €) nach Tageskarte offeriert.
Lizarrán, baskisches Tapas-Restaurant, Teil einer in Spanien sehr erfolgreichen Kette und auch bei der Jugend von Sant Francesc beliebt. Ein „Pintxo" (Tapa mit Weißbrot) kostete zuletzt etwa einen Euro; abgerechnet wird nach Zahl der Zahnstocher, die die Leckereien zusammenhalten. Carrer Antoni Blanc, eine Seitenstraße des zentralen Carrer Santa Maria.
- *Einkaufen* **Eroski/Syp**, großes Einkaufszentrum im nördlichen Ortsbereich, mit guter Auswahl an Lebensmitteln, Alltagsbedarf etc.
- *Feste* **Festa de Sant Jaume**, das Fest des Inselpatrons, mehrere Tage um den 25. Juli. Von wo aus viele Ibicencos gefeiert, die dafür von der Nachbarinsel übersetzen. Übrigens ist Sant Jaume, der Apostel Jakob, als „Santiago" auch der Nationalheilige Spaniens.
Festa de Sant Francesc, Fest des örtlichen Schutzpatrons, am 3. Dezember.

▶ **Camí Vell de la Mola:** Der „alte Weg zur Mola" beginnt in Sant Francesc an der Straße zum Cap de Barbaría, nur ein kleines Stück hinter dem Kreisverkehr, beschildert mit „Torre des Pi des Català". Zunächst asphaltiert, ab der Kreuzung mit der Straße nach Ca Marí dann (noch?) als Piste, führt er auf rund sieben Kilometer Länge durch bäuerlich geprägtes Land und vorbei an zahlreichen Abzweigungen zur Platja Migjorn, bis er schließlich im Gebiet kurz vor dem römischen Kastell endet. Da kaum befahren, bildet diese Strecke für Radfahrer und Fußgänger eine reizvolle Alternative zur parallel verlaufenden Küstenstraße.

Sehenswertes

Esglésía Sant Francesc Xavier: Ohne den Schutz, den die 1726 errichtete, festungsartige Kirche am Hauptplatz bei Piratenüberfällen bieten konnte, hätten sich in je-

Sant Francesc Xavier

Süß: kleine Lokomotive im Museu Etnològic

nen gefährlichen Zeiten wohl kaum viele neue Siedler nach Formentera locken lassen. Die fast fensterlose Fassade bot kaum Angriffsfläche, eine Zisterne sicherte die Wasserversorgung im Belagerungsfall; das Dach war mit Kanonen bestückt, die Tür mit Eisen verstärkt. Ungewöhnlichstes Stück im dämmrigen Inneren des einschiffigen, mit einem Tonnengewölbe überdachten Gebäudes ist das alabasterne, mit Ochsenköpfen dekorierte Taufbecken unbekannter Herkunft, das viele Jahrhunderte älter sein dürfte als die Kirche selbst. Großen Ärger gab es vor einigen Jahren, als die bis dahin natursteinfarbene Fassade des Gotteshauses weiß angestrichen wurde. So mancher Einwohner fand, der Verantwortliche habe „keinerlei Ahnung von unserem kulturellen Erbe". Fairerweise muss aber erwähnt werden, dass fast alle Kirchen der Pityusen (Ausnahme: Sant Ferran, siehe dort) weiß gestrichen sind.

Sa Tanca Vella: Etwas abseits der Straße zum Cap de Barbaría steht diese kleine Kapelle, die ein Relikt der ersten (und gescheiterten) katalanischen Besiedlung der Insel ist. Errichtet im 14. Jh., belegen ihre geradezu winzigen Dimensionen, wie gering die Siedlerzahl auf Formentera seinerzeit gewesen sein muss. Die Kapelle ist mit einem Eisenzaun umgeben, ihr schmuckloses Inneres nicht zugänglich.

Museu Etnològic: Das Volkskundemuseum versteckt sich in einem modernen Wohnblock, zugänglich von der Fußgängerzone Carrer Jaume I. und dem parallel verlaufenden Carrer Santa María. Die Sammlung umfasst alte Fotos und Trachten sowie Gerätschaften, wie sie auf der Fischer- und Baueninsel Formentera noch im letzten Jahrhundert breite Verwendung fanden, darunter Schmiedewerkzeug, Reusen, Geräte zum Drehen von Angelschnüren etc., außerdem eine „Wurst-Maschine" zur Herstellung von Sobrasada. Die Lokomotive im Hof zog einst Waggons, mit denen in den Salinen Salz zur Verschiffung gebracht wurde.

Öffnungszeiten Mai bis Oktober Mo–Sa 10–4, 19–21 Uhr, im restlichen Jahr nur vormittags; Eintritt frei.

Wanderung 5: Von Sant Francesc zur Cala Saona

> **Route:** Sant Francesc – Cala Saona – Sant Francesc; **reine Wanderzeit:** etwa eineinhalb bis knapp zwei Stunden; **Einkehr** in Sant Francesc und an der Cala Saona. Sonnenschutz und Badesachen nicht vergessen!

Charakteristik: Eine leichte und relativ kurze Wanderung durch das ländliche Formentera, vorbei an Fincas und durch kleinere Waldgebiete. Ziel ist die schöne Badebucht Cala Saona, die mit den Bussen nicht zu erreichen ist; der Weg kürzt dabei die Verbindung auf der Asphaltstraße deutlich ab.

Verlauf: Die Wanderung beginnt beim noch jungen, etwas öden „Park" an der Rückseite der Kirche von Sant Francesc. Vom Hauptplatz kommend, hält man sich hier links, geht auf der nach Westen führenden Asphaltstraße zunächst links am kleinen Friedhof und dann rechts am großen grauen Gebäude der örtlichen Sporthalle vorbei. Das Sträßchen wird schmaler und steigt leicht an; links steht eine erste Mühle, ein Stück weiter auf einem felsigen Hochplateau eine weitere. Kurz darauf wird die Asphaltstraße in einer Rechtskurve etwa geradeaus auf eine Piste verlassen, die sich zwischen Trockenmauern zunächst leicht senkt, in einiger Entfernung aber in Richtung einer Häusergruppe erkennbar wieder ansteigt. Knapp zehn Minuten nach Verlassen der Asphaltstraße hält man sich an einer Wegekreuzung geradeaus. Wenige hundert Meter weiter passiert man eine Baumgruppe linker Hand, dann ein Trafohäuschen, das rechts der Piste steht. Etwa 200 Meter hinter dem Trafohäuschen trifft man auf eine Wegegabelung (links ein lang gestrecktes Haus mit Terrassenvorbau), an der man sich links hält. Nun geht es noch etwa einen halben Kilometer geradeaus, vorbei an einer weiteren Abzweigung nach rechts, bis der Weg vor einer Trockenmauer, hinter der eine mächtige Kiefer

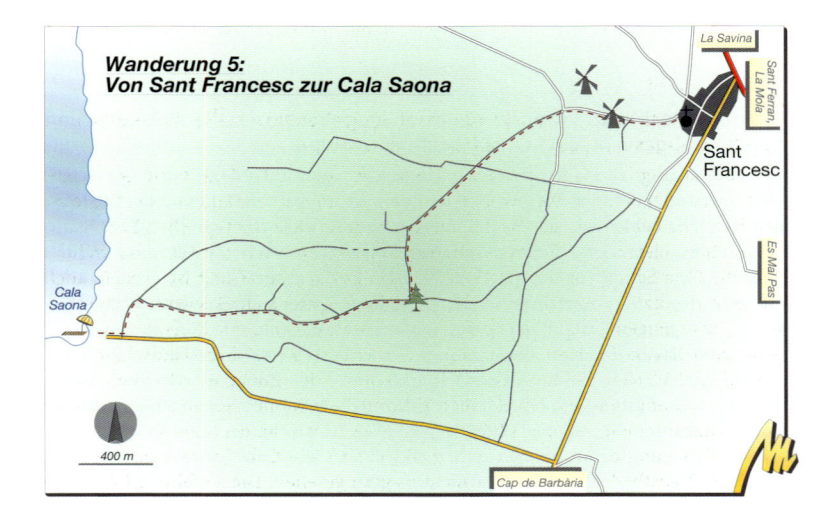

Traum in Türkis: Wasser der Cala Saona

steht, an einer rechtwinklig querenden Piste endet. Dieser folgt man nach rechts, zunächst entlang der Trockenmauer, dann in leichtem Abstieg durch lichten Wald aus Kiefern und Savinas, vorbei an einzeln stehenden Häusern; kleinere Abzweigungen nach links und rechts bleiben unberücksichtigt. Nach etwa 20 Minuten trifft man erneut auf eine (inzwischen evtl. asphaltierte) Piste, an der es nur mehr rechts oder links geht; die Cala Saona liegt linker Hand, nur mehr wenige Minuten entfernt, und wird insgesamt eine knappe Stunde nach Beginn der Wanderung erreicht. Zurück geht es auf demselben Weg.

Cala Saona

Die größte echte Strandbucht der Insel, umgeben von steiler Felsküste und in relativ abgeschiedener Lage fern der Busrouten.

Der Strand zeigt sich ausgesprochen feinsandig, etwa 150 Meter breit und reicht weit ins Land hinein; im Wasser fällt der Untergrund nur sehr langsam ab. Die felsigen Bereiche beiderseits der Bucht, auf denen noch viele der typischen Bootsgaragen stehen, bieten gute Schnorchelmöglichkeiten. Da nach Westen ausgerichtet, liegt die Cala Saona vor den meisten Winden gut geschützt und ist deshalb auch ein gern genutzter Ankerplatz. In der Umgebung bietet sich Gelegenheit zu schönen Spaziergängen entlang der Küste oder im waldreichen, mit Kiefern und windgebeugten Savina-Bäumen bestandenen Hinterland. Trotz ihrer landschaftlichen Schönheit hält sich die touristische Erschließung der Bucht in erfreulich engen Grenzen. Zwar gibt es ein Hotel, einen Fahrrad- und Mopedverleih sowie mehrere Lokale, darunter ein besonders hübsch gelegener Kiosco an der Südseite, insgesamt ist die Bebauungsdichte jedoch gering. Beliebt ist die Cala Saona besonders bei Familien, Nacktbaden deshalb hier nicht so gern gesehen. Die Anfahrt erfolgt über die Straße von Sant Francesc zum Cap de Barbaría, beim Restaurant Es Cap dann rechts ab; zu Fuß oder mit dem Mountainbike auch entlang der oben beschriebenen Wanderung 5.

• *Übernachten/Essen* *** **Hotel Cala Saona**, ziemlich großer, lang gestreckter Bau mit mehr als hundert Zimmern, Pool und Tennisplätzen. Die Zimmer mit Balkon zur Meerseite bieten einen herrlichen Blick auf die Bucht und den Sonnenuntergang und sind unbedingt vorzuziehen. Geöffnet Mai bis Oktober, DZ/F etwa 85–150 €, im August 170 €. Platja Cala Saona, ✆ 971 323030, ✉ 971 322509. www.hotelcalasaona.com.

Bar-Rest. Es Cap, nicht an der Bucht selbst, sondern an der Straßenkreuzung Richtung Cap de Barbaría. Hübsche schattige Terrasse. Gute, lokal geprägte Küche, z. B. Fisch in grüner Sauce, zur Saison wird von Mi–So der Grill angeworfen. Die Preise sind leider in den letzten Jahren deutlich gestiegen: So kostet der typische „Ensalada Formentera" mit Trockenfisch etwa 12 €, Lammschulter 18 €. Von Mitte Dezember bis Mitte Januar geschlossen, sonst täglich geöffnet. ✆ 971 322104.

Cap de Barbaría

Steinig und windgepeitscht präsentiert sich die Südwestspitze Formenteras, eine urtümliche Landschaft von herbem Charme.

Meer in Sicht: Cala Saona

Die Zufahrt zum Kap führt zunächst durch Waldgebiete und vorbei an den ausgeschilderten vorgeschichtlichen Ausgrabungsstätten Barbaría II, Barbaría III und schließlich Barbaría I, die alle aus der ersten Hälfte des zweiten Jahrtausends vor Christus stammen und erst vor wenigen Jahrzehnten entdeckt wurden. Die größte von ihnen ist *Barbaría II*, eine durch ein Drahtgitter geschützte Siedlung aus insgesamt neun Gebäuden unterschiedlicher Grundrisse, von denen wahrscheinlich zwei als Wohnungen, der Rest als Werkstätten, Ställe etc. fungierten. Für Nicht-Archäologen ist hier freilich wenig zu erkennen. Barbaría I und Barbaría III sind kleiner und wiesen bei Untersuchungen keine Spuren menschlicher Besiedlung auf, dienten vielleicht nur als Lager.

Je mehr man sich dem Kap nähert, desto spärlicher wird die Vegetation, verschwindet allmählich fast völlig und weicht einer schattenlosen Steinwüste, in der nur mehr niedrige Stachelgewächse gedeihen. Dabei standen hier, auf dem *Plà del Rei* (Ebene des Königs), einst ausgedehnte Wälder, die jedoch in den 30er-Jahren des letzten Jahrhunderts abgeholzt und zu Kohle verarbeitet wurden. Heute glaubt man sich fast in einer Mondlandschaft, bewegt sich auch wirklich im niederschlagsärmsten Gebiet der gesamten Balearen.

Stein-reich: Cap de Barbaría

Das Kap selbst verdankt seinen Namen den „Barbaren" oder den nordafrikanischen Stämmen der „Berber", was aus Sicht der piratengeplagten Formenterenses vermutlich ein und dasselbe war. Tatsächlich liegt hier der am weitesten in Richtung Afrika vorgeschobene Punkt der Insel – bei extrem klarem Wetter soll man angeblich mit bloßem Auge die dortige, mehr als 200 Kilometer entfernte Küste erkennen können. Die Zufahrt endet beim Leuchtturm oberhalb der atemberaubenden, hier bis zu hundert Meter tief abfallenden Steilküste. Ein Stück rechts vom Turm öffnet sich ein Felsloch hinab zur „Lochhöhle" *Cova Foradada*, die in einen Ausguck hoch über dem Meer mündet; linker Hand des Leuchtturms geht es in etwa zehn Minuten Fußweg zur *Torre des Garroveret*, einem der fünf im 18. Jh. errichteten Wachttürme Formenteras.

• *Übernachten* **Agroturismo Cap de Barbaría**, Formenteras erster und bislang einziger Agroturismo. Die luxuriöse Anlage umfasst sechs Suiten und verfügt natürlich über einen Pool; das Restaurant (nur abends, auch für Nichtgäste) besitzt sehr guten Ruf. Der Wein kommt aus eigenem Anbau. Geöffnet von Mitte März bis Mitte Oktober. Suite für zwei Personen rund 460 €, Mietauto und -fahrrad inklusive. Zufahrt von der Straße zum Cap de Barbaría unweit der Ausgrabungsstätte Barbaría II und bei km 5.8 (Schild). Mobil-✆ Hotel 617 460629, Restaurant 617 460639, www.capdebarbaria.com.

Sant Ferran de ses Roques

Auf den ersten Blick eine wenig aufregende, verkehrsgeplagte Siedlung an der Kreuzung zweier Hauptstraßen, tatsächlich jedoch ein sympathisches und gar nicht langweiliges Dörfchen.

Für die Hippies der 60er-Jahre war Sant Ferran, kastilisch San Fernando genannt, sogar die wahre Hauptstadt Formenteras, und auch heute noch spürt man hier mehr als nur einen Hauch alternativen Lebensgefühls. Während im Verwaltungszentrum Sant Francesc schon vor Mitternacht die Bürgersteige hochgeklappt werden,

Zwei Wahrzeichen im Ortskern von Sant Ferran: Kirche und Fonda Pepe

zeigt sich die zweitgrößte Siedlung Formenteras zur Sommersaison von ihrer lebendigen Seite. Wichtigster Treffpunkt ist seit jeher die legendäre „Fonda Pepe" im mittlerweile verkehrsberuhigten Dorfkern, der sich etwas abseits der Hauptstraßen um die Kirche findet. Das einfache Gotteshaus selbst wurde erst gegen Ende des 19. Jh. errichtet; vielleicht deshalb liegen seine Naturstein-Fassade und der Glockenturm, ungewöhnlich für Formentera wie auch für Ibiza, nicht unter dicken Schichten weißer Kalkfarbe versteckt.

• *Verbindungen* **Busse** (Sommerfahrplan) verkehren nach Sant Francesc und La Savina 10-mal, Es Pujols 12-mal, Illetes 2-mal, Es Ca Marí 5-mal, Mar i Land 9-mal und nach El Pilar 4-mal täglich.

Zu Fuß: Eine schöne (und weit sicherere), wenn auch mittlerweile wohl asphaltierte Variante zur Verbindungsstraße ins nahe Es Pujols ist der westlich ungefähr parallel verlaufende und sogar etwas kürzere Weg „Camí de ses Vinyes". Er beginnt linker Hand der Straße Richtung Es Pujols gegenüber dem Geschäft „Casa Ortega".

• *Ärztliche Versorgung* Dr. Luís Martín Soledad, im Ortsbereich an der Hauptstraße Richtung Sant Francesc, ✆ 971 328475.

• *Internet-Zugang* Locutorio Sant Ferran, Carrer Mallorca 17, unweit der Fonda Pepe; ✆ 971 321942.

• *Übernachten* Neben den beiden beschriebenen Hostals gibt es auch einige wenige Casas Huéspedes wie die Bar „Bon y Sol" unweit der Fonda Pepe.

* **Hostal Illes Pitiuses**, an der Hauptstraße bei der Kreuzung nach Es Pujols. Solides Quartier mit 25 Zimmern, ausgestattet mit TV, Klimaanlage und Telefon. Zumindest zur HS nimmt man besser ein Zimmer nach hinten, diejenigen zur Straße können dann recht laut sein. Keine Veranstalterbindung. Eine hübsche Cafeteria mit Gartenterrasse ist angeschlossen. Ganzjährige Öffnungszeit vorgesehen. Die Preise wurden leider insbesondere für die HS kräftig erhöht: DZ/Bad/F etwa 70–75 €, ab Mitte/Ende Juli bis Ende August 105 €. Av. Joan Castello Guasch 48, ✆ 971 328189, ✉ 971 328017, www.illespitiuses.com.

* **Hostal Fonda Pepe**, das Hostal der Kultkneipe Formenteras. Knapp 40 schlichte, aber gepflegte Zimmer, viele mit Balkon. Wer Ruhe sucht, sollte eines der Zimmer wählen, die auf den kleinen Pool weisen, die Räume zur Straßen- bzw. Kneipenseite sind in warmen Nächten alles andere als ruhig. Geöffnet etwa Mai bis Oktober. Zuletzt gab es Pläne für eine Renovierung, weshalb das Haus für einige Monate geschlossen werden könnte; die Preise (bis dato: DZ um 55 €) könnten danach mäßig steigen. Carrer Major 68, ℅ 971 328033.

• *Essen/Kneipen* **Fonda Pepe**, die Institution der Insel. 1953 vom mittlerweile verstorbenen Besitzer Pepe gegründet und bald ein Hangout der ersten Hippies und Aussteiger. Heute, unter Führung von Pepes Sohn Julian, ist die Bar immer noch der Platz schlechthin auf Formentera, um Leute zu treffen, den neuesten Inselklatsch zu hören und die Nächte auf dem berühmten „Mäuerchen" zu verbringen. Das zugehörige Restaurant, offiziell und für manchen irritierend „Peyka" genannt, bietet solide Küche und ein prima Preis-Leistungs-Verhältnis, weshalb trotz der Größe des Lokals mit langen Warteschlangen zu rechnen ist. Carrer Mayor s/n, nur zur Saison geöffnet.

Rest. Can Forn, ein netter Familienbetrieb nur ein kleines Stück nördlich. Hübsches kleines Lokal, das kreative Inselküche mit Pfiff serviert. Gut und gar nicht teuer. Carrer Mayor s/n.

Pizzeria Macondo, am anderen Ende des Carrer Mayor. Die „Szene-Pizzeria" von Sant Ferran, laut und immer voll. Die Pizzas sind gut und nicht zu teuer.

Rest. La Tortuga, gehobenes Finca-Restaurant knapp einen Kilometer außerhalb in Richtung La Mola, rechter Hand etwa bei Kilometerstein 6.6 – die „Schildkröte", nach der das Lokal benannt ist, ziert die Hauswand. Deutsche und internationale Küche, weithin berühmte Spezialität hier ist das zusammen mit Äpfeln geschmorte „Formentera-Schwein", es gibt aber auch Grillgerichte und Fondues. Nur zur Saison und nur abends geöffnet, ℅ 971 328967.

Bar Verdera, beliebter Treffpunkt an der Kreuzung gegenüber dem Hostal Illes Pitiuses, einem Haushaltswarengeschäft (Mercería) angeschlossen. Auswahl an guten Tapas, gern besucht auch zum Frühstück.

• *Feste* **Festa de Sant Ferran**, an meist mehreren Tagen um den 30. Mai, mit Grillfest, Musik und Tanz, Feuerwerk etc.

• *Schule für den Bau von E-Gitarren und E-Bässen* **Formentera Guitars**, 1988 eröffnetes „Guitarbuilding Institute", dessen wilde Gründerzeit in einem Roman mit dem beziehungsreichen Titel „Angst & Schrecken auf Formentera" verewigt ist. Unter fachkundiger deutscher Anleitung bauen sich hier selbst Anfänger ihre eigene Stratocaster, Les Paul etc. Materialien und alle erforderlichen Spezialmaschinen werden gestellt. Preis für den zweieinhalbwöchigen Kurs ca. 1900 €, Anreise und Unterkunft etc. gehen extra. Kurstermine vor etwa Mai bis Oktober sowie über Weihnachten/Neujahr. Näheres bei Formentera Guitars, Carrer Sant Jaume 17, ℅ 971 328688, im Internet zu finden unter www.formentera-guitars.com.

Umgebung von Sant Ferran

Cova d´en Xeroni: Knapp außerhalb von Sant Ferran in Richtung La Mola liegt rechter Hand bei km 6.2 die Zufahrt zu einer Tropfsteinhöhle, die Mitte der 70er-Jahre zufällig beim Bohren eines Brunnens entdeckt wurde. In der 700 Quadratmeter großen Höhle mit ihren bizarr geformten Stalaktiten und Stalagmiten soll die Temperatur rund ums Jahr bei 22 Grad liegen. Zuletzt war die Höhle allerdings nicht mehr zu besichtigen.

Cala en Baster: Sozusagen der Hafen von Sant Ferran, zu erreichen über ein Nebensträßchen, das im Ortskern beginnt. An seinem Ende trifft man auf eine kleine Urbanisation, auf ausgewaschene, durchlöcherte Felsküste, zahlreiche Holzschienen zum Wassern von Fischerbooten und auf viel, viel Ruhe ...

Platja de Migjorn

Der längste Strand der Insel, gleichzeitig einer der schönsten. Sieben Kilometer feiner Sand, nur gelegentlich von flachen Felsabschnitten unterbrochen. Seine Pluspunkte: Dünen, kristallklares Wasser und originelle Strandbars.

Die Platja de Migjorn (auch: Mitjorn) erstreckt sich an der Südseite Formenteras entlang der gesamten „Taille" der Insel. Von wenigen kleineren Urbanisationen,

Längster Strand der Pityusen: Platja de Migjorn

einzeln stehenden Restaurants und reizvollen Strandbars abgesehen, ist das Gebiet nahezu unbebaut. Seit einigen Jahren durchqueren Holzstege die empfindlichen Dünenzonen, im Hinterland erstrecken sich besonders nach Osten hin ausgedehnte Macchia und Kiefernwälder. Eine parallel hinter dem Strand verlaufende Straßenverbindung existiert nicht, mit dem Fahrzeug ist die Platja de Migjorn nur über Stichstraßen und Sandpisten zu erreichen, die alle von der Inselhauptstraße oder dem Camí Vell de la Mola abzweigen und jeweils am Strand enden. Umso mehr Spaß machen natürlich ausgedehnte Strandspaziergänge, für die es auf den Pityusen kein besseres Revier gibt.

Kleidervorschriften zu beachten braucht man am „Strand des Südwinds" (oder „Mittagsstrand") nicht, jeder geht ins Wasser, wie er gerade Lust hat. Lästig wird manchmal, vor allem im Westen, der angeschwemmte Seetang – der Preis dafür, dass man an einem Naturstrand badet, der eben nicht jeden Tag mit Spezialmaschinen durchpflügt wird. Wirklich gefährlich hingegen sind die Strömungen, die sich vor allem bei auflandigen Winden entwickeln können, besonders berüchtigt ist der Abschnitt von Es Arenals im Osten. Beachten Sie deshalb unbedingt die Warnflaggen!

▶ **Es Mal Pas:** Der westliche Beginn der Platja de Migjorn, gleichzeitig der Name einer kleineren Ferienurbanisation, zu erreichen über eine Abzweigung der Straße von Sant Francesc zum Cap de Barbaría, kurz hinter dem Ort. Die Bauten hier fügen sich recht gut in den Kiefernwald ein, die Atmosphäre zeigt sich von der sehr ruhigen Seite, weshalb dieses Gebiet besonders bei Familien beliebt ist. Der Strand präsentiert sich hier noch schmal und insgesamt wenig attraktiv, schönere Abschnitte liegen jedoch nur wenige Gehminuten entfernt; ein Fahrrad- und Mopedverleih ist vorhanden. Ein Stück östlich der Siedlung erhebt sich in Strandnähe der Wachtturm *Torre des Pi des Català* aus dem 18. Jahrhundert.

Platja de Migjorn

• *Übernachten/Essen* **Apartamentos Ses Eufabietes/** Hostal Casbah**, hübsch im Wald gelegene Anlage, wenige hundert Meter vom Strand entfernt. Geheizter Pool, Restaurant, Bar, Fahrzeugverleih etc. vorhanden. Geöffnet April bis Oktober, leider oft durch Reiseveranstalter belegt. Wer sein Glück versuchen möchte: Zweier-Apartment in Ses Eufabietes 60–120 €, im August 150 €; DZ im angeschlossenen Hostal Casbah 45–80 €, im August 100 €. ✆/📠 971 322595, www.seseufabietes.com.

Rest. Sol y Luna, hinter dem Strand westlich des Wachtturms. Familiäres, gutes und dabei recht preisgünstiges Restaurant, anzufahren über eine Seitenpiste des „Camí Vell de la Mola". Ein Supermarkt liegt nebenan.

Kiosco Pelayo, am Strand etwa 200 Meter weiter westlich; Zufahrt wie oben, dann beschildert. Uriger Kiosco wie in alten Tagen, besonders gefragt sonntags, wenn Paella vom offenen Holzfeuer serviert wird. Dann besser reservieren: ✆ 669 984008 (mobil).

▶ **Es Ca Marí:** Schon deutlich mehr Betrieb als in Es Mal Pas herrscht in der Urbanisation Ca Marí, einer relativ ausgedehnten Siedlung direkt am Strand, die praktisch nur aus Hotels, Hostals, Apartments, Restaurants und Fahrzeugvermietern besteht. Ca Marí liegt am Ende eines Asphaltsträßchens, das bei km 6.7 von der Inselhauptstraße abzweigt und wird zur Saison auch von Bussen bedient, neben dem Haltepunkt Mar i Land die einzige Möglichkeit, die Platja Migjorn per Bus zu erreichen.

• *Verbindungen* **Busse** fahren zur Sommersaison von und zu den wichtigsten Ortschaften 2-mal, nach Es Pujols und zum Illetes-Strand 1-mal täglich.

• *Übernachten/Essen* ****** Hotel Club Formentera Playa**, im Osten der Siedlung, der „Insotel"-Kette angeschlossen und eine der wenigen Bausünden der Insel. Große und natürlich sehr komfortable Anlage mit mehr als 300 Betten, mehreren Pools, Hallenbad, diversen Sportmöglichkeiten, Animation etc. Geöffnet etwa Ende April bis Oktober, DZ/F etwa 70–260 €, im August bis 330 €, über Reiseveranstalter deutlich günstiger zu buchen. ✆ 971 328000, 📠 971 328035, www.insotel.com.

* **Hotel Ca Marí**, mit den angeschlossenen Hostals „Sol y Mar" und „Agua Clara" ein ebenfalls sehr flächengreifender, architektonisch aber angenehmerer und recht gut aufgelockerter Komplex. Pool, Restaurant, Supermarkt etc. gehören dazu. Die Zimmerausstattung unterscheidet sich nicht, DZ/F deshalb in allen Anlageteilen von Saison 55–85 €, im August 120 €; zu ähnlichen Preisen gibt es auch Studios und Apartments. Geöffnet Mai bis Oktober, ✆ 971 328180, 📠 971 328229.

* **Hostal Rest. Costa Azul**, im westlichen Siedlungsbereich, praktisch direkt am Strand. Das Restaurant ist berühmt für frischen Fisch, die Eigentümerfamilie fischt selbst. Das Hostal besitzt ordentliche Zimmer, ist aber leider fast immer von Reise-

*Lust auf Caipirinhas?
Kiosco Sunsplash*

Nicht nur Sand: felsiger Abschnitt der Platja de Migjorn

veranstaltern blockiert. Falls man Glück hat, kostet das DZ/F nach Saison 80–90 €, im August 110 €. ✆ 971 328024, ℻ 971 328994.
Sa Platgeta, noch weiter westlich, ein schön gelegenes Strandrestaurant mit guter Küche und einem sehr soliden Preis-Leistungs-Verhältnis. Anfahrt vorbei an der bergab verlaufenden Zufahrt zum Hostal Costa Azul, dann auf der links abzweigenden Sandstraße hinunter zum Strand und dort rechts, vorbei am Kiosco Sunsplash.
Kiosco Sunsplash, ebenfalls in diesem Gebiet. Einfache, witzige, entspannte Strandbar mit „Jamaica-Touch"; internationales Publikum, prima Caipirinhas.

▶ **Richtung Es Arenals:** Auch dank der dünnen Bebauung und des waldreichen Hinterlands zählt der kilometerlange Strandabschnitt zwischen Es Ca Marí und Es Arenals zu den schönsten an der Platja de Migjorn. Ebenso attraktiv ist die vielfältige Auswahl an originellen Strandbars und guten Restaurants in diesem nur durch Sandpisten erschlossenen Bereich. Wer das Angebot zu Fuß sichtet, ist besser beraten als fanatische Fahrzeugnutzer, die zwischen den einzelnen, oft nur ein paar hundert Meter voneinander entfernten Lokalen lange Umwege zurück zur Inselhauptstraße machen müssen.

• *Übernachten/Essen* Die Beschreibung erfolgt von Ost nach West.
Rest. Real Playa, beliebtes und stets gut besuchtes Strandrestaurant, das hervorragende Fischgerichte und Paellas offeriert. Die sieben Zimmer, die hier auch vermietet werden, sind meist durch Stammgäste belegt. Geöffnet etwa ab Ostern bis Oktober, Anfahrt über eine Seitenpiste der Inselhauptstraße bei km 7.2, ✆ 971 187610.
Blue Bar Restaurant, Kultlokal in toller Aussichtslage über der Platja Migjorn. In der immer noch blau getönten Bar sollen schon Bob Dylan und Pink Floyd gefeiert haben; im Inneren erinnert aber nicht mehr viel an die alten Zeiten. Nach einer Flaute wurde die Blue Bar Anfang der Neunziger unter deutscher Führung wiederbelebt und hat seitdem auch eine behördliche Attacke auf die Lizenz überstanden – ein superber Sunset-Treffpunkt mit moderner, elektronischer Musik, die es auch als CD-Compila-

tion gibt. Gute Weinauswahl, bunt gemischte Speisekarte, auch Vegetarisches und Asiatisches im Angebot; mittleres bis gehobenes Preisniveau. Lange geöffnet, bei Sportereignissen ist die Großbildwand ein zusätzlicher Anziehungspunkt. Anfahrt über eine Staubpiste bei km 7.8 der Inselhauptstraße. Ein Blick vorab: www.bluebar-formentera.com. Ein Stück westlich der Blue Bar liegt der ebenfalls beliebte **Kiosco Lucky**.

Rest. Las Banderas, früher als „La Formenterena" inselweit berühmt, heute ein sehr reizvoll dekoriertes Strandrestaurant mit Flair, internationalem Publikum und guter, variantenreicher Küche. Anfahrt über eine Piste, die bei km 8,7 der Inselhauptstraße abzweigt, zu erkennen an den namensgebenden Flaggen (Banderas).

Vogamari, noch ein Stück weiter östlich. Sehr hübsche Lage, nette Leute, lokaltypische Küche mit Schwerpunkt auf Reis- und Fischgerichten. Nicht teuer. Mit dem Fahrzeug zu erreichen über eine Piste, die bei km 9.5 von der Inselhauptstraße abzweigt.

Es Arenals/Mar i Land: Der östliche Abschnitt der Platja Migjorn firmiert unter dem Namen Es Arenals. Der von Dünen flankierte Strand ist hier teilweise deutlich breiter, wegen der nahen Großhotels oft aber auch etwas voller als weiter westlich. Ihr Ende findet die Platja de Migjorn vor der meist als „Mar i Land" oder „Maryland" benannten Hotel-Urbanisation, in der es auch Fahrzeugvermieter gibt. Zu erreichen ist das Gebiet über ein bei Kilometer elf von der Inselhauptstraße abzweigendes Sträßchen, alternativ auch auf der breiteren Straße nach Mar i Land, die kurz vor dem Anstieg nach La Mola meerwärts führt und etwas abseits des Strands selbst endet.

• *Verbindungen* **Busse** bedienen Mar i Land ab den größeren Inselorten im Sommer 5- bis 9-mal täglich, zur Saison besteht auch **Fahrzeugverleih**.

• *Übernachten/Essen* **** **Club Hotel Riu La Mola**, eines der beiden großen Kettenhotels von Mar i Land. Zwei mächtige, hintereinander parallel zum Meer ausgerichtete Hotelblöcke, dazwischen Bungalows, insgesamt Platz für 850 Personen... Komfortable Zimmer, Pool, drei Tennisplätze, Animation, Kinderclub etc. Geöffnet Mai bis

Legendär: Strandbar „Pirata Bus"

Oktober, über die Tarife hüllt das Management sich in Schweigen: „Keine festen Preise – Firmenpolitik". Buchung im Reisebüro ist aber allemal günstiger als der Versuch der Buchung vor Ort. ✆/≋ 971 327000. www.riu.com.

*** Hotel Club Maryland, mit einer maximalen Kapazität von über 1000 Gästen eine noch etwas größere Anlage, die der „Insotel"-Kette angeschlossen ist. Unterkunft in Bungalows, schön gelegene Pool-Landschaft, Animation und Sportmöglichkeiten wie oben. Geöffnet etwa Ende April bis Oktober. Bungalow für zwei Personen nach Saison 70–250 €, im August bis 310 €; auch hier bieten Reiseveranstalter deutlich günstigere Preise. ✆ 971 327070, ≋ 971 327145, www.insotel.com.

Apartments Dunas Playa, angenehme Anlage im Kiefernwald, die sich bis hinab zum Strand erstreckt. Studios, Apartments, Chalets und Bungalows verschiedener Größe und Lage, geöffnet April bis Oktober. Gutes Restaurant, Pool mit Meerblick. Preisbeispiel: kleines Studio für zwei Personen nach Saison 55–70 €, im Juli/August 95 €. Anfahrt über die Abzweigung bei km 11.0; ✆ 971 328041, ≋ 971 328052, www.dunasplaya.com.

Kiosco Pirata Bus, ebenfalls in diesem Gebiet und zusammen mit der „Fonda Pepe" und der „Blue Bar" Teil des legendären Dreigestirns der Insel. Einst wirklich ein zur Bar umfunktionierter Bus, heute ein fest installierter Kiosco – die Piratenflagge weht aber immer noch. Viel Betrieb und prima Atmosphäre, besonders schön bei Sonnenuntergang.

Restaurant La Fragata, am Strand etwas weiter östlich, ein familiäres, gutes und dabei preisgünstiges Lokal. Zufahrt bei km 11, dann gleich rechts.

● *Sport* **Tauchbasis La Mola**, beim Riu Hotel. Deutschsprachig, Schulungen für Anfänger und Fortgeschrittene. ✆/≋ 971 327275, www.tauchen-lamola.de.

Castell romà de Can Blai/Ses Platgetes

Die Ruinen der mutmaßlich römischen Festung von Can Blai liegen etwa bei Kilometer 10.1 der Inselhauptstraße, die kurze Zufahrt Richtung Süden ist beschildert. Die spärlichen, durch ein Gitter geschützten Reste bestehen aus dem fast quadrati-

Alter nicht gesichert: Castell romà

Es Caló de Sant Agustí   241

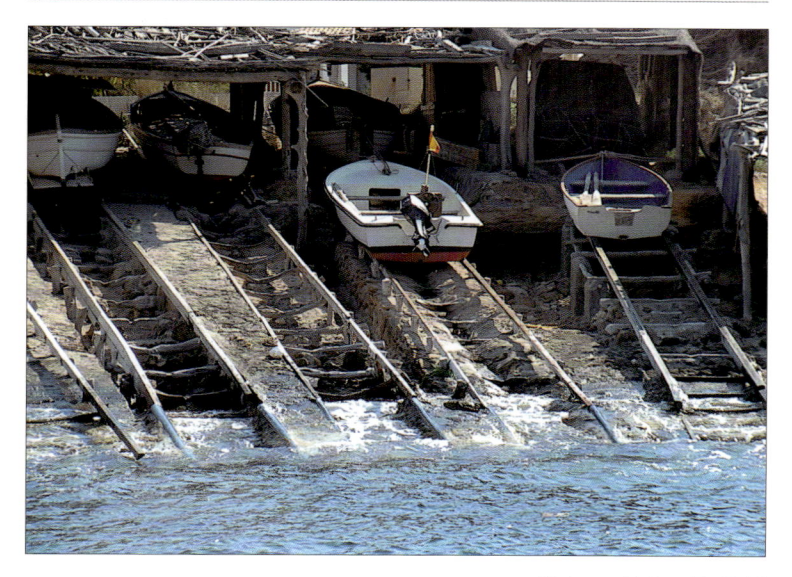

Sicherer Hafen: Es Caló

schen, rund 30-mal 30 Meter großen Grundriss des Gebäudes selbst sowie fünf rechteckigen Anbauten, die vermutlich einmal Türme waren. Ausgrabungen erbrachten allerdings keine Funde, die eine Datierung der Anlage ermöglicht hätten.

Ses Platgetes: „Die kleinen Strände" kurz vor Es Caló sind über einen Fußweg etwa bei Kilometer 11.4 zu erreichen und liegen im Norden der Landenge von Formentera. Die oft auch als „Platja de Tramuntana" bezeichnete, bis zur Cala en Baster reichende Küste in diesem Bereich ist ganz überwiegend felsig, die Platgetes eine sandige Ausnahme. Ein Kiosco serviert Getränke und einfache Speisen. Bei starkem Südwind, der das Baden an der nicht weit entfernten Platja de Migjorn sehr gefährlich macht, ist das Meer hier oft vergleichsweise ruhig.

Es Caló de Sant Agustí

Eine winzige Siedlung rund um den malerischen Fischerhafen, der eine kleine Bucht in der Felsküste besetzt. In der Nähe beginnt der Camí Romà, der alte „römische" Fußweg hinauf zur Hochebene der Mola.

Die kleine runde Bucht von Es Caló formt einen gut geschützten Naturhafen, der wahrscheinlich schon von den Römern genutzt wurde. Heute geben hier pittoreske Bootshäuser ein wirklich stimmungsvolles Bild ab. Das sympathische Örtchen selbst besteht zwar nur aus einer Handvoll Häusern, besitzt aber gleichwohl eine ganz passable Infrastruktur, die Es Caló zu einer Art Versorgungszentrum für die Einwohner der nahen Urbanisation Mar i Sol macht – neben mehreren Quartieren finden sich hier gute Restaurants, Fahrzeugvermieter und auch Einkaufsmöglichkeiten.

Aussichtsreich: der „Römerweg" Camí Romà

Camí Romà – auf dem alten „Römerweg" hinauf zur Mola

Der „Römerweg", auch *Camí de sa Pujada* genannt und einer der schönsten Fußwege der Insel, führt vorbei am Hostal Entrepinos hinauf zur Hochebene La Mola und kürzt dabei die zahlreichen Serpentinen der steilen, auf mehreren Kilometern ansteigenden Straße deutlich ab. Dass er nun wirklich aus römischer Zeit stammt, ist unwahrscheinlich, das Attribut „römisch" steht hier wohl eher für „sehr alt". Möglicherweise verband der streckenweise mit Pflaster belegte Pfad immerhin bereits im 5. oder 6. Jh. den kleinen Hafen im heutigen Es Caló mit dem legendenumwobenen, historisch jedoch nicht belegten Kloster, das seinerzeit auf der Mola gestanden haben soll, vielleicht entstand er auch in der Zeit nach der katalanischen Eroberung oder gar erst im 18. Jh. – die Meinungen hierüber sind geteilt. Unstrittig jedoch, dass der Camí Romà superbe Panoramen bietet, die über fast ganz Formentera und das Meer bis hin nach Ibiza reichen. Das beste Fotolicht ergibt sich am Morgen. Der Aufstieg zwischen Ginsterbüschen und Kiefern ist nicht allzu anstrengend und nimmt knapp eine Dreiviertelstunde in Anspruch, die Orientierung ist einfach und wird durch Steinpyramiden und Markierungen unterstützt. Oben angekommen, durchquert man ein schattiges Villengebiet und erreicht bei Kilometer 15.1 wieder die Inselhauptstraße. Rechts hinab geht es zum Aussichts-Restaurant „El Mirador" (siehe unten), links entlang der Straße zum Örtchen El Pilar; wer möchte, kann vorher noch einen Abstecher zum höchsten Inselberg Sa Talaiassa (192 m) einlegen und von dort nach El Pilar absteigen.

● *Verbindungen* **Busse** fahren laut Sommerfahrplan zu allen größeren Inselorten 5- bis 7-mal täglich, hinauf nach El Pilar auf der Mola 3-mal täglich.

● *Übernachten/Essen* ***** Hostal Entrepinos**, etwas außerhalb des Örtchens unweit der Straße zur Mola. Mit 50 Zimmern recht großes, hotelähnliches Hostal mit dennoch familiärer Atmosphäre, 1967 gegründet;

Es Caló de Sant Agustí

Pool. Ordentliche Zimmer mit Klimaanlage, teilweise auch mit TV. Im Programm vieler Reiseveranstalter, meist aber auch Platz für Individualgäste, die hier gerne gesehen sind. Geöffnet Mai bis Oktober, DZ/Bad/F etwa 65–115 €, im August 130 €. Ctra. La Mola, km 12.3, ✆ 971 327019, ✉ 971 327018. www.hostalentrepinos.com

** **Hostal Res. Mar Blau**, nicht weit vom Hafen. Angenehmes, modernes Quartier, dessen zehn gut möblierte Zimmer mit interessanter Raumaufteilung und großer Terrasse glänzen; hier auch Infos über Apartmentmiete in Es Caló. Keine Veranstalterbindung. Geöffnet April bis Oktober, DZ/Bad 50–70 €, im Juli/August 80 €. Anfragen im Haus neben dem Lebensmittelladen, ✆/✉ 971 327030.

** **Hostal-Restaurant Rafalet**, ganz in der Nähe. Die Zimmer verteilen sich auf ein älteres und ein neueres Gebäude; im älteren z. T. herrliche Aussicht, im moderneren Bau dafür die komfortablere Ausstattung. Infos in der Bar, Öffnungszeiten wie oben, DZ/Bad nach Saison 60–80 €, im Juli/August 100 €. Die Bar (prima Torrades) und das auf Fischgerichte spezialisierte Restaurant des Hostals liegen direkt am Hafen und glänzen mit fantastischem Blick und guter Küche. ✆/✉ 971 327016.

Casa Huéspedes Miramar, herzig altmodisches Quartier im Ortsbereich neben der Hauptstraße. Die acht Zimmer sind einfach, aber passabel, die nach hinten gelegenen naturgemäß ruhiger. Das WC liegt auf dem Gang, das Bad im Hof. Geöffnet Ostern bis Oktober, DZ etwa 40–50 €. ✆ 971 327060.

Restaurante Pascual, mit dem beständigen Ruf, das beste Fischrestaurant der gesamten Insel zu sein, 1964 gegründet und beliebt auch bei den Einheimischen. Großer Speiseraum, Terrasse. Berühmt ist der katalanische Fischeintopf „Zarzuela". Für das Gebotene nicht einmal teuer, die Gerichte mit Hummer haben aber natürlich ihren Preis. Geöffnet Ostern bis Oktober, auch Vermietung von Apartments. ✆ 971 327014.

Taberna Acapulco, Restaurant und Music-Bar an der Straße Richtung La Mola, kurz vor der Abzweigung nach Mar i Land. Hübsch gemachtes Lokal, im Angebot Holzofen-Pizza nach italienischer Art, Nudeln, Salate etc. sowie gute Cocktails. Beliebt auch als abendlicher Treffpunkt für Einheimische und Residenten, ganzjährig geöffnet. Ctra. la Mola, km 12.7.

„Am Ende der Welt": Der Mola-Leuchtturm

La Mola

Ein ganz anderes Formentera als das der langen Strände ist dieses oft windumtoste Kalkplateau, das an drei Seiten steil zum Meer abfällt.

Der Abstecher hinauf zur Mola lohnt sich schon allein wegen der fantastischen Panoramen, doch gibt die Hochebene mit ihren vielen verzweigten Wegen auch ein hübsches Wandergebiet ab. Obwohl die Mola selbst in ihrem höchsten Punkt nicht einmal die Marke von 200 Metern erreicht, ist es hier oben oft spürbar kühler und windiger, der Boden dafür fruchtbarer. Auf den durch Steinmäuerchen abgetrennten Feldern wachsen Weinreben, Getreide, Gemüse und Obstbäume, vor allem an den Rändern des Gebiets erstrecken sich auch Kiefernwälder. Viele Siedler der Mola, darunter auch so mancher mitteleuropäische Aussteiger, wohnen verstreut in einzeln stehenden Fincas, einzige Ortschaft ist die kleine Siedlung El Pilar.

El Pilar de la Mola besteht nur aus wenigen Dutzend Häusern, einigen Geschäften und urigen Bars, in denen sich die Einwohner der Hochebene treffen. An Sonntagnachmittagen, zur Hochsaison auch am Mittwoch, zieht der hiesige Kunsthandwerksmarkt zahlreiche Besucher an, an den übrigen Tagen geht es hier dagegen ausgesprochen ruhig zu. Hübsch ist die kleine, gegen Ende des 18. Jh. errichtete Kirche des Dörfchens, die mit ihrer Vorhalle unter allen Gotteshäusern der Insel die größte Ähnlichkeit mit dem ibizenkischen Baustil aufweist. Etwas außerhalb von El Pilar erhebt sich rechts der Straße zum Leuchtturm die restaurierte alte Windmühle *Molí Vell*, erbaut 1778 und heute die letzte funktionsfähige Windmühle der Mola.

● *Verbindungen* **Busse** verkehren im Sommer zu allen größeren Inselorten 2- bis 3-mal täglich. Zum Markt am Mittwoch und Sonntag werden Sonderbusse eingesetzt.

● *Übernachten/Essen* **Restaurante Pequeña Isla**, rechter Hand der Ortszufahrt, ein freundliches Restaurant mit Terrasse nach hinten. Gute, lokaltypische Küche mit Speisen wie Frito de Cordero (Lammtopf), Arròs Negre (schwarzer Reis, gefärbt von der Tinte des Tintenfischs) oder Arròs de Matances („Schlachtreis"). Die meisten Hauptgerichte liegen bei 10–15 €. Ganzjährig und täglich geöffnet, ✆ 971 327068.

Bar Taberna Can Blaiet (Casa Catalina), gleich gegenüber, vor wenigen Jahren vom Zentrum hierher umgezogen. Uriges Lokal, leckere Gerichte nach Tagesangebot, auch Tapas. Nicht teuer.

Rest. El Mirador, außerhalb des Ortes an der Inselhauptstraße von Es Caló hinauf zur Mola. Der Name „Aussichtspunkt" ist Programm, das Panorama wirklich famos. Über die Qualität der Küche gibt es dagegen geteilte Meinungen; die Fleischspeisen sind ganz ordentlich und der „Formentera-Salat" mit Trockenfisch soll sogar hier erfunden worden sein. Mittleres Preisniveau. Carretera La Mola, km 14.3; ✆ 971 327037.

Was haben Sie entdeckt?

Haben Sie eine Bar mit wundervollen Tapas entdeckt, ein freundliches Hostal oder Hotel, einen schönen Wanderweg? Und welcher Tipp war nicht mehr so toll?

Wenn sie Ergänzungen, Verbesserungen oder neue Infos zum Ibiza-Buch haben, lassen Sie es mich bitte wissen!

Ich freue mich über jeden Brief!

Thomas Schröder: Stichwort „Ibiza"
c/o Michael Müller Verlag, Gerberei 19, 91054 Erlangen
E-Mail: thomas.schroeder@michael-mueller-verlag.de

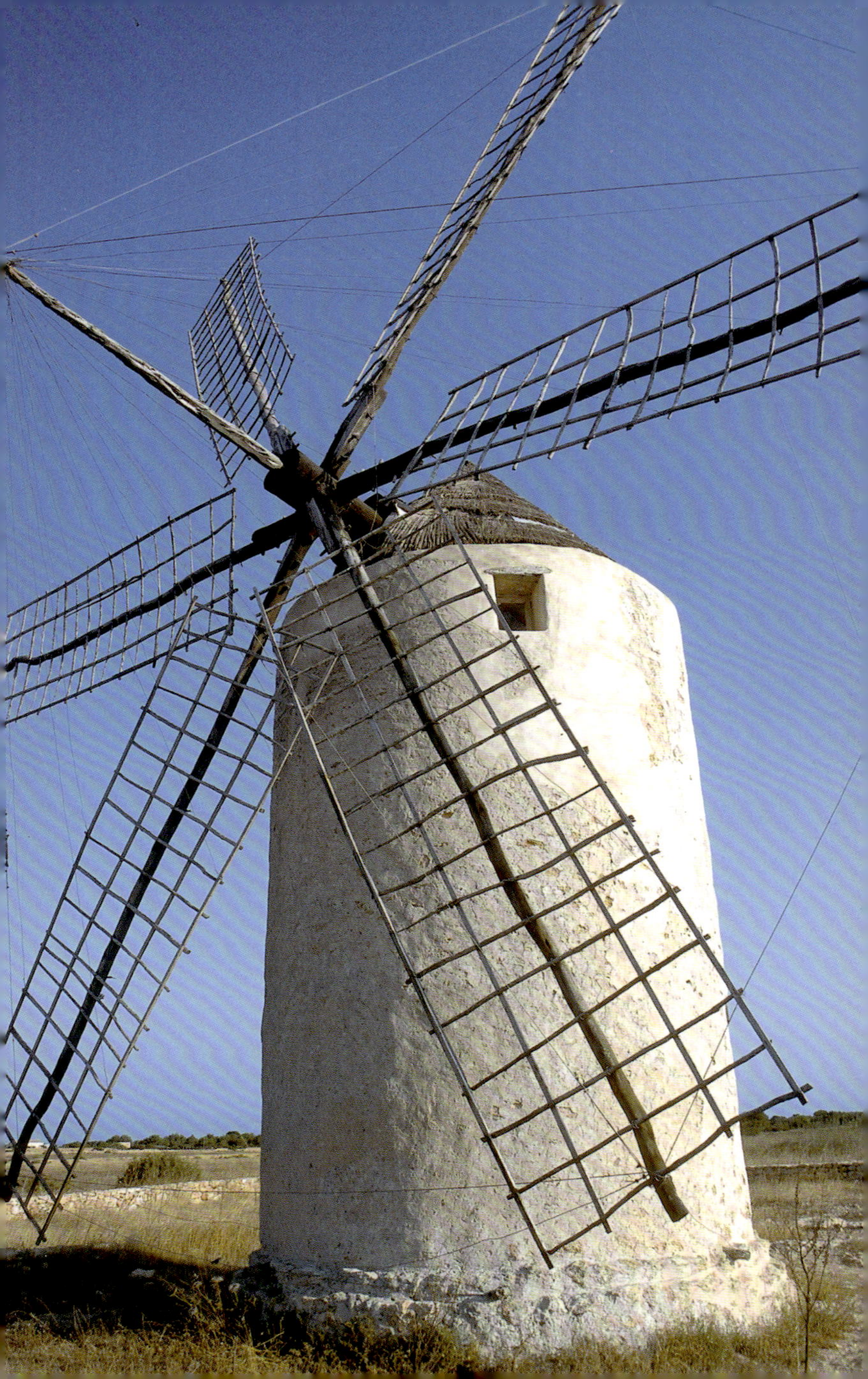

Kleiner Sprachführer

Català, die traditionelle Sprache der Katalanen, wird auch auf den Balearen gesprochen. *eivissenc*, der Dialekt vor Ort, ist weitgehend mit dem Katalanischen identisch. *Castellano* hingegen, seit dem 15. Jahrhundert Amtssprache des Königreichs Spanien und oft schlicht als Español (Spanisch) bezeichnet, wird zunehmend zur Fremdsprache Nr. 1 auf den Inseln degradiert. Katalanische Ausdrücke sind im Folgenden fett gedruckt.

• *Aussprache des Katalanischen* Die Akzente, egal, in welche Richtung sie weisen, zeigen immer diejenige Silbe (oft nur ein einzelner Vokal) an, die betont wird. Die Vokale werden ungefähr wie im Deutschen ausgesprochen;
Ausnahme: o = u (olímpic = ulimpic)

c:	vor a,o und u wie k, vor e und i wie s
ç:	immer wie ss; also plaça = plassa
g:	vor e und i wie sch, sonst wie das deutsche g
j:	immer weich, wie beim französischen "jean"
ny:	ersetzt das spanische ñ; Catalunya = Katalunja
tg, tj:	"dsch" (platja = pladscha)
x:	wie "sch" (això = aischo)

• *Aussprache des Spanischen* Für die Akzente gilt dasselbe wie im Katalanischen.

c:	vor a, o, u wie k, vor e und i wie engl. "th" (cero = thero)
ch:	wie tsch (mucho = mutscho)
g:	vor a,o,u wie das deutsche g, vor e und i ählich dem deutschen ch, nur tief im Rachen etwa wie in "Ach du liebe Güte"
h:	ist stumm (helado = elado)
j:	wie ch (rojo = rocho)
ll:	wie j (calle = caje)
ñ:	wie nj (año = anjo)
qu:	wie k (queso = keso)
v:	wie leichtes b (vaso = baso),
y:	wie j (yo = jo)
z:	wie engl. "th" (zona = thona)

Minimal-Wortschatz

Ja	**sí**/sí
Nein	**no**/no
Bitte	**si us plau**/por favor
Vielen Dank	**moltes gràcies**/ muchas gracias
Entschuldigung	**perdó**/perdón
groß/klein	**gran**/**petit**/ grande/pequeño
gut/schlecht	**bo**/**dolent**/ bueno/mal(o)
billig/teuer	**barat**/**car**/barato/caro
mehr/weniger	**mes**/**menys**/ mas/menos
mit/ohne	**amb**/**sense**/con/sin
offen/geschlossen	**obert**/**tancat**/ abierto/cerrado
Frau	**senyora**/señora
junge Frau	**senyoreta**/señorita
Herr	**senyor**/señor
Sprechen Sie Deutsch (Englisch)?	**Parleu alemany (anglès)?**/ Habla usted alemán (inglés)?
Ich verstehe nicht	**No entenc**/ no entiendo

Grüße & Small Talk

Guten Morgen (bis Mittag)	**bon dia**/ buenos días
Guten Tag (bis zum Abend)	**bona tarde**/ buenas tardes
Guten Abend/ gute Nacht	**bona nit**/ buenas noches
Hallo	**hola**/hola
Auf Wiedersehen	**adéu**/adiós
Wie geht's?	**Com va?**/ Cómo está?
Sehr gut, danke	**Molt bé, gràcies**/ muy bien, gracias

Fragen & Antworten

Gibt es ... ?	**hi ha...?**/hay...?	*Kann/darf man ...?*	**Es pot...?**/Se puede...?
Was kostet das?	**Cuant costa això?**/Cuánto cuesta esto?	*wo?/wann?*	**on?/quan?**/dónde?/cuando?
Wissen Sie ...?	**Vostès saben...?**/Sabe usted ... ?	*links/rechts*	**esquerra/dreta**/izquierda/derecha
Ich weiß nicht	**Yo no sé**/Yo no sé	*geradeaus*	**tot dret**/todo derecho
Haben Sie ... ?	**Té ...?**/Tiene ... ?	*hier/dort*	**aquí/allí**/aquí/allí
Ich möchte ...	**Voldria...**/Quisiera ...		

Zeiten & Tage

Morgen (bis Mittag)	**matí**/mañana	*Samstag*	**dissabte**/sábado
Nachmittag/Abend	**tarda**/tarde	*Sonntag*	**diumenge**/domingo
Nacht	**nit**/noche	*Werktage (Mo–Sa)*	**feiners**/laborables
Montag	**dilluns**/lunes	*Feiertage*	**festius**/festivos
Dienstag	**dimarts**/martes	*heute*	**avui**/hoy
Mittwoch	**dimecres**/miércoles	*morgen*	**demà**/mañana
Donnerstag	**dijous**/jueves	*gestern*	**ahir**/ayer
Freitag	**divendres**/viernes		

Unterwegs

Ich möchte mieten...	**voldria llogar...**/quisiera alquilar	*Autobus*	**autobús**/autobús
ein Auto	**un cotxe**/un coche	*Bahnhof*	**estació**/estación
ein Motorrad	**una moto**/una moto	*Haltestelle*	**parada**/parada
Tankstelle	**gasolinera**/gasolinera	*Fahrkarte*	**bitllet**/billete
bleifreies Benzin	**gasolina sense plom**/gasolina sin plomo	*hin und zurück*	**anada i tornada**/ida y vuelta
Diesel	**gas-oil**/gasoleo "A"	*Abfahrt*	**sortida**/salida
volltanken	**ple**/lleno	*Ankunft*	**arribada**/llegada
parken	**aparcar**/aparcar	*Ich möchte aussteigen*	**voldria baixar**/quisiero salir

Geographie

Avenue	**avinguda**/avenida	*Strand*	**platja**/playa
Boulevard	**passeig**/paseo	*Kap*	**cap**/cabo
Straße	**carrer**/calle	*Insel*	**illa**/isla
Platz	**plaça**/plaza	*Berg*	**puig**/montaña
Landstraße	**carretera**/carretera	*Höhle*	**cova**/cueva
(Feld-)Weg	**camí**/camino	*Brücke*	**pont**/puente
Bucht	**cala**/cala	*Kirche*	**església**/iglesia
Hafen	**port**/puerto		

Im Hotel & Restaurant

Haben Sie ... ?	**té ...?**/tiene ...?	*Frühstück*	**l'esmorzar**/desayuno
ein Doppel- (Einzel-) Zimmer	**una habitació doble (individual)**/una habitación doble (individual)	*Pension (Voll/Halb)*	**pensió (completa/mitja)**/pensión (completa/media)
... für eine Nacht (Woche)	**... per una nit (una setmana)**/para una noche (semana)	*Die Rechnung bitte*	**el compte, si us plau**/la cuenta por favor
mit Dusche/Bad	**amb dutxa/bany**/con ducha/baño	*Toiletten*	**serveis**/servicios
		Damen/Herren	**Dones/Hombres**/Señoras/Hombres

Zur Speisekarte und den mallorquinischen Spezialitäten siehe im ausführlichen Kapitel "Essen und Trinken" vorne im Buch.

Krankheit & Hilfe

Arzt	**metge**/médico	*Unfall*	**accident**/accidente
Zahnarzt	**dentista**/dentista	*Ich habe Schmerzen (hier)*	**em fa mal (aquí)**/me duele (aquí)
Krankenhaus	**hospital**/hospital	*Apotheke*	**farmàcia**/farmacia
Krankenwagen	**ambulància**/ambulancia		

Zahlen

0	**zero**/cero	*22*	**vint-i-dos**/veintidós
1	**un (una)**/un/una	*23*	**vint-i-tres**/veintitrés
2	**dos (dues)**/dos	*30*	**trenta**/treinta
3	**tres**/tres	*31*	**trenta-i-un**/treinta y uno
4	**quatre**/cuatro	*32*	**trenta-i-dos**/treinta y dos
5	**cinc**/cinco	*40*	**quaranta**/cuarenta
6	**sis**/seis	*50*	**cinquanta**/cincuenta
7	**set**/siete	*60*	**seixanta**/sesenta
8	**vuit**/ocho	*70*	**setanta**/setenta
9	**nou**/nueve	*80*	**vuitanta**/ochenta
10	**deu**/diez	*90*	**novanta**/noventa
11	**onze**/once	*100*	**cento**/cien
12	**dotze**/doce	*110*	**cent deu**/ciento diez
13	**tretze**/trece	*200*	**dos-cents**/doscientos
14	**catorze**/catorce	*300*	**tres-cents**/trescientos
15	**qinze**/quince	*500*	**cinc-cents**/quinientos
16	**setze**/dieciséis	*1.000*	**mil**/mil
17	**disset**/diecisiete	*2.000*	**dos mil**/dos mil
18	**divuit**/dieciocho	*5.000*	**cinc mil**/cinco mil
19	**dinou**/diecinueve	*10.000*	**deu mil**/diez mil
20	**vint**/veinte	*100.000*	**cento mil**/cien mil
21	**vint-i-un**/veintiuno	*1.000.000*	**un milló**/un millón

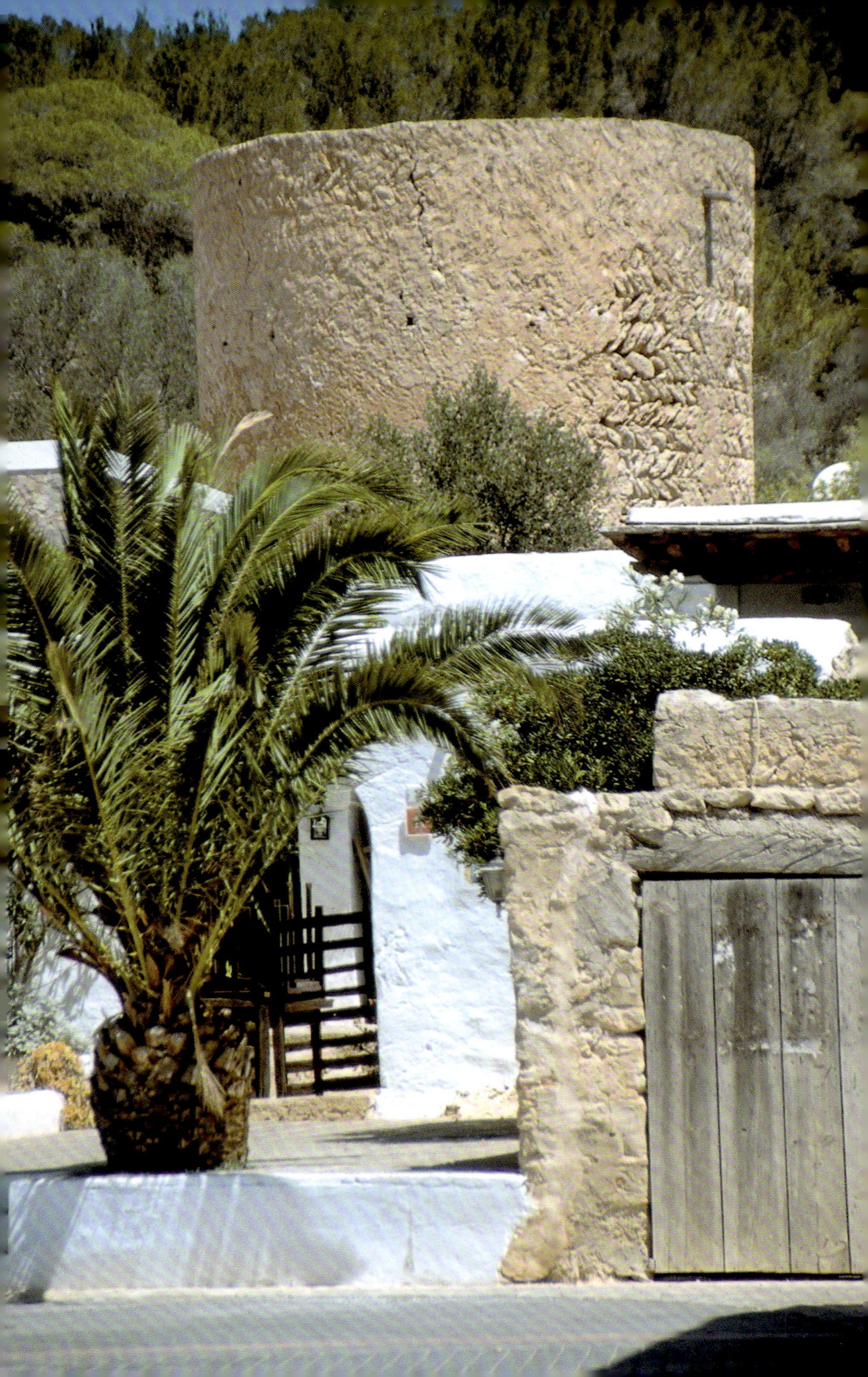

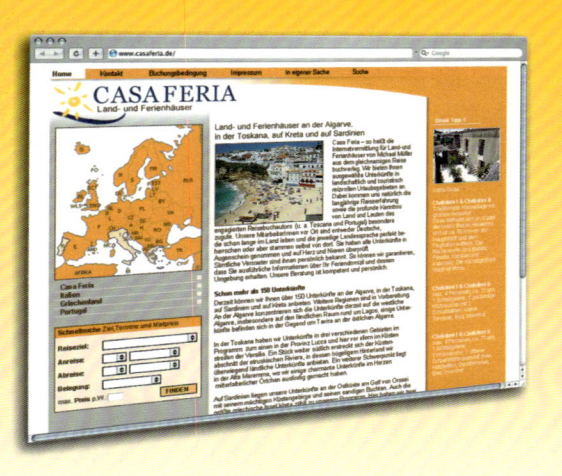

**Nette Unterkünfte
bei netten Leuten**

ALGARVE

DODEKANES

KANAREN

KRETA

SARDINIEN

SIZILIEN

TOSCANA

UMBRIEN

CASA FERIA
Land- und Ferienhäuser

CASA FERIA
die Ferienhausvermittlung
von Michael Müller

Im Programm sind ausschließlich persönlich ausgewählte Unterkünfte abseits der großen Touristenzentren.
Ideale Standorte für Wanderungen, Strandausflüge und Kulturtrips.

Einfach www.casa-feria.de anwählen,
Unterkunft anschauen, Unterkunft auswählen,
Unterkunft buchen.

Casa Feria wünscht

Schöne Ferien

www.casa-feria.de

Verlagsprogramm

Ägypten
- Ägypten
- Sinai & Rotes Meer

Baltische Länder
- Baltische Länder

Belgien
- *MM-City* Brüssel

Bulgarien
- Schwarzmeerküste

Cuba
- Cuba

Dänemark
- *MM-City* Kopenhagen

Dominikanische Republik
- Dominikanische Republik

Deutschland
- Allgäu
- Altmühltal & Fränkisches Seenland
- Berlin & Umgebung
- *MM-City* Berlin
- Bodensee
- *MM-City* Dresden
- Franken
- Fränkische Schweiz
- *MM-City* Hamburg
- Mainfranken
- Mecklenburgische Seenplatte
- *MM-City* München
- Nürnberg, Fürth, Erlangen
- Oberbayerische Seen
- Ostfriesland und Ostfriesische Inseln
- Ostseeküste – von Lübeck bis Kiel
- Ostseeküste – Mecklenburg-Vorpommern
- Pfalz
- Südschwarzwald
- Rügen, Stralsund, Hiddensee
- Schwäbische Alb
- Usedom

Ecuador
- Ecuador

Frankreich
- Bretagne
- Côte d'Azur
- Elsass
- Haute-Provence
- Korsika
- Languedoc-Roussillon
- *MM-City* Paris
- Provence & Côte d'Azur
- Südfrankreich
- Südwestfrankreich

Griechenland
- Athen & Attika
- Chalkidiki
- Griechenland
- Griechische Inseln
- Karpathos
- Kefalonia & Ithaka
- Korfu
- Kos
- Kreta
- Kykladen
- Lesbos
- Naxos
- Nord- u. Mittelgriechenland
- Peloponnes
- Rhodos
- Samos
- Santorini
- Skiathos, Skopelos, Alonnisos, Skyros – Nördl. Sporaden
- Thassos, Samothraki
- Zakynthos

Großbritannien
- Cornwall & Devon
- England
- *MM-City* London
- Südengland
- Schottland

Irland
- Irland

Island
- Island

Italien
- Abruzzen
- Apulien
- Adriaküste
- Chianti – Florenz, Siena, San Gimignano
- Dolomiten – Südtirol Ost
- Elba
- Friaul-Julisch Venetien
- Gardasee
- Golf von Neapel
- Italien
- Kalabrien & Basilikata
- Lago Maggiore
- Ligurien – Italienische Riviera, Genua, Cinque Terre
- Liparische Inseln
- Marken
- Mittelitalien
- Oberitalien
- Oberitalienische Seen
- Piemont & Aostatal
- *MM-City* Rom
- Rom & Latium
- Sardinien

- Sizilien
- Südtirol
- Südtoscana
- Toscana
- Umbrien
- *MM-City* Venedig
- Venetien

Kanada
- Kanada – der Westen

Kroatien
- Istrien
- Kroatische Inseln & Küste
- Mittel- und Süddalmatien
- Nordkroatien – Kvarner Bucht

Malta
- Malta, Gozo, Comino

Marokko
- Südmarokko

Neuseeland
- Neuseeland

Niederlande
- *MM-City* Amsterdam
- Niederlande

Norwegen
- Norwegen
- Südnorwegen

Österreich
- *MM-City* Wien
- Wachau, Wald- u. Weinviertel
- Salzburg & Salzkammergut

Polen
- *MM-City* Krakau
- Polen
- Polnische Ostseeküste

Portugal
- Algarve
- Azoren
- *MM-City* Lissabon
- Lissabon & Umgebung
- Madeira
- Nordportugal
- Portugal

Schweden
- Südschweden

Schweiz
- Genferseeregion
- Graubünden
- Tessin

Serbien und Montenegro
- Montenegro

Slowakei
- Slowakei

Slowenien
- Slowenien

Spanien
- Andalusien
- *MM-City* Barcelona
- Costa Brava
- Costa de la Luz
- Gomera
- Gran Canaria
- *MM-Touring* Gran Canaria
- Ibiza
- Katalonien
- Lanzarote
- La Palma
- *MM-Touring* La Palma
- Madrid & Umgebung
- Mallorca
- Nordspanien
- Spanien – gesamt
- Teneriffa
- *MM-Touring* Teneriffa

Tschechien
- *MM-City* Prag
- Südböhmen
- Tschechien
- Westböhmen & Bäderdreieck

Tunesien
- Tunesien

Türkei
- *MM-City* Istanbul
- Türkei
- Türkei – Lykische Küste
- Türkei – Mittelmeerküste
- Türkei – Südägäis von İzmir bis Dalyan
- Türkische Riviera – Kappadokien

Ungarn
- *MM-City* Budapest
- Westungarn, Budapest, Pécs, Plattensee

Zypern
- Zypern

Aktuelle Informationen zu allen Reiseführern finden Sie im Internet unter
www.michael-mueller-verlag.de

Michael Müller Verlag GmbH, Gerberei 19, 91054 Erlangen

Tel. 0 91 31 / 81 28 08-0; Fax 0 91 31 / 20 75 41; E-Mail: info@michael-mueller-verlag.de

Register

(F) = Formentera

A

Agroturismo 61
Aigües Blanques 180
Anreise 49
Apotheken 70
Architektur 35
Atlantis 138
Ausflugsschiffe 55

B

Baal Hammon 39
Baden 70
Balàfia 204
Balearen 16
Bars 62
Bäume 28
Bes 39
Blaue Umweltflagge 72
Bocadillos 62
Bocatas 62
Briefmarken 80
Busse 53

C

Ca Eivissenc 31
Ca Marí (F) 237
Ca na Costa (F) 223
Cala Carbó 140
Cala Codolar 143
Cala Comte 143
Cala Conta 143
Cala d´Albarca 167
Cala d´en Serra 175
Cala d´Hort 138
Cala de Benirràs 172
Cala de Boix 183
Cala de Bou 160
Cala de Sant Vicent 177
Cala des Cubells 136
Cala en Baster (F) 235
Cala Es Torrent 135
Cala Es Xarcu 135
Cala Gració 161
Cala Gracioneta 161
Cala Jondal 134
Cala Llentrisca 136
Cala Llenya 186
Cala Llonga 202
Cala Mastella 184
Cala Molí 142
Cala Nova 187
Cala Olivera 204
Cala Pada 190
Cala s´Agarmassa 190
Cala Salada 161
Cala Saona (F) 231
Cala Tarida 142
Cala Vadella 140
Cala Xaraca 174
Cala Xuclà 174
Caló de s´Alga 198
Caló des Moltons 171
Caló des Moro 161
Camping 61
Cap de Bàrbaria (F) 232
Cap des Falcó 131

Castell romà de Can Blai (F) 240
català 22
Charterflüge 50
Chiringuitos 63
Cova dé n Xeroni (F) 235
Cova de ses Fontanelles 161
Cova des Cuieram 178
Cova Santa 133

D/E

Einkaufen 73
Eivissa 84
Eivissa Nova 89
eivissenc 22
El Pilar de la Mola (F) 244
Els Amunts 150
Es Arenals (F) 239
Es Bol Nou 132
Es Ca Marí (F) 237
Es Caló de Sant Agustí (F) 241
Es Canar 188
Es Cavall d´en Borràs (F) 220
Es Clot 167
Es Cubells 136
Es Mal Pas (F) 236
Es Pas de s´Illa 171
Es Portitxol 168
Es Pujols (F) 224
Es Vedrà 136
Estancos 74
Estany des Peix (F) 219
Estany Pudent (F) 219

F

Fahrrad 55
Fahrrad im Flugzeug 50
Fährverbindungen 50
Far de la Mola (F) 245
Feiertage 74
Feste 34
Figueretes 87
Finca-Hotels 61

FKK 72
Flughafen Aeroport d´Eivissa 93
Formentera 206
Franco, Francisco Bahamonde 46

G

Garigue 29
Gay 108
Geld 74
Geographie 23
Golf 81
Grüne Versicherungskarte 80

H

Haustiere 75
Hippiemärkte 38
Hostals 59
Hotels 59
Hunde 75

I

Ibiza-Stadt 84
Ibosim 40
Individualreise 48
Internet 76
Isla Blanca 168

J/K

Jesús 122
Kinder 77
Kioscos 63
Kirchen 35
Klima 24
Konsulate 75
Kreditkarten 74
Küche 62

L

La Savina (F) 217
Las Dalias 186
Leihfahrzeuge 50, 51
Linienflüge 50
Literatur 78

M

Mal Pas (F) 236
Mar i Land (F) 239

Marina Botafoch 89
Mauren 41
Mietwagen 50, 51
Moda Adlib 38
Müll 27
Musik 34

N/O

Nachtleben 78
Natur 26
Notruf 70
O.I.T.-Büros 75

P

Pa amb oli 62
Parc Natural de ses Salines 128
Pauschalurlaub 48
Penyal de s´Àguila 168
Personalausweis 80
Pflanzen 28
Pityusen 16
Plà de Sant Mateu 167
Plà des Corona 165
Plaça des Parc 87
Platges des Comte 143
Platja d´en Bossa 88
Platja de Ca na Martina 190
Platja de Llevant (F) 220
Platja de Migjorn (F) 235
Platja de s´Arenal 160
Platja de S´Estanyol 123, 160
Platja de Santa Eulària 198
Platja de ses Illetes (F) 220
Platja de ses Salines 118, 130
Platja des Cavallet 118, 130
Platja des Codolar 132
Platja des Figueral 180, 181

Register

Platja des Riu 198
Platja Estanyol 190
Platja Niu Blau 190
Platja Talamanca 89
Podenco Ibizenco 31
Porroig 134
Port de Sant Miquel 170
Port de ses Caletes 177
Port des Torrent 144
Portinatx 173
Postsparbuch 74
Pou des Lleó 182
Puig d´en Valls 123
Punta Arabí 189
Punta de sa Galera 161
Punta de sa Pedrera (F) 219

R

Racó de Sa Galera 161
Rauchverbote 80
Reconquista 42
Reisepass 80
Reiseschecks 74
Reisezeit 24
Reiten 81
Restaurantes 63
Reyes Católicos 43
Riquer, Antoni 43
Roca Llisa 204

S

S´Espalmador (F) 222
S´Illot des Renclí 174
Sa Caleta 132
Sa Canal 131
Sa Pedrera 138
Sa Roqueta (F) 223
Salt d´en Serra 203
Sant Agustí des Vedrà 148
Sant Antoni de Portmany 151
Sant Carles de Peralta 184
Sant Ferran de ses Roques (F) 233
Sant Francesc de s´Estany 130
Sant Francesc Xavier (F) 227
Sant Joan de Labritja 175
Sant Jordi de ses Salines 126
Sant Josep de sa Talaia 146
Sant Llorenç de Balàfia 204
Sant Mateu d´Albarca 166
Sant Miquel de Balansat 168
Sant Rafel de Forca 125
Sant Vicent de sa Cala 177
Santa Agnès de Corona 165
Santa Eulària des Riu 191
Santa Gertrudis de Fruitera 124
Santa Inés 165
Segeln 81
Ses Platgetes (F) 240
Ses Salines 128, 219
Siculos, Diodorus 40
Siesta 198
Siesta 81
Souvenirs 73
Spanisches Fremdenverkehrsamt 75
Sperrnummer für Bank- und Kreditkarten 74
Sport 81
Sprachen 22

T

Tagomago 183
Tanit 39
Tänze 34
Tapas (Tapes) 62
Targeta Verda 81
Tauchen 81
Taxis 54
Telefonieren 82
Tennis 81
Tierwelt 30, 31
Torre des Molar 172
Torre des Savinar 136
Tourismus 27
Trachten 34
Trinkgeld 63

U

Übernachten 58
Umweltschutz 26
Unesco 90
Unterkunftsverzeichnisse 60

V

Vara de Rey, Joaquín 45, 117
Verbindungen 93
Verkehrsregeln 52
Vista Alegre 135
Vorwahlen 83

W

Waldbrände 28
Wälder 28
Wandern 56
Wassermangel 28
Welterbe 90

Z

Zeitungen 83
Zoll 83